中国科学院规划教材

电子商务概论

才书训　王雷震　主编

科学出版社
北　京

内 容 简 介

本书是一部关于电子商务知识的基础性教材。全书从广义电子商务活动及其管理的角度，围绕电子商务活动的支撑环境、活动主体、活动对象等要素，较为全面、系统地阐述了电子商务的基本知识。主要内容包括电子商务概述、电子商务的技术支撑环境、电子商务信息管理、物流与供应链管理、电子支付与网络金融、电子商务安全、电子商务法律法规与标准、企业电子商务及其管理、电子商务与消费者、网络营销、电子商务项目管理、国内外电子商务发展等。本书体系结构合理，主题鲜明，内容系统完整，具有理论与实践相结合、叙述与评价相结合、继承与创新相结合等特点。

本书可作为高等院校电子商务专业本科生的“电子商务概论”课程教学用书，也可作为非电子商务专业本科生、研究生学习和了解电子商务基本知识的教材，还可供企业、社会培训使用或电子商务实际工作者参考。

图书在版编目(CIP)数据

电子商务概论/才书训，王雷震主编. —北京：科学出版社，2009
(中国科学院规划教材)
ISBN 978-7-03-022824-6

Ⅰ. 电…　Ⅱ. ①才…②王…　Ⅲ. 电子商务-教材　Ⅳ. F713.36

中国版本图书馆 CIP 数据核字(2008)第 125604 号

责任编辑：林　建　苏雪莲／责任校对：朱光光
责任印制：张　伟／封面设计：耕者设计工作室

科学出版社 出版
北京东黄城根北街 16 号
邮政编码：100717
http://www.sciencep.com
北京建宏印刷有限公司 印刷
科学出版社发行　各地新华书店经销
*
2009 年 1 月第 一 版　开本：B5(720×1000)
2021 年 12 月第八次印刷　印张：22 3/4
字数：433 000

定价：58.00 元

(如有印装质量问题，我社负责调换)

前言

电子商务的基础是社会信息化，它的出现是信息时代社会发展的必然。作为一种新的商务活动方式，电子商务代表了未来商务运作的主流方向。因此，电子商务及其发展受到了全球各个国家、地区越来越多的关注。

随着人们对电子商务本质的认识逐渐深刻，电子商务呈现出越来越广泛、深入的发展趋势。社会急需大量的电子商务人才，电子商务专业人才培养问题自然而然地被提到了高等教育的议事日程。正是在这种背景下，教育部于 2001 年超前性地启动了国内电子商务本科专业教育工作。迄今为止，教育部批准开设全日制普通本科电子商务专业的高等学校数量已从 2001 年的 13 所扩展至目前的 300 多所。电子商务专业人才教育在我国得到了蓬勃发展。

“电子商务概论”课程是 2001 年在教育部指导下成立的“中国高校电子商务专业建设协作组”以及 2006 年成立的教育部“电子商务专业教学指导委员会”指定的高等学校电子商务本科专业核心课程之一（专业基础课）。除此之外，不少高校的经济管理类、信息科学与工程类本科专业也将该课程列为重要的专业选修课予以开设。

本书是“中国科学院规划教材”之一。全书着眼于电子商务本科专业人才培养目标和专业核心知识体系，考虑初学者的认知特点和学习规律，从广义电子商务活动及其管理的角度，围绕电子商务活动的支撑环境、活动主体、活动对象等要素，较为全面系统地阐述了电子商务的基本知识。作为一本概论性的教材，本书力求做到体系结构合理，主题鲜明，内容系统完整，既涵盖电子商务活动及其管理主要内容，又为进一步深入学习、研究电子商务奠定知识基础。全书体现了理论与实践相结合、叙述与评价相结合、继承与创新相结合等特点。

全书共分 12 章。第 1 章简要介绍电子商务的内涵、分类、特征、系统结构、业务流程及其重组、电子商务研究对象与研究方法等；第 2 章讲述电子商务的技术支撑环境，具体涉及计算机网络与 Internet 基础、电子商务系统平台及其应用、基于 Web 的电子商务应用系统及其构建技术等内容；第 3 章阐述电子商务信息管理问题，涉及电子商务信息管理的特点、模式、管理过程以及电子商务信息系统建设与管理等；第 4 章主要介绍与讨论电子商务环境下的物流特点、物流模式、物流技术和电子化供应链及其管理等问题；第 5 章讲述电子支付与网络金融，主要内容涉及电子支付概念与特点、电子支付方式、电子支付系统以及网上银行、网络保险、网络证券等网络金融业务；第 6 章阐述电子商务安全，涉及电子商务安全内涵、安全需求、安全管理等内容；第 7 章介绍电子商务相关的法律法规、标准与规范；第 8 章讨论企业电子商务及其管理问题，主要包括企业电子商务活动层次、电子商务环境下的 ERP 与 CRM、企业电子商务规划与实施、企业电子商务活动评价等内容；第 9 章阐述网络消费心理、行为及其特征等问题；第 10 章讲述网络营销，主要涉及网络营销策略和网络营销绩效评估等内容；第 11 章较为系统地阐述电子商务项目的管理要素、管理过程以及电子商务项目的实施与评价和项目管理创新等内容；第 12 章总结概括国内外电子商务发展现状、特征与未来发展方向。

本书的编写工作分工如下：才书训、王雷震负责全书整体框架结构及各章节内容的设计，并最后完成统稿、修改和定稿工作。各章具体编写人员为：才书训、王雷震（第 1 章）；胡清河、原慧琳（第 2 章）；胡清河（第 3、6 章）；王素欣（第 4 章）；樊玉红（第 5 章）；王金玲、付海燕（第 7 章）；高宏（第 8 章）；刘新（第 9 章）；李文武（第 10、11 章）；原慧琳（第 12 章）。

本书在编写过程中得到了东北大学博士生导师汪晋宽教授的指导和帮助，科学出版社有关同志为本书的出版付出了辛勤劳动，东北大学、天津大学、华北科技学院等单位给予了大力支持，在此一并表示由衷的感谢。同时，对本书所吸收、借鉴和引用学术文献的各位作者表示诚挚的敬意和感谢。

电子商务是一门发展迅速且具有很强交叉性、复合性特点的新兴学科，限于编者的学识与水平，本书难免存在不妥、疏漏之处，恳请读者提出反馈意见，以便在修订时进一步完善。

编　者

2008 年 7 月 10 日

目　录

第1章

绪　论

1.1 电子商务的基本概念

1.1.1 电子商务的产生与发展

电子商务（electronic commerce）是一个新的名词而并非是一种全新的事物，其发展是一个渐进的过程，经历了较长的发展历史，商务活动的需要和信息技术的进步是电子商务产生和不断发展的原动力。

商务活动以及一般的事务处理活动与新技术特别是电子信息技术的结合由来已久。早在1839年，当电报刚出现的时候，人们就萌发了运用电子手段进行商务活动的设想，各种商务信息开始突破空间的界限，将经济活动和人们的生活带入电子时代。电报和电话用于交易手段，是人类运用电子手段进行商务活动的开始，标志着电子商务活动的开端，这可以看做是早期的电子商务。这个时期电子商务的主要特点是：手工填写文件和单据，由电子机械设备打印，车船邮寄纸面文书改由电子通信设备传递，这些电子技术的应用节省了信息处理时间，减轻了劳动强度，方便了交易过程。

20世纪60年代，人们开始普遍地用电报报文发送商务文件，之后，人们又普遍采用方便快捷的传真机来代替电报。计算机的出现和普及使得文件的处理从书面文件转变为电子文件形式。60年代末期，美国的贸易商在使用计算机处理各类商务文件的时候，发现由人工输入到一台计算机中的数据的70%来源于另一台计算机输出的文件，由于过多的人为因素，影响了数据的准确性和工作效率的提高。于是，人们开始考虑贸易伙伴之间商务信息的自动传输和交换问题。因而，在70年代末期，出现了作为企业间电子商务应用系统雏形的电子数据交换（electronic date interchange，EDI）系统。

EDI是一种在公司之间传输订单、发票等作业文件的电子化手段。它通过计算机通信网络将贸易、运输、保险、银行和海关等行业信息，用一种国际公认的标准格式，实现各有关部门或公司与企业之间的数据交换与处理，并完成以贸易为中心的全部过程。国际标准化组织（International Organization for Standardization，IOS）于1994年确认了EDI的技术定义："根据商定的交易或电文数据的结构标准实施商业或行政交易从计算机到计算机的电子传输。"而国际电信联盟远程通信标准化组织（International Telecommunication Union Telecommunication Standardization Sector，ITU-T）将EDI定义为："从计算机到计算机之间的结构化的事务数据互换。"EDI包含了三个方面的内容，即计算机应用、通信网络和数据标准化。其中计算机应用是EDI的基础条件，通信网络是EDI应用的支撑环境，数据标准化是EDI的主要特征。这三方面相互衔接、相互依存，构成EDI的基础框架。EDI系统模型如图1.1所示。

图1.1 EDI系统模型

EDI商务在20世纪80年代取得了较大的发展。很多大公司都选择EDI作为一个安全快速的方式来传送订单、发票、运货通知和其他常用的商业文件。例如，美国第一大商业连锁企业沃尔玛（Wal-Mart）从1980年初就开始采用基于EDI技术的电子订货系统实现商品配送中心和商场之间的电子化订货。

EDI取代了传统贸易单证和文件的手工处理，在数据处理过程中极大地减少了人工干预，原始数据不再重复输入，使用EDI可以减少甚至消除贸易过程中的纸面文件，这使得贸易资料处理的效率大大提高。因此，EDI又被人们通俗地称为"无纸贸易"或"无纸交易"。这也是这个时期电子商务活动的一个主要特点。

EDI的出现及其商业应用，极大地推动了发达国家国内贸易和相关国际贸易的发展。但在1991年Internet正式对商业活动开放之前，EDI一直是通过租用专门线路在专用网络上实现的，这种专用增值网络（value-added network，

VAN）的EDI在应用中存在许多缺陷：一是不同的商业伙伴可能选择不同的VAN，但VAN之间可能会因为竞争等原因而不愿意互联；二是基于VAN的EDI往往发生在异种计算机的应用软件之间，EDI软件与VAN的联系比较松散，效率比较低；三是这种EDI基于严格的事务处理标准集，其中包含了商业和贸易的规则，仅适用于特定应用，对于经常变动的商业规则不大适用，难于实现跨平台跨系统的数据交换；四是EDI不同使用者之间须达成一致意见，购买（或开发）相应的应用软件，购买VAN服务，改造现有的系统。对于中小企业来说，EDI实现和使用的成本太高，因此，一般只有跨国公司或者大型企业才有能力使用EDI。传统EDI的上述缺陷限制了其应用范围的扩大和普及。

真正使电子商务实现飞跃的是互联网（Internet）的高速发展，互联网起源于1966年美国国防部高级研究计划署（Advanced Research Project Agency，ARPA）建立的ARPA网。1991年美国政府宣布ARPA网向社会开放，允许在网上开发商业应用系统，商业贸易活动正式进入到这个王国。1993年，一种具有处理数据、图文、声像、超文本对象能力的网络技术——万维网（World Wide Web，WWW）在互联网上出现，使互联网具备了支持电子邮件接收与发送、信息浏览查询及多媒体应用的功能，全球通信网络在网内可以实现“三大统一”，即居住在任何国家的任意用户在任何时间用任意文本可以完成国际统一传输、国际统一图文存放和国际统一浏览编播。网上的商业贸易活动由此变得异常活跃。1995年互联网上的商业业务信息量首次超过了科教业务信息量，这既是互联网此后产生爆炸性发展的开端，也是现代电子商务出现的重要标志。

从此，电子商务逐渐发展成为以Internet网络为支撑环境，以交易方为主体，以电子支付为手段，以商务数据库和管理信息系统（management information system，MIS）为基础的全新的商业模式。

从世界范围来看，十多年来，现代电子商务的发展经历了起步、发展、滑坡、调整、高速发展等几个阶段。

1. 起步阶段

起步阶段大约从1994年开始，到1997年底为止。当时，很少有传统企业认识到互联网的商业价值，但一些有识之士开始将眼光转向互联网，典型代表有雅虎、亚马孙等网络公司。这一阶段的互联网公司数量少，知名度低。

2. 爆炸性发展阶段

爆炸性发展阶段从1998年初开始，到2000年3月为止。在这个阶段，互联网本身的迅猛发展对人们思想上的冲击以及网络公司大规模的宣传，使人们逐渐认识了互联网的作用和商业价值，感觉到电子商务即将对全球经济产生革命性影响。电子商务成为社会最热门的话题之一。基于对电子商务美好前景的憧憬，网络公司如雨后春笋般地出现，网络概念股节节走高，资本市场推波助澜，网络股票市场价值高涨。以高新技术类上市公司为主的美国纳斯达克（Nasdaq）股票市场，1996年初的指数点位只有1000点，到2000年初该点位超过4000点。财富效应的驱动，使得各种资金大量地涌入电子商务领域，电子商务得到了爆炸性的发展。美国1997年1月到6月间申请商业域名的公司从17万左右猛增到42万左右，到1997年底，这个数字又翻了一番。电子商务的热度可见一斑。不过，这个阶段电子商务的发展仍然主要集中在新兴的网络企业，传统企业并未深度进入电子商务领域。

3. 滑坡阶段

滑坡阶段从2000年4月开始到同年年底。美国连续108个月的经济增长出现衰退，Nasdaq指数在不到一年的时间内从5000点狂跌到2000点，网络公司的股票急剧贬值，随着资金的撤离，大量依赖资本市场的网络公司陷入了困境，并导致了为数不少的网络企业购并、转行、破产。据不完全统计，超过1/3的网络公司销声匿迹。

4. 调整阶段

从2001年初到2002年中期，电子商务进入了调整时期，网络时代最初的泡沫逐渐被撇去，人们对其关注的重点开始由“注意力经济”转到“购买力经济”，各国政府继续有条不紊地推进电子商务的基础建设，传统企业逐步进入电子商务领域，挤出泡沫后的电子商务开始步入理智稳健发展的轨道。

5. 高速稳健发展阶段

经历过调整后的电子商务开始复苏并变得务实。不断有电子商务企业宣布实现赢利，如雅虎公司2002年后三个季度销售收入增加51%，实现赢利4620万美元；网易公司随着经营业绩的改善，其在Nasdaq的股价到2003年中期稳居30美元以上，与滑坡和调整阶段时最少的0.7美元相比发生了质的变化。2002年以后，电子商务所代表的新经济潮流，以其强大生命力和巨大的市场潜力越来越被人们所认识，互联网用户数量持续快速增加，发达国家纷纷制定电子商务的有关政策，发展中国家也加紧制定电子商务总体发展战略，大力促进电子商务在国民经济各个领域的应用，希望在新一轮国际分工中占领制高点，赢得新的竞争优势。电子商务的发展走出低谷，迎来了投资和发展的高潮，进入高速稳健发展阶段。2003年以后，电子商务基础设施日渐完善，互联网普及范围不断扩大，信息技术日新月异，电子商务在网络电话、网络游戏等领域发展极为迅速，电子商务市场规模迅速增长，移动电子商务、网络电视等电子商务新模式不断涌现，电子商务应用领域也不断拓宽和加深，电子商务总体呈现出稳健快速发展的势头。目前，电子商务已经成为全球经济的最大增长点之一。

本书第12章将较为详细地阐述近年来国内外电子商务的发展及未来趋势。

1.1.2 电子商务的内涵与实质

作为近年来兴起并迅速发展的一种新事物，电子商务虽到处可见，但直到目前尚没有一个较为全面、权威、能被绝大多数人接受和认可的准确定义。专家学者、政府部门、行业组织以及企业界根据自己的理解和需要，从不同的角度分别提出了各自对电子商务的认识，因而今天我们可以看到关于电子商务的各种阐述。本书将较有代表性的定义作一汇集，并作一些比较和分析，以便帮助读者增进对电子商务的全面认识与理解。

美国政府在《全球电子商务纲要》中将电子商务表述为：通过 Internet 进行的各项商务活动，包括广告、交易、支付、服务等活动。互联网将变革零售和直销方式，消费者可以在自己生活房间里的计算机上或电视机上，观看、查阅世界各地制造商和经销商经销的大量商品的信息和与之配套的可视化使用方法（如房间装修），并订购产品和支付货币。

世界贸易组织（World Trade Organization，WTO）在其电子商务专题报告中指出：电子商务就是企业通过电信网络进行的生产、营销、销售和流通等活动，它不仅指基于互联网上的交易，而且指所有利用电子信息技术来解决问题、降低成本、增加价值和创造商机的商务活动，包括通过网络实现从原材料查询、采购、产品展示、订购到出品、储运以及电子支付等一系列的贸易活动。简单地讲，电子商务是指利用电信网络进行的商务活动。

加拿大电子商务委员会（Electronic Commerce Council of Canada，ECCC）认为，电子商务是通过数字通信进行商品和服务的买卖以及资金的转账，它包括公司间和公司内利用 E-mail、EDI、文件传输、传真、电视会议、远程计算机联网所能实现的全部功能（如市场营销、金融结算、销售以及商务谈判）。

联合国欧洲经济委员会（United Nations Economic Commission for Europe，UNECE）在其举办的全球信息社会标准大会上指出：电子商务是各参与方以电子方式而不是以物理交换或者物理直接接触方式完成的任何形式的业务交易。这里的电子方式包括电子数据交换、电子支付手段、电子订货系统、电子邮件、传真、网络、电子公告系统、条码、图像处理、智能卡等。

联合国经济合作与发展组织（Organisation for Economic Cooperation and Development，OECD）在《电子商务的经济与社会影响》中，将电子商务定义为：发生在开放网络上的包含企业之间（business to business）、企业和消费者（business to consumer）之间的商业交易，包括文本、声音和可视图像在内的基于数字化的数据加工、传递过程，包括一切与商务行为相关的交易形式。

全球信息基础设施委员会（Global Information Infrastructure Committee，GIIC）的电子商务工作委员会认为，电子商务是运用电子通信作为手段的经济活动，通过这种方式人们可以对带有经济价值的产品进行宣传、购买和结算。这种交易方式不受地理位置、资金多少或者零售渠道的所有权的影响。公有、私有企业、公司、政府组织、各种社会团体、一般公民和企业家都能自由地参加广泛的经济活动，其中包括农业、林业、渔业、工业、私营以及政府的服务业。

国际商会（International Chamber of Commerce，ICC）在其举办的世界电子商务大会关于电子商务的备忘录中认为，电子商务，就是实现整个贸易活动的电子化。它涵盖的范围可以定义为：交易的各方以电子贸易的方式，而不是通过当面交换或直接面谈方式进行的任何形式的商业交易活动；从技术方面可以定义为：电子商务是一种多技术应用的集合体，包括交换数据（如电子数据交换EDI，电子邮件 E-mail）、获得数据（如共享数据库、电子公告牌 BBS）以及自动捕获数据（如条形码、IC 卡应用等）。

中国电子商务协会（China Electronic Commerce Association，CECA）在其发布的《中国电子商务发展分析报告》中认为：电子商务是以电子形式进行的商务活动。它在供应商、消费者、政府机构和其他业务伙伴之间通过电子方式（如电子函件、报文、万维网技术、电子公告牌、智能卡、电子资金转账、电子数据交换和数据自动采集技术等）实现非结构化或者结构化的商务信息共享，以管理和执行商业、行政和消费活动中的交易。

著名的国际 IT 企业在其电子商务具体实践中也总结了各自对电子商务的认识和理解。

IBM 公司一直是电子商务的积极倡导者，它对电子商务的描述是：电子商务是在 Internet 等网络的广阔联系与传统信息技术系统的丰富资源相互结合的背景下应运而生的一种相互关联的动态商务活动。它强调的是在计算机网络环境下的商业化应用，电子商务不仅仅是硬件和软件的结合，而是在互联网（Internet）、企业内部网（Intranet）、企业外部网（Extranet）下进行的业务活动。电子商务（EB）＝IT ＋ Web＋Business。

HP 公司提出电子商务以现代扩展型企业为信息技术基础结构，电子商务是跨时空、跨地域的电子化世界（electronic world，EW），EW＝EC（electronic commerce，电子商务）＋EB（electronic business，电子业务）＋EC（electronic consumer，电子消费）。其中，电子商务是通过电子化手段来完成商业贸易活动的一种方式。电子业务是一种新型的业务开展手段，通过基于互联网的信息结构，公司、供应商、合作伙伴和客户之间，利用电子业务共享信息。电子消费是人们使用信息技术进行娱乐、学习、工作、购物等一系列活动，使家庭的娱乐方式越来越多地从传统电视向互联网转变。

部分专家学者也曾对电子商务的内涵进行过分析和总结。早在 1997 年，美国学者 Ravi Kalakota 和 Andrew B. Whinston 就从通信、业务过程、服务、在线交易这四个方面定义了电子商务活动，认为电子商务是通过电话线、计算机网络或其他电子手段完成的关于产品/服务/信息/支付的发送，是面向自动化的业务应用技术，是关于减少服务成本、提高服务效率的管理，是一种在线方式下买卖产品的能力。

2001年R. Kalakota进一步将电子商务定义为“企业的业务流程、应用系统和组织结构的复杂融合，从而形成高效的企业经营模式。”同年，Peter Weill给出了电子商务更广泛的理解：“电子商务是指企业基于开放式网络（主要指Internet）执行业务流程，从而用信息取代原来手工的业务处理。”2004年，Kenneth C. Laudon和Carol Guercio Traver将电子商务定义为“是利用Internet和万维网（WWW）进行交易。更正式地说，就是在机构以及个人间进行数字化的商务交易”，等等。

中国学者李琪、杨坚争、方美琪、才书训等也曾从不同的角度分别探讨过电子商务的内涵，有兴趣的读者可参见相关文献。

纵览上述定义，可以看出，专家学者、政府部门、行业组织以及企业界都是从不同角度和不同范围来提出各自的观点的。美国政府的电子商务定义是以美国电子商务发展现状为基础提出的，这个概念将电子商务完全锁定在对互联网的应用范畴，但这一概念无法解释现实中存在的非互联网状态下的电子商务行为，如企业内部网、企业外部网，这些都不属于国际互联网，但都应该属于电子化的商务行为，也就是应当纳入电子商务的范畴。国际有关组织给出的几个电子商务定义强调了技术形式，著名公司对电子商务的定义侧重于电子商务的技术实现形式。随着技术的发展，电子商务技术实现形式可能会作某些方式的调整，通过技术实现形式对电子商务本质进行阐述从发展角度说是有所欠缺的。Ravi Kalakota和Andrew B. Whinston的定义主要强调了电子商务的收益功能。

我们认为，电子商务的概念应当具有通用性并且能够描述事物的本质特征，能够发挥其作为量尺的作用。

电子商务可以从狭义和广义两个角度去理解。从狭义角度讲，电子商务是指商务活动参与方之间利用信息技术和网络环境所进行的商品或服务的交易以及与交易直接相关的商务活动。从这个角度讲，可称电子商务为电子交易或者电子贸易。它是传统商品或者服务交易活动的电子化和网络化。从广义角度讲，电子商务是指市场经济主体，在全球或内部网络环境下，利用信息技术与通信技术所进行的各种社会经济活动的总称。它不仅包括市场经济主体之间的各种交易活动，还包括市场经济主体内外部的各种非交易类的商务活动，如市场分析、内部管理、客户关系管理、物流调度、供应链管理等诸多方面。不仅强调商品或服务的交易，更强调对各类商务信息的管理。从这个角度讲，可以称电子商务为电子业务，Business本身就有Task的含义。电子商务的实质就是商务活动的信息化。

电子商务活动涵盖三个方面的要素，即电子商务活动支撑环境、电子商务活动参与方、电子商务活动对象。

电子商务活动支撑环境包括技术、经济、人文三个主要方面。信息技术、网络技术、通信技术以及信息基础设施属于电子商务的技术支撑环境；电子商务法律法规、观念、道德、伦理等构成电子商务的人文环境；经济基础、经济政策等构成电子商务的经济环境。电子商务活动的基础是社会信息化。

电子商务活动参与方指的是各类市场经济主体，包括个人、企业、金融机构、中介机构、政府管理部门及相关事业单位等。

电子商务活动对象包括参与方之间的各类交易活动以及参与方内部的各类与交易相关的业务处理活动，其中，信息及信息流管理是电子商务活动的核心。

电子商务活动的根本目的是通过商务活动的信息化，高效率、低成本、安全便利地实现各类商务活动或服务。

1.1.3 电子商务的分类

电子商务的应用领域非常广泛，按照不同的标准，可以将电子商务划分为不同的类型。

1. 按照所使用网络的类型分类

电子商务按照所使用的网络类型可分为：基于 EDI 网络的电子商务、基于 Internet（互联网）的电子商务、基于 Intranet（企业内部网）的电子商务、基于 Extranet（企业外部网）的电子商务。

1）基于 EDI 网络的电子商务

基于 EDI 网络的电子商务就是利用 EDI 网络进行电子交易。如前所述，基于 EDI 网络的电子商务，就是按照商定的协议，将商务文件标准化和格式化，并通过计算机网络，在贸易伙伴的计算机网络系统之间进行数据交换和自动处理。

2）基于 Internet 的电子商务

基于 Internet 的电子商务就是利用 Internet 进行的商务活动，是电子商务活动的最主要方式。该类型的电子商务是以计算机、通信、多媒体、数据库等技术为基础，通过互联网络，在网上实现营销、交易以及服务。

3）基于 Intranet（企业内部网）的电子商务

Intranet 是在企业原有局域网（local area network，LAN）的基础上发展而成的企业内部网。分布的企业还可以通过 Internet 形成企业内部虚拟网络。Intranet 可将企业分布在全国各地的分支机构和企业内部有关部门连接起来，使得企业各级管理人员通过网络在线读取和处理各种商务活动信息。基于 Intranet 的电子商务就是利用企业内部网络开展电子商务活动。

4）基于 Extranet（企业外部网）的电子商务

Extranet（企业外部网）是将 Intranet 进一步扩大而形成的外联网，是一个使用 Internet/Intranet 技术使企业与其客户和其贸易伙伴企业以及有关政府部门相连来完成商务活动共同目标的合作网络。基于 Extranet 的电子商务可以实现企业之间的交易和合作，简化企业进销存等商务活动流程，提高工作效率。

2. 按照商务运作方式分类

按照商务运作方式分类，可将电子商务分为完全电子商务和不完全电子商务两类。

1）完全电子商务

完全电子商务就是可以完全通过网络方式实现和完成整个交易行为和过程，也就是说商品或者服务的选购、支付、供应等各个商务活动环节及其过程都在网络上实现的商务活动。一些无形产品和服务，如计算机软件、娱乐软件（电影、电视、游戏等）以及信息服务（图像、电子图书和电子报刊等），都可以在网上进行完整的交易。

2）不完全电子商务

不完全电子商务是指无法完全依靠网上方式实现和完成全部交易行为和过程（如选购、支付、供货等）的商务活动。不论是商品选择，还是货款支付，或者是商品交付，只要任何一项不能在网络上完全实现，都归为不完全的电子商务。不完全的电子商务需要依靠一些外部要素来完成整个商务行为或过程。比如，服装、计算机、空调等有形商品，无法在网络上进行直接交付，需要在网下利用邮政服务、商业快递或者其他物流配送系统来完成。不完全的电子商务也依赖于网络信息化系统的支持，也要有大量的网上商务活动，这里的“不完全”仅仅是指不能全部在网络上实现整个电子商务活动。

3. 按照电子商务物流能力范围划分

按照电子商务物流能力范围可将电子商务分为本地电子商务、远程国内电子商务和国际电子商务。

1）本地电子商务

本地电子商务是指利用本城市或者本地区内的信息网络实现的电子商务活动，电子交易的地域范围较小。本地区的电子商务系统一般是利用 Internet、Intranet 或者专用网络将电子商务活动参与方以及相关的信息系统联在一起的网络系统。本地电子商务系统是开展远程国内电子商务以及国际电子商务的基础。

2）远程国内电子商务

远程国内电子商务是指在本国范围内进行的电子商务活动，其交易的地域范围较大，对软硬件和技术要求较高，要求在国内较大范围内实现商业的电子化、自动化，实现金融电子化。而且，此种电子商务活动的开展对参与方的综合要求较高。

3）国际电子商务

国际电子商务是指在全世界范围内进行的电子商务活动，参加电子商务活动的各方通过国际互联网进行贸易活动。它涉及有关交易各方的相关系统，如进出口公司系统、海关系统、银行系统、税务系统、运输系统、商检系统、保险系统等。国际电子商务系统业务内容复杂，数据交流频繁，要求相应的电子商务系统齐全、准确、安全、可靠。

4. 按照电子商务活动参与主体进行分类

任何商务活动都离不开参与方。电子商务活动参与主体通常可分为企业、消费者、政府机构和中介组织等。因此，按照活动参与方划分的电子商务主要有：企业对企业（business to business，B2B）的电子商务；企业对消费者（business to consumer，B2C）的电子商务；消费者对消费者（consumer to consumer，C2C）的电子商务；政府对民众（government to consumer，G2C）的电子商务；企业对政府机构（business to government，B2G）的电子商务。

1）企业对企业的电子商务

B2B 电子商务即企业对企业之间通过专用网络或 Internet，以各类企业为参与主体，以银行电子支付和结算为手段，进行数据信息的交换、传递，开展贸易活动的电子商务。它包括企业与其供应商之间采购事务的协调；物流计划人员与仓储、运输公司之间的协调；销售机构与其产品批发商、零售商之间的协调；为商务合作伙伴以及重要客户提供的服务，等等。这类电子商务已经存在多年，且发展迅速，商机无限。

2）企业对消费者的电子商务

B2C 电子商务是企业对消费者之间进行的电子商务活动。这类电子商务主要是企业借助 Internet 面向消费者所开展的在线销售和在线服务。近年来，随着 Internet 的发展，这类电子商务的发展异军突起。目前，互联网上已经出现各类大型超级市场，所销售的产品一应俱全，从服装、食品、饮料到计算机、汽车等，几乎包括所有的消费品。全球网民的迅速递增，促进了这类电子商务的较快发展。

3）消费者对消费者的电子商务

C2C 电子商务是消费者个人与消费者个人之间所开展的电子商务活动。通常是在网上建立供消费者之间进行交易的平台。实践中 C2C 较多的是进行网上个人拍卖。这种电子商务扩大了消费者之间的交易范围，增加了交易主体数量，同时，也带来了支付安全实现以及信用保证等问题。就目前现状来看，这类电子商务，无论是拍卖还是在线服务，都还没有对消费者形成极强的吸引力，随着全社会信息化程度的加强，电子商务风险和安全管理水平的提高，这类电子商务会有较为广阔的发展空间。

4）政府对民众的电子商务

G2C 电子商务是指政府对个人开展的电子商务活动，属于电子政务的一部分。政府可以通过互联网络实现对居民身份的核实、报税、收税、社会福利费的发放等政府与民众个人之间的行为。这类电子商务活动在发达国家已经获得较大的发展，在发展中国家正在逐渐形成。随着企业对消费者以及企业对政府机构电子商务的不断发展，各国政府会对个人实行更为完善的电子政务服务。G2C 已成为电子政务发展的重点之一。

5）企业对政府机构的电子商务

B2G 的电子商务指企业与政府机构之间进行的电子商务活动，如政府采购通过网上进行招标、企业通过网上进行政府项目投标等。政府可以通过这类电子商务实施对企业行政事务的管理，如通过电子商务方式发放进出口许可证、开展统计工作等，企业也可以通过网上进行报税和退税、申领执照或营业许可证、报关、进行网上产权交易等活动。

除了上述分类方式以外，还有按照商业模式或者交易模式以及赢利模式对电子商务进行详细分类的，这方面的研究成果请参看相关文献，在此不再赘述。

1.1.4 电子商务的主要特点

电子商务是在传统商务的基础上发展起来的。典型的传统商务过程由交易前准备、交易磋商、合同与执行、支付与清算等环节组成。交易前准备是供需双方宣传或者获取有效产品或服务信息的过程，实际上是商品信息的发布、查询和供需匹配过程。在产品或服务的供需双方都了解了有关供需信息后，就开始进入具体的交易磋商过程，交易磋商实际上是交易双方进行口头磋商或纸面贸易单证的传递过程。纸面交易单证包括询价单、价格磋商、订购合同、发货单、运输单、发票、收货单等，各种纸面交易单证反映了产品或服务交易双方的价格意向、营销管理要求及详细的商品供需信息，交易磋商过程完成后，交易双方以书面形式签订具有法律效应的商贸合同，以确定磋商的结果和监督执行，并在产生纠纷时通过合同由相应机构进行仲裁。支付与清算过程中一般有支票和现金两种方式，支票方式多用于企业间的交易活动，现金方式常用于企业与个体消费者的交易活动。

电子商务活动通常也同样由交易前的准备、交易磋商、合同签订与执行以及资金的支付等环节组成，但是由于有了信息、网络、通信技术的支持，与传统商务活动相比，电子商务活动体现出如下的突出特点：

1. 高效性

电子商务用数字化方式处理商务活动中相关文本、声音、图像等信息，在网络环境下，借助于电子手段实现产品和服务的交易、数字内容的网上交流、远程设计与研究、网络营销以及在线客户服务等商务行为。商务信息传输的实时性和交互性，克服了传统商务活动中信息处理速度慢、处理费用高、易出错等现象，有效减少了商务活动中的中间环节，提高了内外部信息传递效率，降低了商务活动的时间成本、信息管理成本以及交易成本，并能及时对市场情况作出反应，有利于实现即时生产、即时销售，准确快捷地完成产品或服务的交递，降低产品或服务的生产成本，从而大幅度提高整个商务活动的效率。

2. 便捷性

在电子商务环境中，传统商务活动的时间和空间限制被打破。厂商可以提供24小时不间断的服务和全天候营业，客户也不再像以往那样因地域的限制而只能在一定区域内、有限的几个商家中选择交易对象、寻找所需的商品，而是可以在更大范围甚至是全球范围内寻找交易伙伴和选择商品，足不出户就可享受到过去要大费周折才能获得的消费和服务。电子商务使得消费者和企业都能以非常便捷的方式完成传统商务中那些较为繁杂的活动并从中受益。

3. 普遍性

电子商务的迅速发展，对整个社会经济领域的传统运作模式产生了重大而深远的影响，电子商务将企业、组织、个人、政府带入了一个网络经济的新领域。政府、企业以及消费者的商务活动不同程度都受到了电子商务的影响。

4. 高安全需求

电子商务活动对安全的需求较高，这也是电子商务有别于传统商务活动的一个显著特征。电子商务参与方要求提供安全的可靠的电子商务活动环境。信息系统中的欺诈、窃听、病毒和黑客的非法入侵都是电子商务的大敌，必须加以解决。电子商务的安全性目前主要通过技术手段（如加密机制、签名机制、安全管理、存取控制、防火墙、安防病毒保护等）和符合国际标准的安全电子交易协议标准来保证。

5. 集成性

电子商务活动的集成性特点主要体现在以下几个方面：一是借助现代信息、网络和通信技术实现了商务活动处理的整体性和统一性，规范了商务处理的业务流程，将人工操作和电子信息处理集成为一个整体，提高了人员和设备的综合利用率，同时也提高了商务运作的可靠性；二是数字化、网络化、自动化的电子商务信息系统强化了商务活动的信息服务和决策支持，并通过模式识别、数据挖掘等方法和技术，实现多层次、多方位的商务活动功能集成；三是企业通过相互融合信息共享的电子商务信息服务平台，能有效整合和提升电子商务活动中各合作伙伴之间的价值链关系，形成集成式的协同商务运作机制，从而更好地、更有效地满足客户需求。

6. 层次性

一方面，任何个人、企业、地区和国家都可以建立自己的电子商务系统，这些电子商务系统本身都是更大范围内或者更高一级电子商务系统的组成部分；另一方面，即使对于特定的一个电子商务系统，其开展电子商务活动的水平、范围也有不同的层次。比如，一个企业把传统商务活动中的信息发布、查询等功能引入到计算机网络环境中，用以代替企业内部或对外的传统的信息存储和传递方式，这是初级水平的电子商务活动，如果企业通过网络环境中的EDI、电子支付系统、电子购物系统及相关的基于客户机或服务器的管理信息系统构成了综合的信息处理系统，实现了在线交易，这又是另一个水平的电子商务活动，如果企业商务活动的全部过程都被计算机网络下的信息传输和信息处理所覆盖，企业活动在一个基于Web的更为便利和广阔的操作平台上进行各种运作，企业信息系统的开发和利用达到了集成化、自动化、网络化、智能化的水平，这又是更高一级的电子商务活动水平。因此，电子商务活动具有明显的层次性特征。

1.2 电子商务系统模型与功能

1.2.1 电子商务系统模型

1. 电子商务系统概念模型

电子商务系统概念模型是对现实世界中电子商务活动的一般抽象描述。它由电子商务支撑环境、交易主体、电子市场（electronic market，EM）、交易事务和信息流、资金流、物流等基本要素构成。电子商务的概念模型如图1.2所示。

图1.2模型中，电子商务市场是电子商务主体从事商品和服务交换的场所，它是由各种各样的商务活动参与者，利用各种通信装置，通过网络连接成的一个统一的经济整体。电子商务活动主体、电子商务支撑环境的含义如前所述。

电子商务的任何一笔交易，包含着三种基本的“流”，即资金流、信息流、物流。其中，信息流既包括商品信息的提供、促销、营销、技术支持、售后服务等内容，也包括诸如询价单、报价单、付款通知单、转账通知单等商业贸易单证，还包括交易方的支付能力、支付信誉、中介信誉信息等。资金流主要指资金的转移过程，包括付款、转账、兑换等过程。物流主要是指商品和服务的配送及传输渠道，对于大多数有形产品来说，物流仍然需经由传统的经销渠道，而对绝大多数无形产品或者服务来说，可以直接以网络传输的方式进行配送，如各种电子出版物、信息咨询服务、有价信息等。

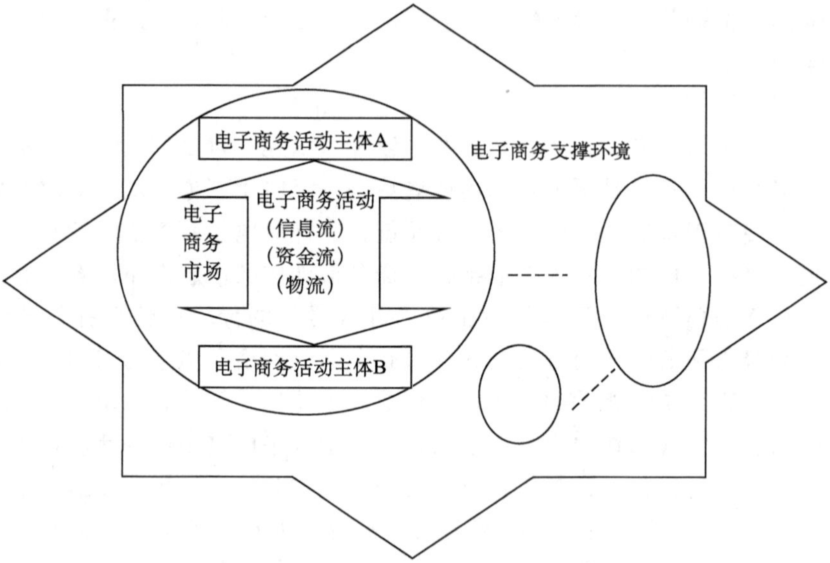

图 1.2　电子商务系统的概念模型

电子商务中“三流”的关系可以表述为：以信息流为依据，通过资金流实现商品的价值，通过物流实现商品的使用价值。物流是资金流的前提和条件，资金流是物流的依托和价值担保，并为适应物流的变化而不断进行调整，信息流对资金流和物流运动起指导和控制作用，并为资金流和物流活动提供决策的依据。电子商务活动是信息流、资金流和物流的有机统一。

2. 电子商务系统的结构模型

电子商务活动是一种多方参与、互相支持、互为条件的复杂活动。电子商务系统的基本结构模型如图 1.3 所示。

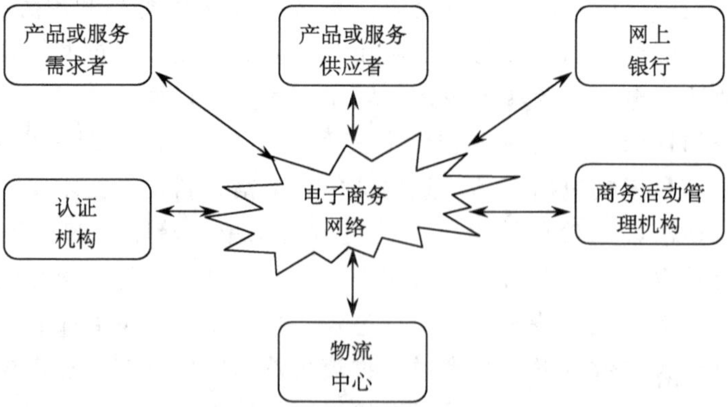

图 1.3　电子商务系统基本结构模型

1）电子商务网络

电子商务网络主要包括 Internet、Intranet、Extranet。Internet 是电子商务的基础，也是商务信息传递的载体。Intranet 是企业内部商务活动的场所，Extranet 是企业与企业、企业与产品或服务需求者联系的纽带。

2）产品或服务需求者

产品或服务需求者是那些通过电子商务活动购买有形、无形商品或服务的企业或个人。完全意义上的电子商务产品或服务需求者应该是全部商务活动都是通过电子商务网络来实现的需求者，包括通过电子商务网络来选择产品或服务供应方，他们通过电子商务网络实现电子支付以及享受足不出户的产品或服务获得。

3）产品或服务供应者

产品或服务供应者是通过电子商务系统提供有形、无形商品或有偿服务的企业或个人。

4）认证机构

认证机构是法律承认的权威机构，负责发放和管理电子证书，使电子商务活动参与各方能够互相确认身份。它是不直接参与电子商务交易的第三方机构。

5）网上银行

网上银行提供网上实现买卖双方结算以及资金支付方面服务，并保证支付的安全性。

6）商务活动管理机构

商务活动管理机构主要包括工商、税务、海关、经贸等部门。

7）物流中心

物流中心接受供应方的送货要求，负责及时地将无法直接从网上得到的有形商品送达需求方指定的地点，并跟踪商品的动态流向。

需要说明的是，上面模型中任何一个电子商务活动参与方都具有相应的计算机信息系统（computer information system，CIS）。CIS 包括计算机硬件设备和必需的软件系统，如网站管理和网页维护系统、安全防护系统、管理信息系统、数据库系统等。

3. 电子商务系统支撑框架模型

电子商务运作需要构建一定的宏观环境和微观环境才能实现。微观环境是电子商务的应用基础，包括多个层次，分别从信息传递、信息理解、基本业务和应用系统等层次为电子商务的运作提供技术手段上的支持；宏观环境则一般是由政府部门、行业组织等制定的相关法律、法规和各种技术规范及标准。这些法规及标准是保障电子商务运作的重要支撑。图 1.4 是电子商务系统支撑框架模型。

1）网络基础设施

网络基础设施是实现电子商务的最底层的支持设施，它是信息的传输系统，

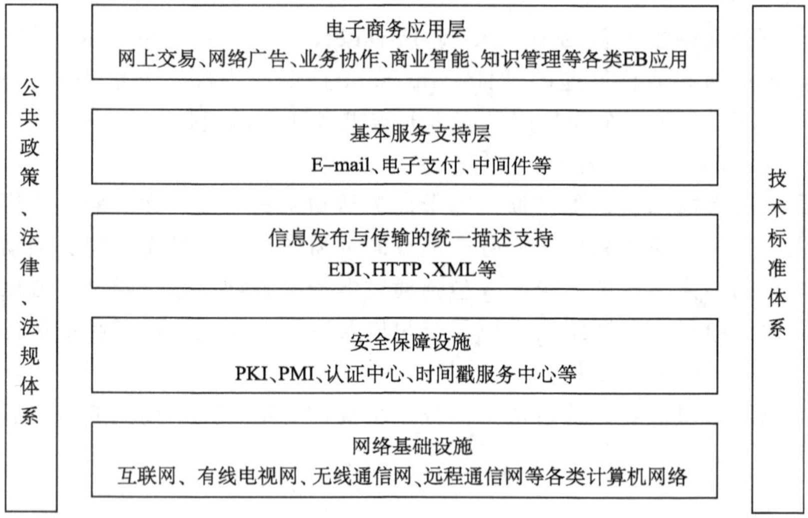

图 1.4　电子商务系统支撑框架模型

也是实现电子商务的基本保证。它包括远程通信网、有线电视网、无线通信网和互联网。因为电子商务的主要业务是基于 Internet 的，所以互联网是网络基础设施中最重要的部分。

2）安全保障设施

安全保障设施是指为使电子商务活动正常运行的基本保障体系，包括：提供身份识别及数据加密的公钥基础设施 PKI，提供访问控制和特权管理、依赖于 PKI 的授权管理基础设施 PMI，以及提供时间服务的时间戳服务中心等。

3）信息发布与传输的统一描述支持

网络基础设施提供了信息传输的途径，信息发布与传输的统一描述支持解决信息的解释问题，使得在电子商务活动中各方传递的信息被正确理解。典型的描述方式包括 EDI、HTTP、XML 等，它们分别应用于各种不同目的的应用中。

4）基本服务支持层

在各领域广泛应用的各类电子商务应用系统依赖于一些有共性的基本的服务集成。基本服务支持层提供电子支付等典型的基本服务支持，提供可方便集成的各种业务中间件，使得电子商务应用系统的集成更为方便。

5）电子商务应用层

电子商务应用层实现各类电子商务活动，包括网上交易、网络广告、供应链管理、企业资源计划、客户关系管理、知识管理等。

6）公共政策和法律法规体系

法律维系着商务活动的正常运作，对市场的稳定发展起到了很好的制约和规范作用。进行商务活动，必须遵守国家的法律、法规和相应的政策，同时还要有道德和伦理规范的自我约束和管理，二者相互融合，才能使商务活动有序进行。

随着电子商务的产生，由此引发的问题和纠纷不断增加，原有的法律法规已经不能适应新的发展环境，制定新的法律法规并形成一个成熟、统一的法律体系，成为世界各国发展电子商务的必然趋势。

7）技术标准体系

在电子商务支撑环境的各个层次中，都需要各类完善有效的技术标准来规范，这形成了技术标准体系。随着技术的发展，为了解决伴随电子商务活动发展而不断涌现的新问题，技术标准体系需要不断地完善与发展。

1.2.2 电子商务系统的功能

电子商务系统应对电子商务活动全过程予以支持，从应用的场合和需求来说，已经在实践中实现的电子商务系统功能有数十种之多，如网上订购、网上洽谈、网上物流、网上结算、网上报关、网上服务等。

1. 基于目标的电子商务系统功能划分

从电子商务活动进行分析和分解，我们可以将纷繁复杂的各类电子商务活动大致分为三个方面：信息、管理和交易。因此，按照电子商务系统目标的不同，与之相对应，可将电子商务系统的基本功能一般地概括为“3C”，即内容管理（content management）、协同处理（collaboration）和电子交易（commerce）。

1）内容管理

内容管理即管理需要在网上发布的各种信息，其内容主要包括三个方面：商务信息沟通渠道与信息的分布、商务信息服务（集成信息资源、信息搜索、分类、处理等）以及商务信息的安全（保密、真实、可靠等）。

2）协同处理

协同处理指能支持不同组织（如企业和企业之间、供应链和供应链之间、企业和政府机构之间）、不同部门（如企业各个部门之间、政府各个部门之间）、群体人员的协同工作，通过通信系统、自动处理业务流程系统、管理信息系统、内部网和外部网协同各类电子商务业务活动，降低成本，提高效率。

3）电子交易

跟传统交易活动一样，电子商务系统的电子交易功能涉及交易前、交易中、交易后三个阶段的业务支持和相关服务。具体而言，就是支持交易各方在合同签订前所进行的活动，包括企业在各种商务网络和Internet的商务网站上进行商品广告宣传，获取市场需求信息，寻找交易机会；客户在网上利用搜索引擎工具迅速地查找所需商品的信息，进行价格比较，选择交易对象；交易各方在利用电子商务系统所提供的网络应用工具进行商务咨询和洽谈活动等；支持交易合同签订过程，并通过电子商务所涵盖的电子银行、电子物流、电子税务、电子报关等系统来实现涉及银行、运输、税务、海关等方面电子单证的交换；支持交易双方办完各种交易手续，支持商品交付运输后需要提供的服务，如网上结算、网上支付、电子数据交换和电子资金转账（electronic fund transfer，EFT）、发（到）货管理、客户意见反馈以及网上售后服务等。

上述关于电子商务系统基本功能的阐述是按照商务活动的主要内容和要求结合电子商务系统目标来展开的，电子商务系统的功能，还可以从电子商务活动中企业和消费者各自的角度进行具体分析。

2. 基于企业的电子商务系统功能划分

从企业角度来讲，电子商务系统基本功能应该包括以下三个主要方面：

（1）企业内外部信息管理。企业电子商务系统应大幅提高企业内外部商务信息的管理水平，促进或实现商务信息网络化、自动化的收集、加工、共享、开发与利用。

（2）企业内部事务处理。企业内部事务包括日常操作、管理与决策三个层面，电子商务系统依托企业内部网络，有效支持企业内部的各种事务，如企业日常操作层面的库存、订单、结算等事务，企业内部管理中的生产管理、技术管理、人力资源管理、财务管理、物流管理等事务，并应用商业智能手段对企业决策提供支持。

（3）企业外部商务协作。电子商务系统应支持企业的供应链管理企业与企业之间、企业与相关组织之间、企业与客户之间动态的商务协作，如供应链管理、客户关系管理、虚拟企业管理、交易管理等，使企业能快速地响应市场需求的动态变化，并更好地为用户提供各种服务。

3. 基于消费者的电子商务系统功能划分

从消费者角度来看，一个电子商务系统，主要应能对消费者的购买决策提供有效支持。消费者的购买决策过程一般包括五个阶段：问题识别、寻找信息、选择评估、购买决策和购买后行为。问题识别阶段发生在消费者感知到他目前的状况和想要的状况存在差别时，其需求可以由外部的刺激所激发。消费者一旦有了需求，就会尽量寻找信息来设法满足这个需求。信息收集帮助消费者认清各种竞争的品牌产品及它们的特点。信息收集的结果影响到消费者对可选择产品的特点、特性的认识从而决定购买哪个产品。消费者会根据自己的经验、内部或外部信息来形成对产品的信任或形成产品形象。经过对可选择的对象进行评价后，消费者决定购买认为能够更好地满足自己需求的产品。还有一些潜在因素会影响消费者购买决定，如品牌选择、挑选卖家、购买量、购买时机、付款方式等。购买后的行为包括消费者满意或不满意的水平。企业应尽量满足消费者需求来巩固和消费者的关系。所以，站在消费者立场上，一个有效益的电子商务系统应具备下面几个方面的基本功能：

(1) 产品信息展示。向消费者展示企业产品说明、相关图片乃至多媒体资料，发布产品销售方面的各种信息，增加消费者对公司产品以及销售政策的了解。

(2) 顾客服务。为消费者提供与其购买决策各个阶段相关的在线信息服务，如信息查找、帮助、咨询等；对客户购买决定的形成提供指导，帮助潜在消费者作出正确的购买决定，为消费者提供个性化服务，增进与消费者之间的关系等。

(3) 网上调查。对消费者的购买意向和购买行为以及反馈信息进行收集、整理与分析。

(4) 网上销售。实现网上订单确认、网上支付、电子化物流配送等，并提供相应的售后服务支持。

上面关于电子商务系统功能的阐述是概括性的。如前所述，电子商务分为不同的类型，与之对应的电子商务系统，在功能侧重上也会有所不同。比如，企业内部的电子商务活动以 Intranet 为网络基础环境，并结合企业基础管理信息系统，相应的电子商务系统主要功能为：支持企业内部数据管理、实现信息资源共享、促进企业组织及雇员之间的协同工作与信息交流，增进企业内信息的流动速度，支持或者辅助企业商务决策等；企业间电子商务活动以 Extranet 为网络基础环境，由企业的合作伙伴利用 Intranet 技术将关键的商务处理过程链接在一起，形成虚拟企业。企业间电子商务系统的主要功能为：企业间共享信息资源、合作研发、协同工作、支持企业间商贸活动等；企业与消费者之间的电子商务活动则是利用 Internet 为网络基础环境，相应的电子商务系统主要功能包括提供企业产品信息、实现企业与消费者之间的直接交流、共享外部信息资源、用户信息反馈、支持商贸活动、支持售后服务等。

一个具体的电子商务系统功能分析与设计，应根据企业的电子商务发展战略、消费者特征、企业应用电子商务技术的水平和管理能力、企业合作伙伴的信息化水平、财务状况等因素进行综合分析来确定。

1.3 电子商务业务流程及其变革

1.3.1 电子商务业务流程

业务流程（business process，BP）是指组织或个人为完成某一目标（或任务）而进行的一系列逻辑相关的活动的有序的集合。

所谓电子商务业务流程（electronic business process，EBP）就是指通过计算机网络、信息技术和通信技术而进行的一系列有关电子商务活动的有序集合。

对于企业组织来说，电子商务业务流程就是在电子商务环境中把一个或多个输入转化为对顾客有价值的输出活动，也就是企业输入所需资源，以客户需求为起点，为顾客提供满意的产品或服务，实现价值增值的一系列电子商务相关活动。

对电子商务业务流程的关注与分析，可以帮助我们了解电子商务业务的具体处理过程，发现其中的不足或疏漏，修改或删除原业务处理过程中的不合理或者效率低下的部分，在此基础上优化电子商务业务处理过程，提高电子商务的运作效率。

面向交易的狭义电子商务业务流程跟传统商务交易流程一样，大体上也可以分为售前、售中、售后三个大的阶段或者部分，以分别完成商品的信息发布过程、谈判和签订合同以及售后支持等。由于商务运作的环境不同，电子商务业务流程有其自身的特征。

1. 电子商务的一般业务过程

电子商务的一般业务过程如下：

1）交易前的准备

这一阶段主要是指买卖双方和参加交易各方在签约前的准备活动。

(1) 买方根据自己要买的商品，准备购货款，制定购货计划，利用 Internet 和各种电子商务网络进行货源市场调查和市场分析，了解各个卖方所在地的贸易政策，寻找自己满意的商品和商家，确定和审批购货计划，按计划确定购买商品的种类、数量、规格、价格、购货地点和交易方式等。

(2) 卖方根据自己所销售的商品，利用 Internet 各种电子商务网络发布商品广告，寻求贸易伙伴和贸易机会。其他参加交易各方有中介方、银行金融机构、海关系统、商检系统、保险公司、税务系统、运输公司等，也都为进行电子商务交易做好准备。在电子商务系统中，信息的交流通常都是通过双方的网址和主页来完成的。这种信息的沟通方式无论从效率上还是从时间上，都是传统方法无法比拟的。

2）交易磋商

在商品的供需双方都了解到了有关商品的供需信息后，具体商品交易磋商过程就开始了。在网络化环境下，整个商贸磋商的过程可以在网络和电子商务信息系统的支持下完成。传统商贸磋商中的单证交换过程，在电子商务中演变为记录、文件或报文在网络中的传递过程。双方在交易中的权利、所承担的义务，对所购买商品的种类、数量、价格、交货地点、交货期、交易方式和运输方式，违约和索赔等合同条款，可以用电子交易合同形式作出全面详细的规定。

3）签订合同与办理手续

磋商过程完成后，为了以法律文件的形式确定磋商结果以监督双方的执行，可利用电子数据交换或者数字签名等方式进行签约。签约结束后，双方都可以通过磋商日志或文件来约束后续商务行为和执行磋商结果，也可以通过授权的第三方来仲裁执行过程中所产生的纠纷。买卖双方签订合同后到合同开始履行之前还需办理各种手续，交易主要涉及的有关各方，以及可能要涉及的中介方、银行金融机构、海关系统、商检系统、保险公司、税务系统、运输公司等，买卖双方利用电子商务网络与有关各方进行各种电子票据和电子单证的交换，直到办理完可以将所购商品从卖方按合同规定开始向买方发货的一切手续为止。各种各样的电子商务系统和专用数据交换协议自动地保证了网络信息传递的准确性和安全可靠性。

4）合同的履行和支付过程

买卖双方办完所有各种手续之后，买卖双方开始履行合同，并通过电子商务服务器跟踪发出的商品，银行和金融机构也按照合同，通过网上银行处理双方收付款、进行结算，出具相应的银行单据等，直到买方收到自己所购商品，完成整个交易过程。

电子商务的运行模式是“前后台，一站式”的。前台（一般是电子商务网站）接受业务请求以及输出业务处理结果，后台（电子商务管理信息系统）完成对电子商务业务的具体处理过程。对应前后台业务处理过程，电子商务的业务流程分为外部流程和内部流程。

2. 典型电子商务业务流程

1）B2C业务流程

图1.5是一个典型的B2C业务流程图，反映了商家、消费者、认证中心、网上银行、物流公司等多个电子商务活动参与方的业务处理环节及业务处理逻辑过程。

2）B2B业务流程

图1.6是一个简化了参与方的企业间电子商务采购流程。

在该流程中，进行电子贸易的企业首先到网上银行申请账号，然后到交易平台（大卖场）“注册账户”并申请使用权限。进行交易的企业无论是买方还是卖方都必须在交易平台“认证中心”取得信用认证值，该值随着贸易的信用度作动态调整。交易双方取得信用认证后，重新登录交易平台，选择交易身份。

作为买方企业，登录交易平台后，根据企业的采购要求搜索相关“商品信息”，当找到满意的商品时，进行“买方询价”，通过交易平台向卖方企业发订单（或邮件），当卖方回复订单后，买方企业可以“查看新订单”查阅相关价格信息。如果买方对订单满意，可以发订单进行“价格确认”；如果买方对价格不满意，可以再次议价，议价失败时买方可以重新搜索其他商品信息。当买方向卖方进行价格确认后，卖方会向买方发送交易合同，此时，买方“查看新合同”并就合同中的价格、数量、包装、运用方式、运送时间以及物流价格等条款进行商

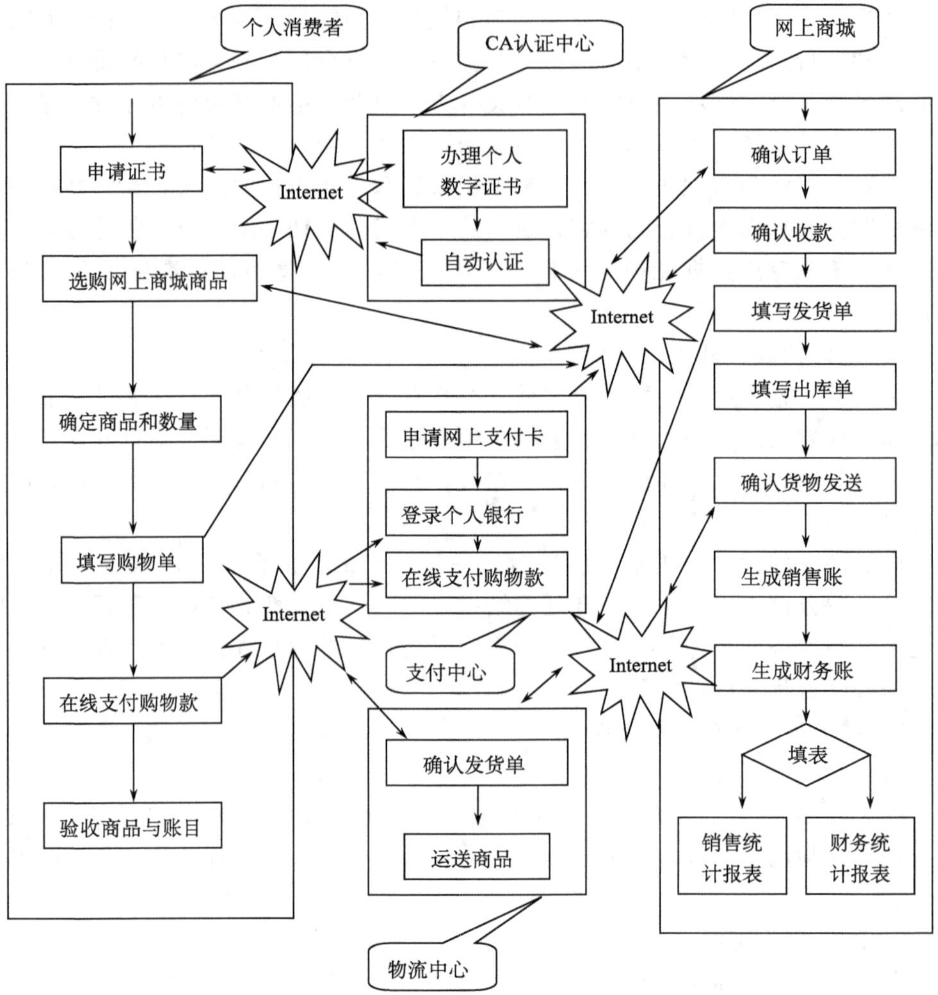

图 1.5 B2C 业务流程

议，商议成功后买方可以进行“合同确认”。此时卖方向买方发放转账通知，买方“查看转账通知”，确认无误后通过银行账户“转账付款”，然后等待卖方发货。买方提货后采购流程结束。

一个更一般的 B2B 业务流程见图 1.7。该流程除了交易双方外，还包含了 EDI 中心、物流企业以及银行的部分业务处理过程。每个环节的具体解释不再叙述。

3）C2C（前台）拍卖与竞拍业务流程图

C2C（前台）拍卖与竞拍业务流程图见图 1.8。

C2C 模式拍卖流程如图 1.8 左半部分，C2C 模式竞拍流程如图 1.8 右半部分。

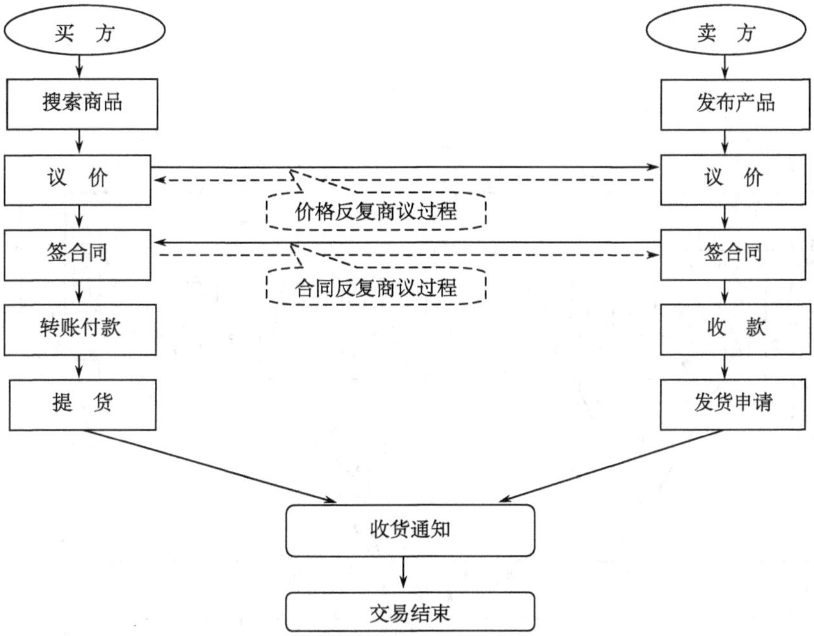

图 1.6 企业间电子商务采购流程

图 1.8 仅是表述了网上拍卖过程中竞拍和拍卖两方在前台的基本活动，未涉及 C2C 网上拍卖网站后台的管理环节，如登录日志管理、会员信息管理、拍卖商品目录管理、商品管理、群组设置等。

从上面几个典型电子商务业务流程图可以看出，电子商务的业务流程一般会跨越多个组织机构，各个组织机构在电子商务活动中扮演着不同的角色，每个组织机构内部又有各自的业务处理环节，组织间存在业务衔接，完整的电子商务活动，需要组织机构之间协同工作才能完成。

1.3.2 电子商务业务流程变革

1. 业务流程变革含义

面对来自以竞争和变化为主要特征的现代企业经营环境的挑战，企业期望通过重新设计其核心业务流程，获得绩效的大幅度提高。

流程变革（business process change，BPC）是一个不断变化着的概念，早期的流程变革几乎等同于流程再造（business process reengineering，BPR），流程再造的概念最初由美国学者 Hammer 和 Champy 于 20 世纪 90 年代提出。他们认为，流程再造是对业务流程进行的根本性再思考和彻底性的再设计，从而使之在成本、质量、服务和速度等方面得到根本的改善。后来由于流程再造实践的

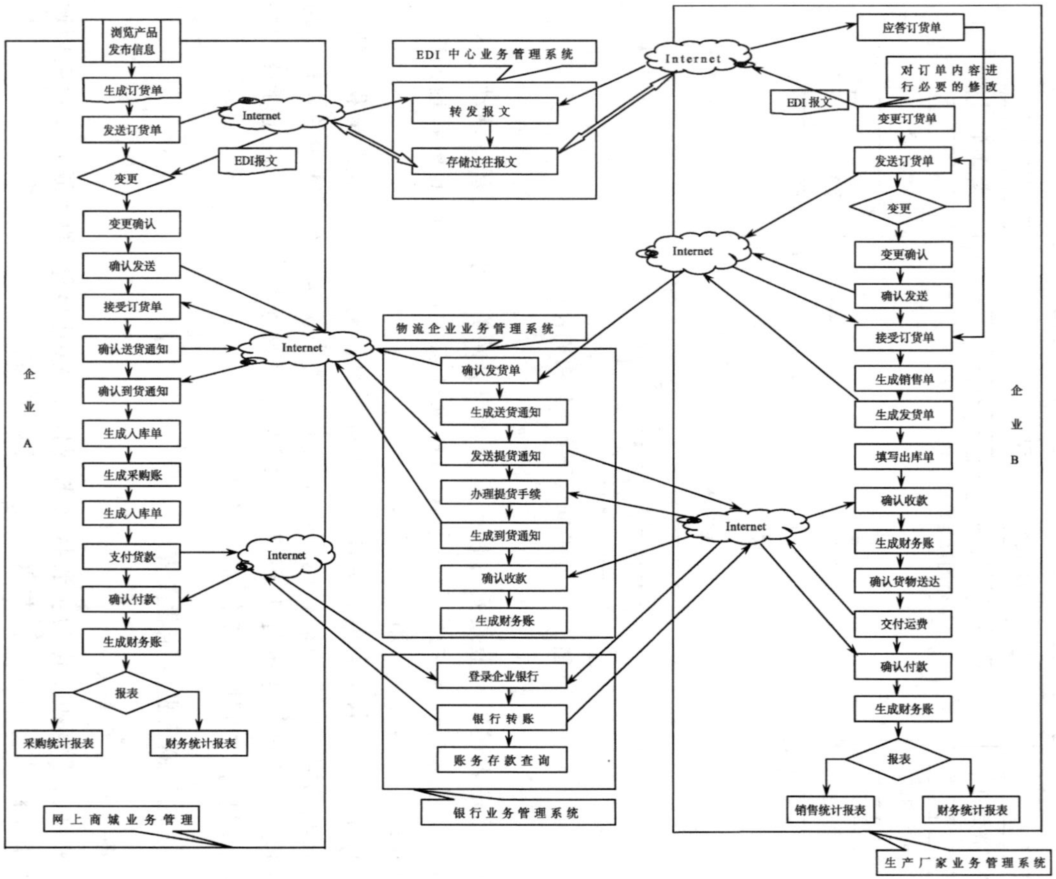
浏览产品
发布信息
生成订货单
发送订货单
变更
变更确认
确认发送
接受订货单
确认送货通知
确认到货通知
生成入库单
生成采购账
生成入库单
支付货款
确认付款
生成财务账
报表
采购统计报表
财务统计报表
企业A
网上商城业务管理
Internet
EDI报文
EDI中心业务管理系统
转发报文
存储过往报文
物流企业业务管理系统
确认发货单
生成送货通知
发送提货通知
办理提货手续
生成到货通知
确认收款
生成财务账
登录企业银行
银行转账
账务存款查询
银行业务管理系统
应答订货单
对订单内容进行必要的修改
EDI报文
变更订货单
发送订货单
变更
变更确认
确认发送
接受订货单
生成销售单
生成发货单
填写出库单
确认收款
生成财务账
确认货物送达
交付运费
确认付款
生成财务账
报表
销售统计报表
财务统计报表
企业B
生产厂家业务管理系统

图 1.7 B2B业务流程

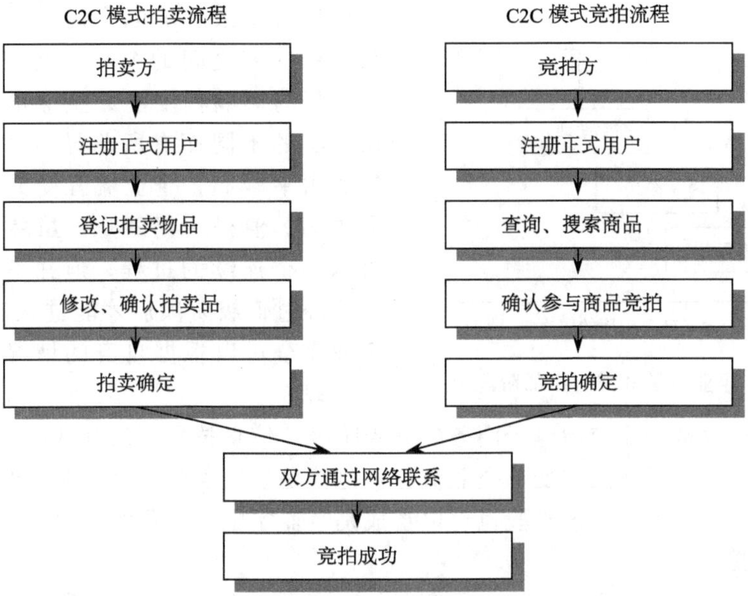

图 1.8 C2C（前台）拍卖与竞拍业务流程图

高失败率，流程变革的范围后来进一步拓宽，流程改进（business process improvement，BPI）、全面质量管理（total quality management，TQM）以及流程外包（business process outsourcing，BPO）也并入流程变革的范畴。关于流程变革，比较具有代表性的是 Kettinger 和 Grover（1995）为流程变革所下的定义。他们认为，流程变革是根据制定的战略规划，通过变革信息、技术、管理、人员和组织结构之间的关系来改进和重新设计业务流程，以达到大幅度提升组织绩效的目的的过程。这个定义表明，流程变革相当复杂，单独的流程变革很难取得显著的效果。Harmon（2003）将流程变革的相关术语进行了梳理，他认为流程再设计介于流程改进和流程再造之间，流程改进是指对现有业务流程较小的、具体的改进；流程再设计是指对现有流程的重大改进或创造新流程；流程再造是指流程变革非常之大，需要以综合的方式重新设计。

一般意义上讲，流程变革就是组织对内外部环境的变化所作出的反应，目的在于提高将输入转化为输出的效率。

2. 电子商务对业务流程的影响

随着信息技术的发展，越来越多的企业开始应用电子商务以获得竞争的优势，但由于受到资金、技术和人员素质等条件的制约，企业发展电子商务的程度也有所不同。传统企业开展电子商务，一般需要经过展示阶段、交流阶段、交易

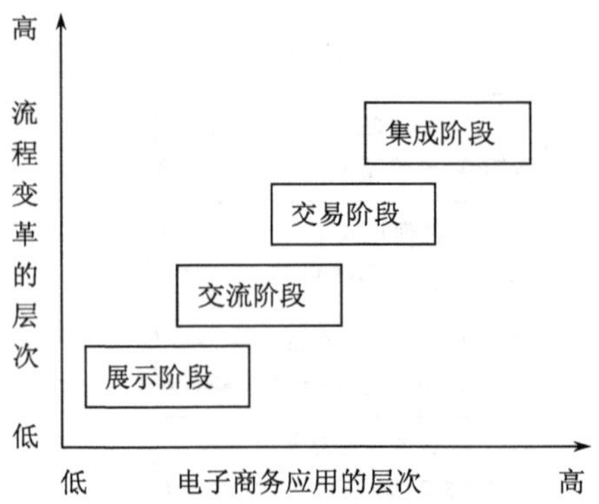

图 1.9 企业电子商务应用的阶段模型

阶段和集成阶段，如图 1.9 所示。该阶段模型可用来表示电子商务应用的水平与流程变革之间的关系，电子商务对企业流程的影响程度随着企业电子商务应用层次的不同而有所差异，电子商务应用的水平越高，企业流程受到的冲击就会越大。值得一提的是，虽然阶段模型表示一个连续的过程，但并不是说企业需要经过低级阶段后才能进入高级阶段，企业完全可以根据自身的情况进入任一个阶段。

展示阶段是企业应用电子商务的低级阶段，信息技术并没有真正地融合到企业的流程之中，因此无需变革企业流程，也就是说电子商务对企业的业务流程并没有什么太大的影响。该阶段也可以看成是企业实施信息化的过程，并且信息化水平比较低。

到了交流阶段，企业实施电子商务的程度进一步加深，该阶段可以实现企业同客户（销售者、消费者）或供应商的双向交流，企业可以通过网站为顾客或供应商提供产品或服务的信息，并通过网络获得订单、进行报价和谈判，为客户提供个性化服务。该阶段，企业的网站变成了信息聚集、传播的工具，在这样的情况下，市场营销和销售部门就需要进行相应的流程变革以保证订单能够得到及时处理。

企业在交易阶段面临着新的挑战，不仅要求具有较高的技术能力和较完备的信息技术基础设施，而且对信息系统安全性和可靠性提出了更高的要求。交易阶段的电子商务活动会涉及方方面面，除了买方和卖方外，银行等金融机构、政府机构、认证机构、配送中心等都参与其中。数据加密和电子签名等技术也是电子商务活动中不可缺少的因素。

交易阶段电子商务已对企业前后台系统的配合提出了新要求，前台系统是指为开展电子商务活动而建立的与企业的供应商、合作伙伴、消费者、银行以及政府部门等相关的应用系统，前台系统需要便于内外部用户的使用。企业后台的应用系统主要是指库存、生产、运输、采购等信息的管理系统，通常是以企业资源计划系统（enterprise resources planning，ERP）为基础，它是企业实施电子商务的基础和保障。如果没有后台应用系统，前台系统获得的客户订单就很难及时得到处理；如果前台系统不能及时准确地获得企业后台系统的信息，它就很难对客户的要求作出及时反应。

在交易阶段，企业必须对原有流程进行再设计；否则，僵化的企业流程将无法满足电子商务这一快速、及时的交易模式的要求。

集成阶段是电子商务发展的高级阶段，从市场营销开始到订单获取、原材料供应、产品生产、货款结算、产品的提供以及售后服务等活动都是通过计算机网络和电子商务系统来完成。集成可以分为企业流程的集成、信息系统的集成以及流程与信息系统的集成三个方面，又可以分为企业内部集成和跨企业集成。集成阶段存在的主要障碍是企业之间的流程和信息系统的不兼容问题。由于集成阶段不仅涉及技术方面的变革而且还涉及社会方面的变革，因此，企业之间的密切合作就显得尤为重要。企业想要获得成功，需要明白其合作伙伴目前和将来的战略需求，并与合作伙伴共享信息、密切合作。这个阶段，电子商务对企业内以及企业间的业务流程影响最大，流程变革的任务也最重。

3. 电子商务业务流程变革内涵

电子商务业务流程变革（electronic business process change，EBPC）是指组织为了发挥电子商务的优势，利用现代信息、网络、通信技术，对组织内部、跨组织以及组织与消费者之间的业务流程进行改进或重新设计，构建适合电子商务需要的高效业务流程的过程。对于电子商务业务流程变革的内涵，需要从以下几个方面去认识：

(1) 电子商务业务流程变革的对象是组织内部传统的业务流程、组织与组织之间的业务流程以及组织与消费者之间的流程。电子商务业务流程变革基本上可以看成是“电子商务环境下的流程变革”或“面向电子商务的流程变革”的同义语。

(2) 电子商务业务流程变革同流程变革有许多共同之处，但它们之间也存在着差别。电子商务业务流程变革同流程变革的主要差别在于电子商务业务流程变革是利用现代信息、网络、通信技术变革现有的业务流程，对组织内部以及组织之间的商务流程进行改进或重新设计，构建适合电子商务需要的高效的业务流程的过程，以达到资源及时、准确、共享的目的，从而降低成本，提高效率和质量。组织开展电子商务并不仅仅是将现有的业务流程自动化，还包括创造新的流程以及对旧流程的改造，即去除可有可无的流程，改进效率低下的流程，取消或合并重叠的流程。

(3) 电子商务业务流程变革的重点并不是简单地开发一个电子商务系统，而是将新的基于 Web 的信息系统同现有的组织内部系统以及属于顾客和供应商的外部系统集成起来。

(4) 电子商务业务流程变革不同于企业电子商务转型。企业电子商务转型一般是指传统企业向电子商务企业的转变，也就是利用信息、网络、通信技术来改造传统企业，目的在于实现传统企业与 Internet 二者优势的完美结合。传统企业在向电子商务企业转型的过程中，其核心的业务流程必然要进行变革才能适应电子商务环境下新的经营模式的要求，所以，传统企业在实施电子商务的过程中需要进行业务流程变革，同时还需要业务流程之外的其他方面的变革。电子商务业务流程变革研究的范围比企业电子商务转型相对较小。

4. 电子商务业务流程变革的特点

首先，电子商务业务流程变革是战略驱动下的主动变革。一般来说，业务流程变革可能是有计划、有指导的变革，也可能是没有指导没有计划的自发性变革。有计划的流程变革是人们在预见到环境变化的可能性时主动对业务流程进行的系统变革。没有计划或自发的变革常常带有盲目性，变革的效果自然会大打折扣。电子商务业务流程变革是经过深思熟虑的有计划的流程变革，它是为了充分发挥电子商务优势而主动进行的流程变革。因此，电子商务业务流程变革需要进行战略规划，即通过识别组织的发展战略和组织所处的内外部环境，确定组织变革的目标，再经过可行性分析，最终确定电子商务业务流程变革的方案。实践证明，电子商务业务流程变革采用有计划性的变革方式在一定程度上可以消除变革带来的阻力。

其次，电子商务业务流程变革需要利益相关者（能够影响一个组织目标的实现或者能够被组织实现目标过程影响的人或者组织）的共同参与。对于企业而言，电子商务业务流程变革不再局限于企业内部的流程变革，而是涉及企业与企业之间、企业与消费者之间的流程变革。因此，电子商务业务流程变革需要利益相关者的共同参与。如果进行进一步的细分，企业电子商务业务流程变革的利益相关者可以分为包括股东、经营者、员工等在内的内部利益相关者和包括顾客、供应商、合作伙伴、竞争者等在内的外部利益相关者。在目前的情况下，企业电子商务业务流程变革还是要立足于企业自身。因此，内部利益相关者的积极参与是电子商务业务流程变革成功的关键。电子商务业务流程变革几乎是企业所有人员都要投入的事情，必须扩大参与，让参与变革的人员充分讨论，集思广益，才能够减少冲突，增加变革成功的可能性。跨企业的电子商务业务流程变革则要求外部利益相关者的密切合作。例如，企业想要从电子商务的应用中获得巨大收益，依赖于信息系统的集成和业务流程的集成，而外部信息系统的集成又会受到利益相关者信息系统不兼容的影响。所以外部利益相关者之间的协调和合作在跨企业电子商务业务流程变革中意义十分重大。

再次，电子商务业务流程变革不仅仅是激进式的变革。电子商务业务流程变革与流程再造有一些相似的地方，因此国内外有不少学者主张采用激进式的变革方式。我们认为，电子商务业务流程变革不仅仅是激进式的流程变革，而是激进式与渐进式两种变革方式的综合运用，主要原因有以下几点：①电子商务业务流程变革涉及开发出来的电子商务系统与现有信息系统的集成以及与利益相关者信息系统集成的问题，在短时间内完成与包括消费者、供应商和分销商在内的流程集成并通过协调达成一致并不是激进式的变革所能完成的；②开发电子商务系统在软件和硬件方面的投资巨大，投资很难在短期内获得回报，一些企业因此而濒临破产的边缘，早期电子商务泡沫破裂便是急功近利的结果；③由于电子商务业务流程变革对员工素质提出了较高的要求，而大多数员工往往又不具备新技术所需要的技能，因此需要对员工进行相应的培训，也就是说企业员工对变革还需要有一个适应的过程；④电子商务业务流程变革应从流程再造高失败率中吸取教训。

最后，电子商务业务流程变革离不开知识管理。始于20世纪90年代的业务流程再造以其高失败率受到了质疑，忽略了知识管理这一重要因素是导致其失败率高的主要原因之一。传统企业的电子商务业务流程变革是一项极其复杂的变革过程，知识管理在电子商务业务流程变革的整个过程中都发挥着极为重要的作用：①企业的知识管理水平、学习能力、应用知识和创新知识的能力对电子商务业务流程变革的成功有很大的影响。例如，企业内部以及企业之间知识的交流和共享无疑会提高管理者和企业成员有关电子商务知识以及业务流程知识的水平，而知识管理方法和工具的应用同样有助于电子商务业务流程变革的成功；②企业及企业成员的知识水平直接影响到企业业务流程的设计水平，企业及其员工知识水平的提高有助于业务流程水平的提高。企业管理者和员工个人的知识在企业内进行交流、传播和共享，可以形成企业的知识。知识管理将企业过去和现在所拥有的知识，以及各部门在生产经营中积累的经验和教训进行收集、存储，在全企业范围内通过交流而共享，并为管理者和员工提供发现、挖掘和优化已创造的共同知识的工具，使管理者和员工可以方便地将这些知识应用于新业务流程的改进；③在目前的情况下，企业开展电子商务和进行流程再造大都是借助于外部咨询公司和专业技术公司的力量来进行的，一旦外部公司完成项目后离开，企业将无法解决运作过程中所出现的问题。因此，企业对有关电子商务和业务流程知识的管理，包括知识获取、传递、共享和利用是电子商务业务流程变革得以顺利进行的重要保障。

5. 电子商务流程变革的框架

电子商务流程变革的框架是由战略规划、变革的启动、变革的实施、变革结果的评估等几部分构成，如图1.10所示。

1）战略规划

战略规划就是勾画出组织变革的蓝图，它是对组织内外部环境进行综合分析的结果。分析组织的变革环境必须经过深思熟虑，否则就很可能会给组织带来损失甚至灾难。

首先，战略规划应该搞清楚变革的动机。组织实施电子商务流程变革的动机大致可以分为生产驱动型、市场驱动型和技术驱动型三种。生产驱动型包括降低

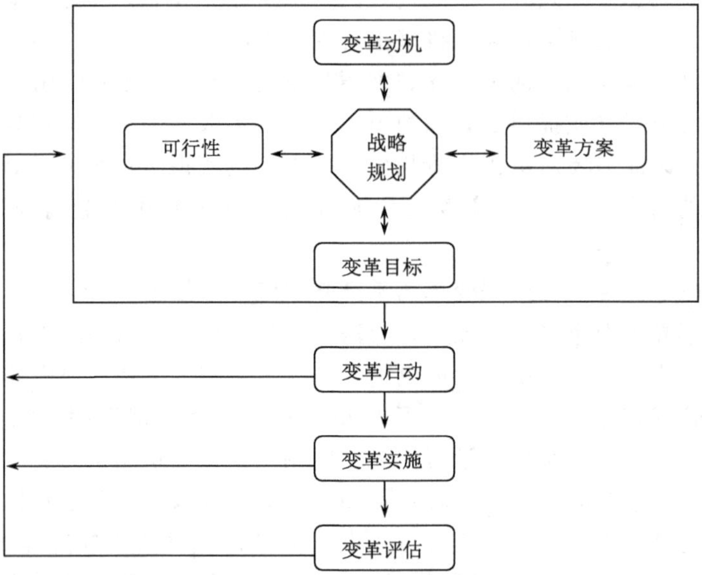

图 1.10 电子商务流程变革的框架

成本、提高效率和促进内部交流等动机；市场驱动型包括扩大市场份额、抬高顾客撤出的门槛等动机；技术驱动型包括对落在竞争对手后面的恐惧、对获得技术领先地位的渴望等动机。

其次，战略规划要进行可行性分析。可行性分析主要包括分析组织现有的技术水平、成本因素、组织中人员的素质以及对风险的承受能力。其中，成本因素不仅包含人力成本的开支，还包括电子商务基础设施的购买、维护等，尤其是对现有信息系统改造的成本。

再次，战略规划需要制定电子商务流程变革的目标。在对变革的必要性和可行性分析的基础上，需要确定变革的范围、变革的程度及变革的时间等比较宏观的目标。

最后，知识管理作为连接电子商务流程变革过程的桥梁，贯穿电子商务流程变革的始终。

2）变革的启动

项目团队的组建。电子商务流程变革需要组建项目团队，并由一个项目负责人对整个变革活动的运作和结果负责。项目团队成员的构成取决于组织自身的实力，可以完全由公司内部各个部门的人员组成，也可以包括公司外部咨询机构和技术人员。项目团队组建后的首要任务是制定工作计划，即变革的日程表、所需的资源支持及达到的具体目标和评价方法等。项目成员既是电子商务流程变革的实际策划者、设计者，同时也是项目的实施人员。项目成员在电子商务流程变革中扮演着十分重要的角色。

电子商务系统的开发。电子商务系统是组织开展电子商务的基础，电子商务系统的开发方法主要有结构化开发方法、原型法和面向对象开发方法等。每一种开发方法都有其优点和局限性，究竟选择何种开发方法取决于组织实施电子商务的战略。组织既可以自主开发电子商务系统，也可以通过外包的方式来解决。

在电子商务系统开发过程中，至关重要的是：对组织现有内部业务流程、跨组织业务流程、组织和顾客之间的业务流程进行深度的理解与分析，在此基础上设计新的业务流程。

3）变革的实施

系统和流程的集成。系统集成就是为了达到系统的综合目标，将可利用的一个个独立发挥作用的系统有效地组织起来，构成一个更大的、更好的新系统。开发的电子商务系统以及它所支持的业务流程同组织现有业务流程以及现有的信息系统往往有冲突，如何实现开发的电子商务系统与组织现有的业务流程以及支持这些流程的现有信息系统的有效集成，以建立适应电子商务顺利开展的高效的业务流程，是这个阶段面临的最大挑战。在电子商务环境下，组织不仅要考虑到电子商务系统与内部业务流程的集成，还要考虑与价值链上合作伙伴的业务流程整合问题。

变革管理。电子商务流程变革究竟是采取激进式的变革还是渐进式的变革一直是一个有争议的话题。无论哪种形式的变革，如果没有正确的方法来处理流程变革中人的问题，流程变革注定要失败。因为确定变革的是人，决定变革方向的是人，实现变革的是人，受变革影响的是人，管理变革的是人，甚至连反对变革、阻碍变革的也都是人。变革管理就是有效地平衡支持变革和反对变革的力量，高层管理者的大力支持，中层管理人员的密切配合以及全体员工的认同有助于变革的成功，尤其是高层管理者的介入和参与对于流程变革的成功至关重要。另外，可以通过培训来改进员工完成新业务所需要的技能和行为，减少员工因缺乏相应的技能而对变革产生的抵触情绪。培训对于成功实施电子商务流程变革是必不可少的。

4）变革结果的评估

组织进行电子商务流程变革时投入了大量的人力、物力、资金和时间，目的是为了获得相应的回报。电子商务流程变革的投资收益分析则有助于企业作出正确的投资决策，并根据变革的结果及时地调整变革的战略。对电子商务流程变革的评估是将变革结果与变革目标进行比较，以此分析电子商务流程变革的效果。电子商务流程变革的成果可以在不同的层次上进行测量，在流程层次上，可以用质量、周期、成本以及顾客的满意度来评估。电子商务流程变革后，产品或服务的质量是否有所提高，流程运行周期是否减少，运营的成本是否降低，顾客的满意度是否提高均可以作为评估流程绩效的依据。如果变革的结果未达到当初设定的目标，仍需要不断地对组织内外的业务流程加以改进和完善。

由于实施电子商务流程变革的组织千差万别，面临的问题和难点各不相同，上面所述的仅仅是一个电子商务业务流程变革的初步框架。实际工作中需要在这个理论性框架的基础上制定较为详细的具有操作性的电子商务业务流程变革方案。

1.4 电子商务的经济分析

1.4.1 电子商务经济及其基本特征

1. 电子商务经济

与电子商务一样，电子商务经济也有狭义和广义之分。从狭义上看，电子商务经济就是通过计算机技术和互联网络进行的经济活动。进一步地说，电子商务经济可以理解为与电子商务紧密相连的网络产业，既包括网络贸易、网络银行、网络企业以及其他商务性网络活动，又包括网络基础设施、网络设备和产品以及各种网络服务的建设、生产和提供等经济活动。从更为广义的角度，电子商务经济可以看成是从经济的角度对未来经济社会的描述，是突破时空限制的生产者和消费者直接见面的经济，即社会化了的直接经济。

电子商务是一个不断发展的新生事物，随着电子商务的不断发展，人们以自身所处的经济环境中感受到的电子商务影响为基础，从各自的认识和视角出发，提出了对电子商务经济不同的理解和定义。在现实生活中，信息经济、网络经济、知识经济、数字经济、媒介经济、新经济等概念就经常与电子商务经济混用或借用。下面我们对此进行一下简单分析。

按照马克卢普（Fritz Machlup）和波拉特（M. U. Porat）的观点，信息经济可以理解为：国民经济中所有与信息从一个模式向另一个模式转换有关的经济活动领域。这种说法是从要素重要性的角度出发的，强调了信息在经济活动中的突出地位和作用。

知识经济是以智力资源的占有、配置，以科学技术为主的知识的生产、分配和使用（消费）为最重要因素的经济。知识经济不同于以稀缺自然资源为主要依托的工业经济，而以智力资源为主要依托，强调了信息基础上的知识在经济中的作用。

数字经济这种说法较好地反映了信息技术数字化和网络数字化的现实，是从信息存在形式的角度来描述经济态势。

媒介经济的说法是从经济活动的主体媒介或者说是载体出发的。

新经济描述的是现代信息技术手段渗透到经济当中，所引起的一种高增长、低通胀的经济情况。

网络经济则突出了互联网的关键地位，强调了经济中网络结构以及不同经济主体之间的互联特征。

不难看出，上述看起来不同的说法其实所表述的内在对象却是一致的，只是看问题的角度和强调的重点有所不同。从经济特征和技术背景来说，电子商务经济就是“网络经济”；从国民经济构成和主导产业的意义上说，电子商务经济是“信息经济”；从经济活动的技术含量和知识的作用上来说，电子商务经济是“知识经济”；从现代信息技术的数字化特征来看，电子商务经济是“数字经济”；从信息网络作为第四代传播媒介，并且被广泛应用于经济活动的角度来看，电子商务经济也可以说是“媒介经济”；从经济特征与经济规律出现一些根本性变化的角度来看，电子商务经济可以被称做“新经济”。

电子商务经济核心含义是指由于信息技术在经济领域中的普遍应用，经济信息成本得以急剧下降，从而导致信息替代资本在经济中的主导地位，并最终成为核心经济资源的全球化经济形态。

实际上，概念本身并不重要，重要的是如何正确认识这种新的经济形态。下面，我们列举电子商务经济的一些主要特征，以便更好地理解电子商务经济。

2. 电子商务经济基本特征

1） 网络型经济

电子商务经济以互联网技术的充分发展为基础。在互联网出现之前，企业要做到以客户为核心生产和销售产品几乎是不可能的。因为信息严重不对称，企业无法了解客户的信息。现在，随着互联网和计算机人工智能技术、数据库技术的发展，企业可以便利地搜集顾客的信息。这一能力的增强为企业从以产品、服务为核心，转变为以客户为核心，并不断满足消费者的个性化需求奠定了基础。因此，电子商务经济是一种网络型经济。

2） 创新型经济

按照熊彼特（J. A. Schumpter）的说法，“创新”不单纯是一个技术概念，它不等同于技术上的新发明。“创新”是“企业家实行对生产要素的新的结合”。在电子商务经济中，技术创新、管理创新、制度创新、观念创新，尤其是制度创新已经成为市场主体生存和发展的关键，成为经济增长的强大推动力。这些创新与企业家精神的结合，使得电子商务经济中呈现出鲜明的持续创新特征。

3） 知识型经济

传统经济的发展主要取决于自然资源、资本等的占有和配置。在电子商务经济中，自然资源的作用退居次要地位，而知识、信息等成为经济发展的决定因素。电子商务经济又是一种以知识资源的占有、配置、使用为最重要因素的经济。所以说，电子商务经济是一种知识型经济。

4）可持续发展型经济

工业社会，经济发展的主要指导思想是：尽可能充分地利用自然资源，以获得最大利润，而不考虑或极少考虑环境效益、生态效益。因此，工业社会一方面为人们提供了空前丰富的物资产品，另外一方面却生产出同样空前大量的废水、废气和噪声。资源的过度使用和浪费造成资源的严重短缺，危及人类的长期发展。电子商务经济产生在多种自然资源近乎耗竭、环境危机日益加剧的时代，它把科学与技术融为一体，反映了人类对自然界与人类社会的科学、全面的认识，并从一个方面使经济可持续发展成为可能。

5）虚拟现实性经济

电子商务经济以互联网为基础，呈现出建立在现实的网络之上的虚拟性特征。虚拟性只是电子商务经济的技术特征，现实性才是电子商务经济之所以成为当代经济重要表现形式的根本原因。互联网本身并不能自动成为经济增长的必然条件，必须有一个经济机制才能演变为电子商务经济。虚拟性与现实性的结合是当代电子商务经济的重要特点。

6）范围经济性

所谓范围经济，是指由一个厂商生产多种产品而对生产要素的共同使用所产生的成本节约。也就是说，如果通过多样化生产能达到降低成本的效果，就认为存在范围经济。范围经济性产生的根本原因在于信息、知识等软要素的共享性。共享性越高，软要素再生产过程中投入比重越大，这种转变的经济性就越明显。电子商务经济是信息技术和商务活动的有机结合，具有极强的范围经济性。

7）全球化经济

日益发展的信息技术、通信技术、网络技术大大缩短了世界市场各个部分之间的距离，革命性地改变了传统的经济活动和社会活动方式，以信息化为基础、以互联网络为依托的电子商务经济，能使资金等生产要素在全球范围内迅速转移到最有利可图的市场。同时，由于各网络之间可以不考虑地理上的联系而重新组合在一起，各种国际的和跨国的网络组织及协会的建立成为可能。因此，电子商务经济促进了不同地区、民族和国际组织之间的相互依赖，加速了全球经济一体化的趋势。

1.4.2 电子商务市场的需求与供给

需求理论所描述的是产品价格和需求的数量之间的相互关系，以及在各种因素影响下需求的变化。供给理论描述的是产品价格和生产者供应的商品数量之间的关系，以及在各种因素影响下供给的变化。供给和需求理论是经济学的基石，它揭示了经济生活中的一般规律。

电子商务市场上的商品（包括服务）主要有以下几大类：①数字商品。所谓数字商品，就是那些能够被数字化，并且写成一段字节形式的商品。其实质是能够实现一定使用价值的数字编码的有序集合。数字商品中，数字编码不同的排列组合方式是各个数字商品内在的根本差异，不同的数字商品所实现的不同使用价值是数字商品差别的外在表现。常见的数字产品有软件程序、音像制品、电子图书、视频、远程教育、网络游戏等。②嫁接网络功能的传统商品。一些传统的不具备网络功能的商品在技术进步的推动下，实现了与网络功能的嫁接，在传统的商品上增添了网络功能，我们称之为嫁接网络功能的传统商品，如网络家电。网络家电的实质是在传统的家用电器之上附加了新的网络功能，使传统的家用电器和网络功能相结合。③网络新商品。在前网络经济时代没有，因为网络的出现才出现一类全新形式的商品。网络新商品的出现提高了消费者的效用，如网络名片、电子邮件、网络旅游服务等。④通过网络宣传的传统意义上的普通商品或者服务。

在电子商务市场中，网络通过其强大的信息功能对供给和需求产生了巨大的影响，直接改变了供给和需求中与信息传递有关的方面，而且让供给和需求表现出前电子商务经济时代所不具有的特征。

1. 电子商务市场中的需求

需求所描述的可以是一种、某几种商品的需求量和它们价格之间的关系，也可以是社会总的商品需求量和价格水平之间的关系。当价格变动时候，需求量发生变化，这是需求量的变动，表现为需求曲线上的点的变动。当价格不变，而其他因素的发生变动时，如人们收入水平的变化，使得需求的数量发生变化，这是需求的变化，表现为需求曲线的整体移动。

现实中我们不难发现，对需求的影响的因素是众多的，人们对其归纳是难以穷尽的。在影响需求的众多因素中，都要涉及和关系到信息的传递，也就是说信息传递会对影响需求变动的因素发生影响，从而对需求发生影响。例如，信息对消费者的偏好、市场的规模与形成、相关物品的信息传递等方面产生影响，进而影响需求。

在电子商务市场上，人们的信息传递方式跟以往相比就发生了革命性的变化，而且网络自身也在不断发展和进步，它对人们信息要求的满足在逐步增加，以 Internet 为载体的大量信息可以极大地改变人们对商品的判断，影响人们的需求。下面我们分几个方面对电子商务市场的需求进行分析。

1）需求的表达

任何生产者都希望自己生产的商品被消费者认可，为此所有的生产者都是煞费苦心，通过各种方式和方法来尽最大的努力满足消费者的需求。传统的这项工作的基本做法是生产者从自身出发通过各种手段了解消费者的意愿和偏好，从而制定生产计划。典型的方式是市场营销管理部门通过调查发现潜在的消费者，了解需求的具体状况，然后通过现有产品的改进或设计新产品去满足消费者的要求。信息的流向是从生产者采集需求信息—消费者提供需求信息—需求信息纳入生产者生产计划。在需求信息流中，处在信息流的中下游，消费者基本处于被动的地位，接受信息的输入，然后按照自身的标准对商品进行判断、评价，决定是否购买。

电子商务市场中，网络所具有的双向信息传递的功能，使得消费者可以通过网络直接向生产者表达自己的需求。当消费者通过网络进行需求信息的表达时，需求的信息流发生了革命性的变化，是从消费者出发流向生产者，（潜在）消费者群成为商品信息的源头。例如，在美国加利福尼亚州，有一家叫做“全球侍者”的网络餐厅，它把该地区的100多家餐厅的菜单汇集到一起，这个餐厅通过网络为消费者预订饮食，消费者可以按照自己喜好选择，然后网络餐厅将这些订好的饭菜送到消费者手中。这种情况是生产者首先把自己能够提供的服务陈列在自己的信息平台上，让消费者在各种具体商品的种类和组合之间进行选择。更进一步地，在网络上消费者可以表达生产者不能够预见的要求。例如，在网络服装店中，消费者可以按照自己的要求自己设计和定做服装。在需求的表达中，生产者通过网络这个具有无限强大触角的传感器来不断发现和吸取人们的需求，甚至预测未来的难以说明的需求。消费者凭借网络这样一个高效的信息工具，可以进行充分的需求信息表达，使大量的市场潜在需求得以开发，生产者按照消费者的需求信息进行生产。

电子商务市场上需求的表达具有如下的特点：

（1）市场运行变得平滑。网络颠倒了企业和消费者的传统关系，需求的信息流从消费者群体发出，由生产者对这个信息流进行整理分析，指导生产，减少了生产的盲目性，让产品供给和消费者的需求达到了空前的契合，使得商品向货币转换的那惊险一跳的难度降低，让市场运行变得平滑。

（2）需求表达的零时滞。一般的市场调查通常需要3～6个月的时间，生产者才能根据调查的结果对生产进行改进和调整。通过网络进行需求的表达使得这一过程加快了，网络上的信息传递与传统的问卷发送、回收、确认、整理等一系列过程的效率是大不一样的。生产者提供的在线需求感测系统能够及时地对用户的要求进行整理归类，为生产者提供依据。

（3）清晰的需求表达。网络对信息展示的效率是以往的调查问卷所难以比拟的，网络在信息的色彩、数据、形象性上的功能，是历史上空前的。通过网络，消费者所进行的需求的表达将是消费者意愿的充分表达，减少了因为对语言等信息理解的偏误而造成的信息传递的扭曲，保证了消费者意愿的全面与准确。

（4）消费者形成不同的心理感觉。在电子商务活动中，消费者定制和挑选的感觉是不同的，消费者有更大的满意度。

2）需求的反馈放大

需求的反馈放大是电子商务市场上明显的需求特征。所谓需求的反馈放大就是，随着人们的选择向一种产品的集中，那么这种产品为购买者提供的效用就越来越大，而且与这种产品相互兼容的产品和为这种产品提供的辅助产品就越来越多，这样对这个产品的需求量就越来越大。由于这种需求的反馈放大，最后导致在实现中，具有同样功能的不同商品竞争中，消费者的购买最后不断集中在一种产品上。造成这种需求反馈放大的原因主要有：

（1）信息共享的程度高。网络经济时代的一大特征是信息的丰富与相互联结，这使得信息的传递和信息交换变得流畅和便利。这种充分的信息共享，促进了需求的反馈放大。

（2）网络的外部效应。网络外部效应是指在网络中，随着网络商品个数的增加，整个网络的价值以及每个商品的价值都在增加。网络的外部效应可以分为直接网络效应和间接网络效应。例如，一个人购买一台传真机的效用显然依赖于其他使用传真机的个体的数量的多少，有传真机的人越多，自己的传真机就越有用。这是网络的直接外部效应。购买某一计算机硬件的用户越多，则供应市场的配套软件数量和种类也越多。这是网络的间接外部效应。在网络效应的作用下，一种商品对购买者的效用会随着更多的人购买该商品而增加，从而导致需求的反馈放大现象。

（3）消费的示范效应。网络时代人们之间的交流增多，信息传递无间隙，在信息的全面传递条件下，先来者的感受对后来者有着巨大的示范作用。

3）对虚拟商品的需求

需求的对象可以是商品也可以是服务。需求的对象可能是现实的物质产品，也可能是一种虚拟的存在。在现实生活中有些商品的存在在于通过物质的使用价值来满足人们的需求，而还有些商品本身的意义就是象征性的，主要是获得一种信息所带来的心理需要，如贺卡、图书等。当信息传递的手段不是很高效的时候，这种象征性的商品还是以物质产品的形式存在，很大程度上要消耗物质资源。在网络出现之后这种对象征性商品的需求逐渐转化为对虚拟商品的需求，如电子贺卡、电子图书、网络游戏等。网络出现之后而产生的对虚拟商品的需求还有很多。网络虚拟商品减少了对物质商品的依赖又能达到和以前物质商品同样的目的，电子商务市场上，对虚拟商品的需求大大增加。

4）需求的满足程度

在电子商务市场，消费者的消费需求和消费行为发生了巨大的变化，需求的满足程度有了很大的提高。这种需求满足程度的提高来源于以下三个方面：一是消费者需求的表达使得商品能更大程度地满足消费者的需要，消费变得更加多样化、个性化。提高了消费者的满意度；二是虚拟化的需求丰富了需求的种类，更有利于消费者心理的满足；三是消费者的消费行为变得更加理智。消费者通过网络可以了解到更多的商品信息，消费者可以在短时间内通过网络从大量的厂商中反复比较，找到理想的商品，并对商品的价格进行大范围的比较，通过了解行情而用小的货币支出获得更大的效用。

5）需求总量的增加

网络对需求总量的作用，体现在以下几个方面：

（1）网络对消费的影响。网络极大地延伸和扩展了市场的范围，消除了市场信息的传递障碍，使得商品面向更多的消费者，扩大了潜在的消费者总量，从而让需求总量增加；网络让消费变得简单和方便，减少了购物的时间和距离障碍，有助于消费总量的增加。

（2）网络对投资的影响。网络经济中网络产业的兴起，引发了新的投资。

（3）网络对全球进出口的影响。网络经济所带来的全球化让国际贸易总量增加，进出口总量也必然增加。

以上三个方面，网络对消费的影响是最为强烈的，它使得消费总量增加，对投资也有较大的影响。网络带来的消费需求和投资需求的增加虽然对原有的商品的消费和投资有挤出效应，但是不难得知，总的来说，电子商务活动引起了需求总量的增加。

2. 电子商务市场中的供给

网络对供给的影响是深远的，电子商务市场中供给得到更加丰富、高效的信息的引导，有了更强的目的性，可以更好地满足消费者的需要。网络赋予了供给新的特征。

1）网络化供给

所谓网络化供给，是数字商品以网络为中介由生产者一端直接传递到消费者一端，也就是通过 Internet 本身的配送。显然，网络化供给只适用于数字产品。网络化供给的突出特点在于：①分散的地理位置形成的距离在网络化供给中可以被忽略；②网络化供给的速度决定于网络的基础设施和用户端的接收能力，这些条件的性能正在迅速提升；③不会发生信息的失真和扭曲。另外，网络化传输与版权问题息息相关。

2）直接化供给

在传统的经济流通中，生产商、中间商或批发商、零售商都是不可缺少的环节。因为在前网络时代，人们的信息交流方式非常有限，在生产者和消费者之间，难以建立起有效的信息传递，消费者不具备单独从生产者手中直接购买的能力，生产者也不具备向消费者直接提供商品的能力，中间商凭借掌握的商品信息优势，起到了生产者和消费者之间的沟通桥梁的作用，是一个必不可少的中间环节，否则市场将难以运行。这样就形成了生产者—中间商—消费者的商品流通链条。中间商存在的意义就在于弥补、补充生产者和消费者对完成交易行为所需的相关信息的不足，其存在的成本就在于对生产者和消费者来说在社会总价值中的分割。

网络的出现提供了生产者和消费者直接对话的可能，随着电子商务经济的逐渐形成，网络成了联结厂商和广泛分布于各个地点的消费者之间的最直接的渠道，成为生产者和消费者直接见面的场所。生产者可以在网上全面地展示自己的商品，提供交易所需的信息，网络也可以使消费者低成本地发现生产者。处于网络端点的生产者与消费者可直接联系，看样品、询价、购买确认、支付货款等环节都可以在网上实现，这样在一定程度上就降低了传统的中间商层次数量甚至某些中介环节存在的必要性。

电子商务市场的直接化供给并不意味着完全的“脱离中间商”，而是进入了像《哈佛商业评论》的执行编辑尼古拉斯·卡尔说的那种“超中间商”时代，涌现出了代理信息和产品的新兴中间商。例如，亚马孙公司本身就是一个中间商，它不是书籍的出版商，而是书籍的销售商。它不过是将众多出版商的书籍集中到网上，由书籍的买者从网上选购。在网络经济中只有那些实现规模效益的、信息化的、专业化的中间商才能存在。

总的来说网络在很大程度上消除了商品流通的中介，从而带来交易成本的显著降低，目前其魅力的体现还仅仅是初露端倪。

3）虚拟化供给

虚拟化的供给是与对虚拟商品的需求相对应的。所谓虚拟化的供给就是指供给的非物质性。虚拟化供给所提供的产品还不是信息等非物质性商品的实体，它所供给的是现实世界的物质产品在网络世界的影像，尽管仅仅是一种商品的虚拟，但是同样能够使消费者感觉到需求的满足。虚拟化供给包含三方面：①对象征性商品的网络化供给，同样起到物质商品所应有的作用，同时这种供给减轻了在传统经济中满足人们的需求所必需的对实物资源的耗费；②充分利用网络的虚拟性特征，通过技术手段为网民提供现实生活中无法经历的事情，让人们体会在现实中难以体会的体验；③利用计算机与网络技术可以对现实社会的各种活动进行模拟，这种模拟摆脱了时间和空间的限制，使人们充分享受到现实生活中无法体验到的快乐。网络游戏就是虚拟化供给的一种。

4）零边际成本的供给

一般工业企业的成本曲线呈 U 字形，当产量超过一个适度规模以后，随着产量的继续增加，平均成本和边际成本开始上升，由此导致供给曲线的倾斜向上。这是因为一个工厂多生产一件产品至少需要多投入一份材料，多消耗一份能量，当达到一定规模之后，再增加投入，由于资源的稀缺性，其成本必然上升，所以它的供给曲线也必然是倾斜向上。而对于数字商品来说，它的成本结构是高固定成本、低边际成本，边际成本趋近于零。例如，软件几乎可以零成本复制，信息产品在理论上可允许无限多的人同时共享，一个信息库建成以后，一个人检索和一万个人检索，所消耗的成本基本不变，也就是边际成本趋于零。而同样，一个电话局建成以后，不论每天打一次电话还是打一百次电话，所消耗的成本也是一个常数。这种电子商务市场上的数字商品和其他部分高固定成本、低边际成本的商品的独特成本结构将使得其供给的能力变得趋向于无穷。电子商务市场上数字产品的供给因此发生了巨大的变化，几近于零边际成本供给。

5）定制化供给

大批量生产技术在20世纪初使产品制造业得到了迅猛的发展，为社会提供了大量工业化产品，满足了社会对工业产品的数量需求，体现为规模经济。其主要特点是，大规模采购原材料，应用机械化和标准化的制造工艺，使用标准化部件，进行高效率的自动化作业。但是人们的需求是千差万别的，随着人们在商品的数量方面的逐渐满足，人们对商品的个性化要求凸现出来，产品设计者挖空心思去让产品满足不同的消费者的不同要求，但是在网络出现之前这种愿望一直没能够完全实现。网络出现之后为人们的这种个性需求提供了表达的方式，生产者有可能并且开始按照消费者的需求的表达来提供商品，定制化供给出现了。所谓定制化供给是以网络为基础，将网络技术、信息技术、管理技术和生产工艺相结合，通过网络直接收集客户的需求信息，并可通过网络与顾客进行实时信息交流（同时，企业通过构建各种数据库，记录全部客户的各种数据，并对数据进行整理、分析），企业得到用户的需求信息后，并将其融入企业的产品设计以及商品的生产之中。在一系列生产环节之后，企业向消费者提供按照消费者定制要求生产的商品。定制化供给是与需求的表达相对应的。

戴尔公司是运用定制化供给的杰出企业，其定制化供给具体体现在生产环节上就是：戴尔公司通过互联网和企业内联网等网络接收顾客订单，当订单传至该公司信息中心时，由公司控制中心将订单分解为子任务，并通过国际互联网和企业间信息网分派给各个独立制造商，各制造商按收到的电子订单进行配件生产组装，最终按戴尔公司控制中心的时间表来供货。

需要说明的是，现实中定制化供给并不是企业提供无限、任意的选择，而是提供适当数量的标准件、形成一个巨大的选择范围，并使之进行多种搭配。众多的选择足以给顾客一种无限自由的感觉，而企业在这些选择的范围内又可以对复杂的制造程序进行游刃有余的系统管理，不会因为顾客的选择降低生产的效率。这是反映个性化需求基础之上的规模经济。在定制化供给条件下，客户按照自己的独特需求订制产品，其生产质量、效率和成本完全可以与大批量生产方式相媲美。

定制化供给有利于降低销售成本，减少库存积压，给消费者带来极大的需求满足。

6）供给总量的增加

在电子商务市场中，数字商品的供给曲线趋向于水平，供给能力增强。而非数字商品的供给曲线则和传统经济中的形状没有什么变化，但电子商务提高了经济资源的配置效率，减少了交易成本，因而降低了企业的生产成本，提高了生产率。而且电子商务使得信息资源替代了部分实物资源，因此网络时代，社会总供给的能力有所增强。

综上所述，在电子商务市场上，网络作为信息传递的通道，极大地联络了需求与供给两方面的信息。通过网络，供给者与需求者可直接对话，使得供给方及时按照需求的变化调整生产，或者是供给方直接参与到需求方的经济活动之中，网络让供给和需求活动紧密联系，使得需求和供给两者之间的缝隙消除了很多，而这种缝隙的消除不仅仅是总量上的，而且还体现在结构的更加切合上。电子商务市场中，供给和需求者之间的界限变得模糊，供给和需求正逐渐趋向一体化。电子商务市场上的供给和需求与传统商务市场相比呈现出明显不同的特征。在电子商务市场上，由于网络的外部效应，传统市场上普遍存在的供给方规模经济（当需求依靠供给来满足时，任一投入产出系统中，随着投入的增加边际成本递增从而规模收益呈递减趋势占主导地位）正在被需求方规模经济（随着网络规模的扩大，电子商务经济的边际成本递减从而规模收益递增趋势占主导地位）所取代。

1.4.3 企业电子商务活动的成本与效益分析

1. 电子商务活动的成本分析

企业开展电子商务需要支付的成本包括内部成本和外部成本两大类。

1）内部成本

内部成本主要包括硬件成本、软件成本、系统的运行与维护费用、人员成本、风险防范成本等。

（1）硬件成本。主要是实施电子商务所必需的计算机设备的购买开支。PC机、服务器、路由器、交换机等都是企业开展电子商务必不可少的设备，其中有些设备的发展和更新换代十分迅速，从而使硬件的投入、更新成为一项经常性、长期性的投资项目。

（2）软件成本。主要包括系统软件部分和后期开发应用系统的开发成本。在电子商务活动中，软件是成败的关键，由于软件的发展速度很快，生命周期较短，软件的成本相当昂贵。同时，软件的成本要受到电子商务系统的结构及电子商务在企业内部应用推广程度的影响。

(3) 系统的运行与维护费用。企业的电子商务系统建立后，需要进行信息管理，需要对软硬件系统提供维护，以保证网络系统的可靠性、安全性，确保电子商务系统对业务部门的技术支持。

(4) 人员成本。实施电子商务往往需要增加相应的技术人员或熟悉计算机技术的商务人员，同时需要得到管理信息系统（MIS）员工的支持，也要求电子商务专业人员的参与和支持。这些员工费用构成了电子商务成本的一部分。此外人员成本中还包括人员的培训费用。人员的培训包括实施电子商务人员的上岗培训、继续教育和对贸易伙伴的成员进行相应的培训。几乎每一项实施电子商务的工作都要求如此。培训费用主要包括由卖方提供的培训及公司内部提供的培训。大多数培训在使用电子商务之前发生，另一小部分是对员工的在职培训，目的是为了让从事电子商务工作的员工进行进修和深造，以了解和学习新技术和有关标准方面的变化和进展。这些费用一般发生在电子商务运行以后。

(5) 风险防范成本。企业开展电子商务面临的风险很多，主要可以概括为计算机病毒和网络犯罪两个大的方面。如果企业试图避免风险防范成本，可能会导致更大的损失。因此，与网络紧密关联的这些风险成本应视为成本管理中的必要组成部分。

2) 外部成本

电子商务活动的外部成本主要包括通信成本、观念转化及信用成本、物流配送成本等。

(1) 通信成本。通信成本是指与供应商或客户等贸易伙伴之间电子信息传输费用。参加电子商务活动的各方，需要支付的网络入网费、通信费和网络服务费等。

(2) 观念转化及信用成本。电子商务活动的进行要受到客户观念的影响。在企业的电子商务客户还没有大量出现，电子商务市场需求较少时，推行电子商务，就会在转变客户观念上耗费很多成本。另外，当电子商务市场信用水平程度普遍较低时，开展电子商务会因信用问题带来损失，形成电子商务活动的信用成本。

(3) 商品配送成本。在电子商务方式下，商品的配送是一项十分重要的业务工作，关系到客户网上订购的商品或服务能否迅速到达手中以及电子商务应用范围的拓展。不论是自行配送还是由第三方物流来配送，都会产生一定的商品配送成本。

以上我们简单地把电子商务活动涉及成本进行了分类，由于不同企业会因业务不同而具有不同的成本结构，再加上企业所采用的电子商务战略也可能有所差异，因此具体的电子商务活动成本项目及各项成本大小也会有所不同。

2. 电子商务活动的效益分析

电子商务给企业带来的收益分直接收益和间接收益两个方面。前者包括管理成本、库存成本、营销成本、采购成本的降低等；后者指管理得到改善，从而提高生产效率、更好地适应市场变化、增加获得经济效益的途径、促进全社会生产力水平的提高等。

1）电子商务活动的直接收益

（1）管理成本的降低。电子商务活动管理的一个显著特点是“无纸办公”。电子商务使用电子手段、电子货币有效降低了传统管理中书面形式的费用。有统计显示，使用电子商务方式处理单证的费用是原来书面形式的 1/10。另外，由于信息的流通，会议（会晤）的时间也可以减少，还可以节省大量的人工成本，从而降低了企业内部管理成本。

（2）库存成本的降低。库存意味着企业流动资金占用和仓储面积的增加，电子商务在原材料供应商、中间商甚至消费者之间共享信息资源的前提下，将实时的市场需求信息融入生产体系，使需求量、生产量、原材料供应量协调一致，从而有效地管理企业库存，大幅度降低库存成本。例如，IBM 公司 1996 年采用了营销部门、生产计划部门、采购部门协同工作的高级计划应用系统。此后第一年，库存周转率提高了 40%，销量增长了 30%，节省了 5 亿美元的投资和运营成本。

（3）营销成本的降低。创立和维护企业网站需要一定的投资，但是与其他的销售渠道相比，开展网络营销的成本较低。第一，网络的交互性使经营者更容易获取用户信息以降低营销决策成本。第二，网络促销比传统促销方式更为经济。据国际数据公司的调查，利用 Internet 作为广告媒体进行网上促销活动，结果是销售额增加 10 倍的同时，费用只是传统广告的 1/10。第三，电子商务自动订货系统，缩短了订货过程，减少了手工订货处理时间，使得商品销售更加有效率。第四，网络营销中的在线顾客服务支持，大大减少了企业客户服务部门的开支和人员投入，客户服务成本也将随之降低。例如，美国联邦快递公司通过设立网上咨询服务系统，使客户每次查询货物运输情况的费用从 7 美元降低到 10 美分；Cisco 公司的产品安装配置通过网络服务，大约 90%的问题能够由客户自我解决，只有剩下的 10%需要通过 Cisco 工程师来解决。此外，实施电子商务以后，为及时地获取准确的商务信息创造了条件，从而有可能产生其他的一系列的成本节约，如减少额外的运输费用、减少脱销状态和销售损失等。

（4）采购成本的降低。原材料采购是一项程序繁杂的过程，电子商务可以帮助企业加强与主要供应商之间的协作关系，形成一体化的信息传递和信息处理体系。一些大公司通过商业增值网使用 EDI 建立一体化的采购系统，初步统计可以节约 5%～10%的采购成本。例如，1996 年通用电器公司照明部启用了由通用信息服务公司开发的 TPN Post 网上在线采购系统，通过这一外联网使公司建立完善的供应链，可以在全球范围内更广泛地选择供应商，使原材料采购成本平均降低 20%；与此同时，使原来手工需要 7 天才能完成的采购程序缩短到 2 小时内完成，节省了 30%的成本。

2）电子商务活动的间接收益

(1) 促进企业生产效率的整体提高。计算机网络信息支持下的电子商务作用于生产力要素，可以提高生产力系统的素质和利用效率；作用于生产力系统中的决策群，可以帮助实现生产要素的最佳组合，提高生产力；作用于管理者，可以增加管理者与管理对象的可知性和透明度，从而提高生产力系统的有序度和效率。电子商务对劳动者的劳动技能和工作效率提出了更高的要求。电子商务引发了经济和管理的变革，刺激和推动了经济蓬勃发展和企业生产效率的整体提高。

(2) 使企业生产更好地适应市场变化。电子商务在企业的深度应用，涌现出了计算机综合集成制造、智能制造系统，准时制生产、敏捷制造等新的生产方式，促进了高质量、低成本的产品生产与及时供货和周到服务的结合，更容易适应市场的变化。电子商务还改变了企业竞争势态，使实力差的中小型企业也有可能在大范围内产生较大影响力和营销力，塑造灵活机动的竞争优势。

(3) 增加了提高经济效益的途径。电子商务能有效利用有限资源，有效地沟通各方面的信息，特别是系统外部的信息，有助于企业不仅依靠规模经营来提高经济效益，而且还可以依靠范围经营的扩大来提高经济效益，并通过与相关企业及时进行不同程度的联合或协作，加快商业周期循环，谋取更大的经济效益。

(4) 促进全社会生产力水平的提高。按照生产力多要素理论，决定生产力的要素除劳动者、劳动工具、劳动对象等三个“硬要素”外，还有科技、教育、管理、信息等四个“软要素”。在现代计算机网络基础上发展起来的电子商务，通过增强劳动者的信息意识和信息活动能力来提高劳动者素质；通过劳动工具的智能化来提高劳动工具的质量；通过扩大劳动对象的范围来增加新的劳动对象；通过优化生产力的素质、引导生产要素的合理配置、提高生产力系统运行的有序度、改善上层建筑的协调性等来充分发挥生产力功能。同时，它还通过促进科技、完善教育、提高管理水平、强化信息作用等来使这些“软要素”在生产力发展中作出更大的贡献。电子商务的社会作用，将有利于优化生产关系以及上层建筑的运行，促进生产力水平的提高。

需要指出的是，电子商务的成本/效益特性同一般的信息系统工程一样，具有明显的时间滞后特性和估算特性。

(1) 时间滞后特性。即成本的先期投入和经济效益的滞后特性。企业实施电子商务必须预先投入大量资金，用于先期资源的准备。即使是在国家已经具备了良好的基础设施的情况下，仍然需要投入一定数量的资金用于计算机设备、软件开发以及人员培训等，这是电子商务运行之前必须投入的固定成本项目。相比之下，电子商务的收益则相对滞后，它需要随着时间的延长，固定成本的分摊值越多，企业在电子商务方面的收益越大，使得企业电子商务所带来的经济效益越来越明显，使得经济效益表现出相对滞后的特性。只有在成本和经济效益达到平衡点后，电子商务的经济效益才会大于成本投入，企业才能获取利润，而此之前，电子商务则表现为低效益产出。

(2) 估算特性。电子商务的效益除了可以定量分析的直接效益外，还有一些很难用定量方法得到的、不能直接用货币来体现的间接效益，如上面所述通过电子商务使商家可以及时获得更为准确的信息，更有效地为客户提供服务，促进整个社会的经济发展等。这些间接效益一般只能通过主观分析比较得到，不可能像计算成本一样估算得相对完全正确，这就是电子商务的估算特性。认识估算特性可以使得人们更加注意到电子商务的间接效益。

根据电子商务的这些特性，在对电子商务进行成本/效益分析时，既要考虑成本的时间特性又要考虑效益的估算特征，先分别对成本和效益进行分析，然后确定电子商务的投资回收期以及各个时期的效益。

1.5 电子商务研究

电子商务市场规模的迅猛增长对理论和实践的研究提出了更高的要求。加大研究投入以满足理论对电子商务实践的解释、指导作用变得日益迫切。电子商务研究涉及计算机、管理、生产制造、物流交通、包装设计、营销、环境学等多个学科，其发展对经济增长具有很强的促进作用，因此是一个具有重要研究价值的领域。对电子商务的研究跟其他学科一样，大体分为理论和实践两个方面。本节在简述电子商务的研究对象之后，将概述目前电子商务的主要研究领域和方向，并对电子商务研究的特点予以总结。

1.5.1 电子商务研究的主要对象

从本章前述电子商务系统支撑框架模型以及业务流程可以看出，电子商务的主要研究对象可概括为三个大的方面。

1. 电子商务的环境

电子商务的环境也称为商务环境，是指电子商务参与者进行交易或者其他商务活动的内外部条件。实际上指的是网络环境与商务信息系统。网络环境包括网络技术环境、网络人文环境（法律环境、信用环境等）以及宏观经济环境等；商务信息系统指 Internet、Intranet、Extranet 及在其上运行的各种信息处理系统。

2. 电子商务的参与者

电子商务的参与者也称为商务对象，是指能够从事电子商务活动的各类客观对象，包括企业、消费者、政府、社会组织、银行等。

3. 商务事件及事件处理过程中的各类要素

所谓商务事件，是指电子商务参与者之间所从事的具体商务内容，如询价、报价、支付、广告、物流等，也就是利用网络和信息手段所要解决的商务问题。

任何一种电子商务活动，都包含若干个商务事件。

任何一个商务事件的处理，都可能包含信息流、资金流、物流等基本流形态。“三流”的基本含义及其关系前面已述。

1.5.2 电子商务主要研究领域与方向

近年来，国内外学者提出了以下几个关于电子商务研究领域的分类模型：

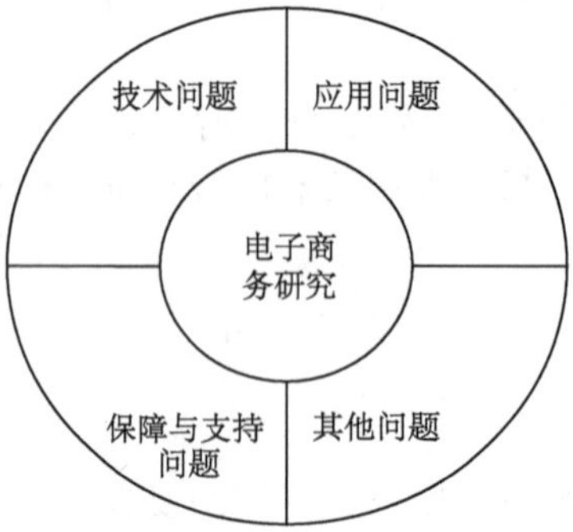

图 1.11 Ngai & Wat 模型

1. Ngai & Wat 模型

Nagi & Wat 模型由香港理工大学 Ngai 和 Wat 两名学者提出。模型如图 1.11 所示。

该模型将电子商务研究分为技术问题、应用问题、保障与支持问题及其他问题等四大领域。技术层面有安全、技术、支持系统等；应用层面包括支付系统、网上金融、零售、出版、拍卖、教育与培训、营销和广告等；保障与支持层面主要包括税收、法律、隐私等公共政策以及企业战略等。

2. Kauifman & Walden 模型

Kauifman & Walden 模型是明尼苏达大学 Carlson 管理学院的 Kauifman 及 Walden 两名学者从经济学角度提出的。该模型见图 1.12。Kauifman & Walden 模型由存在互动关系的技术、市场、产品、商务流程及微观经济等五大模块组

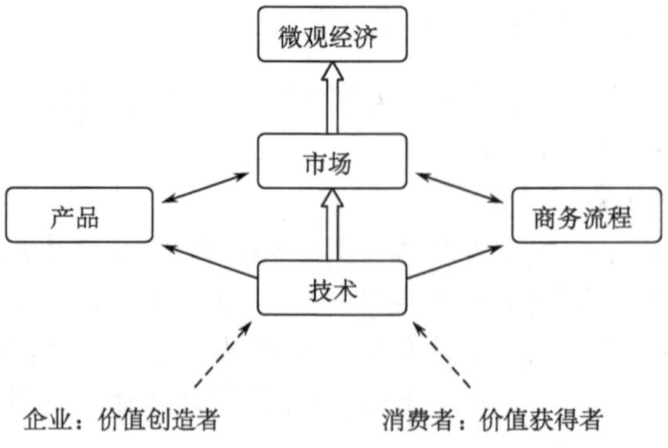

图 1.12 Kauifman & Walden 模型

成。技术层面是最基本层面，企业通过运用电子商务相关技术，改造和创造产品，建立全新市场，成为价值的创造者；而消费者也通过使用基于最新技术的电子商务平台，享受便捷的电子商务服务，是价值获得者；随着产品的更新和商务流程的改造，网络环境下的市场更趋灵活，竞争力也更大，会推动企业、劳动力、政府等微观经济层面的变革。

Kauifman 和 Walden 两人探讨了每一模块背后的经济学理论基础，指出技术层面包括公共产品理论、定价理论、网络外部性及技术标准等；产品层面包括定价理论、转换成本、规模经济等；商务流程涵盖接受度理论、成本收益、信息技术的价值等；市场层面包括拍卖理论、交易成本、市场结构优化等；宏观经济层面包括货币经济学、税收理论、规制理论等。

3. Urbaczewski et al. 模型

Urbaczewski et al. 模型由 Urbaczewski、Jessup 和 Wheeler 三人提出。模型见图 1.13。该模型将电子商务研究分为组织层面、经济层面、技术层面和其他研究等四个层面。组织层面包括电子商务概况、扩散、接受程度及应用等问题；经济层面包括了产业结构、市场监管、电子市场中介、信息成本等问题；技术层面主要包括智能代理技术、数据整合技术、安全技术、交易结算技术等；社会问题研究、行为研究及法律问题归为其他一类。

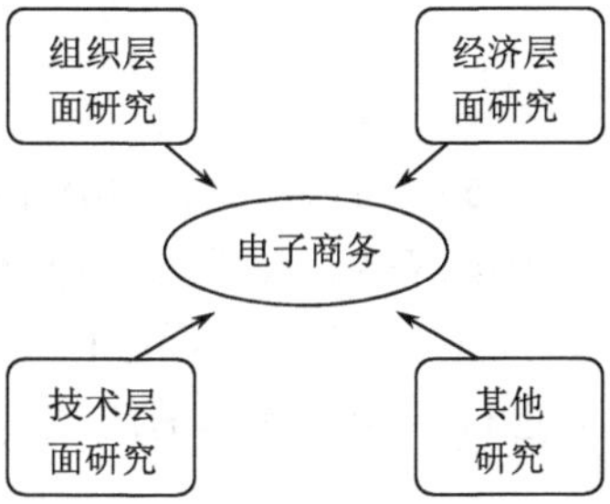

图 1.13 Urbaczewski et al. 模型

4. Turban. et al. 模型

Turban. et al. 模型是 Turban、King、Lee 和 Viehland 四人于 2004 年提出的。模型由三个层面、一个铺垫和一个中心组成，其核心是电子商务战略、应用战略和评价等内容。铺垫是电子商务概况，由电子商务影响、扩散及区域性发展组成；三个层面中技术层面相对比较简单，由移动商务、电子商务安全、电子商务支付、内容管理及网站开发等组成；社会与环境层面涵盖电子政务，网上教育，法律、道德及社会影响等；市场与经济层面包括电子市场概况、B2C 市场、B2B 市场及以网上拍卖为代表的 C2C 等四类。模型见图 1.14 所示。

5. Choi 三维理解模型

美国得克萨斯大学奥斯汀分校电子商务研究中心常务主任乔伊（Choi）教授等从经济学的角度联合提出了电子商务的 Choi 三维理解模型，该模型主要从市场主体、产品形式、交易过程三方面的虚拟程度进行了分类。电子商务的核心是由虚拟产品、虚拟主体、虚拟过程构成的部分。

上述是国际上比较公认的五大电子商务研究分类模型。

2000 年以来，我国电子商务学者李琪、才书训等也开展了电子商务研究领

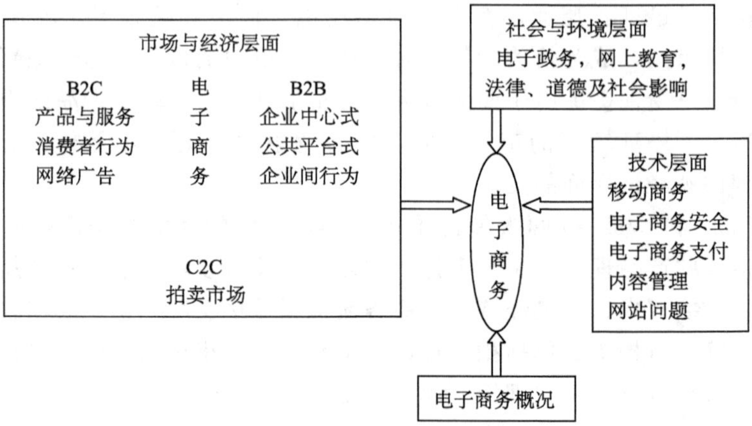

图 1.14　Turban. et al. 模型

域分类方面的探讨，具体内容参见有关文献。

中国著名管理学家汪应洛院士在分析国内外电子商务研究分类模型的基础上，于 2007 年提出了电子商务的七大主要研究方向（图 1.15），并对有关研究领域进行了较为具体的阐述。

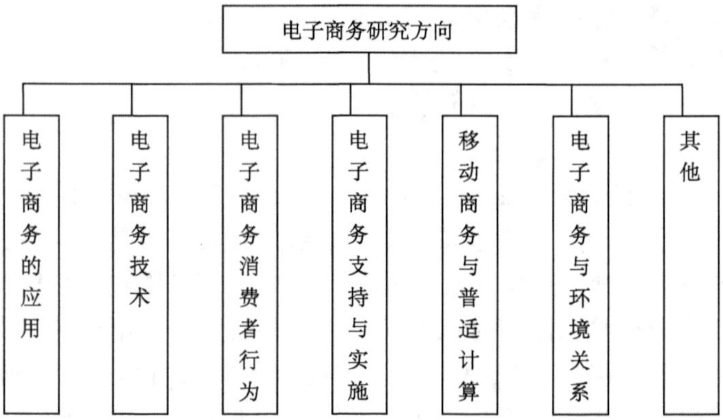

图 1.15　电子商务研究方向

1）电子商务的应用

电子商务的应用是涵盖面最广的研究方向，电子商务带来的经济增长很大一部分都直接来源于此。这方面需要研究的问题很多，例如：①组织内系统（inter-organizational systems，IOS）的融合；②安全可靠电子支付系统的设计、特定需求的电子支付；③电子商务常用的金融服务；④电子零售；⑤在线出版；⑥电子拍卖；⑦组织内外部的电子商务业务流程互连；⑧在线教育和培训；⑨网络营销和广告中电子商务技术的有效应用；⑩电子政务，等等。这些问题不仅是学者、研究人员和互联网公司正在努力实践和解决的课题，更是信息化进程中企业必须面临和解决的问题。

2）电子商务技术

电子商务的蓬勃发展离不开技术的进步，电子商务技术方面的研究具有很强的生命力。技术方面的研究主要有：①安全。包括数据安全和系统安全两个方面；②技术构成。包括不同的网络技术及其组合应用；③网络技术/网络基础设施。主要是底层技术和网络管理；④支持系统。包括决策支持系统和分销应用系统的设计、实现及实施等；⑤算法/方法。涉及提高和改进各种电子商务应用的算法和方法；⑥影响网站成功的技术因素；⑦其他技术问题，如在线决策技术、电子商务和 ERP 的集成技术等。

3）电子商务支持和实施

电子商务是实践性非常强的一门学科。在注重理论研究的同时，加强电子商务实践的支持和实施环境的研究是必要的。这方面的相关研究问题大体有：①公共政策。主要包括税收、法律、隐私、欺诈、信任、虚拟团队等方面；②企业电子商务战略。包括电子商务的成功因素、电子商务的应用策略、电子商务评价、不同国家之间的电子商务比较研究等；③电子商务模式创新；④其他支持和实施方面的问题，如网络中介市场的模型结构等。

4）电子商务消费者行为研究

网络消费者的购买行为与传统消费者的购买行为存在着较大的不同。对电子商务环境下消费者行为的研究具有重要意义，这方面研究问题主要包括：①网络环境中人类的认知问题。如网络环境下，人类的认知发生哪些改变、具有哪些心理活动、如何对这些心理活动分类等；②在线消费者行为。例如，影响在线消费者行为的因素、消费者乐于采用网络购买什么样的商品、消费者在线或离线购买决策的主要依据是什么等；③在线搜索行为。包括不同电子商务网站上消费者搜索行为的特点和差异等；④在线消费者满意的度量。如何度量并提高消费者的在线满意度是这方面的研究重点。

5）移动商务和普适计算

移动电子商务（M-commerce）是通过手机、个人数字助理（personal digital assistant，PDA）、呼机等移动通信设备与互联网有机结合进行的电子商务活动。移动电子商务因其快捷方便、无所不在的特点，已经成为电子商务发展的新方向。移动商务理论领域研究主要有全球移动商务发展战略、低收入欠发达地区的移动商务设备和应用的采纳和扩散、移动网络和固定网络、不同市场的移动商务商业模型研究、无处不在唯一通用的一致的下一代移动商务理论等；应用领域研究主要有移动电视的商业模型、蓝牙和 WiMax 技术在移动商务中的作用、移动商务支付系统、移动商务的安全和信任、无线应用协议、移动 IP、移动定位系统、第三代移动通信系统等。

普适计算又称普存计算、普及计算（pervasive computing 或者 ubiquitous computing）。它是一种强调和环境融为一体的计算，计算机本身则从人们的视线里消失。在普适计算的模式下，人们能够在任何时间、任何地点、以任何方式进行信息的获取与处理。普适计算是一个不断发展和充满朝气的应用研究领域。

6）电子商务和环境的关系

电子商务的发展对经济发展起了巨大的推动作用，同时，实践证明，电子商务对环境也造成了很多影响，有正面的影响，也有负面的影响。人们对正面的影响往往记忆深刻，但对负面的影响却往往没有足够的重视。电子商务发展对环境如交通运输、能源消耗、材料消耗等正负两个方面的影响值得研究。

7）其他问题

其他问题包括不同国家间电子商务状况的比较研究、电子商务的成本-收益分析、IT 投资的收益、电子商务和供应链管理有效结合等。这些研究也有很重要的意义。

由上述可见，电子商务是一个跨学科的综合领域。电子商务的研究涉及计算机网络技术、安全技术、标准化技术等技术问题，也涉及金融学、经济学、管理学、信息学、法律学、心理学等学科知识，电子商务是一个名副其实的多学科交叉融合的边缘学科。

1.5.3 当前电子商务研究的主要特点

目前，国内外电子商务的研究呈现如下特点：①电子商务的研究方兴未艾，理论研究尚处于探索阶段；②电子商务的应用问题仍是今后研究的焦点，保障与支持问题会越来越受到关注；③研究重点不断调整，新的焦点层出不穷；④电子商务的研究方法探讨刚刚起步。

中国内地电子商务的研究整体还比较落后。不论在电子商务理论还是在电子商务实践应用领域，中国内地的研究水平都大大低于国际水平。其中，理论基础不足与研究方法落后是导致中国内地电子商务研究水平低下、步伐落后的主要原因。就实践应用而言，适合于我国实际情况应用领域的研究非常缺乏，针对具体应用领域内部的运行基本模式研究也相当少。展望未来，随着我国互联网产业的全面开发，我国在电子商务的研究和应用方面充满着机遇和挑战。

本书作为一本概论性质的教材，不可能详尽地论述相关方面的细节，只是就电子商务环境的有关技术和法律问题、电子商务事件处理过程中的基本要素（信息流、物流、资金流）以及企业电子商务管理、网络营销等问题作概要性的介绍。

➢ 本章思考题

1. 电子商务是如何产生的？迄今为止，国际电子商务的发展经历了哪些阶段？

2. 如何理解电子商务的内涵？电子商务的本质是什么？按照电子商务活动参与主体划分，简述电子商务的主要类别并举例说明。

3. 电子商务的基本特点有哪些？

4. 电子商务系统的基本功能有哪些？试结合一个具体的电子商务系统从企业和消费者的角度分别对其功能进行分析。

5. 电子商务系统常用模型有哪些？这些模型怎样应用到电子商务中去？

6. 电子商务的业务流程与传统商务流程有何不同？为什么要进行电子商务业务流程重组？影响电子商务业务流程重组的关键因素有哪些？

7. 如何理解电子商务经济？其基本特征是什么？

8. 电子商务市场的需求和供给与传统商务有哪些不同？

9. 如何开展电子商务活动的成本与效益分析？

10. 电子商务的主要研究对象是什么？电子商务和电子政务是什么关系？

11. 电子商务的主要研究领域和方向有哪些？试述国内电子商务的研究现状。

第2章

电子商务的技术支撑环境

电子商务的支撑环境包括技术和人文社会两大方面。人文社会方面的支撑环境包括公共政策、法律法规、社会道德体系、信用体系等，本书将在其他相关章节介绍。本章介绍支撑电子商务的技术环境，包括计算机网络技术、开发平台与运行平台的层次与功能、基于 Web 的电子商务应用系统及其构建技术等。

2.1 计算机网络概述

计算机与通信技术紧密结合，通信网络为计算机之间的数据传输和数据交换提供了必要手段。随着计算机网络技术的迅速发展，世界各地的计算机通过 Internet 互连在一起，形成了跨国计算机网络，使得计算机之间的通信在商务活动中发挥了重要的作用。网络技术是电子商务技术中处于最底层、最基础的技术。电子商务的实现必须以计算机网络为基础。

2.1.1 计算机网络的定义

所谓计算机网络，就是利用通信设备和传输介质，将分散在不同地点并具有独立功能的多个计算机系统互连起来，按照网络协议，在功能完善的网络软件支持下，实现资源共享和信息交换的系统。如图 2.1 所示。

在网络中，每一台计算机、每一个工作站、网络传真机、网络打印机、档案服务器，或任何其他拥有自己唯一网络地址的设备可以称之为结点。一个计算机网络是由多个结点相互连接构成的。

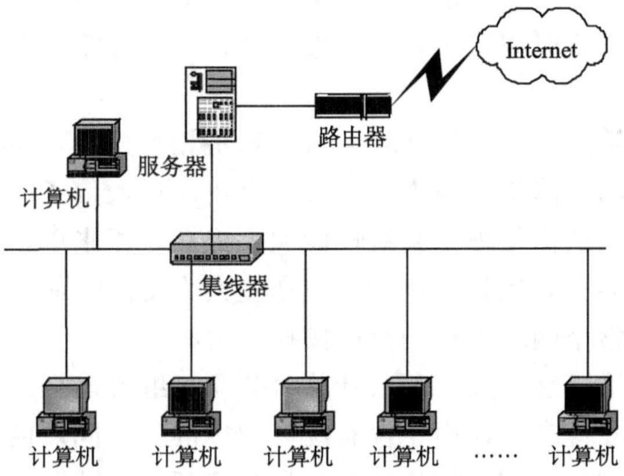

图 2.1　计算机网络图示

计算机技术和通信技术结合而产生的计算机通信网络，不仅使计算机的作用范围超越地理位置的限制，而且也增大了计算机本身的威力，拓宽了服务，使得它在各领域发挥了重要作用，日益成为计算机应用的主要形式。这是因为计算机网络具有下述重要的功能：

（1）数据通信。网络中的计算机之间可以进行数据传输，这是网络的最基本功能。

（2）资源共享。入网的用户可以共享网络中的数据、数据库、软件和硬件资源，这是网络的主要功能。

（3）提高系统的可靠性。用户可以通过网络借助硬件和软件的可替代资源来保证系统的可靠性。

（4）进行分布处理。即所谓的分布计算技术，这可以把工作量较大的任务分解成若干子任务，然后分配到网络中的各个计算机上完成。

（5）集中控制、管理和分配网络中的软件、硬件资源。由于各部门的软硬件配置不同，配置低的部门有时无法处理复杂任务，而其他部门的资源可能处于闲置状态。有了计算机网络就可以对这些资源统一管理、调配，提高资源的利用率。

2.1.2　计算机网络的发展

在 20 世纪 60 年代中期之前，人们利用通信线路、集中器、多路复用器以及公用电话网等设备，将一台计算机与多台用户终端相连接，用户通过终端命令，以交互的方式使用计算机系统，从而使单一计算机系统的各种资源分散到每个人手中。这极大地激发了用户使用计算机的热情，促进了计算机的发展。但其本质上属于单机分时系统并非真正的计算机网络，其本身存在着一些缺点：主机负荷太重，导致计算机响应时间过长；可靠性较差，一旦计算机发生故障，将导致整个系统瘫痪等。

为了克服这些缺点，人们研究将多台计算机相互连接，从而形成了真正的计算机网络。在这样的计算机网络中，多台计算机通过通信子网构成一个有机的整体，既分散又统一，从而使整个系统性能大大提高。原来单一的主机负载可以分散到全网的各个机器上，使得网络的响应速度大大提高，而且在这种系统中，单机故障也不会导致整个网络系统的全面瘫痪。

随着计算机网络迅猛发展，各大计算机公司相继推出自己的网络体系结构及实现这些结构的软硬件产品。由于没有统一的标准，不同厂商的产品之间互联很困难，人们迫切需要一种开放性的标准化实用网络环境，TCP/IP 应运而生。TCP/IP 制定的一套标准为计算机网络向国际标准化方向发展提供了重要依据，它具有统一的网络体系结构，遵循国际标准化协议，使不同种类计算机连入同一网络成为可能。标准化使得不同的计算机能方便地互连在一起。标准化还带来大规模生产、产品超大规模集成电路（VLSI）化和成本降低等一系列好处。

2.1.3 计算机网络的分类

计算机网络的分类标准有很多，可以从覆盖范围、技术标准、拓扑结构、交换方式、传输介质、通信方式等方面进行不同分类。本节只对覆盖范围、拓扑结构这两种常用的分类方式进行介绍。

1. 根据网络的覆盖范围进行分类

根据网络的覆盖范围可将计算机网络分为三种基本类型：局域网、城域网和广域网。

1）局域网

局域网简称 LAN（local area network），是指在某一区域内由多台计算机互联成的计算机网络。“某一区域”指的是同一办公室、同一建筑物、同一公司或同一学校等，一般是方圆几千米以内。局域网可以实现文件管理、应用软件共享、打印机共享、扫描仪共享、工作组内的日程安排、电子邮件和传真通信服务等功能。

局域网是封闭型的，可以由办公室内的两台计算机组成，也可以由一个公司内的上千台计算机组成。局域网是计算机通信网的一个重要组成部分，除完成一站对另一站的通信外，还通过共享的通信媒体如数据通信网或专用数据电路，与远方的局域网、数据库或处理中心相连，构成一个大范围的信息处理系统，其用途主要在于数据通信与资源共享。其构成组件可为 PC 工作站、网络适配卡、同轴线路、网络操作系统及档案服务器等。LAN 网络系统能传送数据、影像及语音等。

局域网的基本特征是：①整个局域网的所有物理设备分布在半径不超几千米的有限的地理区域之内，不涉及远程通信问题；②整个局域网由同一个组织或者机构所拥有；③局域网中可以实现相当高的数据传输速率；④局域网的连接相当规整，遵循严格的标准。

局域网目前正朝着多平台、多协议、异种机的方向发展，数据传输速率和带宽也在不断提高。

2）广域网

广域网（wide area network，WAN），是局域网的扩展，是一种跨越大地域的网络，广域网的所有主机与工作站点分布的地理范围能覆盖 10km、100km、1000km 以上的地区，诸如同一个大城市、同一国家、同一洲甚至跨越几个洲。广域网的主机通过通信子网（communication subnet）连接。通信子网的功能是把消息从一台主机传到另一台主机，就好像电话系统把声音从讲话方传到接收方。通过把网络纯粹通信部分（通信子网）和应用部分（主机或资源子网）分开，整个网络的设计可得到简化。典型的广域网实例是现在广泛使用的互联网。互联网（Internet）也称为网际网。指两个或者多个网络互相连接（可以是非规整的）的网络。互联网包含各种不同领域的应用系统，能够提供商务、政治、经济、娱乐、新闻、科技等各类信息，实现全球范围内的信息资源共享，互联网技术将在后面专门加以介绍。

广域网的基本特征是：①信息的传输距离相对较长，涉及对远程（非本地）计算机的存取和访问；②通常 WAN 分属于多个单位或者部门，各自管辖和负责资源子网中的各类资源和通信子网，如通信子网一般由电信部门所管辖；③在 WAN 长距离通信线路上传输速率与 LAN 相比相对较低；④网络的相互连接结构通常不大规整，有较大的随意性，甚至有一定的盲目性，有时需要经过一段时间进行必要的调整。

3）城域网

城域网（metropolitan area net work），或者称 MAN，是介于 LAN 和 WAN 之间的一类网络。所有主机（工作站点）都分布在同一城区内，能够覆盖整个城区甚至整个城市（覆盖范围约为 10km 数量级），MAN 可以支持数据和声音，并且可能涉及当地的有线电视网。

城域网的提出是希望在城区这样一个相对较广的地理范围内，提供数据、声音与图形等一些综合服务。MAN 通常使用与 LAN 相似的技术。

2. 按照网络拓扑结构分类

计算机网络的拓扑结构是指计算机网络的硬件系统的连接形式，即网络的硬件布局，通常用不同的拓扑来描述对物理设备进行布线的不同方案。最常用的网络拓扑有星形、总线型、环形、树形、网状、混合型。

1）星形拓扑

星形拓扑是由中央结点和通过点到点通信链路接到中央结点的各个结点组成。中央结点执行集中式通信控制策略，因此中央结点相当复杂，而其他结点的通信处理负担都很小。

星形拓扑结构具有以下优点：①控制简单。在星形网络中，任何一结点只和中央结点相连接，因而媒体访问控制方法很简单，致使访问协议也十分简单。②故障诊断和隔离容易。在星形网络中，中央结点对连接线路可以逐一地隔离开来进行故障检测和定位，单个连接点的故障只影响一个设备，不会影响全网。③方便服务。中央结点可方便地对各个结点提供服务和网络重新配置。

星形拓扑结构的缺点：①电缆长度和安装工作量可观。因为每个结点都要和中央结点直接连接，需要耗费大量的电缆，安装、维护的工作量也骤增。②中央结点的负担较重，形成瓶颈。一旦发生故障，则全网受影响，因而对中央结点的可靠性和冗余度方面的要求很高。③各结点的分布处理能力较低。

2）总线拓扑

总线拓扑结构采用一个信道作为传输媒体，所有结点都通过相应的硬件接口直接连到这一公共传输媒体上，该公共传输媒体即称为总线。任何一个站发送的信号都沿着传输媒体传播，而且能被所有其他站所接收。因为所有结点共享一条公用的传输信道，所以一次只能由一个设备传输信号。

总线拓扑结构的优点：①总线结构所需要的电缆数量少；②总线结构简单，又是无源工作，有较高的可靠性；③易于扩充，增加或减少用户比较方便。

总线拓扑的缺点：①总线的传输距离有限，通信范围受到限制；②故障诊断和隔离较困难；③分布式协议不能保证信息的及时传送，不具有实时功能。结点必须是智能的，要有媒体访问控制功能，从而增加了结点的硬件和软件开销。

3）环形拓扑

环形拓扑网络由结点和连接结点的链路组成一个闭合环。每个结点能够接收从一条链路传来的数据，并以同样的速率串行地把该数据沿环送到另一端链路上。这种链路可以是单向的，也可以是双向的。

环形拓扑的优点：①电缆长度短。环形拓扑网络所需的电缆长度和总线拓扑网络相似，但比星形拓扑网络要短得多。②增加或减少工作站时，仅需简单的连接操作。③可使用光纤。光纤的传输速率很高，十分适合于环形拓扑的单方向传输。

环形拓扑的缺点：①结点的故障会引起全网故障。这是因为环上的数据传输要通过接在环上的每一个结点，一旦环中某一结点发生故障就会引起全网的故障。②故障检测困难。这与总线拓扑相似，因为不是集中控制，故障检测需在网上各个结点进行，因此就不很容易。③环形拓扑结构的媒体访问控制协议都采用令牌传递的方式，在负载很轻时，信道利用率相对来说就比较低。

4）树形拓扑

树形拓扑从总线拓扑演变而来，形状像一棵倒置的树，顶端是树根，树根以下带分支，每个分支还可再带子分支。树根接收各结点发送的数据，然后再广播发送到全网。树形拓扑的特点大多与总线拓扑的特点相同，但也有一些特殊之处。

树形拓扑的优点：①易于扩展。这种结构可以延伸出很多分支和子分支，这些新结点和新分支都能容易地加入网内。②故障隔离较容易。如果某一分支的结点或线路发生故障，很容易将故障分支与整个系统隔离开来。

树形拓扑的缺点是，各个结点对根的依赖性太大，如果根发生故障，则全网不能正常工作。

5）网形拓扑

网形拓扑结构在广域网中得到了广泛的应用，它的优点是不受瓶颈问题和失效问题的影响。由于结点之间有许多条路径相连，可以为数据流的传输选择适当的路由，从而绕过失效的部件或过忙的结点。这种结构虽然比较复杂，成本也比较高，提供上述功能的网络协议也较复杂，但由于它的可靠性高，仍然受到用户的欢迎。

6）混合型拓扑

将以上某两种单一拓扑结构混合起来，取两者的优点构成的拓扑称为混合型拓扑结构。

2.1.4 计算机网络协议

1. 协议的概念及作用

提起网络，就不能不说协议。网络中的计算机与计算机间要想正确地传送信息和数据，必须在数据传输的顺序、数据的格式及内容等方面有一个约定或规则，这种约定或规则称做协议。网络协议主要有三个组成部分。

语义：是对协议元素的含义进行解释，不同类型的协议元素所规定的语义是不同的。例如，需要发出何种控制信息、完成何种动作及得到的响应等。

语法：将若干个协议元素和数据组合在一起用来表达一个完整的内容所应遵循的格式，也就是对信息的数据结构作一种规定。例如，用户数据与控制信息的结构与格式等。

时序：对事件实现顺序的详细说明。例如，在双方进行通信时，发送点发出一个数据报文，如果目标点正确收到，则回答源点接收正确；若接收到错误的信息，则要求源点重发一次。

由于网络中的计算机无论在硬件类型还是在操作系统及应用软件上都不可能完全一致，要实现彼此之间的相互通信与资源共享，它们就必须遵循传输中共同的规则。协议就是规定了这一系列标准，使不同计算机间的互联成为可能的。

2. 协议的分层结构

为了减少协议设计和测试过程的复杂性，人们往往按功能将计算机网络划分为多个不同功能层。网络中同等层之间的通信规则就是该层使用的协议，而同一计算机的不同功能层之间的通信规则则称为接口。每一层完成一定的功能，每一层又都建立在它的下层之上，不同的网络，其协议分层的数量、各层的名字、内容和功能不尽相同。然而在所有的网络中，每一层都通过层间接口向上一层提供一定的服务，而把这种服务是如何实现的细节对上层加以屏蔽。具体地讲，层次结构包括以下含义：①第 N 层的实体在实现自身定义的功能时，只使用第 $N-1$ 层提供的服务。②第 N 层向第 $N+1$ 层提供服务，此服务不仅包含第 N 层本身所执行的功能，还包含由下层服务提供的功能总合。③最底层只提供服务，是服务的基础；最高层只是用户，是使用服务的最高层；中间各层既是下一层的用户，又是上一层服务的提供者。④仅在相邻层间有接口，且下层所提供服务的具体细节对上层完全屏蔽。

网络层次结构具有如下几个特点：①各层之间相互独立。某一高层只需知道如何接口向下一层提出服务要求，并使用下层提供的服务，并不需要了解下层执行的细节。②结构上独立分割，由于各层独立划分，每层都可以选择合适的实现技术。③灵活性好。如果某一层发生变化，只要接口条件不变，则以上各层以及以下各层的工作均不受影响，有利于技术进步和模型的修改。④易于实现、管理和维护。⑤有利于实现标准化。每一层都有明确定义，十分有利于标准化的实施。

3. 典型的网络层次模型

1）OSI 网络体系模型

20 世纪 70 年代以来，国外一些主要计算机生产厂家先后推出了各自的网络体系结构，但它们都属于专用的。为使不同计算机厂家的计算机能够互相通信，以便在更大的范围内建立计算机网络，有必要建立一个国际范围的网络体系结构标准。

国际标准化组织 ISO 于 1981 年正式推荐了一个网络系统结构——七层参考模型，叫做开放系统互连模型（open system interconnection，OSI）。由于这个标准模型的建立，各种计算机网络向它靠拢，大大推动了网络通信的发展。OSI 参考模型将整个网络通信的功能划分为七个层次（图 2.2）。它们由低到高分别是物理层（PH）、数据链路层（DL）、网络层（N）、传输层（T）、会话层（S）、表示层（P）、应用层（A）。每层完成一定的功能，每层都直接为其上层提供服务，并且所有层次都互相支持。第四层到第七层主要负责互操作性，而一层到三层则用于创造两个网络结点间的连接。

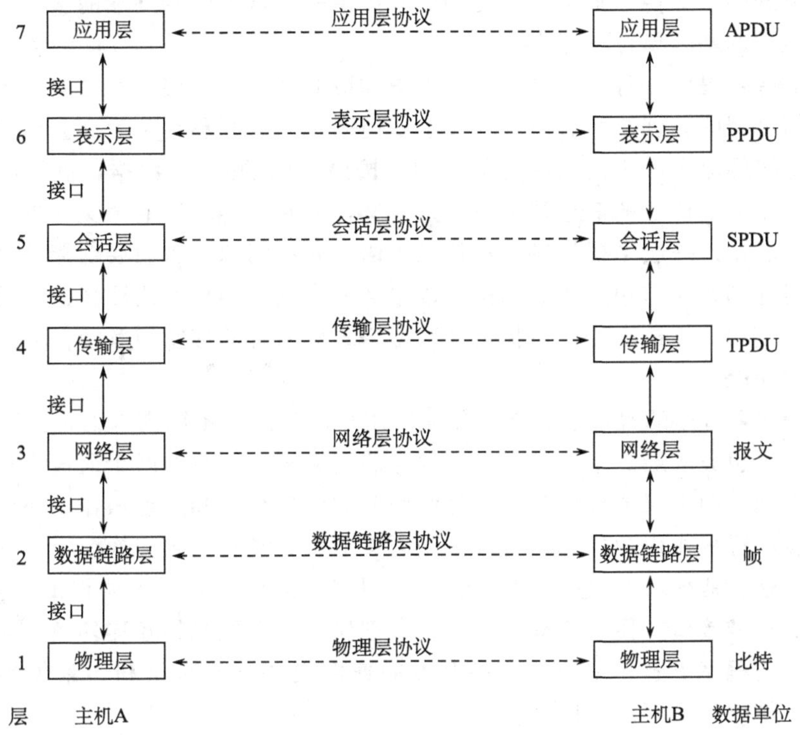

图 2.2　OSI 参考模型

物理层：物理层与通信媒体直接相连，其功能是提供用于建立、保持和断开物理接口的条件，保证比特流的透明传输。该层传输的基本单位是比特，也称为位。

数据链路层：主要负责数据链路的建立、维持和拆除。在两个相邻结点间的线路上将网络层送来的信息组成帧（每一帧包含一定数量的数据和控制信息）结构，并保证信息帧的可靠传输。该层传输的基本单位是帧。

网络层：也叫通信子网层。网络层的任务是控制通信子网的工作，决定报文分组以及如何在通信子网中传送。网络层所传送的基本单位叫做包，这层对端到端的包传输进行定义，它定义了能够标识所有结点的逻辑地址，以及路由实现的方式和学习的方式，以使发送结点传输层所传下来的数据能准确无误地按照地址传送到目的结点，并交付给目的结点的传输层，网络层的关键是路由选择。为了适应最大传输单元长度小于包长度的传输介质，网络层还定义了如何将一个包分解成更小的包的分段方法。

传输层：该层的任务是要根据子网的特性最佳地利用网络资源，并根据会话实体的要求，以最低费用、最高可靠性为两个端系统的会话层之间建立一条传输连接，以透明方式传输报文，即为会话层提供一个可靠的端到端的服务，在传输层信息传送的基本单位是报文。

会话层：提供一种有效方法，以组织和协商两个表示层进程之间的会话，并管理它们之间的数据交换。该层定义了如何开始、控制和结束一个会话，该层主要功能是按照应用进程之间约定的规则，按照正确的发/收数据，进行各种形态的对话。会话层传送的信息基本单位是报文，但它和传输层的报文有本质不同。

表示层：这一层主要解决用户信息的语法表示问题。其主要功能是对信息格式和编码起到转换作用。将欲交换的数据从适合某一用户的语法转换为适合 OSI 系统内部使用的传送语法，包括定义数据格式及信息的加密与解密，另外还有信息压缩的功能。

应用层：OSI 的最高层，是直接面向用户满足用户不同需求的，是唯一向应用程序提供服务的层。本层负责用户信息的语义表示，并在两个通信用户之间进行语义匹配。即不仅要提供应用进程所需要的信息交换和远地操作，还要为相互作用的应用进程作用户代理，完成一些语义上有意义的信息交换。

OSI 分层具有以下优点：①人们可以很容易的讨论和学习协议的规范细节；②层间的标准接口方便了工程模块化；③创建了一个更好的互连环境；④降低了复杂度，使程序更容易修改，产品开发的速度更快；⑤每层利用紧邻的下层服务，更容易记住下层的功能。

2）TCP/ IP 协议

TCP/IP（传输控制协议/ 网间协议）是一种网络通信协议，它规范了网络上的所有通信设备，尤其是一个主机与另一个主机之间的数据往来格式以及传送方式。TCP/IP 是 Internet 的基础协议，也是一种计算机数据打包和寻址的标准方法。在数据传送中，可以形象地理解为有两个信封，TCP 和 IP 就像是信封，要传递的信息被划分成若干段，每一段塞入一个 TCP 信封，并在该信封面上记录有分段号的信息，再将 TCP 信封塞入 IP 大信封，发送上网。在接受端，一个 TCP 软件包收集信封，抽出数据，按发送前的顺序还原，并加以校验，若发现差错，TCP 将会要求重发。因此，TCP/IP 在 Internet 中几乎可以无差错地传送数据。对 Internet 用户来说，并不需要了解网络协议的整个结构，仅需了解 IP 的地址格式，即可与世界各地进行网络通信。

TCP/IP 协议是先于 OSI 模型开发的，并不完全符合 OSI 的七层参考模型。大致说来，TCP 对应 OSI 模型的传输层，IP 对应网络层。但今天说的 TCP/IP 协议已经超出了这两个层次，成为一个完整的协议簇网络体系结构。确切地说，TCP/IP 协议是一组包括 TCP 协议和 IP 协议，用户数据报文协议（user datagram protocol，UDP)、互联网控制报文协议（internet control message protocol，ICMP）和其他一些协议的协议组。

除 TCP/IP 协议之外，常见的网络协议还有动态主机配置协议（dynamic host configuration protocol，DHCP)、文件传输协议（file transfer protocol，FTP)、超文本传输协议（hyper text transfer protocol，HTTP）等。

2.1.5　Internet 概述

1. Internet 及其发展

Internet 是电子商务最重要的通信网络基础。它是一个通过各种通信介质和数据通信网，把分布于世界各地不同结构的计算机网络连接起来，共同遵守 TCP/IP 通信协议，从而构成的世界范围的网络集合。

1969 年 9 月 2 日，美国国防部高级研究计划署（ARPA）启动了 ARPA 网络（ARPANET)。ARPANET 是 Internet 的雏形。

20 世纪 80 年代初期，ARPANET 派生出两个网络：一个是纯军事用网络 MALNET；另一个则是美国国家科学基金会网络（National Science Foundation NetWork，NSFNET)。1990 年，MALNET 与 NSFNET 连接后完全取代 ARPANET，开始采用 Internet 这个名称。自此之后，其他部门的计算机网相继接入 Internet，ARPANET 宣告解体。

1992 年 Internet 协会成立，Internet 协会把 Internet 定义为“组织松散，独立国际合作的互联网络”，“通过自主遵守协议和过程，支持主机对主机的通信”。

Internet 在我国的发展按时间分可分为两个阶段：

第一阶段（1978～1993 年)，当时有科研单位试验与 Internet 电子邮件转发系统的连接。1993 年 3 月 2 日中国科学院高能物理研究所开通一条 64Kb/s 数据专线连通美国斯坦福大学，这是我国第一条 Internet 专线，标志我国正式接入 Internet。

第二阶段（1994 年至今)，1994 年 4 月中国科学院高能所登记域名：ihep. ac. cn，并建立了中国第一个 WWW 和 Gopher 服务器。于是，我国第一个 Internet 的结点建成。目前规模和影响大的互联网单位有四个：中国科技网(CSTNET)、中国公用计算机互联网（CHINET)、中国教育科研网（CERNET)、中国金桥信息网（CHINAGBN)。

2. Internet 主要服务

在 Internet 上，有许多服务器在向访问者提供各种各样的服务，服务内容几乎遍及人们生活的各个方面，主要服务有以下几点：

1）WWW服务

WWW（World Wide Web），也称Web、万维网。WWW采用超文本标记语言（hyperlink text markup language，HTML）在Internet上进行通信、信息查询和信息交流。WWW采用客户机/服务器工作方式，以超文本形式组织与传递各类信息内容。用户通过WWW客户程序向WWW服务器发出查询请求，WWW服务器则检索所有储存在服务器内的信息。WWW的客户程序称为浏览器。WWW为用户带来的是世界范围内的超级文本服务，用户只要操纵鼠标，就可以通过Internet从世界各地调来所需的文本、图像、声音服务。WWW服务是目前Internet最基本的也是应用最广、最受欢迎的一种服务。

2）电子邮件服务

电子邮件服务是Internet上应用最早、最重要的服务之一。在邮件服务器的中转下，拥有电子邮件账号（电子信箱地址）用户通过不同的计算机进行文本、图像、文件等各种电子信息的传递。邮件的发送者和接收者不需要同时连到网上，发出的邮件被暂时保存在某个邮件服务器上，接收者上网后可以到这个邮件服务器上去收取邮件。用户可以方便地对接收到的邮件进行回复或将邮件转发给其他人，也可以同时把一封邮件发送到多个信箱中。

电子邮件与传统邮件相比有传输速度快、内容和形式多样、使用方便、费用低、安全性好等优点。贺卡传送、手机收信等新服务的出现，使电子邮件服务更受欢迎，许多应用软件如文字处理软件、图形处理软件、浏览器等也有直接把所喜欢的内容直接通过电子邮件发送给亲友的功能。

3）文件传输服务

FTP服务允许Internet用户使用文件传输协议协议登录到FTP服务器上，进行文件的下载和上传。Internet上大量的FTP服务器为用户提供了大量的可免费下载的软件。其中一部分FTP服务器可以匿名登录，但大多数需要使用用户账号登录。

4）远程登录

远程登录使用Telnet协议，用户可以在网上的任意一台计算机上登录到具有权限的主机上，正确登录后，可以像在自己的计算机上一样，通过命令使用和管理远程主机上的各种资源。远程登录一般只能取回文件，不设上传文件的功能。

5）即时通信

网络的即时通信应用可以包括IP电话、网络会议、即时聊天等，甚至包括网络广播、网络电视、视频点播等信息服务。

6）电子公告板

电子公告板又称BBS，用户可以在网上发布信息（俗称发帖子），其他用户可以对帖子进行回复、发表看法等。电子公告板具有经验交流、信息交流、问题解答等功能。一般 BBS 都有各自的主题或兴趣领域，而且是由个人或组织来管理和维护的。BBS 是一种休闲性信息服务系统，并兼顾娱乐性、知识性、教育性等特色。不同的互联网 BBS 站点服务内容差别很大，因为各站点成立宗旨和服务对象不同，所以各具特色。BBS 也是一个重要的 Internet 服务。

近几年，网上还出现了虚拟现实、网络游戏、软件出租、手机短信、远程教育、博客、播客等各种各样的服务内容。相信随着技术的进步，互联网所能提供的服务会越来越多，功能将越来越强大。

3. Internet 接入方式

从用户角度出发，Internet 大致有以下几种接入方式：

1）普通电话拨号上网

用户只要有一部普通电话，再加上一个调制解调器，就可以实现拨号上网。其基本原理是将数字信息通过调制解调器转为模拟信号，然后通过电话线进行传输，接收方再通过调制解调器将模拟信号转为数字信号，从而完成数据通信的过程。此种接入方式具有设备简单、覆盖面广的特点，但最主要的缺点就是上网速度较慢，而且易受电话线路通信质量的影响。

2）ISDN 上网

ISDN（intergrated services digital net work）是综合业务数字网的简称，也称一线通，它是由电话综合数字网演变而来的。ISDN 有两个信道，可以全部用于接入互联网，也可以仅用一个信道接入。ISDN 与拨号上网方式相比，大大提高了上网速度，并且除了终端设备外，不需要改变电话线路，所以不需要大规模的投资。

3）ADSL 上网

ADSL（asymmetric digital subscriber line）是不对称数字用户环路的简称，是目前电信系统所称的宽带网。它是利用现有的市话铜线进行数据信号传输的一种技术，终端设备主要是一个 ADSL 调制解调器。ADSL 基本原理是将传统电话线没有充分利用的双绞线的带宽充分利用起来，可以同时实现网络连接与话音通信，即使 ADSL 出现设备故障也不影响普通电话业务，ADSL 适用于人口密度大、高层建筑多、网络结点密集的地段，具有系统结构简单、使用维护方便、性能价格比高等特点。

4）DDN 上网

DDN（digital data net work）又称数字数据网，是利用光纤、数字微波、卫星等数字信道来传输数据信号的业务。DDN 可利用数字信道提供点对点、点对多点透明传输的数据专线出租电路，为用户传输数据、图像、声音等信息。DDN 以光纤为中继干线网络，基本组成单位是结点，结点间通过光纤连接，构成网状拓扑结构。用户终端设备通过数据终端单元（DTU）与就近结点相连。DDN 具有传输速率高、时延小、连接方式灵活等优点。缺点是费用略贵，除了基本费以外，还根据上网流量计费。目前，DDN 上网方式主要是一些单位使用。

5）局域网接入

局域网接入方式是指先将若干单机构成局域网，再将整个局域网接入 Internet 的方式。此时有两种具体接入方式：一是共享方式入网，局域网中只有服务器具有固定 IP 地址，服务器必须安装相应代理服务器软件，局域网中其他计算机都共享服务器 IP 地址；二是路由器接入方式，这种方式下局域网的每一台计算机都可有自己的固定 IP 地址。

6）有线电视电缆上网

传统的有线电视网只能实现单向传输，经过改造后可以实现双向传输。终端设备是一个电缆调制解调器，它是利用有线电视网作为接入网的接入设备。有线电视电缆上网在我国具有广阔的前景，因为我国有线电视网十分普及，而且上网可以不占用电话线路，并且可以和数字式家电紧密集成。

7）光纤上网

光纤是一种直径为 50～100 mm 的特殊传输介质，一般由石英玻璃或塑料制成，外裹一层折射率较低的材料，多根光纤连在一起，就组成了光缆。光纤通信网才是真正意义上的宽带网，传输速度最快，单根光纤的传输速度可以达到 100Mb/s～10Gb/s，而且相当稳定。唯一的缺点就是价格较高。

8）无线接入

无线接入是指通过无线介质将用户终端与网络结点连接起来，以实现用户和网络间的信息传递。无线信道传输的信号应遵循一定的协议，这些协议是体现无线接入技术的主要内容。无线接入技术的最大意义是可以向用户提供移动接入业务，使得用户可以用计算机、手机等终端设备便利地享受网上各种业务。

4. Internet 地址与域名

互联网中的地址方案分为两套：IP 地址系统和域名地址系统。这两套地址系统其实是一一对应关系。

接入 Internet 的每一台计算机，要想实现在 Internet 上的各种功能，都需要一个标识。IP 地址是按 Internet 的网际协议 IP 的规定，表示连入 Internet 主机的地址，亦称网际地址，它是一台接入 Internet 计算机结点的唯一标识。

IP 地址由四段 0～255 的数字组成，各段数字之间用点号“.”分隔，其格式如下：

第一段数字.第二段数字.第三段数字.第四段数字

例如，210.45.240.25，61.137.62.48 等。

IP 地址的四段数字表示了主机所在的网络编号和该主机的编号。按计算机所在网络规模的大小，IP 地址被分成 A、B、C、D 和 E 五类。这五类中，表示网络号和主机号所使用的数字段有所不同。

A 类地址分配给规模特别大的网络使用。A 类网络用第一组数字表示网络本身的地址，后面三组数字作为连接于网络上主机的地址。

B 类地址分配给一般的大型网络。B 类网络用第一、二组数字表示网络的地址，后面两组数字代表网络上的主机地址。

C 类地址分配给小型网络，如大量的局域网和校园网。C 类网络用前三组表示网络的地址，最后一组数字作为网络上的主机地址。

IP 地址不便于记忆。为了便于用户使用，Internet 建立了所谓的域名管理系统（domain name system，DNS）。DNS 用分层的命名方法，对网络上的每台主机赋予一个直观的唯一性标识名，其格式如下：

计算机名．组织机构名．网络名．最高层域名

最高层域名又称为顶级域名，代表建立网络的部门、机构或网络所隶属的国家、地区。例如，常见的顶级域名有 EDU（美国教育机构）、GOV（美国联邦政府部门）、MIL（美国军队）、COM（商业系统）、NET（网络信息中心和网络操作中心）、ORG（非营利组织）、INT（国际上的组织）、CN（中国）、UK（英国）等。

我国的域名体系也遵照国际惯例，包括类别域名和行政区域名两套。类别域名依照申请机构的性质分为：AC——科研机构，COM——工、商、金融等企业，EDU——教育机构，GOV——政府部门，NET——互联网络、接入网络的信息中心和运行中心，ORG——各种非营利性的组织。行政区域名是按照中国的各个行政区划分而成的，其划分标准依照原国家技术监督局发布的国家标准而定，适用于我国的各省、自治区、直辖市。

Internet 中，一个主机的域名与它的 IP 地址是相互对应的。显然，域名的记忆和使用都比 IP 地址方便。但是，用英文和数字字段组成的域名不符合网际协议 IP 的规范要求，这就需要有一个转换的装置，这个转换装置就是域名系统服务器，简称 DNS 服务器。DNS 服务器能实现从人们容易理解记忆、使用方便的域名到计算机容易处理的 IP 地址的映射，即实现主机的域名到它的 IP 地址的转换。

Internet 服务提供商一般都配备了一个或多个 DNS 服务器，并把它的 DNS 服务器的 IP 地址告诉登记注册的用户。

5. *超文本传输协议*

超文本传输协议（hyper text transfer protocol，HTTP）是负责传输和显示页面的互联网协议。最早的 HTTP 协议是 1991 年开发出来的，当时还非常简单，后来不断得到完善。HTTP 运行在 TCP/IP 模型的应用层。它是为 Web 定

制的核心协议，采用客户机/服务器模式，即用户（客户机）的浏览器打开一个HTTP会话并向远程服务器发出页面请求，作为回答，服务器产生一个HTTP应答信息，并把它送回到客户机（请求者）的浏览器。如果客户机确定收到的信息是正确的，就断开TCP/IP连接，HTTP会话就结束了；由于HTTP的用户数增长很快，HTTP对互联网有极其重要的影响。

HTTP协议具有无连接、无状态的特点。

（1）无连接的含义是限制每次连接只处理一个请求。客户和服务器连接后提交一个请求，在客户接到应答后立即断开连接。采用这种“无连接”协议，在没有请求提出时，服务器就不会在那里空闲等待；同样当完成一个请求之后，服务器不会继续为这个请求负责，从而不用为保留历史请求而耗费宝贵的资源，因此采用这种方式可以节省传输时间。

（2）所谓无状态是指协议对于事务处理没有记忆能力，客户端只需要简单地向服务器请求下载某些文件，不论是客户端还是服务器都没有必要记录彼此过去的行为，每一次请求之间都是独立的。这既是优点也是缺点：一方面，由于缺少状态使得HTTP累赘少，系统运行效率高，服务器应答快；另一方面，由于没有状态，协议对事务处理没有记忆能力，若后续事务处理需要有关前面处理的信息，那么这些信息必须在协议外面保存；另外，缺少状态意味着所需的前面信息必须重现，导致每次连接需要传送较多的信息。

2.2 电子商务系统平台

2.2.1 电子商务系统平台概述

平台是为了实现某类型产品所共享的设计技术、工艺技术及生产制造技术等的整合。电子商务平台就是为实现商务活动这一特殊产品而对其所涉及的相关技术设备进行整合。

平台具有以下几个特征：一是共享性，即平台是开发某类型产品所共享的技术的集合。二是规范性，即构成平台的技术是在企业内部经过规范化和标准化整合的。在实现某类型产品的过程中只需进行较小的变化。三是延展性，即可通过提高、更新平台的核心技术或完善技术平台的中间技术和基础技术来实现平台的升级和更新。四是独特性，即平台虽然包括通用的基础技术，但其核心是核心技术及特有的技术组合。五是层次性，即平台是由处于不同层次的技术整合而成的。

广义上讲，电子商务系统是支持商务活动的电子技术手段的集合。狭义上讲，是指在Internet和其他网络的基础上，以实现企业电子商务活动为目标，满足企业生产、销售、服务等生产和管理的需要，支持企业的对外业务协作，从运作、管理和决策等层次全面提高企业信息化水平，为企业提供商业智能的计算机系统。

一般情况下，电子商务系统在运行与开发阶段所需的支撑平台有所不同，这将在以下部分详细叙述。

2.2.2　运行阶段的支撑平台

电子商务系统运行阶段的支撑平台由电子商务应用平台、计算机网络平台、系统硬件平台组成。

系统硬件平台主要是指计算机硬件系统及其与各种其他硬件设备构成的硬件环境。硬件环境的建设是电子商务系统的基础，其中最主要的是服务器。服务器的性能决定了计算机主机的运行效率，目前的服务器主要可以分为 PC 服务器和 Unix 服务器两大阵营。对电子商务而言，它面临着用户对系统响应的苛刻要求、动态变化和难以估计的未来负荷、未知的升级周期等特殊问题，选择服务器主机时，除了考虑高性能、网络吞吐量大、可靠性和可用性好、模块化等基本原则以外，还要注意其安全性、可扩展性、开放性体系方面的特性。

计算机网络平台是指网络通信设施、网络软件及基于网络所提供的服务。网络平台为电子商务提供了一个安全的可伸缩的分布式服务体系，一般可包括下列基于开放标准的服务：

1. 网络基本服务

在提供基本传播与沟通服务、提供分布计算与信息共享能力的基础上，提供可集成各类应用的 Web 平台，使得集成于 Web 的各类应用系统可方便地发布并被广泛应用。

提供用于集成应用系统的各类中间件和 Web 服务的管理环境，使得电子商务应用系统的建设与集成更为容易。

2. 安全服务

除各种基本的安全技术保障之外，提供基于公开密钥的公钥基础设施 PKI，支持用户身份认证和数据加密；提供依赖于公钥基础设施支持的授权管理基础设施 PMI；提供访问控制和特权管理；提供时间戳服务等安全基础服务，以保障电子商务应用系统的安全运行。

3. 基础性公共服务

提供广泛使用的基础性应用支持，包括邮件服务、目录服务、文件和打印服务等。

电子商务系统应用平台是在上述平台支撑下运行实现具体商务逻辑应用软件的支持环境，支持面向用户层面的应用。这些商务逻辑几乎涉及商务活动的各个领域业务，如网上销售、网上服务、供应链管理与协同商务、拍卖网站、门户网站、虚拟社区以及网络娱乐等内容都是应用的对象。

电子商务应用平台主要集成了以下系统：数据库系统、Web 服务器、应用服务器等。

数据库技术对电子商务的支持表现在存储管理各种商务数据和决策支持。电子商务处理的数据一般有两种：一种是结构化的数据；另一种是非结构化的数据，如各种网页、声音、图像等。一般以文件形式管理。但目前的一些关系数据库也能够对它进行管理。关系数据库除具备完备的理论基础、简洁的数据模型、透明的查询语言和方便的操作方法等优点外，它还易于管理结构化的数据，数据冗余较低，具有丰富的开发工具。此外，关系数据库一般还支持联机事务处理、联机事务分析等，部分关系数据库还支持数据挖掘和数据仓库。目前主流的关系数据库产品主要包括 Oracle、Informix、Sybase、DB2、SQL Server、MySQL 等；对于结构化数据，关系数据库已经成为主要处理手段。但在非结构数据中，大多数是多媒体数据，其特点是数据量庞大，形式和格式多样且具有较强的时间性等。这些特点促进了多媒体数据库的产生。根据数据类型的不同，多媒体数据库可以分为基于关系模型的多媒体数据库、基于面向对象技术的多媒体数据库和超媒体数据库三种；Web 数据库是以后台数据库为基础，加上一定的前台程序，通过浏览器能够充分利用大量已有的数据库信息资源，使用户在 Web 浏览器上方便地浏览和检索数据库内容。当前比较流行的 Web 数据库主要有 SQL Server、MySQL 和 Oracle。

Web 服务器是位于客户端 Web 浏览器和需要获得的信息之间的基本媒体，负责传送静态内容到 Web 浏览器。在电子商务系统运行时，Web 服务器的地位显得尤为重要，它们不仅在处理核心事务时具有关键地位，而且对于网络安全和性能也十分重要。常用的 Web 服务器有 Appache Httpd Server、Internet Information Server 和 ONE Web Server 等。

为了解决跨平台的电子商应用系统可能存在的扩展性、运行效率、集成效果等方面的问题，应用服务器应运而生。应用服务器实际上是支持商务应用的一个运行与开发维护环境，它为电子商务应用软件提供服务。这些服务主要包括预安装的部分商业功能、系统管理部分和集成开发工具。从目前的应用服务器产品的基本结构看，应用服务器软件包含两部分，一部分是增强功能的 Web 服务器，另外一部分是专门为应用提供服务的应用服务器。这两部分在某些产品中是合并在一起提供的，如 IBM WebSphere、BEA 的 WebLogic；也有些公司将这两部分作为两个独立的产品分开提供，如 iPlanet。

2.2.3　开发阶段的支撑平台

电子商务系统开发阶段的支撑平台一般由以下部分组成：系统开发所需的硬件网络平台、软件平台及电子商务系统的集成平台。

系统开发所需的硬件网络平台指的是系统开发和调试阶段所涉及的计算机、服务器及简单的网络设备。

系统开发所需的软件平台包括：高性能的操作系统平台如 Microsoft Windows Server、UNIX、Linux 等；Web 服务器软件（apache 等）；应用程序服务器（resin、tomcat 等）；数据库系统（Microsoft SQL、Oracle 等）；数据库连接工具；系统建模工具（面向对象 UML 等）；计算机程序设计语言（C＋＋、Java 等）及这些语言相应的开发环境。

系统集成平台的功能是将系统开发的硬件平台、由开发软件平台开发的一系列软件以及可能由第三方发布的可用的其他组件等进行集成，使之成为一个有机的整体。目前的关键技术包括 J2EE、Web Service 等。关于电子商务系统集成技术的详细介绍参见本书 2.3.3 节。

2.3　基于 Web 的电子商务应用系统及其构建技术

2.3.1　基于 Web 的电子商务应用系统概念及其发展

商务过程需要交换大量的信息，电子数据交换（electronic data interchange，EDI）的出现实现了业务处理的自动化，电子商务有了雏形。但是 EDI 标准缺乏灵活性和可扩展性，不能提供可视化交换界面，使传递的信息和服务受到限制。电子商务的进一步发展需要一种新的功能更强大的服务方式。

1989 年基于分布式超文本系统设想的 Web 思想萌生。1990 年 Web 浏览器和 Web 服务器使用面向对象技术相继在 CERN 实现。之后构成 Web 体系结构的基本元素被成功引入。1993 年，第一个较健全的易用的浏览器（Mosaic 的浏览器）发布。从此，Web 迅速成长起来，它友善的图形用户界面、标准化的格式、简单易用的操作、几乎无所不能的服务吸引了广大的用户，在它的促进下，电子商务得到了迅猛的发展，因此基于 Web 结构成为企业发展电子商务的首选。

Web 的本质内涵是一个建立在 Internet 基础上的网络化超文本信息传递系统；同时，对于信息交换双方或服务的提供者和接收者来说，它又是一个标准，有了这个标准他们才有了交流的可能；它也可以被称为平台，在这个平台之上，客户可以发布信息、交流思想、集成服务、进行商务活动等；它就像信息高速公路，有了它的加工和处理，信息的传递更加快速、安全和可靠。

Web的基本技术在于对Web资源的标识机制（如URL）、应用协议（如HTTP和HTTPS）、数据格式（如HTML和XML），URL、HTTP、HTML（以及XML）、Web服务器和Web浏览器是构成Web的五大要素。

统一资源定位器（universal resource locator，URL）用来唯一标识Web上的资源，包括Web页面、图像文件（如gif格式文件和jpeg格式文件）、音频文件（如au格式）、视频文件（如mpeg格式文件）等。

超文本传输协议（hyper text transfer protocol，HTTP）是用来在互联网上传输文档的协议，它是Web上最常用也是最重要的协议，也是Web服务器和Web客户（如浏览器）之间传输Web页面的基础。

超文本标记语言（hypertext markup language，HTML）是Web诞生与发展的要素之一，它旨在使Web页面能显示在任何HTML使能的浏览器中，而与联网的机器平台无关。1998年发布的可扩展标记语言XML 1.0更扩展了HTML的能力。

Web客户通常指的是Web浏览器，如Netscape Navigator和Microsoft Internet Explorer。这种浏览器能理解多种协议，如HTTP、HTTPS、FTP；也能理解多种文档格式，如TEXT、HTML、JPEG（一种图像文件格式）、XML（有的尚未支持）；也具备根据对象类型调用外部应用的功能。

Web服务器（或称HTTP服务器）不仅提供HTTP服务，还具备连接数据库的功能及提供其他服务，如FTP服务。有的还可作为代理服务器。一个代理服务器是一个可以从别的服务器上为它的客户取文件的服务器。代理服务器可以通过缓存应答（页面）使得响应时间更快，也可以降低网络流量，对外能隐藏内部网信息。

上述的五大要素为Web系统提供了信息发布、远程管理、超级链接、业务代理、应用集成等强大的功能。这种独立于任何平台和操作系统的机制，使系统的建设者不必考虑所开发系统的兼容性问题，提高了系统的开发效率，使系统的使用者不必掌握过多的平台与操作系统知识，就可以方便快捷地访问电子商务系统。Web的巨大魅力使得一旦接触网络的用户便会爱不释手，随着Web技术的发展的日新月异，Web的功能会不断扩展，甚至会达到简单易行且无所不能，用户将会越来越离不开这种技术，基于Web的电子商务系统也将成为企业实现电子商务的唯一选择。

2.3.2 基于Web的电子商务应用系统模型

1. 电子商务系统的Web应用模型

电子商务应用系统是为电子商务提供服务，协助商务活动的开发。从这一角度上，电子商务系统的Web应用模型可以描述为图2.3的形式，图中将电子商务系统抽象为三层，这三层包括客户、Web 平台、各类服务提供商。在这三个逻辑层中的应用元素通过一组业界标准的协议、服务和软件连接器互相连接起来。

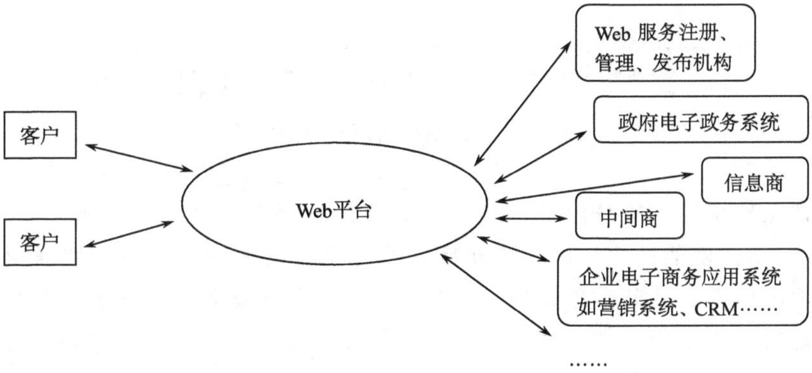

图 2.3　电子商务系统的 Web 应用模型

客户向 Web 平台提出信息交换或服务的请求，该请求通过友好的交互界面传递到 Web 平台，并通过 Web 平台的简单处理后，被传达到相应的服务提供商，服务提供商响应后的信息沿着逆向途径，经 Web 平台传达给客户，一次交互过程结束。

在此模型中，客户的请求一般由客户机来完成。基于 Web 的电子商务应用系统对客户机功能要求很低，只需能够运行浏览器软件即可。这大大有利于这一模式的扩展与应用。

Web 平台的基本网络功能由网络基础设施的建设来保障，各类服务提供商所提供的服务功能及其在 Web 平台上的呈现则通过部署的不同服务器完成。

2. 电子商务应用系统的功能逻辑模型

显然，在前面所述的电子商务系统的 Web 应用模型中（图 2.3），各类电子商务应用系统的建设质量是至关重要的。而这种质量的保障也是困难的，这不仅因为各类企业及社会机构为其各种不同目的所建设的各类电子商务应用系统涉及范围广泛，更由于其涉及的商务业务逻辑多样易变，这必然会给系统的应用与维护带来问题。

任何一个应用系统的功能逻辑可划分为交互显示（输入、输出）、业务逻辑（业务处理）、数据存储三个部分。交互显示负责收集用户请求，并将该请求传至业务逻辑层，同时负责将反馈信息显示给用户；业务逻辑对用户信息处理，生成消息，以调用不同的业务逻辑组件（需要连接数据库的包括数据库连接组件），并将这些组件处理结果反馈给交互显示层；数据存储则负责数据的存储、管理与维护。

为了使电子商务应用系统更易于开发、集成与维护，电子商务应用系统开发集成的建设过程中，其功能逻辑模型应设计为如图 2.4 所示，即所谓三层逻辑模型。

图 2.4 应用系统的逻辑分层结构

在按照这样的逻辑分层结构开发集成系统时要充分注意：①基于 Web 浏览器/Java applet 使能的广泛的客户连接；②易管理的客户，通过配置需要很少或无须本地的软件安装和数据备份；③写一次、到处可运行的应用软件的快速开发及即时部署；④提倡软件复用，使得新添程序量最小化、生产效率最大化，并提高软件质量；⑤与外部服务的连接，在这些外部服务系统中驻留着已有业务应用和数据，充分发挥它们的作用为顾客、业务伙伴和员工服务。

图 2.4 所示的三层功能只规范了功能的逻辑部署，其物理部署可根据情况分别由不同的硬件平台来完成。显示功能一般由客户机完成，它被放在单独的一台计算机上，而实现业务逻辑的 Web 服务器和实现数据存储的数据库服务器可被放在同一台主机上，也可按业务需求放在不同的主机上，甚至可放在多台主机上完成。这样在物理配置上可将基于 Web 的应用系统模型分为二层、三层或多层，图 2.5 显示的是常用的三层结构。

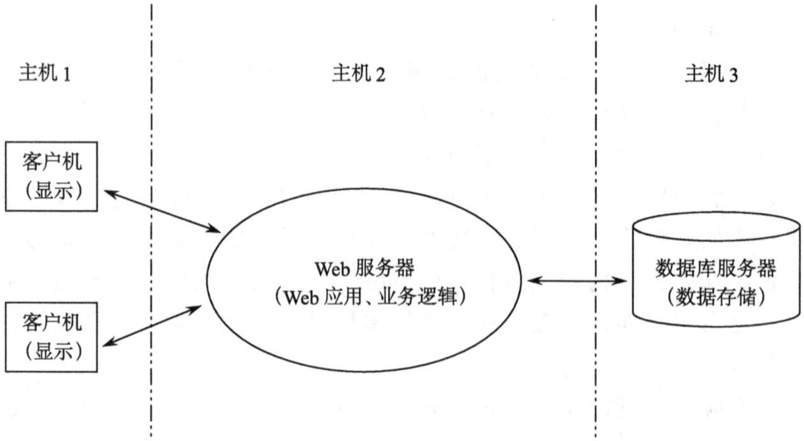

图 2.5 应用系统的物理分层结构

2.3.3　基于 Web 的电子商务应用系统构建技术

Web 应用构建技术是随着人们对主页的交互性要求越来越高，对客户服务器的功能要求越来越大而不断发展的。最初的 HTML 只能提供静态的页面，没有交互，也没有复杂的动画。这样的页面只能完成简单的信息发布功能。而加入嵌入式（脚本）语言如 Java Script、VB Script 等以及使用 Java Applet 技术，使页面有了一些简单的交互功能，如分层菜单等。另外还提供了动态主页和动画的功能，使得信息发布更加丰富多彩。但是，由于这些语言都是在客户端浏览器上运行的，规模不可能太大，否则下载时间会很长，也不可能支持很多高级的功能，这样会占用过多的客户机资源。因此，无法实现诸如数据库操作等复杂功能。CGI 是一种在服务器端运行的应用程序，用户通过浏览器调用 CGI 程序并传递参数，CGI 程序运行后将结果返回用户的浏览器，这样就允许在 Web 上实现更多、更复杂的任务，使得 Web 上的电子商务应用成为可能。但是 CGI 程序编写比较复杂，不同平台上的 CGI 程序也无法重用，为解决此问题，可移植、易开发的服务器端编程技术 Servlet、JSP、ASP 随即产生了。下面分别就电子商务系统构建技术中的客户端技术和服务器端技术进行详细描述。

1. 客户端技术

客户端技术主要包括客户端脚本技术、Cookies 技术、多媒体等插件技术、JavaBeans 和 ActiveX 控件、DHTML、Java Applets，需要注意的是不同的浏览器支持不同的技术。

1）客户端脚本技术

客户端脚本技术可以用来在客户端对表单作有效性检查、进行数字运算、收集关于用户喜爱的选项信息、弹出消息、根据条件进行操作等。常用的脚本语言有 JavaScript 和 VBScript。JavaScript 是一个脚本语言，不是真正的程序设计语言，不能写独立的应用程序，变量是弱类型，语句由客户端的浏览器运行（Netscape2.0 以上，IE3.0 以上）。1997 年，JavaScript 被欧洲计算机制造协会（European Computer Manufactures Association，ECMA）确立为国际性的 Web-脚本语言，叫做 ECMAScript。ECMAScript 得到大部分浏览器的支持。但 VB-Script 是一个同 VB（visual basic）有一定联系但独立的脚本语言，主要得到 IE 的支持（1998 年 8 月）。在构建基于 Web 的电子商务应用系统时，建议使用客户端脚本进行用户所填表单的有效性验证，以减少客户与服务器之间的无效交互。

2）Cookies 技术

Cookies 是保存在很小文件里的文本，这些文件放在用户的计算机上。Cookies 用来记录诸如用户的偏好、习惯、订阅等一些信息。Cookies 可以用客户端或服务器端的脚本建立。例如，当站点的内容需要用户登录以后才能够浏览时，可以在用户成功登录后给客户端加一个 Cookie，每当用户访问新的内容时，可以运行一个脚本来检查用户是否有 Cookie。如果有就允许访问，否则就要求用户再次登录。还可以用 Cookies 把用户信息从上一个网页携带到下一个网页。

3）多媒体技术

多媒体技术包括音频、视频、VRML、动画，它们可以用于美化网页、全方位展示产品、多角度介绍企业等。但是，所有多媒体技术都要求用户有足够的耐心，因此使用多媒体是要确信用户付出的时间是值得的。使用多媒体时最好提供文字注释，因为有些浏览器对有些多媒体技术不支持，或用户由于带宽的关系会关掉一些多媒体。

4）控件技术

JavaBeans 和 ActiveX 控件是组件技术的代表，它们是可重用的软件组件，可被加进多个应用。JavaBeans 是用 Java 写的控件，得到所有主流浏览器和平台的支持。ActiveX 控件主要被 IE 浏览器、Windows NT 和 Macintosh 平台支持。可以用＜OBJECT＞标记把 JavaBeans 和 ActiveX 控件嵌入 HTML 页面，还可以使用脚本访问控件的属性和方法。

5）DHTML

DHTML 是几个技术的结合，包括 HTML4.0、CSS1 和部分 CSS2、JavaScript、ECMAScript、DOM（document object model，文档对象模型）。DHTML 可以用来隐藏或显示一页上的条目而无须重新载入，在页面上移动条目、改变页面上的文字而无须重新载入，保证条目转换的高质量显示效果。

6）Java Applet

Java Applet 是第一个真正意义上的客户端网页交互工具。它是 Java 语言开发的小应用程序，编译以后通过网页向用户提供服务。

2. 服务器端技术

动态页面是由 Web 服务器根据客户的需求（包括可能的参数）运行而产生的 Web 页面。与提供静态页面相比，动态页面的生成需要服务器做更多的事情。显然，电子商务应用系统通常需要 Web 服务器提供动态内容，如股票交易和航班时刻表等。目前，支持动态页面生成的主要技术包括公共网关接口、服务器端脚本技术、插件技术、Servlet 技术和 JSP 技术等。

1）公共网关接口

公共网关接口（common gateway interface，CGI）是 Web 服务器生成动态页面的原始方法。它是应用程序和 Web 服务器之间的接口标准，通常 HTML 表单和 CGI 一起使用，CGI 程序允许用户通过网页把数据输入数据库，也允许数据从数据库流向用户。CGI 程序通常可以使用 C/C++、Perl、TCL（tool command language)、VB 等语言来写。但是，在 CGI 模型中，对每一个访问 CGI 程序的 HTTP 请求，服务器端都会产生一个新的进程来处理。这种模式限制了服务器同时处理多个请求的能力。另外，CGI 程序无法与 Web 服务器交互，因为两者运行在不同的进程中。

2）服务器端脚本技术

服务器端脚本技术指的是服务器脚本语言环境，它使得 Web 应用开发可以在 Web 页面中直接嵌入脚本来产生动态页面，当这些页面被请求时，页面中的脚本服务器负责解释，从而产生动态内容。这种技术的典型代表包括 IBM 的 Net. Data、Microsoft 的 ASP（active server pages）和 Allaire 的 ColdFusion。但是，这种技术没有跨平台性，只局限于某类产品或操作系统，而且开发者必须要学习某种特定的脚本语言。

3）插件技术

各种 Web 服务器均支持若干种典型的插件技术。典型的有 Netscape 的 NSAPI 和 Microsoft 的 ISAPI。这种类型的技术能提供比较好的性能，但是与 Web 服务器的耦合度太强，编程难度也较大。

4）Servlet 技术

Servlet 技术是产生动态内容的一种服务器端 Java 技术。具有下列特性：

（1）可移植性。Servlet 就是用 Java 编写的，这使得它们具有跨平台性，也独立于 Web 服务器软件，因为 Servlet API 定义了一个 Servlet 和 Web 服务器之间的接口。

（2）持久性和高能性。一个 Servlet 被 Web 服务器装入一次，就可以被客户调用。这意味着一个 Servlet 能在多个请求之间维系系统资源，如数据连接，从而避免了 CGI 那种方式所需的额外开销。而且，一个 Servlet 可以在 Web 服务器启动时装入，也可以在第一个请求出现时动态装入。

（3）基于 Java。这一特性使得 Servlet 技术继承了 Java 的优势，包括强类型、面向对象、模块化、安全性等。通过 Java 的废料自动收集机制和无指针机制，Servlet 避免了内存管理问题。

5）JSP

JSP（java server pages）是一种基于 Java 的脚本技术，具有下列特性：

（1）内容表达与数据生成的分离。数据的生成由服务器端的其他组件（如 JavaBean）来处理，JSP 主要处理内容的表达，如从这些生成的数据中抽取有关内容，并把它们合并到某个 HTML 文档中。

（2）更好的 MVC（model/view/controller）分层体系结构。JSP 具有比 Servlet 技术对 MVC 更好的支持。在 JSP 出现以前，Servlet 既要处理控制逻辑，又要处理内容的表达（或数据视图），甚至还要处理数据的动态生成，这使得

Web 应用很难维护。现在业务逻辑可以被封装在组件中，控制逻辑部分由 Servlet 来处理，而 JSP 处理动态内容的表达。

(3) 易用性。JSP 技术建立在 Java 编程模型和 HTML 内容表达等标准的基础上，这使得很多 Web 应用开发者很容易学习和使用 JSP 技术。

(4) 可移植性。通过 Java 作为脚本语言、JavaBeans 作为组件体系结构、HTML 作为表达内容的标准，JSP 具有很好的跨平台性，也独立于 Web 服务器软件。

(5) 基于 Java 即这一特性使得 JSP 技术继承了 Java 的优势，包括强类型、面向对象、模块化和很强的内存管理能力。

(6) 支持协作开发。正因为 JSP 能很好地支持 MVC 分层体系结构，Web 应用开发小组中的不同角色更容易划分。通常，写 HTML 文档的人员同时负责 JSP 页面，而程序员负责 Servlets 和 JavaBeans 的编程。页面写作人员通过标记来使用 Servlets 和 JavaBeans，就好像在 HTML 文档中增加 applet 标记一样。

值得指出的是，动态产生的内容通常来自服务器端的数据库。因此，需要数据库访问技术的支撑，常用的是 ODBC 和 JDBC，ODBC 是一个与语言无关的应用编程接口，使应用能采用 SQL 之类的语言对数据库操作。JDBC 类似于 ODBC，只不过提供的是 Java 的 SQL 的接口。

2.3.4 基于 Web 的电子商务应用系统集成技术

基于 Web 的电子商务应用系统可以是最终客户通过 Internet 使用的应用程序，也可以是通过 Internet 或专用网络由合作伙伴使用的应用程序，也可以是企业各个部门通过不同的用户接口使用的商业处理单元。因为这些应用需要的信息种类繁多，业务处理复杂，应用程序的种类繁多，致使构建企业的电子商务系统越来越复杂。在过去的几年中，这些挑战变得更加突出。随着 Internet 和近期电子商务的迅速发展，企业的信息资源现在变得更宝贵。为了保持在竞争中获胜，企业必须采取新型的应用集成技术，最好地利用信息资产。目前在电子商务平台中可选用的主流集成技术有 CORBA 技术、J2EE/EJB 技术、XML 技术、Web Service 技术和 Asp. net 技术等。

1. CORBA 技术

通用对象请求代理体系结构（common object request broker architecture，CORBA）是对象管理组织（object management group，OMG）的产品。遵照 CORBA 规范开发出的分布计算软件环境可以在几乎所有的主流硬件平台和操作系统上运行。简而言之，CORBA 允许应用程序和其他的应用程序通信，而不论它们在什么地方或者由谁来设计。CORBA1.1 由对象管理组织在 1991 年发布。它定义了接口定义语言（IDL）和应用编程接口（API），从而通过实现对象请求代理（ORB）来激活客户/服务器的交互。CORBA2.0 于 1994 年的 12 月发布，它定义了如何跨越不同的 ORB 提供者而进行通信。

CORBA 是一种语言中性的软件构件模型，可以跨越不同的网络、不同的机器和不同的操作系统，实现分布对象之间的互操作。CORBA 可以从开放的电子商务环境的复杂性中抽象出来，方便了电子商务系统和其他系统之间的交互作用，如股票管理系统、会计系统、行销系统等，并使得与以前的应用程序之间的集成变得容易。

从软件开发者的观点来看，CORBA 使得一切都变得比较简单，尤其是如果打算进行不同的企业配置时。CORBA 抽象了网络和动态的远程调用，允许应用程序开发者集中精力在实际的程序上，而不是集中在底层结构的内部工作方式上。应用程序开发者可以再利用已存在系统中的部分（如安全性系统）来开发新程序。

许多 CORBA 的核心概念对电子商务系统是有用的。例如，互操作性和综合性，平台、编程语言和安全机制等的灵活性，底层组件布局和网络的抽象，安全性功能的透明性，安全性的自动增强。

然而，目前可用的 CORBA 实现相当不成熟，而且并没有实现最初指出的所有功能。另外，CORBA 的协议过于庞大而复杂，并且技术和标准的更新相对较慢。更大的局限性是依赖于单一厂商的实现，如果要开发 CORBA 应用程序，应用程序环境中的每个结点都要运行相同的 ORB 产品。

2. J2EE 技术

J2EE（Java 2 enterprise edition）是建立在 Java 2 平台上的企业级应用的解决方案。J2EE 并非一个产品，而是一系列的标准。市场上可以看到很多实现了 J2EE 的产品，如 BEA WebLogic、IBM WebSphere 及 JBoss 等。

J2EE 技术的基础就是核心 Java 平台或 Java 2 平台的标准版，J2EE 不仅巩固了标准版中的许多优点，如“编写一次、随处运行”的特性、方便存取数据库的 JDBC API、CORBA 技术以及能够在 Internet 应用中保护数据的安全模式等等，同时还提供了对 EJB（enterprise java beans）、Java Servlets API、JSP（java server pages）以及 XML 技术的全面支持。其最终目的就是成为一个能够使企业开发者大幅缩短投放市场时间的体系结构。

J2EE 体系结构呈现四层的分布式应用模型，它为不同的服务提供一个独立的层，每层应用逻辑按功能划分为组件。J2EE 典型的四层结构包括：运行在客户端机器上的客户层组件（由客户端应用程序和 applets 实现）；运行在 J2EE 服务器上的 Web 层组件（由 Java Servlet 和 JSP 实现）；运行在 J2EE 服务器上的业务逻辑层组件（由 EJB 等实现）；运行在 EIS 服务器上的企业信息系统（enterprise information system）层软件。

J2EE的四层应用模型使得其本身具有独特的优点：高效性；四层中的每一层都可独立开发，因此允许开发公司把一些通用的、很烦琐的服务端任务交给中间件供应商去完成，这样开发人员可以集中精力在如何创建商业逻辑上，相应地缩短了开发时间。便捷性：高级中间件供应商已经提供了JavaBeans、EJB、JDBC等这些复杂的标准的中间件服务，开发者只需通过调用这些软件提供的标准接口，就可享受这些软件提供的强大功能；异构性：基于J2EE的应用程序不依赖任何特定操作系统、中间件、硬件，只要求各层之间的接口是标准的。因此设计合理的基于J2EE的程序只需开发一次就可部署到各种平台。J2EE为搭建具有可伸缩性、灵活性、易维护性的商务系统提供了良好的机制。

3. Web Service 技术

1）Web Service 体系架构

Web Service使用面向服务的构架（service oriented architecture，SOA）模型。该模型由三个独立的角色和三个基本操作构成。服务提供者（service provider）是创建服务的主体，将服务项目发布到服务代理的一个目录上供服务需求者调用；服务需求者（service requester）为了调用所需的服务，需要到服务代理提供的目录上搜索该服务，得到如何调用该服务的信息，然后根据这些信息去调用服务提供者发布的服务；服务代理者（service broker）提供Web服务清单和每种Web服务的详细信息。在Web服务体系中，使用WSDL来描述服务，UDDI来发布查找服务，而SOAP用来执行服务调用，XML则为分散的、功能单一的Web服务提供了统一数据格式，这是将它们组织成一个复杂应用的基础。

2）Web Service 的核心技术

Web Service的核心技术包括XML、SOAP、UDDI和WSDL。

（1）可扩展标记语言（XML）是整个Web服务技术架构的基石，是开放式环境下描述数据信息的标准技术。XML为Web服务提供了统一的数据格式。

（2）SOAP是由IBM、Microsoft和DevelopMentor共同提出的，作为建立分布式计算系统的通用方法。SOAP采用HTTP作为底层通信协议；RPC作为一致性的调用途径；XML作为数据传送的格式。SOAP依靠HTTP传输协议在网络上传输消息，由于大部分网络都允许HTTP通信流不受阻碍地经过防火墙，从而保证基于Web服务的应用程序间通信不受防火墙安全限制的阻碍。同时SOAP具有平台无关的特点，作为一种分布式的网络捆绑协议，它可以广泛地应用于各种平台，还能实现各种异构程序间的通信。

（3）UDDI规范是基于分布式Web服务信息注册的规范，为服务提供者提供一套标准的方法去注册登记相关信息，并能查询其他服务提供者所能提供的服务，使用已经注册的服务，分布式、全球化地共享信息。它的主要功能是提供一种发布和发现Web服务信息的办法。

(4) WSDL 是一种基于 XML 的组件描述标准语言，用于描述服务的内容、服务执行结果以及服务与通信协议进行绑定的信息，为服务提供者描述服务提供了统一的标准，同时，用 WSDL 描述的服务信息也为用户了解服务、调用服务提供了条件。WSDL 提供一种抽象的语言，利用参数和数据类型来定义被发布的操作、服务的位置和服务绑定的细节等。WSDL 不依赖于底层的协议和编码要求。

根据对 Web Service 核心技术的分析，不难看出 Web Service 的基本思想：采用 XML 语言描述数据，用于消除各个系统间数据类型的不同带来的影响；采用 SOAP 协议进行传输，可以通过各个系统内部的防火墙；采用 WSDL 和 UDDI 技术注册 Web 服务，便于各部门发现并使用 Web 服务；通过 WSDL 技术，实现各个部门间协同工作。

基于 Web Service 的集成技术作为一种新的面向函数和方法的应用集成技术，在很大程度上解决了原有集成技术在 Internet 远程通信方面的问题。Web Service 基于 XML 文档进行服务描述，服务请求和反馈结果，可以在 Internet 上通过 HTTP 协议进行传递，很容易地被访问和返回结果。同时，由于 Web Service 的相关标准都是 W3C-World Wide Web Consortium（万维网联盟）的开放协议，与平台和操作系统无关，不同的平台和操作系统上的 Web Service 的实现在很大程度上可以做到互操作，这就使异构平台上应用的集成变得很容易。

4. XML 技术

XML 使用一个简单而灵活的标准格式，为基于 Web 的应用提供了一个描述数据相互交换的有效手段。XML 有以下特点：

1) 容易开发相关软件

开发处理 XML 的软件很容易，而且当这种系统开发出来之后，用它来显示 XML 格式的文件也远比用显示功能相同的 HTML 文件效率高得多，而且用 XML 可以开发灵活的 Web 应用软件。数据一旦建立，XML 就能被发送到其他应用软件、对象或者中间层服务器作进一步处理，或者它可以被发送到桌面用浏览器浏览。

2) 不同计算机系统之间的沟通桥梁

不同计算机系统之间，常常由于采用不同的操作系统、数据库软件等，造成信息流通相当困难。要想在这些异质系统之间进行通信或交换数据，通常需要使用专门的软件。在 XML 出现以后，这些必须依靠特殊软件才能通信的系统之间，可以方便地通过 XML 来作信息交流。XML 格式非常简单易读，对于各种类型的资料都能标注。只要各系统之间安装 XML 解析器，便可以解读另外的计算机传过来的信息，进而加以利用，完成不同系统、不同机型间的通信。XML 这项利于资料交换和信息传递的特性，将会对电子商务，尤其是企业对企业的电子商务，带来革命性冲击。

3）信息的搜索更准确

XML 的标签含义丰富、意义明确，明白地提示所标记的内容，从而在搜索时依靠标签和内容之间的依存关系来准确定位，找到目标，完成搜索任务。

XML 所具有的这些特点使得 XML 可以在电子商务、厂商和中介组织信息交换等领域中一展身手。它可以为网页编辑上的可携性及平台独立性、系统的相容性、资源的整合和物流管理等电子商务应用，提供了完整的解决方案。

例如，在企业供应链管理、客户服务支援、资源整合和物流管理等过程中，通常会涉及很多不同的处理过程和步骤，文件需要转呈很多单位，而且文件之中的资料内容和结构又不尽相同，这些工作 HTML 根本不能胜任；而 XML 却提供了各种完整的解决方案和功能，包括资料传递、资料结构与资料呈现等，使设计流程大为简化。XML 可以让电子商务拥有更多的资源选择，并且与消费者、供应商及合作伙伴之间保持更密切、更有效率的关系。

5. ASP. NET 技术

ASP. NET 是一个统一的 Web 开发模型，它包括使用尽可能少的代码生成企业级 Web 应用程序所必需的各种服务。ASP. NET 作为 . NET FrameWork 的一部分提供。当编写 ASP. NET 应用程序的代码时，可以访问 . NET FrameWork 中的类，可以使用与公共语言运行库（CLR）兼容的任何语言来编写应用程序的代码，这些语言包括 Microsoft Visual Basic、C#、JScript. NET 和 J#，它们还同时具有类型安全、继承等方面的优点。

ASP. NET 包括页和控件框架、ASP. NET 编译器、安全基础结构、状态管理功能、应用程序配置、运行状况监视和性能功能、调试支持、XML Web services 框架、可扩展的宿主环境和应用程序生命周期管理、可扩展的设计器环境。

ASP. NET 页和控件框架是一种编程框架，它在 Web 服务器上运行，可以动态地生成和呈现 ASP. NET 网页。所有 ASP. NET 代码都经过了编译，可提供强类型、性能优化和早期绑定以及其他优点。除了 . NET 的安全功能外，ASP. NET 还提供了高级的安全基础结构，以便对用户进行身份验证和授权，并执行其他与安全相关的功能。ASP. NET 提供了内部状态管理功能，它能够存储页请求期间的信息，如客户信息或购物车的内容，可以保存和管理应用程序特定、会话特定、页特定、用户特定和开发人员定义的信息。此信息可以独立于页上的任何控件。通过 ASP. NET 应用程序使用的配置系统，可以定义 Web 服务器、网站或单个应用程序的配置设置。此外，ASP. NET 还具有可监视 ASP. NET 应用程序的运行状况和性能的功能，支持 XML Web services，提供对创建 Web 服务器控件设计器的增强支持等功能。

➢本章思考题

1. 简要说明计算机网络概念、发展历史及其分类。
2. 什么是计算机网络通信协议？一个通信协议应包含什么内容？
3. 分别用一句话说明 OSI 网络体系模型中每一层的功能。
4. Internet 的主要服务功能有哪几项？
5. 什么是电子商务系统平台？一个理想的电子商务系统平台应具有哪些特征？
6. 试举出几种典型电子商务平台的例子，并说明其类型及特点。
7. 基于 Web 的电子商务应用系统基本模型在逻辑上包括哪几层？每层的作用是什么？
8. 电子商务应用框架的体系结构由哪些元素构成？每种元素的功能是什么？
9. 试阐述 Web 电子商务应用系统的主要构建技术。

电子商务信息管理

在以信息技术为基础的商务活动中，电子商务技术已经融入企业的增值链中，并且成为企业谋求竞争优势的不可或缺的环节。这样，以往支持企业运作、管理、决策等不同层面的信息系统不论从体系结构、开发建造模式、维护管理，还是从其分析设计过程上，都与既有的电子数据处理系统（EDP）、管理信息系统（MIS）、决策支持系统（DSS）有所差异，电子商务信息系统呈现出新的特点。在本章中，着重介绍电子商务信息管理的基本概念及其作用，说明电子商务信息管理模式，阐述电子商务信息系统设计开发的过程等问题。

3.1　电子商务信息管理基础

3.1.1　信息管理概述

1. 信息管理定义

信息管理是个人、组织和社会为了有效地开发和利用信息资源，以现代信息技术为手段，对信息资源实施计划、组织、指挥、控制和协调的社会活动。这一定义概括了信息管理的三个要素：人员、技术、信息；体现了信息管理的两个方面：信息资源和信息活动；反映了管理活动的基本特征：计划、控制、协调等。

同时，信息管理也是“一种社会规模的活动”，它反映了信息管理活动的普遍性和社会性。它是涉及广泛的社会个体、群体和国家参与的普遍性的信息获取、控制与利用的活动。信息管理活动具有高技术的特点，涉及领域广泛，并使用各种复杂的技术与方法。

2. 信息管理目标

信息管理是为了提高社会活动参与者的系统功能，最终提高社会活动参与者的系统效率或系统输出而进行的活动。它的最高目标是要维持系统的生存并促进系统的发展。而要达到这个目标，基本手段就是利用系统（包括个人、组织和社会）内外的信息资源。

信息资源的价值在于它的集约程度（量）、序化程度与开发程度（质）。对于信息服务机构来说，它的目标在于把信息资源输送给用户，以增加用户信息资源的量和质，满足用户的信息需求。从信息管理的宏观角度来看，信息管理还需要协调和管理整个社会的信息活动，即从法规、政策和信息资源的整体配置角度进行的宏观信息管理活动。因此，个人、组织和社会整体的信息管理目标都是为了建立信息集约，在采集信息的基础上，首先实现信息流的数量控制，其次对量化信息进行整序与开发，以实现对信息的质量控制，在这个过程中，始终伴随着宏观信息活动管理和社会的整体信息资源配置管理活动。对于个人、组织来说，信息管理的目标就是在采集、序化、开发信息资源的基础上，提高个人与组织的活动效率，从而提高整个社会的效率。

3.1.2　电子商务活动中的信息及其作用

电子商务信息是在全部电子商务活动中，凭借电子化或网络化而进行生产、储存、传递和管理的信息，它包括文字、数据表格、图形、影像、声音等具体形态。数字化是它们的唯一表现形式，计算机网络是它们进行传输的重要途径。

从信息内容上看，电子商务信息与传统商务信息没有什么区别，主要包括企业信息（包括企业内部环境信息、企业生产信息等）和市场信息（包括消费者信息、供货商信息、市场环境信息等）两大部分内容。但从信息流的流动过程来看，电子商务的信息流有着自身独特的特点。总的来说，电子商务环境下的信息流具有几个显著的特点：覆盖面广、程序规则性和高效性。

1. 覆盖面广

互联网络的连通性使得整个世界成为一个整体，我们可以形象地将它称为“地球村”。在这个“村落”里，任何人都可以随时随地地将各行各业、个人的或者社会的、有用的或者无用的、真实或者虚假的信息通过网络迅速传递给别人，使得网上信息的数量剧增，内容涉及社会的方方面面。同时任何一个人，只要通过通信网络，就可以方便地获得不同地区、不同领域的各种信息。

2. 程序规则性

在电子商务环境下，信息大部分以数字化的方式存在并在网络上流动，这就便于企业运用计算机系统，利用事先按照一定规则设计好的计算机软件，对其进行搜索、存储与分析；同时对于企业内部信息以及企业所收集到的信息，企业会以一定的规则对其进行分类和汇总后将其存储于数据库中，而数据库中的信息具有明显的程序规则性；企业对信息搜取以及分析处理的过程也是按照一定的程序规则来进行的。

3. 信息的高效性

由于采用了现代化的电子通信及网络技术，企业所获取的信息无论是在广度和深度上，还是在对信息的分析处理效率上，都是传统方式所不能比拟的。同时由于大部分的工作都是由计算机系统自动完成，从而避免了大量的人为错误。信息的高效性主要体现在两个方面：

（1）成本低。网络上的很多商务信息是免费或收费低廉的，比企业通过传统渠道获得的方式所花费的成本低得多，另外在信息处理费用上也要低得多。

（2）传递速度快。通过网络，大量的商务信息可以在短短的几秒钟的时间内，从地球的一端传到另一端。这比传统的信息传递方法要快捷得多。信息本身是有价值的，对时效性要求很高，处理效率及传输速度的提高相当于提高了信息的价值。这些都体现了电子商务环境下信息流的高效性。

电子商务活动中的信息的作用表现在：

1）信息流是电子商务活动中资金流和物流的基础

商品流通作为一个体系，是商流、物流、信息流、资金流的有机结合并形成互动机制。在电子商务中，商流、物流、资金流的运动都是建立在快速高效的信息活动的基础之上的，因此信息在现代流通中占有主导地位，它是电子商务活动中其他各流互动循环的基础。

（1）扩大了商务活动范围，提高了商务活动效率。在传统的商务活动中，由于技术手段的局限，商务活动绝大部分依靠手工操作，这大大降低了商品流通的效率。以计算机和信息网络为活动平台的电子商务，使得市场调查、商业合同的签订、订单的处理等商务活动转化为对信息流的处理。我们可以通过电子数据交换系统签订电子合同，通过电子订货系统采购商品，通过电子销售终端进行销售，等等。这些过程不再需要买卖双方面对面地进行，通过计算机网络的信息处理就可以完成，实现了信息流对商务活动的工具性替代，改变了商务活动的传统运作方式，使信息功能作用发生了质的改变。这不但大大提高了商务活动的效率，延伸了商务活动范围，而且极大地增强了信息功能在现代商务活动中的主导地位。

（2）取代部分无形产品并优化了物流资源的配置。电子商务活动中的信息对物流的功能集中表现在两方面：一是取代了部分无形产品；二是使物流资源得到了优化配置。电子商务的发展使现代物流业开始实现信息化、自动化、网络化、智能化和柔性化等实质性的飞跃；而这一切都是以物流信息化为基础、以电子商务技术为手段的。在电子商务中，物流信息化表现为物流信息的商品化、信息收集的自动化、信息处理的电子化、信息传递的标准化和实时化、信息存储的数字化等；随着物流信息化的发展，条形码技术、数据库技术、电子订货系统（EDS）、电子数据交换（EDI）、有效顾客反应（ECR）等技术，正逐渐在物流领域中得到广泛的应用。虽然电子商务不能取代全部商品的物流，但在一部分无形产品（如娱乐、文化、知识性产品）中，已经可以做到信息流完全取代物流；而对有形产品的物流则极大地改善了其系统功能，提高了运营的效率，使物流资源得到了优化配置。

（3）促进货币的虚拟化运动。电子商务活动中的信息对资金流的功能集中表现在促进了货币的虚拟化流通。电子商务的应用，使商品流通中资金流形式发生相应的改变。在电子商务环境中，由于资金以数码的形式加以传送，货币流动完全是虚拟的、数字化的，信息流取代了资金的实体流动。在电子商务的支付方式下，资金流发生在商业银行之间，由银行完成货币从买方向卖方的运动，买卖双方只是在一个虚拟的空间，为实现商品的流通，而进行货币的虚拟化流动。这赋予了现代经济运行中的资金流以全新的内涵。

2）创造了新的商务模式

电子商务活动中的信息改变了传统的商务模式，创造了新的商务模式。传统的商务运行模式是以银行为中介、以商品流通、物流为主导的活动，信息活动只是辅助性的，它服务于管理性的工作，信息的功能未能得到充分的发挥；而电子商务模式以现代网络和信息技术为手段，以信息流为核心，形成了数字化、信息化的经营模式，把企业与消费者带入了一个网络经济数字化生存的世界。在这个世界里，人类的一切经济活动都与信息网络密切相关，依靠网络获取商务信息，从事企业经营活动。

3）实现了“以顾客为中心”的营销理念

在传统的商务活动中，由于信息载体、传输渠道、信息交流方式等的局限，生产者和消费者被各种营销中介分割，无法完全相互了解，企业不能真正把握顾客的需求，提供适销对路的产品以吸引和维持顾客。而互联网为生产者与消费者的直接沟通提供了技术上的条件。制造商可以越过中间商直接从事网上交易，消费者也可以从互联网上直接向厂家选购自己中意的商品，甚至可以参与到制造商的生产过程，定制产品，满足自己特定的需求。在电子商务的环境中，生产者的客户关系管理（CRM）能够真正实现想客户之所想，急客户之所急。因此，电子商务活动中的信息是实现“以顾客为中心”的根本保证。

4）有利于企业经济效益的提高

利用现代信息网络有效地沟通各方面的信息，特别是系统外部的信息，使得企业可以不仅依靠规模经济来提高效益，而且还依靠范围经济即通过经营范围的扩大、供应链的整合、业务流程的再造等来增加收入，降低成本，从而提高企业的经济效益。

3.1.3 电子商务信息管理的特点

电子商务信息管理是信息管理的重要分支之一，因此具有信息管理的普遍特征。但是，因其与电子商务的紧密结合，也具有不同于一般信息管理的特殊性，主要表现在以下几个方面：

(1) 信息管理的对象数量大、分布范围广。电子商务信息资源极为丰富，涵盖多个领域，种类繁多。数量以前所未有的速度持续性地增长，网络发展的规模和实时信息生产的规模都是惊人的。

(2) 信息标引、检索、组织更为困难。电子商务信息来源分散、无序，没有统一的管理机构，也没有统一的发布标准，且变化、更迭、新生、消亡时有发生，难以控制与管理。

(3) 信息管理的对象更加多样化。网络以超文本、超媒体集成式地提供商务信息，除文本信息外，还有图表、图形、声音、图像、动画等，需要更加复杂、功能更加强大的标引和检索系统。

(4) 信息传播自由性和任意性大。电子商务用户既是商务信息的需求者，同时也是商务信息的发布者。信息的发布具有很大的自由性和任意性，正式信息与非正式信息、真实信息与虚假信息甚至有害信息交织在一起。

上述特点，使得相对于传统商务信息管理来说，电子商务信息管理的难度大大增加。

3.2 电子商务信息管理模式与管理过程

电子商务环境下信息管理模式主要可分为信息服务模式和决策支持模式。信息服务模式主要用来满足网络各类用户的信息需求。这类模式依序包括如下几个信息管理环节：分析客户信息需求、信息的收集与选择、信息的组织与加工、信息的发布与传递、信息检索工具与信息服务门户的提供等；决策支持模式主要是用来满足决策需求，包括明确决策问题、确认信息需求、相关信息的收集与选择、信息组织、信息加工与挖掘、决策支持信息评价与提供等环节。除此之外，还有其他模式。不论何种模式，电子商务信息管理过程一般都会包含如下几个主要环节：

1. 信息需求分析

所谓信息需求分析，简单地讲是明确对信息客体的需求，包括获取与利用信息的需求以及向外发布和传递信息的需求，其基点是实现对外的信息沟通与交流，达到社会职业活动和社会生活中的某种目标。在商务活动中，信息需求存在于各个环节、各个部门以及各种层面上，有的在获取信息的同时又在向外发布信息，只是特点各不相同。在电子商务的环境下，由于信息的电子化和网络化，信息传递速度快、数量大、准确率高，且无时空的限制，其信息需求又呈现出新特点：①用户信息需求的社会化。社会信息化与信息社会化的大趋势要求并推动着网络商务信息管理的发展。在网络环境中，信息服务的传统模式愈来愈难以满足用户开放化的信息需求，网络商务信息用户信息需求由原来的稳定性、集中性向开放化的社会性转变。由面向部门的信息需求向专业与社会信息相结合的信息需求转变。②用户需求的集成化。信息网络的发展，将计算机技术、远程通信技术和网络信息处理技术有机结合，从根本上改变了商务信息资源开发、组织和分布状况，从而使用户可以方便地按主体客观需求在网络环境下集中获取所需商务信息资源，即在网络中将各类相关的专业信息获取方式融为一体，使信息交流、查询、数据获取、全文阅读和信息发布集成为多功能、多渠道、多方式的信息需求与服务利用行为。③需求的高效化。网络商务信息资源用户需求的高效化主要表现在：用户在所从事的职业中，由于工作节奏的加快，从客观上要求迅速满足工作中的信息需求；信息处理和利用状态的优化要求有快速、高效的信息服务作保证；网络商务信息组织与传递方式的变化使用户逐步适应利用新技术处理信息和进行信息交流与利用的环境，从而进一步激发用户对高效化信息服务的需求。

2. 信息搜索

信息搜索是指在网络上对商务信息的寻找与获取工作，这是一种有目的、有步骤地从各个网络站点查找和获取信息的行为。一个完整的企业电子商务信息收集系统包括先进的网络检索设备、科学的信息收集方法和相关的网络信息收集人员。电子商务信息收集的要求是及时、准确、适度和经济。

搜索引擎在网络商务信息搜索中发挥着重要作用。电子商务搜索引擎可对海量的行业信息进行精准发掘，检索结果按各类商业用途细分，并且按照行业进行专业筛选，大大提高了商务信息搜索的专业性和精确性。而细分和专业的搜索是未来的发展方向。

3. 信息储存

信息储存就是把获得的大量信息用适当的方法保存起来，为进一步加工、处理和正确认识、利用和开发这些信息奠定基础。在网络环境下，信息储存的主要方式是网络化的分布式存储。

4. 信息组织

信息组织是将获取和储存的信息条理化和有序化的工作。其目的在于提高网络商务信息的价值和使用效率，为信息的加工和使用作好准备。网络商务信息组织主要是一个序化过程，一般分为序化和优化两个阶段。序化阶段是将具有内在必然联系的信息，为了利用和管理上的方便加以组织，或是对在本质上具有必然联系的信息，按照其自身的客观逻辑结构加以组织；信息的优化是在序化的基础上，针对某种目的，依照结构功能优化原理对信息进行再序化的过程。信息组织在电子商务信息管理过程中占据着重要地位。

5. 信息传播

信息传播是指信息可以借助一定的物质载体传递给感受者、接收者的特性。信息可以进行空间和时间上的传输，传输速度越快，效用就越大。

电子商务中的信息传播打破了以往人类多种信息传播形式的界限，融合了大众传播（单向）和人际传播（双向）的信息传播特征，既可以实现多对多信息传播，又可以实现点对点传播，在总体上形成一种散布型网状传播结构，在这种传播结构中，任何一个网结都能够生产、发布信息，所有网结生产、发布的信息都能够以非线性方式流入网络之中。网络传播将人际传播和大众传播融为一体。网络传播兼有人际传播与大众传播的优势，又突破了人际传播与大众传播的局限。此外，网络信息传播中，受众接受信息时有很大的自由选择度，可以主动选取自己感兴趣的内容，从而大大拓宽了信息传播的广度和深度。

6. 信息开发利用

虽然信息是一种客观存在，但它的质量高低、适用程度和效用大小则取决于信息资源的利用度，取决于对无效信息的过滤、有效信息的获取以及提炼信息的水平等。经过筛选、整理、概括、归纳、扩充，可以使信息更精练、含量更丰富、价值更高。

在商务活动中，决策是否科学、是否符合客观规律，关键取决于对信息的掌握程度以及对信息的开发和利用水平，网络技术和现代信息技术为商务信息的深度开发和利用提供了前所未有的环境和手段。

3.3 电子商务信息系统建设与管理

3.3.1 电子商务信息系统概念

传统意义上的信息系统（information system，IS）是基于信息管理理论而设计的进行信息收集、整理、组织、加工和发布的人机交互系统，其目的是对信息资源进行有效的开发、管理和配置。信息系统不仅是一种手段、工具，而且反映了企业的管理理念及其管理模式，甚至能依托信息系统对企业进行改造，使企业的运作更加规范、合理，从而降低企业运作成本，提高企业运作效率。

电子商务信息系统就是基于企业全部电子商务活动和信息流通的综合信息系统，它包括电子商务交易平台、企业内部信息化系统和企业与企业之间、企业与客户之间的信息沟通平台等。现有的 ECIS 设计理论从多种角度对电子商务信息系统进行了讨论，总体上可以归纳为三个层面：技术层面、管理层面和组织结构层面。

在技术层面上，主要是实现智能化和集成化，此外还涉及系统安全问题和信息系统架构的技术问题等。其中智能化主要是指能面向业务过程自动进行信息处理，系统能够自主学习，分析并记忆问题的解决模式，具备知识发现功能。此外还能够解决结构化和半结构化的业务问题，而集成化一方面是数据库以及系统的软硬件的集成，另一方面是系统功能的集成，使系统同时具备决策支持、信息管理、商务处理等功能。

在管理层面上，要求 ECIS 同时支持战略层和战术层的决策与运作。ECIS 可以支持各层次的管理职能，如计划、组织、指挥、协调和控制等方面，发挥高效信息处理的优势作用。

在组织结构层面上，一方面要达到组织内部各部门的无缝融合，另一方面应使业务相关实体及管理过程各参与方如金融机构、认证中心等能够协同作业。这两个方面实际上是要求 ECIS 支持其利用者业务活动的集成化。ECIS 包含了组织内部和外部所有与业务相关的信息，构造出一条网状的完整的信息链，从而实现所有合作伙伴的高效协同运作，最终达到合理配置企业信息资源的目的。

对于企业来说，传统 IS 功能的划分一般以企业的单项业务流程和管理职能为依据。而在电子商务环境下，则需要从信息资源的管理和配置的角度出发，对电子商务信息系统所进行的信息管理功能进行模块化的细分，以帮助电子商务信息系统设计人员在规划整个系统时能够统领全局，把握要点。总体来讲，企业电子商务信息系统的功能模块主要由五部分组成：企业内部的信息管理模块、供应链信息管理模块、客户关系信息管理模块、第三方机构信息管理模块和全局数据管理模块。

（1）企业内部的信息管理模块。此模块内信息的范畴是支持企业管理功能的信息，其目标是实现企业内部各部门之间、各职能模块之间的协同工作。具体信息源包括财务信息、产品信息、人力资源管理信息、库存信息、项目管理等。

（2）供应链信息管理模块。该模块管理供应链上的信息，其目标是实现同盟企业间的协同运作，以降低成本和提高企业的反应速度，实现计划、库存、市场、销售的一体化。处理的信息范围包括整个供应链上各环节所有的信息。

（3）客户关系信息管理模块。该模块管理来自客户的信息，其目标是实现客户关系管理，开展个性化的一对一的营销，协助营销策略的完成。

（4）第三方机构信息管理模块。该模块主要包括金融信息管理和网络认证信息管理两个方面。金融机构信息管理是为了实现网络上的资金流管理，而认证信息管理则是要在网络上实现身份的鉴别、核对和确认。

（5）全局信息管理模块。该模块负责管理以上各模块内部及其之间的信息流。主要任务是对数据进行标准化和规范化，定义数据环境和各子模块的接口，实现各子模块与数据环境之间的交互。数据集成机制就由这个模块实现，从而营造集成的数据环境，支持其他模块的运转。

电子商务信息系统的逻辑结构呈现出清晰的层次结构。1998 年，SUN 公司首先提出了所谓的“三层结构”电子商务信息系统的概念。在其解决方案中，电子商务信息系统的体系被分解成表达层、应用（逻辑）层和数据层。三层之间的界面比较清晰，即表达层以 Web 服务器为基础，负责信息的发布；应用层负责处理核心业务逻辑；数据层的基础是数据库管理系统，主要负责数据的组织并向应用层提供接口。

3.3.2 电子商务信息系统的建设

电子商务信息系统的生命周期，包含系统规划、系统分析设计、开发集成、系统实施、运行维护几个阶段。一个完整的电子商务信息系统的建造过程如图 3.1 所示。

1. 电子商务系统规划

电子商务系统规划对于企业开展电子商务具有决定性的作用。它的主要内容是为企业未来的商务发展规划蓝图，为企业的电子商务系统奠定基础。

在这一阶段首先需要确定企业未来电子商务的运作模式，这是整个系统建造的起点，也是电子商务系统设计、集成的基本依据。其次还需要确定企业电子商务系统的体系结构，使系统的开发人员拥有一个可以相互理解的共同基础，同时使得后续的系统设计、开发工作有一个非常明确的框架。

电子商务系统的规划阶段不仅是影响系统成败的关键，而且也与传统信息系统规划有所差异。它并不简单探讨如何利用电子商务手段改善企业的价值增值过程，也不是单纯策划使用什么样的新技术手段改善企业的效率，而是将着眼点集中在如何为企业设计出一种新型的价值链，变革企业的商务流程，将企业与客户、合作伙伴紧密地连接在一起，使企业与合作伙伴能够共享知识，形成虚拟的共向市场。它的关键是如何转变与集成商务过程，以更好地为客户服务。

规划阶段的成果是给出企业未来的电子商务模型和清晰的电子商务系统体系结构。

2. 系统设计

系统设计的目标是在商务系统规划的基础上确定整个商务系统体系结构中各个组成部分或者说不同层次的具体内容，其重点是确定电子商务业务系统的功能、平台的基本功能和系统平台的构成。

系统设计阶段要细化系统规划中给出的电子商务系统体系结构中的各个部分，这种细化的结果可以使我们清楚应用逻辑的结构、应用开发的基础平台、系

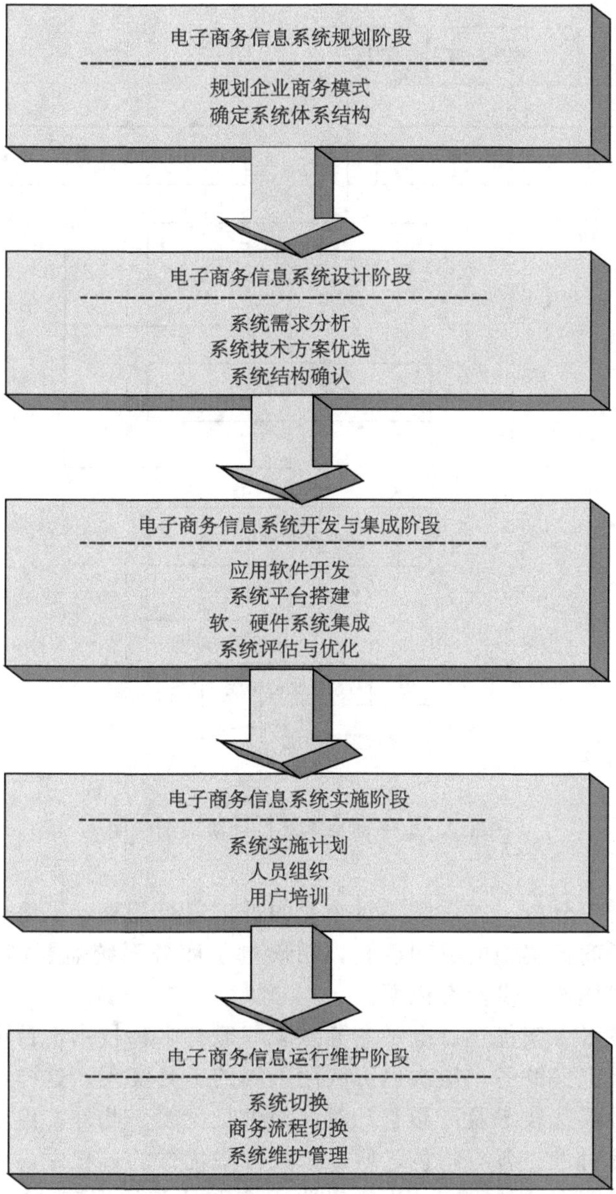

图 3.1　电子商务信息系统建设的基本过程

统之间的接口关系。系统设计的结果为系统的开发集成奠定基础。

对于系统设计阶段的基本步骤，目前没有统一的定论。系统设计阶段的最终目标是确定电子商务系统的逻辑结构和应用功能，一般将系统的设计阶段划分为系统需求分析、系统技术方案优选和系统结构确认三个基本步骤，如图 3.2 所示。

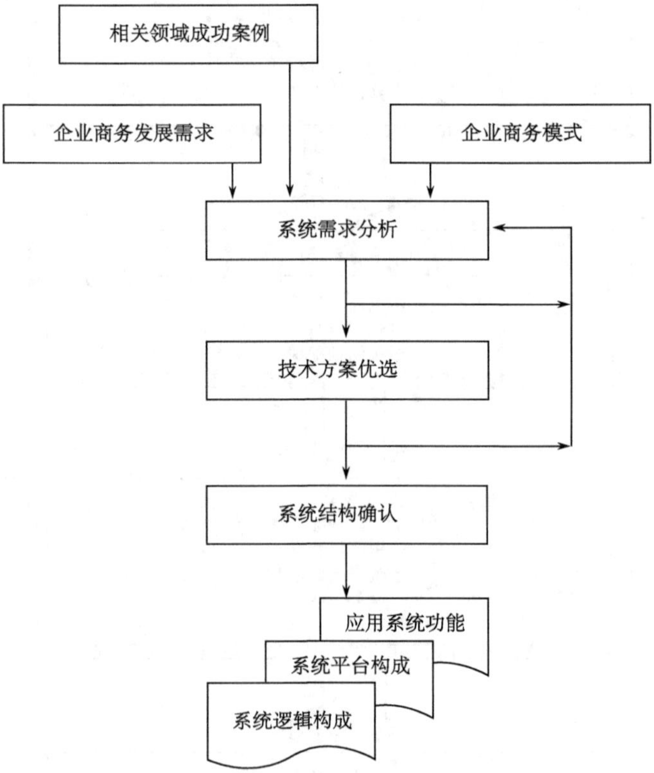

图 3.2 电子商务系统设计阶段示意图

(1) 系统需求分析。首先需要对企业的需求进行调查，了解企业的需求，汲取相关领域电子商务实施的成功经验，明确电子商务系统需要满足的基本要求，为系统技术方案优选提供参考依据。

(2) 系统技术方案优选。电子商务系统一般有多种技术平台可以采用，而且其体系结构中所定义的各个层次也可利用不同的工具实现。这样在系统设计过程中，需要对多种候选技术及产品有针对性地进行比较。此外，由于不同的技术产品都有一定的针对性，各有特色，所以，在方案优选的过程中，可能会提出一些新的问题，也可能会从技术产品当中吸收很多有价值的内容，丰富企业的需求，使企业的需求更为清晰。

(3) 系统结构确认。确定哪种技术方案是最适合于企业的要求。要达到这一目标就需要确定企业未来电子商务系统需要完成的完整的功能，各种技术方案与企业所要求的功能的距离究竟有多远，是否与最终的需求相吻合。

系统设计阶段可遵循软件工程的基本思路，首先进行概要设计说明系统的逻辑特征，然后进行详细设计说明具体的实现方式。由于电子商务系统仍然是信息系统，所以软件工程中的设计方法与工具等都可采用。

3. 系统开发与集成

这一阶段是根据需求分析、系统逻辑结构设计，确定需要哪些产品或者技术来构筑电子商务系统的平台，并完成应用软件系统的编码，最终将电子商务系统的应用软件和各种平台集成在一起。

系统开发与集成阶段的任务主要包括应用软件开发、系统支持平台搭建、软硬件系统集成、系统评估和优化四个方面。

1）电子商务应用软件的开发

应用软件是电子商务系统的核心，它最终实现企业的商务逻辑。

电子商务系统是一种基于 B/S 结构的信息系统，其客户端大多采用标准的浏览器，所以大部分软件开发工作集中在服务器端，客户端的应用逻辑不仅非常少，而且用户界面也相对标准。这和传统的信息系统开发方式是不同的。

传统信息系统尽管与外部的其他信息也发生信息交换，但是与电子商务系统相比，一方面交换的信息量不大，频率不高；另一方面这种交流主要是在内部网络或者专用网络上传输的。然而，电子商务系统由于主要实现联机交易，它是一个开放系统并需要和认证机构、银行发生数据交换，而且交换的数据格式和内容都必须得到非常严格的保障。

传统信息系统的开发工具与操作系统和运行环境的关系非常密切。对于电子商务系统来讲，尽管这些传统的语言仍然可以采用，但是主流的开发工具逐渐走向以 Java 为主，而且走向标准化，并向可重用的组件方向发展。

在系统开发阶段，需要注意如下问题：

由于企业在转型过程中是不完整的，所以很难在开发初期得到电子商务系统完整的应用需求，需要尽可能地利用快速原型法构造电子商务系统的原型系统，以便与客户在直观的界面前丰富应用的功能。

尽可能使用 Java、组件技术进行系统开发，以便保持系统的可移植性，加快系统的开发速度。

由于电子商务系统未来面对的客户数量是难以预先估算的，所以在开发联机应用时，必须充分考虑应用的并发事务处理能力，从而保证未来应用能应付快速增长的负荷。

2）系统平台的选择与搭建

电子商务系统应用软件需要运行在一定的软件、硬件环境上，这些软件、硬件系统也叫做电子商务系统的平台。除了开发应用软件，还需要根据各类技术标准，选择满足需要的产品构筑应用软件运行的平台。

3）系统集成的目标

系统集成的目标是将电子商务系统应用软件和企业内部信息系统、外部信息系统等整合为一个整体，使之共享资源。系统集成不仅包括网络系统的连通、应用之间的互操作，更重要的是完成企业商务过程和电子商务系统整合过程。

4）系统评估及优化

系统评估及优化是为了测试系统是否满足企业电子商务运作的基本要求，测试并分析系统的主要性能指标，优化系统的性能，提高系统的效率。系统评估与优化的任务主要包括系统测试和系统优化两部分。测试的目的是为了发现系统存在的问题，而优化则立足于提高系统的性能。

系统测试是为了检查系统的功能是否满足设计的需要，判定应用软件是否存在各种程度（如致命性的、一般性的）错误或漏洞，测试的内容包括软件整体性能（如覆盖性测试、黑箱测试）、极限性能（如边界测试、压力测试）和可操作性等测试。

电子商务系统评估是根据系统测试的结果对系统性能进行的评价。评估过程对电子商务系统的整个生命周期是非常重要的，评估的结果可作为系统设计是否完整的依据、未来系统维护和升级的基础、系统进一步优化的依据。

系统评估的结果能够证实系统是否满足设计的要求，能否投入到企业的商务应用当中。同时，从评估的结果中能够发现影响系统性能的瓶颈，这些结论有助于进一步完成对系统性能的改善。

4. 系统实施

实施阶段的主要任务是设计合理的系统实施计划、确定系统实施的组织安排，准备应用培训、完成电子商务系统的上线运行准备。

在实施阶段不仅需要规划信息系统如何取代企业已有的信息系统，而且要为实现这一目标作多方面的准备，尤其是在人员及组织机构、商务流程的切换、用户的培训等方面。

5. 系统运行维护

电子商务系统经过测试评估后，如果达到系统的性能指标，就可以投入到生产中进行使用。电子商务系统的运行阶段需要注意以下问题：

（1）运行可分为系统运行和商务运行两个部分。系统运行是指从原有信息系统切换到电子商务系统，使新系统支持企业的日常运转。商务运行则是指企业在电子商务系统的支持下按新的模式开展商务活动，所以在系统运转之前应当首先完成新旧系统及新老业务的切换。这种切换也包括两部分：一是信息系统的切换；二是商务流程的切换。对于前者，可以按照软件工程或者相关的系统集成方面的工程手册，通过设计切换方案进行；而对于后者，必须在企业内部、企业和商务合作伙伴等达成协议后，才能进行。应当说没有商务切换仅仅实现计算机系统的上线运行是没有太大的实际意义的。

（2）电子商务系统的运行必须有相关的运行队伍及维护队伍，而且需要制定相关的管理制度和条例。

(3) 这一阶段一定要防止只考虑信息系统实施、不考虑配套环境的倾向。同时，如果系统运行切换过程不是一步到位的，企业商务流程可能会在新、旧系统中并行运作一段时间，因此需要考虑安排好并行工作期间业务如何处理的问题。此外，对于连续工作的实时系统，在切换过程中一定要考虑好故障恢复等应急措施。

在以上的几个阶段当中，最关键的部分是商务模型和商务系统的规划，它们对整个系统的影响最大，而且在系统实施过程中的开销也占很大的比例。

3.3.3 电子商务信息系统的管理

系统投入运行后，为使基于计算机网络的系统分布于各部门、各岗位的软硬件有一个良好的状态，同时保证系统资源的充分利用及数据与信息的储存、维护、传输、安全与保密，必须对系统进行统一的管理。

1. 日常运行管理

系统日常运行管理包括系统运行情况记录、系统运行维护、系统的适应性维护等，以保证系统能长期有效地正常运行。

1) 系统运行情况记录

应详细记录系统每天的运行情况，如系统硬件运行情况、软件运行情况、数据使用传输情况、站点访问情况等。如果系统运行不正常或无法运行，则必须将所见的现象、发生时间及可能的原因作尽量详细的记录。

2) 系统运行维护

系统运行维护可分为日常性维护和适应性维护。

(1) 系统运行日常性维护。系统运行日常性维护是定时定内容地重复进行的有关数据与硬件的维护，以及突发事件的处理。

硬件维护应由专职的人员来担任，主要是对各种设备的保养与安全管理、简易故障的诊断与排除、易耗品的更换与安装等。

数据维护包括数据的备份、储存、整理等。一般来讲，工作站点上的或独享的数据由使用人员备份，服务器上的或共享的数据则由专业人员备份。

系统突发事件主要指由于操作不当、病毒等原因引起的系统运行出现问题的情况。对突发事件的处理应由企业信息管理机构的专业人员来完成，有时甚至要由原系统开发人员或软硬件供应商解决。

(2) 系统的适应性维护。随企业内外部环境的不断交化，系统在其运行过程中会暴露出不足或不相适应处，因此必须不断地对系统作调整、修改与扩充。

2. 系统文档管理

系统文档是支持系统运行与维护必不可少的依据。它并非一次形成，而是在系统开发、运行、维护过程中不断编写、修改、完善与积累而成的。如果没有文档，系统的开发、运行、维护都将处于混乱状态，因此对文档进行有序的、规范的管理显得尤为重要。

系统文档管理应由专人负责，主要包括文档标准与规范的制定、文档的编写与督促以及文档的收存、保管与借用手续的办理等。

3. 系统安全与保密

在系统运行过程中会产生大量的信息，同时系统的软硬件也是企业的重要资源，无论是系统软硬件资源受到破坏还是信息泄露都将给企业带来不可估量的损失。因此，系统的安全与保密性管理是一项重要的系统管理工作。

要维护系统的安全与保密性应做好以下工作：①制定严密的安全与保密制度；②进行深入的宣传和教育，提高企业人员的安全与保密意识；③采取适当的维护系统安全与保密的措施，确保数据传输的可靠性与正确性；④做好数据的备份与保管工作；⑤设置可靠的系统访问控制机制、控制权限等。

以上措施必须严格地、完整地贯彻执行，确定每个相关人员的责任。只有这样，才能从根本上解决系统的安全与保密问题。

➢ 本章思考题

1. 电子商务的信息管理与传统的信息管理有什么不同？
2. 信息在电子商务活动中发挥着哪些方面的重要作用？
3. 为什么说知识管理是电子商务信息管理模式？
4. 电子商务信息系统建设要经历哪些主要过程？各个过程的主要工作是什么？
5. 电子商务信息系统建设与传统商务信息系统建设有哪些不同？
6. 电子商务信息系统管理中需要注意哪些主要问题？

第4章

物流与供应链管理

4.1 物流与物流管理

4.1.1 物流概念的产生与发展

物流的概念最早起源于20世纪初的美国，从20世纪初到现在近一个世纪的时间内，物流概念的产生和发展经历了孕育阶段、分销物流学阶段和现代物流学三个阶段。

1. 孕育阶段

物流概念的孕育和提出阶段是20世纪初至50年代，美国市场营销学者阿奇·萧（Arch W. Shaw）于1915年提出了叫做Physical Distribution的物流概念，他是从市场分销角度提出的；美国少校琼西·贝克（Chauncey B. Baker）于1905年提出了叫做Logistics的物流概念，他是从军事后勤角度提出的。

应该说，这两种提法所表达的内涵是不一样的：阿奇·萧从市场营销的角度来定义物流，Physical Distribution，直译应该是“实体分配”，按中国人的语言习惯应该译成“分销物流”，它实际是指把企业产品怎样分送到客户手中的活动；而Logistics是后勤的意思，主要是指物资的供应保障、运输储存等。

这两种提法之所以都存续下来，是因为它们都在各自的专业领域中独立运用，二者之间没有发生冲突，目前没有进行统一规范，也不需要得到社会广泛一致的公认。因此这个阶段可以说是物流概念孕育阶段，是市场营销学和军事后勤孕育了物流学。

2. 分销物流学阶段

分销物流学（physical distribution）阶段是20世纪50年代中期到80年代中期，其基本特征是physical distribution概念发展且占据了统治地位，从美国走向全世界，得到世界各国一致公认，形成了一个比较统一的物流概念，并形成和发展了物流管理学，因而也形成了物流学派、物流产业和物流领域。

（1）Physical distribution概念继续在美国得到发展和完善，基本形成了比较完整的物流管理学。1961年斯马凯伊（Edward W. Smykay）、鲍尔素克斯（Donald J. Bowersox）和莫斯曼（Frank H. Mossman）撰写了《物流管理》，这是世界上第一本物流管理的教科书，建立起了比较完整的物流管理学科。1963年成立了美国物流管理协会，该协会将各方面的物流专家集中起来，提供教育、培训活动，这一组织成为了世界第一个物流专业人员组织。

（2）physical distribution概念从美国走向世界，成为世界公认的物流概念，在世界范围内形成了物流管理学的理论体系。20世纪50年代中期，美国的physical distribution概念传到日本，在日本得到了承认、发扬和光大，以后又逐渐传到欧洲、北美，70年代末传到中国。这样，基本上全世界各个国家都接受了物流概念和物流管理学。

分销物流学主要把物流看成是运输、储存、包装、装卸、加工（包括生产加工和流通加工）、物流信息等各种物流活动的总和，主要研究这些物流活动在分销领域的优化问题，在各个物流专业理论和应用发展上取得了很大进展，如系统理论、运输理论、配送理论、仓储理论、库存理论、包装理论、网点布局理论、信息化理论以及它们的应用技术等。

（3）在分销领域各专业物流理论竞相发展的同时，企业内部物流理论异军突起。1965年美国J. A. 奥列基博士（Dr. Joseph A. Orlicky）提出独立需求和相关需求的概念，20世纪60年代，随着计算机技术的发展，物流需求计划（material resources planning，MRP）逐步走向应用。这一时期日本丰田公司创造的准时化生产技术（just in time，JIT）以及相应的看板技术是生产领域物流技术的另外一朵奇葩，它不仅在生产领域创造了一种革命性的哲学和技术，而且为整个物流管理学提供了一种理想的物流思想理论和技术，现已经应用了到物流的各个领域。

企业内部另一个重要的物流领域是设施规划与工厂设计，包括工厂选址、厂区布局、生产线布置、物流搬运系统设计等，也成为物流学强劲应用和发展的领域，形成物流管理学一个非常重要的分支学科。

所有这些企业内部物流理论和技术的强劲发展，逐渐引起了人们的关注。分销物流的概念显然不能包括它们，使原来只关注分销物流的人们自然想到只使用分销物流概念已不太合适了，特别是到 20 世纪 80 年代中期，随着物流活动进一步集成化、一体化、信息化的发展，改换物流概念的想法就更加强烈了，于是就进入了物流概念发展的第三个阶段。

3. 现代物流学阶段

现代物流学（logistics）阶段是 20 世纪 80 年代中期开始至今。这个阶段的物流概念 logistics 虽然和第一阶段军事后勤学上的物流概念 logistics 字面相同，但是意义已经不完全相同了：第一阶段军事后勤学上的 logistics 概念主要指军队物资供应调度上的物流问题，而新时期的 logistics 概念则是在各个专业物流全面高度发展的基础上，基于企业供、产、销等全范围和全方位物流问题，无论是广度、深度以及涵盖的领域、档次都有很大的差别，它是一种适应新时期所有企业的集成化、信息化、一体化的物流学概念。

20 世纪 80 年代中期，在 MRP 发展的基础上，受 MRP 思想原理的启发，产生了应用于分销领域的 DRP（distribution requirement planning）技术，在 MRP 和 DRP 发展的基础上，为把二者结合起来运用，90 年代又出现了 LRP（logistics resources planning）技术和 ERP（enterprise resources planning）。

物流外包和第三方物流的产生，进一步导致物流专业化、技术化和集成化，实现了生产和物流的分工合作，提高了各自的核心竞争力。20 世纪 90 年代供应链理论的诞生，供应链管理系统的形成进一步导致物流管理的联合化、共同化、集约化和协调化。

4.1.2 物流含义与分类

1. 物流含义

自 20 世纪 60 年代以来，物流定义层出不穷，现在很难统计到底有多少机构或组织给出了物流的定义，这里只能列举一些有权威性的定义。

美国物流管理协会（CLM）1998 年给出了对物流的全新定义：“物流是供应链过程的一部分，是为了满足客户需求而对商品、服务及相关信息从原产地到消费地的高效率、高收益的流动及储存进行的计划、实施与控制过程。”

日本日通综合研究所 1981 年在《物流手册》上对物流的定义十分简明，认为物流就是物质资料从供给者向需要者的物理性移动，是创造时间性、场所性价值的经济活动。从物流的范畴来看，包括包装、装卸、保管、库存管理、流通加工、运输、配送等活动。1992 年日本物流管理协议会（JLMA）和日本物流管理协会（JCLM）合并成立日本物流系统协会（the Japan Institute of Logistics System，JILS）后，该协会专务理事稻束原树 1997 年在《这就是“物流”》一文中给出了物流的如下定义：“物流”是一种对于原材料、半成品和成品的有效率流动进行规划、实施和管理的思路，它同时协调供应、生产和销售各部门的个别利益，最终达到满足客户的需求。换言之，“物流”意味着按要求的数量、以最低的成本送达到要求的地点，以满足客户的需要作为基本目标。

2001 年 8 月 1 日起正式实施的《中华人民共和国国家标准物流术语》给出了物流概念的界定：“物品从供应地向接收地的实体流动过程。根据实际需要，将运输、储存、装卸、搬运、包装、流通加工、配送、信息处理等基本功能实施有机结合。”这是在细致参考了美国和日本的物流定义及充分考虑中国物流发展现实的基础上对物流进行的定义。

2. 物流的内涵

从上面的这些概念定义来看，物流的实质是通过产品与服务及其相关信息在供给点与消费点之间的加工、运输与交换，以低成本提供客户满意的服务，从而实现价值。它是密切市场经济中供求关系的网络组织，主要涵盖以下方面的内容：

(1) 物流的对象既包括有形的“物”，也包括无形的信息和服务等传统上不能被认知的特殊性物品。这一点在美国物流管理协会的物流定义中可以看出，物流管理的对象是物品、服务和相关的信息。

(2) 物流过程是一个由许多物流作业环节组成的复杂系统。比如，物流过程包括运输、储存、包装、装卸、流通加工、信息处理等环节。要使物流过程的结果符合要求，必须对物流过程进行系统化的设计与管理。由于物流过程是由具有相对独立性的运输、储存、包装等组成的，在对物流系统进行管理之前，需要对物流系统进行重新设计。这种设计是使物流系统最优的保证，而物流管理的重点就是对运输、储存、包装等环节进行的系统化管理以及对物流过程进行控制。

(3) 物流功能并不是物流各组成要素功能的简单加总。物流概念代表着各种物流活动的集成与协调，在一个共同的目标下经过权衡而能够达到比较好的配合。无论是由第三方物流公司提供这些服务，还是由作为物流客户的生产、销售企业自己承担这些活动，都会从物流的实际需要出发，对物流各环节进行整合并开展总体设计。最优的总体设计方案未必使储存或运输环节局部达到最优，但却能使系统整体达到最优。

(4) 物流活动大多有商品贸易、服务贸易和物流服务等多种方式，通过许多的人员、地点、行为和信息的组合搭配以及协调才能够完成。这个过程不但涉及客户服务、运输、仓储、信息处理等多项作业，还要涉及公司的策略选择与企业具体作业的联系，但最终的目标都是利用供应链中的资源，使物流活动在成本和收益的约束条件下达到客户的满意。

3. 物流的分类

不同领域中的物流存在着相同的基本要素，然而由于在不同领域中物流的对象、目的、范围和范畴的差异，形成了不同的物流类型。归纳起来，比较规范和便于研究的分类如下：

1）按照作用分类

供应物流：生产企业、流通企业或消费者购入原材料、零部件或商品的物流过程称为供应物流，也就是物资生产者、持有者至使用者之间的物流。

生产物流：生产物流包括从工厂的原材料购进入库起，直到工厂成品库的成品发送出去为止的物流活动的全过程，生产物流和工厂企业的生产流程同步。

销售物流：生产企业或流通企业售出产品或商品的物流过程称为销售物流，也是指物资的生产者或持有者与客户或消费者之间的物流。

回收物流：对某些物资的回收和再加工过程形成了回收物流，对回收物流的管理和控制的难度大。

废弃物流：对商品的生产和流通系统中所产生的无用的废弃物的处理过程产生了废弃物流。

2）按照物流活动的空间范围分类

国际物流：不同国家（地区）之间的物流。这是现代物流系统中发展最快、规模最大的一个物流领域。尤其是近年来互联网络、电子商务的飞速发展，全球经济一体化进程的加快，给国际物流带来了突飞猛进的发展。

区域物流：相对于国际物流而言，一个国家范围内的物流、一个城市的物流、一个经济区域的物流都是区域物流，区域物流关注的重点是国内物流和城市物流。

3）按照物流系统性质分类

社会物流：指以一个社会为范畴、面向社会为目的的超越一家一户的物流，带有宏观性和广泛性，所以也称之为大物流或宏观物流。

行业物流：在一个行业内部发生的物流活动被称为是行业物流。行业物流系统化的结果使行业内的各个企业都得到相应的利益。

企业物流：在企业经营范围内由生产或服务活动所形成的物流系统称为企业物流。企业作为一个经济实体，是为社会提供产品或某些服务的。

4）按发展的历史进程分类

传统物流：主要精力集中在仓储和库存的管理和派送上，而有时又把主要精力放在仓储和运输方面，以弥补在时间和空间上的差异。

综合物流：不仅提供运输服务，还包括许多协调工作，是对整个供应链的管理，如对陆运、仓储部门等一些分销商的管理，还包括订单处理、采购等内容。由于很多精力放在供应链管理上，责任更大，管理也更复杂，这是与传统物流的区别。

现代物流：是为了满足消费者需要而进行的从起点到终点的原材料、中间过程库存、最终产品和相关信息有效流动及储存计划、实现和控制管理的过程。它强调了从起点到终点的过程，提高了物流的标准和要求，是物流的发展方向。

5）按物流活动的主体分类

按照物流活动的承担主体，划分为企业自营物流、专业子公司物流和第三方物流，这三种物流形态目前在市场上共同存在，物流的成长变化反映了现代物流社会化发展的一种变化趋势。

第三方物流（third party logistics，3PL）：是指由物流劳务的供方、需方之外的第三方去完成物流服务的运作模式。

6）按物流的流向分类

内向型物流：企业从生产资料供应商进货所引发的产品流动，即企业从市场采购的过程。

外向型物流：从企业到消费者之间的产品流动，即企业将产品送达市场并完成与消费者交换的过程。

4.1.3 物流的基本职能

物流的基本职能是指物流活动应该具有的基本能力，以及通过对物流活动最佳有效的组合，形成物流的总体功能，以达到物流的最终经济目的。一般认为物流职能由包装、搬运装卸、运输、储存保管、流通加工、配送、废旧物的回收与处理，以及与上述职能相关的情报信息等所构成。

（1）包装：包装存在于物流过程各环节，包括产品的出厂包装，生产过程中在制成品、半成品的换装，物流过程中的包装、分装、再包装等。包装通常分为工业包装和商业包装。

（2）搬运装卸：搬运装卸是指在一定的区城内，以改变物品存放状态和位置为主要内容的活动。对搬运装卸的研究，主要是对搬运装卸方式的选择，搬运装卸机械的选择，以及通过对搬运装卸物品灵活性和可运性的研究，提高搬运装卸效率。

（3）运输：运输职能主要是实现物质资料的空间移动。运输是一个极为重要的环节，在物流活动中处于核心地位，是物流的一个支柱。对运输问题进行研究的内容主要有：运输方式及其运输工具的选择，运输线路的确定，以及为了实现运输安全、迅速、准时、价廉的目的所施行的各种技术措施和合理化问题的研究等。

（4）储存：商品生产与商品消费存在着时间上的不均衡，这就使商品流通的连续进行存在着时间上的矛盾，要克服这个矛盾，必须依靠储存来发挥作用。一般来讲，储存保管是通过仓库的功能来实现的。有物质资料的储存，就必然产生如何保持储存物质资料的使用价值和价值不至于发生损害的问题，为此就需要对储存物品进行以保养、维护为主要内容的一系列技术活动和保管作业活动，以及为了进行有效的保管，需要对保管设施的配置、构造、用途及合理使用、保管方法和保养技术的选择等作适当处理。

（5）流通加工：在流通过程或生产过程中，为了向客户提供更有效的商品，或者为了弥补加工不足，或者为了合理利用资源，更有效地衔接产需，往往需要在物流过程中进行一些辅助的加工活动，这些加工活动，称为流通加工。对流通加工的研究，包括的内容非常丰富，诸如流通过程中的装袋、单元小包装、配货、挑选、混装等，生产外延流通加工中的剪断、打孔、拉拔、组装、改装、配套等，以及因经济管理的需要所行的规模、品种、方式的选择和提高加工效率的研究等。

（6）配送：配送是指在经济合理区域范围内，根据用户的要求，对物品进行拣选、加工、包装、分割、组配等作业，并按时送达指定地点的物流活动。一般来说，配送是在整个物流过程中的一种既包含集货、储存、拣货、配货、送货等一系列狭义的物流活动，也包括输送、送达、验货等以送货上门为目的的商业活动。它是商流与物流紧密结合的一种特殊的综合性供应链环节，也是物流过程的关键环节。配送与运输之间存在必然的联系，但又相互区别：从运输性质方面讲，配送是支线运输、区域内运输、末端运输，而运输则属于干线运输；从货物性质方面讲，配送所运送的是多品种、少批量，而运输则是少品种、大批量；从运输工具方面讲，配送时所使用的是小型货车，一般不超过 2 吨的载重量，而运输使用的是大型货车或铁路运输、水路运输等的重吨位运输工具；从管理重点方面讲，配送始终以服务优先，而运输则更注重效率，以效率优先；从其附属功能方面讲，配送所附属的功能较多，主要包括装卸、保管、包装、分拣、流通加工、订单处理等，而运输则一般只有装卸和包装。

（7）废旧物的回收与处理：废旧物的回收与处理是物流研究不可回避的问题。之所以把它视为物流的一种职能，主要原因是由于生产消费和生活消费所产生的大量排泄物需要经过收集、分类、加工、处理等一系列活动，或使废旧物转化为新的生产要素，重新返回到生产过程或消费过程；或不能成为新的生产要素的，则需要经过销毁、填埋等方式予以处理。

（8）情报信息：物流整体职能的发挥，是通过物流各种职能之间的相互联系、相互依赖和相互作用来实现的。也就是说，各种职能的作用不是孤立存在的，这就需要及时交换情报信息。情报信息的基本职能在于如何对情报信息的收集、加工、传递、存储、检索、使用，包括其方式的研究以及管理信息系统的开发与应用研究等，目的在于保证情报信息的可靠性和及时性，以达到促进物流整体功能的发挥。

4.1.4 物流系统与物流管理概述

1. 物流系统

1）物流系统概念

物流系统是指在一定的时间和空间里，由所需位移的物资、包装设备、搬运装卸机械、运输工具、仓储设施、人员和通信联系等若干相互制约的要素所构成的具有特定功能的有机整体。物流系统的目的是实现物资的时间、空间和形质效用，在保证社会再生产顺利进行的前提条件下，实现各种物流环节的合理衔接，并取得最佳的经济效益。

2）物流系统的特征

（1）物流系统是一个“人机系统”：由人和构成劳动手段的设备、工具组成。它表现为物流劳动者运用运输设备、搬运装卸机械、仓库、港口、车站等设施，作用于物体的一系列生产活动。在这一系列活动中，人是系统的主体。

（2）物流系统由若干个相互联系的子系统组成：系统与子系统之间、子系统与子系统之间，存在着时间和空间、资源利用方面的联系，也存在总目标、总费用、总运行结果等方面的相互联系。

（3）物流系统是一个动态系统：受到社会生产和社会需求的广泛制约，为适应变化的社会环境，人们必须对物流系统的各组成部分不断地修改完善。

（4）物流系统是一个复杂系统：物流系统拥有大量的资源，同时因资源的大量化、多样化，导致了物流的复杂化。组织和合理利用人力、物力、财力、资源是一个非常复杂的问题。

（5）物流系统是一个多目标系统：物流系统的总目标是实现物资空间位置的转移。通常，对物流数量，希望最大；对物流时间，希望最短；对服务质量，希望最好；对物流成本，希望最低。物流系统在多目标中实现物流的综合最佳效果。

（6）物流系统是一个大跨度系统：这反映在两个方面，一是地域跨度大，二是时间跨度大。在现代经济社会中，企业间物流经常会跨越不同地域，国际物流的地域跨度更大。大跨度系统带来的主要是管理难度较大，对信息的依赖程度较高。

2. 物流管理及其发展历程

物流管理（logistics management）是指在社会再生产过程中，根据物质资料实体流动的规律，应用管理的基本原理和科学方法，对物流活动进行计划、组织、指挥、协调、控制和监督，使各项物流活动实现最佳的协调与配合，以降低物流成本，提高物流效率和经济效益的过程。物流管理的发展经历了配送管理、物流管理和供应链管理三个阶段。

1）配送管理阶段

物流管理起源于第二次世界大战中军队输送物资装备所发展出来的储运模式和技术。在战后这些技术被广泛应用于工业界，并极大地提高了企业的运作效率，为企业赢得更多客户。当时的物流管理主要针对企业的配送部分，即在成品生产出来后，如何快速而高效地经过配送中心把产品送达客户，并尽可能维持最低的库存量。在这个阶段，物流管理只是在既定数量的成品生产出来后，被动地去迎合客户需求，将产品运到客户指定的地点，并在运输的领域内去实现资源最优化使用，合理设置各配送中心的库存量。准确地说，这个阶段物流管理并未真正出现，只有运输管理、仓储管理和库存管理。物流经理的职位当时也不存在，只有运输经理或仓库经理。

2）物流管理阶段

现代意义上的物流管理出现在 20 世纪 80 年代。人们发现利用跨职能的流程管理方式去观察、分析和解决企业经营中的问题非常有效。通过分析物料从原材料运到工厂，流经生产线上每个工作站，产出成品，再运送到配送中心，最后交付给客户的整个流通过程，企业可以消除很多看似高效率实际上却降低了整体效率的局部优化行为。因为每个职能部门都想尽可能地利用其产能，没有留下任何富余，一旦需求增加，则处处成为瓶颈，导致整个流程的中断，所以传统的垂直职能管理不适应现代大规模工业化生产。而横向物流管理却可以综合管理每一个流程上的不同职能，以取得整体最优化的协同作用。

在这个阶段，物流管理的范围扩展到除运输外的需求预测、采购、生产计划、存货管理、配送与客户服务等，以系统化管理企业的运作，达到整体效益的最大化。

3）供应链管理阶段

20 世纪 90 年代随着全球一体化进程，企业分工越来越细化，各大生产企业纷纷外包零部件生产，把低技术、劳动密集型的零部件转移到人工最廉价的国家去生产。以美国的通用、福特、戴姆勒-克莱斯勒三大车厂为例，一辆车上的几千个零部件可能产自十几个不同的国家，几百个不同的供应商。这样一种生产模式给物流管理提出了新课题：如何在维持最低库存量的前提下，保证所有零部件能够按时、按质、按量，以最低的成本供应给装配厂，并将成品车运送到每一个分销商。

这已经远远超出一个企业的管理范围，它要求与各级供应商、分销商建立紧密的合作伙伴关系，共享信息，精确配合，集成跨企业供应链上的关键商业流程，才能保证整个流程的畅通。只有实施有效的供应链管理，方可达到同一供应链上企业间协同作用的最大化。市场竞争已从企业与企业之间的竞争转化到供应链与供应链的竞争。

3. 物流管理内容

实施物流管理的目的就是要在尽可能最低的总成本条件下实现既定的客户服务水平，即寻求服务优势和成本优势的一种动态平衡，并由此创造企业在竞争中的战略优势。

物流管理的内容有：对物流活动诸要素的管理，包括运输、存储等环节的管理；对物流系统诸要素的管理，即对其中人、财、物、设备、方法和信息六大要素的管理；对物流活动中具体职能的管理，主要包括物流计划、物流质量、物流技术和物流经济等职能的管理等。

本节主要阐述对物流活动中具体职能的管理。

1）物流经济管理

物流经济管理是指以物的流动过程（含储存）为主体，运用各种管理职能，对物的流动过程进行系统的统一管理，以降低物流成本，提高物流的经济效益，也就是用经济方法来研究、管理物的流动中的规律问题。物流经济管理的基本内容如下：

（1）物流计划管理。物流计划管理是指对物质生产、分配、交换、流通整个过程的计划管理，也就是在物流大系统计划管理的约束下，对物流过程中的每个环节都要进行科学的计划管理。具体体现在物流系统内各种计划的编制、执行、修正及监督的全过程。

（2）物流统计管理。物流统计是对物流全过程中经济活动的数量研究。物流统计管理就是要对所统计的数字进行分析、研究，从而发现问题，改进物流工作，提高物流经营水平。它是物流经济管理的基础工作。

（3）物流费用成本管理。物流总成本和物流企业的利润、税金合起来，构成物流总费用。一般情况下，物流总费用中占比重最大的部分是物流总成本。物流成本可以反映物流企业活动的经济状态。通过货币形态可以客观地评价物流活动中各环节的不同经济效果，利用物流成本这个尺度可以简单明了地对条件差不多的物流企业的经营活动进行评价、分析比较。控制合理的物流成本构成，是加强物流管理工作的重要内容。

（4）物流设施管理。物流设施是指在物流全过程中为物品流动服务的所有设施（如交通运输设施、仓储设施等），它是物流活动不可缺少的物质基础。物流设施是保证物以最快速度和最小耗费保质保量地从生产领域进入到消费领域的重要前提条件。随着社会生产力的不断发展，物流企业要不断加强对各类设施的配套管理，要注意设施的维修、养护，要不断革新技术，补充扩大原有的设施，提高设施的利用效率。加强各类物流设施管理是物流经济管理的重要内容。

物流经济管理的最终目的是为了提高物流的经济效益，更好地发挥物流在国民经济发展中的作用。物流效益是物流经济活动、物流经济管理的综合反映。提高物流经济效益是加强物流经济管理、实现物流合理化的重要目的之一。

评价物流效益的基本指标，包括劳动消耗、劳动占用和劳动成果三部分。在同一个时期内，可用既定的劳动消耗或劳动占用来衡量劳动成果的大小，用以下形式表示：

绝对经济效益＝劳动成果－劳动消耗

相对经济效益＝劳动成果/劳动消耗或劳动占用

报告期经济效益增长量＝报告期经济效益－基期经济效益

经济效益动态＝报告期经济效益/基期经济效益

2）物流质量管理

物流企业要树立全面的质量观。物流的质量既包含物流对象的质量，又包含物流手段、物流方法的质量。物流质量具体包括以下内容：

（1）商品的质量保证及改善。现代物流过程并不单是消极地保护和转移物流对象，还可以是采用流通加工等手段改善和提高商品的质量。因此，物流过程在一定意义上说也是商品质量的“形成过程”。

（2）物流服务质量。物流业有极强的服务性质，可以说，整个物流的质量目标，就是客户对其服务质量的高满意度。服务质量因不同用户而要求各异，要掌握和了解客户要求，如商品狭义质量的保持程度；流通加工对商品质量的提高程度；批量及数量的满足程度；配送额度、间隔期及交货期的保证程度；配送、运输方式的满足程度；成本水平及物流费用的满足程度；相关服务（如信息提供、索赔及纠纷处理）的满足程度。

（3）物流工作质量。物流工作质量指的是对物流各环节（如运输、搬运、装卸、保管等）的质量保证。提高物流工作质量应在搬运方法、搬运设备、设施与器具上狠下工夫，工作质量和物流服务质量是两个有关联但又不大相同的概念，物流服务质量水平取决于各个工作质量的总和。所以，工作质量是物流服务质量的某种保证和基础。重点抓好工作质量，物流服务质量也就有了一定程度的保证。

（4）物流工程质量。物流质量不但取决于工作质量，而且取决于工程质量。在物流过程中，将对产品质量发生影响的各因素（人的因素、体制的因素、设备因素、工艺方法因素、计量与测试因素、环境因素等）统称为“工程”。很明显，提高工程质量是进行物流质量管理的基础工作，能提高工程质量，就能做好“预防为主”的质量管理。

物流质量管理具有以下特点：管理的对象全面、管理的范围全面和全员参与管理。由于物流质量管理存在“三全”的特点，因此全面质量管理的一些原则和方法，同样适用于物流质量管理。

物流质量管理必须满足两方面的要求：一方面是满足生产者的要求，因为物流的结果必须保证生产者的产品能保质保量地转移给用户；另一方面是满足用户的要求，即按用户要求将其所需的商品送交。物流质量管理的目的，就是在“向用户提供满足要求的质量的服务”和“以最经济的手段来提供服务”这两者之间找到一条优化的途径，同时满足这两个要求。为此，必须全面了解生产者、消费者、流通者等各方面所提出的要求，从中分析出真正合理的、各方面都能接受的要求，作为管理的具体目标。从这个意义上来讲，物流质量管理可以定义为“用经济的办法，向用户提供满足其要求的物流质量的手段体系”。

3）物流工程经济管理

物流工程经济管理的对象不是物流的纯技术问题，也不是物流的纯经济问题，而是物流工程的经济效益问题，也可以说是物流技术的可行性和经济合理性问题，实质上就是对物流工程客观经济规律的研究。物流工程经济研究的任务就是为了正确地认识和处理物流技术和经济节约之间的辩证关系，亦即寻找物流技术和经济之间的合理关系。

物流工程经济评价标准为“多、快、好、省”：“多”是物流的数量要求；“快”是物流的速度要求，同时也是物流最基本的要求；“好”是物流的质量要求；“省”是物流的经济要求。

综上所述，可以用“多流、迅速、及时、准确、安全、少损、经济”七条原则来概括物流“多、快、好、省”四个方面的要求。

在现代科学技术条件下，要完成相同的物流任务，可能有各种方案，我们就要选择技术上可行、经济上合理的方案。为此，必须对各种物流技术方案进行工程经济比较。为使各方案具有一定的可比性，要具有以下四个可比条件：满足需要上的可比、费用上的可比、经济效果上的可比和时间上的可比。

总之，在两个以上物流技术方案进行经济评价和比较的时候，都必须使每个物流技术方案具备四个可比原则和条件；否则，就会得出不正确的结论。

4.2 电子商务物流

电子商务发展初期，人们对电子商务过程的认识往往只局限于信息流、商流和资金流的电子化、网络化，而忽视了实体商品物流的电子化过程，随着电子商务的进一步推广与应用，物流的重要性对涉及实体商品的电子商务活动的影响日益明显。所谓电子商务物流指的是电子商务环境下的物流。本章以下部分将讨论涉及实体产品的电子商务活动中的物流与供应链管理问题。

4.2.1 电子商务与物流的关系

1. 物流是电子商务的重要组成部分

对于实体产品来说，任何一笔网上交易，都必须涉及信息流、资金流和物流等这几种基本的“流”，而物流作为整个交易的最后一个过程，其执行结果的好坏将对电子交易的成败起着十分重要的作用。从根本上来说，物流电子化应是这类电子商务活动的重要组成部分，缺少了现代化的物流过程，其电子商务过程就不完整。

2. 物流是实现电子商务的保证

网络给交易各方提供的是虚拟的交易和便捷的事务处理环境，电子交易的最终完成仍然需要物流这一中间环节，物流是实现电子商务的重要环节和基本保证。

(1) 物流保障生产。无论是在传统的贸易方式下，还是在电子商务下，生产都是商品流通之本，而生产的顺利进行需要各类物流活动支持。合理化、现代化的物流，通过降低费用从而降低成本，优化库存结构，减少资金占压，缩短生产周期，保障了现代化生产的高效进行。相反，缺少了现代化的物流，生产将难以顺利进行，那么无论电子商务是多么便捷，都将是无米之炊。

(2) 物流服务于商流。在传统的交易过程中，除了非实物交割的期货交易，一般的商流都必须伴随相应的物流活动，即按照需方（购方）的需求将商品实体由供方（卖方）以适当的方式、途径向需方（购方）转移。而在电子商务下，消费者通过上网点击购物，完成了商品所有权的交割过程，但电子商务的活动并未结束，只有商品和服务真正转移到消费者手中，商务活动才告以终结，物流实际上是商流的后续者和服务者。

(3) 物流是实现“以客户为中心”理念的根本保证。电子商务的出现，在最大程度上方便了最终消费者。他们只要坐在家里，在 Internet 上搜索、查看、挑选，就可以完成他们的购物过程。但试想，他们所购的商品迟迟不能送到，或者商家所送的并非是自己购买的商品，那消费者还会选择网上购物吗？因此，物流是电子商务中实现以“以客户为中心”理念的最终保证，缺少了现代化的物流技术，电子商务给消费者带来的购物便捷就无法实现。

3. 电子商务加速物流管理的发展

电子商务加速物流管理的发展主要表现在：一是全球化电子商务的出现，加速了物流系统的多国化；二是物流管理系统、操作流程、信息反馈系统的信息化、电子化和一体化、网络化，使商品在几乎不停留的情况下快速流动，直达客户指定的目的地。

4.2.2 电子商务物流的特点

电子商务时代的来临，使现代物流具备了一系列新的特点。

(1) 信息化。条码技术、电子数据交换（electronic data interchange，EDI)、数据库技术等信息技术的应用，电子订货系统（electronic ordering system，EOS)、快速反应（quick response，QR)、有效客户反应（ECR)、企业资源计划（enterprise resource planning，ERP）等系统的普遍推广，使得现代物流具有更加明显的信息化特征。

(2) 自动化。自动化的基础是信息化，自动化的核心是机电一体化，自动化不仅节省了人力，提高了物流工作效率，还可以扩大物流作业能力、提高劳动生产率、减少物流作业的差错等。物流自动化的设施非常多，如自动分拣系统、自动存取系统、货物自动跟踪系统等。

(3) 智能化。这是物流自动化、信息化的一种高层次应用，物流作业过程大量的运筹和决策，如库存水平的确定、运输（搬运）路径的选择、自动导向车的运行轨迹和作业控制、物流配送中心经营管理的决策支持等问题都需要借助于大量的知识才能解决。专家系统、机器人等相关技术已经有比较成熟的研究成果，为提高物流现代化的水平提供了基础。

(4) 网络化。物流网络化的基础也是信息化。这里所说的网络化有两层含义：一是指物流配送中心与供应商、制造商以及下游顾客的联系实现计算机网络化；二是指组织的网络化，主要包括企业内部组织的网络化和企业之间的网络化。

(5) 柔性化。随着市场变化的加快，产品寿命周期正在逐步缩短，小批量多品种的生产已经成为企业生存的关键。柔性化本来是为实现“以顾客为中心”理念而在生产领域提出的，但要真正做到柔性化，即真正地能根据消费者需求的变化来灵活调节生产工艺，没有配套的柔性化的物流系统是不可能达到目的的。

(6) 基于“虚拟仓储”的物流系统走向应用。基于“虚拟仓储”的物流系统是指以计算机网络技术进行物流运作与管理，实现企业间物流资源共享和优化配置的物流方式。虚拟仓储为物流系统的设计、运作带来新的发展，在物流资源的社会整合方面发挥着重要作用。随着全球定位系统（global positioning system，GPS）的应用，社会大物流系统的动态调度、动态储存、动态运输将逐渐代替企业的静态固定仓库。由于物流系统的优化目的是减少库存直到零库存，这种动态仓储运输体系借助于全球卫星定位系统，充分体现了未来宏观物流系统的发展趋势。随着虚拟企业、虚拟制造技术的不断深入，基于“虚拟仓储”的物流系统已经成为企业内部虚拟制造系统一个重要的组成部分。

4.2.3　电子商务物流模式及其发展

电子商务环境下的物流模式，主要包括自营物流、第三方物流、物流联盟和第四方物流。

1. 自营物流

自营物流是指企业借助自身物质条件，包括物流设施、设备和管理机构等，自行组织完成企业的物流活动。

自行组织物流配送有利于企业直接支配物流资产，控制物流职能，启动速度快，掌握交易的最后环节，控制交易时间，有利于保证客户服务的质量。对于大型制造商而言，在长期的传统商务中已经建立起粗具规模的营销网络和物流配送体系，在开展电子商务时只需将其加以改进、完善，就可满足电子商务条件下对物流配送的要求。对于电子商务企业而言，选择采用自营物流模式的公司往往具有雄厚的资金实力和较大的业务规模，在第三方物流不能满足其成本控制目标和客户服务要求的情况下，通常选择自行建立适应业务需要的畅通、高效的物流系统，从而保证电子商务交易的最后一个环节保质保量地完成。对于制造企业内部生产过程而言，其中的物流都是自营物流。

自营物流的缺点是投资数额巨大、运作成本较高。出于对成本考虑，企业配送队伍规模必须与企业业务量相适应，配送体系的规模、库存规模、配送路线、物流工具都需要进行严格的管理。因此，不是所有的电子商务公司都有必要、有能力自己组织商品配送，尤其对于中小型企业和业务规模量不大的电子商务企业而言，配备完善的物流设施和人员将占用公司大量的资金，没有足够的人力和财力集中于公司主要业务的开展，影响企业的长远发展。

2. 第三方物流

第三方物流是指由物流的供方、需方之外的第三方去完成物流服务的物流运作方式。第三方就是指提供物流交易双方的部分或全部物流功能的外部服务提供者。在某种意义上，可以说它是物流专业化的一种形式。

20 世纪 90 年代，第三方物流（3PL）业务随着供应链管理思想的演变而获得快速发展。第三方物流是物流专业化的重要形式。物流业发展到一定阶段必然会出现第三方物流，而且第三方物流的占有率与物流产业的水平之间有着非常紧密的相关性。西方国家的物流业实证分析证明，独立的第三方物流至少占社会的 50%时，物流产业才能形成。所以，第三方物流的发展程度反映和体现着一个国家物流业发展的整体水平。

3. 物流联盟

物流联盟是指生产性企业以及邮政、快递等物流企业通过正式契约或协议而形成的一种优势互补、要素双向或多向流动、互相信任、共担风险、共享收益的物流合作伙伴关系。物流联盟可以看做是自营物流和第三方物流相结合的一种混合模式。

物流联盟有助于提高企业竞争能力和竞争效率，满足企业跨地区、全方位物流服务的要求。

4. 第四方物流

首先提出“第四方物流”（4PL）这一概念的是美国安盛咨询公司。一种较为贴切的定义是：4PL 是一个供应链集成商，负责调集和管理组织自己的以及具有互补性的服务提供商的资源、能力和技术，以提供一个综合的供应链解决方案。从这一定义中可以看出，第四方物流的优势是提供了一个综合性供应链解决方案，并能有效地适应需方多样化和复杂的需求，集中所有资源为客户完美地解决问题，其提供的服务主要包括供应链再建、业务流程再造等。

第四方物流着眼于在企业物流的基础上，整合社会资源，解决物流信息充分共享、社会物流资源充分利用问题。

目前，第四方物流在实际运作中尚有不少问题有待进一步解决。

4.2.4 现代物流技术简介

1. 物流技术的含义

物流技术是指同物流要素的活动有关的所有专业技术的总称。物流技术是一种应用技术，同生产技术相比，其对象范围、环境条件和目的更为复杂多样。它包括各种移送技术、存储技术、包装技术、信息技术、各种操作方法、管理技能等。物流技术水平的高低，直接关系到物流活动各项功能的完善和有效地实现，关系到物流活动及物流服务效率的高低。

2. 物流技术的内容

1) 运输技术

运输是物流最重要的环节之一，是物流中的“流”。运输技术包含车辆技术和运输管理技术。为提高运输效率和服务质量，载货汽车的发展方向是大型化、专用化和集装化，大力发展拖挂和甩挂运输车辆。此外，各种专用车辆发展也十分迅速，如专门运油及粉状货物的罐装车、冷冻冷藏车、牲畜运输车、家具运输车、服装运输车、垃圾废料运输车和专门运送新车出厂的运输车辆等。在运输管理上，随着计算机光缆通信的采用，自动化管理系统的发展，如车辆跟踪定位系统、车辆运行线路安排系统等，使运输管理趋向自动化、科学化。

2) 仓储技术

仓储在物流系统中起着调节、平衡的作用，是物流的另一个中心环节。特别是其作为配送中心时，大量的货物在这里分类、拣选、存储、配送，成为促进各种物流环节平衡运转的货物集散中心，并由计算机进行集中控制，采用自动化管理、机械化存取。现代化仓库根据功能的不同，可分为不同类型的仓库，具体如表 4.1 所示。

表 4.1　各种仓库的定义

种类	定义
仓库	保管、储存货物的建筑物和场所的总称
库房	有屋顶和围护结构，供存储各种物品的封闭式建筑物
自动化仓库	由电子计算机进行管理和控制，不需要人工搬运作业而实现收发作业的仓库
立体仓库	采用高层货架配以货箱或托盘储存货物，用巷道堆垛起重机及其他机械进行作业的仓库
虚拟仓库	建立在计算机和网络通信技术基础上，将地理上分散的、属于不同所有者物品储存、保管和远程控制的物流设施进行整合共享，形成具有统一目标、统一任务、统一流程的暂时性物资存储与控制组织，可以实现不同状态、空间、时间的物资有效调度和统一管理

3）搬运装卸技术

搬运装卸是物流活动的主要环节，如运输和存储等是靠搬运装卸活动连接起来的，物流活动其他各个环节的转换也要通过搬运和装卸来完成，其特点是劳动密集、发生频繁、作业发生次数多、作业内容复杂。因此搬运装卸机械成为高效率作业的重要环节，使用最为普遍的是各式各样的叉车和输送辊道、巷道堆垛机、散料装卸机械等。随着条形码、射频识别等现代技术广泛应用于商品标识和识别，机械手和机器人也在这一领域得到广泛应用。此外，化学性加工系统及无人工厂自动线上活跃的无人搬运车，也是应用机电一体化技术的现代搬运工具。

4）包装技术

包装过去被认为是保护商品的质量和数量的工具，而在物流中，包装又被赋予了便于运输、便于保管和增加销售手段的内容。包装技术包括对包装材料、设备和包装方法的选择。包装材料常常是包装改革的主要内容，新材料往往导致新的包装形式和包装方法的出现。对包装材料的要求是：比重轻，机械适应性好；质量稳定，不易腐蚀和生锈，本身清洁，能大量生产并便于加工，价格低廉。目前常用的包装材料有纸质品、纤维制品、塑料制品、金属制品、防震材料等。

包装设备是包装技术水平的标志，各种包装机械和包装容器的自动生产线，使包装技术水平得到很大提高，还具有防震、防潮、防水、防锈、防虫等作用。

5）流通加工技术

流通加工是为了提高物流速度和物品的利用率，在物品进入流通领域后，按客户要求进行的加工活动。流通加工的内容一般包括装袋、定量化小包装、挂牌子、贴标签、配货、拣选、分类、混装、刷标记等。生产外延的流通加工包括剪断、打孔、折弯、拉拔、挑扣、组装、改装、配套以及混凝土搅拌等。流通加工的场所可能位于加工中心、配送中心、仓储中心以及销售处。

6）配送技术

配送是指在经济合理区域范围内，根据客户要求，对物品进行拣选、加工、包装、分割、组配等作业，并按时送达指定地点的物流活动。各种先进技术特别是计算机的应用，使物资配送基本上实现了自动化，诸如自动分拣、光电识别、条形码等先进技术，并建立了配套的体系和配备了先进的设备，如无人搬运车、分拣机等，使配送的准确性和效率大大提高。

7）信息技术

信息技术是现代物流极为重要的部分，也是物流技术中发展最快的领域。信息技术是与现实物流活动全过程紧密相关的，蕴涵在物流的各个职能之中。在物流运作中，运输车辆及运行管理、订货管理、库存控制、配送中心管理及工厂和配送中心的选址和分析等是信息技术具体运用领域。

信息技术的应用，大大提高了物流信息的处理速度，促进了物流活动功能的完善和有效实现。

3. 现代物流技术

现代物流技术主要是指物流的信息化技术。比较常见的有以下几种：

1）条码技术

条码技术是在计算机的应用实践中产生和发展起来的一种自动识别技术。它是为实现对信息的自动扫描而设计的，是实现快速、准确而可靠地采集数据的有效手段。条码技术的应用解决了数据录入和数据采集的“瓶颈”问题，为供应链管理提供了有力的技术支持。

条码技术为我们提供了一种对物流中的物品进行标识和描述的方法，借助自动识别技术、POS 系统、EDI 等现代技术手段，企业可以随时了解有关产品在供应链上的位置，并即时作出反应。条码是实现 POS 系统、EDI、电子商务、供应链管理的技术基础，是实现物流管理现代化和提高企业管理水平和竞争能力的重要技术手段。

2）EDI 技术

有关 EDI 的内容本书前面已有较为详细的介绍，在此不再赘述。

3）射频技术

射频技术（radio frequency，RF）的基本原理是电磁理论。射频系统的优点是：不局限于视线，识别距离比光学系统远，射频识别卡可具有读写能力，可携带大量数据，难以伪造，且有智能。RF 适用于物料跟踪、运载工具和货架识别等要求非接触数据采集和交换的场合，由于 RF 标签具有可读写能力，对于需要频繁改变数据内容的场合尤为适用。

近年来，便携式数据终端（PDT）的应用获得发展，PDT 可把那些采集到的有用数据存储起来或传送至一个管理信息系统。便携式数据终端一般包括一个扫描器、一个体积小但功能很强并带有存储器的计算机、一个显示器和供人工输入的键盘。在只读存储器中装有常驻内存的操作系统，用于控制数据的采集和传送。

4）GIS 技术

地理信息系统（geographical information system，GIS）是多种学科交叉的产物，它以地理空间数据为基础，采用地理模型分析方法，适时地提供多种空间的和动态的地理信息，是一种为地理研究和地理决策服务的计算机技术系统。其基本功能是将表格型数据（无论它来自数据库、电子表格文件还是直接在程序中输入）转换为地理图形显示，然后对显示结果浏览、操作和分析。其显示范围可以从洲际地图到非常详细的街区地图，显示对象包括人口、销售情况、运输线路以及其他内容。GIS 应用于物流，主要是指利用 GIS 强大的地理数据功能来完善物流分析技术。国外公司已经开发出利用 GIS 为物流分析提供专门分析的工具软件。完整的 GIS 物流分析软件集成了车辆路线模型、最短路径模型、网络物流模型、分配集合模型和设施定位模型等。

5）GPS 技术

全球定位系统具有在海、陆、空进行全方位实时三维导航与定位能力。近 10 年来，我国测绘等部门使用 GPS 的经验表明，GPS 以全天候、高精度、自动化、高效益等显著特点，赢得了广大测绘工作者的信赖，并成功地被应用于大地测量、工程测量、航空摄影测量、运载工具导航和管制、地壳运动监测、工程变形监测、资源勘察、地球动力学等多种学科，从而给测绘领域带来一场深刻的技术革命。GPS 在物流领域可以应用于汽车自定位、跟踪调度，可用于交通运输、军事等多领域的物流管理。

4.3　供应链与供应链管理

4.3.1　供应链

1. 供应链概念

目前对于供应链尚未形成一个统一的定义，相关专家和学者在一定的背景和不同发展阶段下提出了很多不同的定义，可以把供应链概念的演变大致划分为三个阶段。

(1) 第一阶段：供应链是制造企业中的一个内部过程。早期观点认为供应链是指把从企业外部采购的原材料和零部件，通过生产转换和销售等活动，再传递到零售商和客户的一个过程。此时的供应链概念局限于企业的内部操作层上，注重企业自身的资源利用。

有些学者把供应链的概念与采购、供应管理相关联，用来表示与供应商之间的关系。这种观点得到了研究合作关系、JIT 关系、精细供应、供应商行为评估和客户满意度等问题学者的重视。但这样一种关系也仅仅局限在企业与供应商之间，且供应链中各企业独立运作，忽略与外部供应链成员企业的联系，往往造成企业间的目标冲突。

(2) 第二阶段：开始涉及与其他企业的联系。20 世纪 90 年代，供应链的概念注意了与其他企业的联系，注意了供应链的外部环境，认为它应是一个“通过链中不同企业的制造、组装、分销、零售等过程将原材料转换成产品，再到最终客户的转换过程”，这是更大范围、更为系统的概念。例如，美国的史迪文斯(Stevens) 认为：“通过增值过程和分销渠道控制从供应商的供应商到客户的客户的流就是供应链，它开始于供应的源点，结束于消费的终点。”伊文斯(Evens) 认为：“供应链管理是通过前馈的信息流和反馈的物料流及信息流，将供应商、制造商、分销商、零售商，直到最终客户连成一个整体的模式。”这些定义都注意了供应链的完整性，考虑了供应链中所有成员操作的一致性（链中成员的关系）。供应链的示意图见图 4.1。

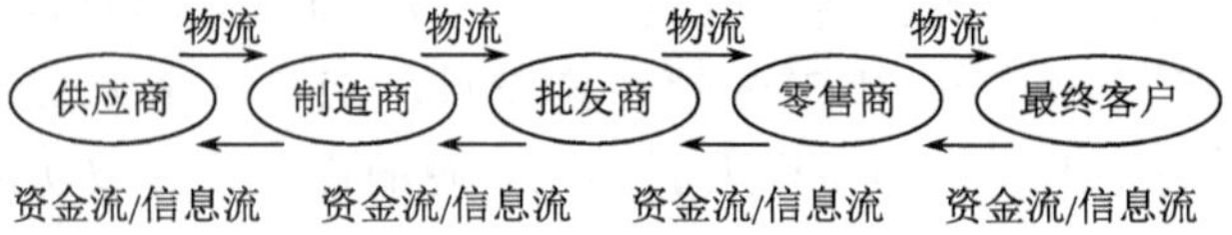

图 4.1 供应链示意图

(3) 第三阶段：更加注重围绕核心企业的网链关系。近年来，供应链的概念更加注重围绕核心企业的网链关系，如核心企业与供应商、供应商的供应商等前向的关系，与客户、客户的客户等后向的关系。此时对供应链的认识形成了一个网链的概念，像丰田、耐克、尼桑、麦当劳和苹果等公司的供应链都从网链的角度来实施。哈理森（Harrison）进而将供应链定义为：“供应链是执行采购原材料，将它们转换为中间产品和成品，并且将成品销售到客户的功能网链。”这些概念同时强调供应链的战略伙伴关系问题。菲力浦（Phillip）和温德尔（Wendell）认为供应链中战略伙伴关系是很重要的，通过建立战略伙伴关系，可以与重要的供应商和客户更有效地开展工作。供应链的网链结构见图 4.2。

从图 4.2 中可以看出，供应链由所有加盟的结点企业组成，其中一般有一个核心企业（可以是产品制造企业，也可以是大型零售企业），结点企业在需求信息的驱动下，通过供应链的职能分工与合作（生产、分销、零售等），以资金流、物流或（和）服务流为媒介实现整个供应链的不断增值。

由上可以看出：供应链是围绕核心企业，通过对信息流、物流、资金流的控

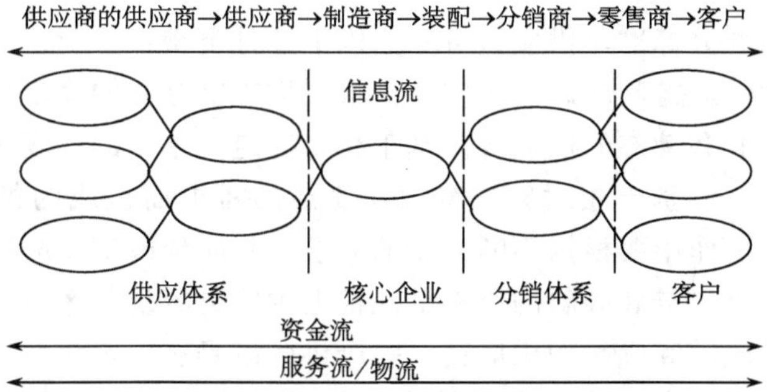

图 4.2 供应链的网链结构示意图

制，从采购原材料开始，制成中间产品以及最终产品，最后由销售网络把产品送到消费者手中的将供应商、制造商、分销商、零售商，直到最终客户连成一个整体的功能网链结构模式。它是一个范围更广的企业结构模式，包括所有加盟的结点企业，它不仅是一条连接供应商到客户的物料链、信息链、资金链，而且是一条增值链，物料在供应链上因加工、包装、运输等过程而增加其价值，给相关企业都带来收益。

2. 供应链特征

从供应链的结构示意图（图 4.2）可以看出，供应链主要具有以下特征：

(1) 复杂性。供应链往往由多个、多类型甚至多国企业构成，所以供应链结构模式比一般单个企业的结构模式更为复杂。

(2) 动态性。供应链因企业战略和适应市场需求变化的需要，其中结点企业需要动态地更新，这就使得供应链具有明显的动态性。

(3) 面向客户需求。供应链的形成、存在、重构，都是基于一定的市场需求而发生，并且在供应链的运作过程中，客户的需求拉动是供应链中信息流、产品/服务流、资金流运作的驱动源。

(4) 交叉性。结点企业可以是这个供应链的成员，同时又是另一个供应链的成员，众多的供应链形成交叉结构，增加了协调管理的难度。

(5) 多层次性。供应链上涉及的各结点企业往往分布在不同行业、区域或阶段，且各结点企业又自成体系的承担着在供应链中不同的工序。同时，该结点企业为完成该工序又可能构筑一条相应的分支供应链，从而形成了多层次、多维度、多目标的立体网链。

(6) 竞合性。供应链上的企业为利益既相互竞争又相互依赖，这种竞合性使供应链合作伙伴间的关系变得更密切、复杂，同时促使供应链上各结点实现“无缝对接”，从而实现供应链管理的“多赢”战略。

3. 供应链类型

根据不同的划分标准，供应链可分为以下几种类型：

（1）稳定的供应链和动态的供应链。根据供应链存在的稳定性划分，可以将供应链分为稳定的和动态的供应链。基于相对稳定、单一的市场需求而组成的供应链稳定性较强，而基于相对频繁变化、复杂的需求而组成的供应链动态性较高。在实际管理运作中要根据不断变化的需求，相应地改变供应链的组成。

（2）平衡的供应链和倾斜的供应链。根据供应链容量与客户需求的关系可以划分为平衡的供应链和倾斜的供应链。一个供应链具有一定相对稳定的设备容量和生产能力（所有结点企业能力的综合，包括供应商、制造商、运输商、分销商、零售商等），但客户需求处于不断变化的过程中。当供应链的容量能满足客户需求时，供应链处于平衡状态；而当市场变化加剧，造成供应链成本增加、库存增加、浪费增加等现象时，企业不是在最优状态下运作，供应链则处于倾斜状态。如图 4.3 所示。

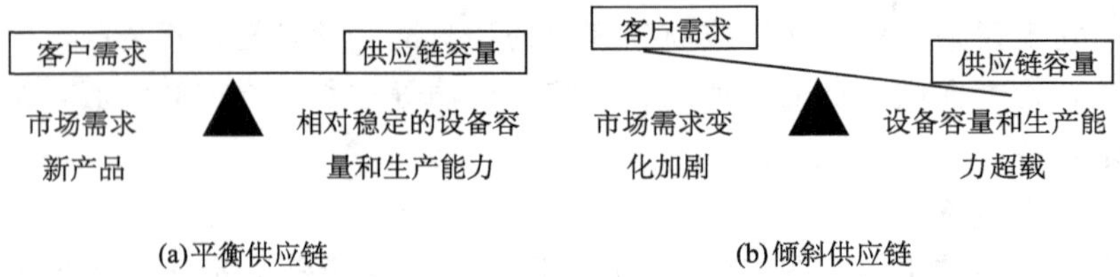

图 4.3 平衡供应链和倾斜供应链

（3）有效性供应链和反应性供应链。根据供应链的功能模式可以把供应链划分为两种：有效性供应链（efficient supply chain）和反应性供应链（responsive supply chain）。有效性供应链主要体现供应链的物理功能，即以最低的成本将原材料转化成零部件、半成品、产品，以及在供应链中的运输等；反应性供应链主要体现供应链的市场中介的功能，即把产品分配到满足客户需求的市场，对未预知的需求作出快速反应等。

4.3.2 供应链管理

1. 供应链管理基本内容与涉及领域

供应链管理覆盖了从供应商的供应商到客户的客户的全部过程，包括外购、制造分销、库存管理、运输、仓储、客户服务等。随着涉及的资源和环节的增加，对供应链的管理就变得十分复杂。供应链管理是一种集成的管理思想和方法，它执行供应链中从供应商到最终客户的物流的计划和控制等职能。供应链管理包括五大基本内容。

（1）计划：这是 SCM 的策略性部分。为满足客户的产品需求，要有管理所有资源的策略。好的计划是建立一系列的方法监控供应链，使它能够有效、低成本地为客户递送高质量和高价值的产品或服务。

（2）采购：选择能提供货品和服务的供应商，建立一套定价、配送和付款流程并监控和改善管理，把供应商提供货品和服务的管理流程结合起来，包括提货、核实货单、转送货物到制造部门并批准对供应商的付款等。

（3）制造：安排生产、测试、打包和准备送货所需的活动，是供应链中测量内容最多的部分，包括质量水平、产品产量和工人的生产效率等的测量。

（4）配送：调整客户的订单收据、建立仓库网络、派递送人员提货并送货到客户手中、建立货品计价系统、接收付款等。

（5）退货：这是供应链中的问题处理部分，建立网络接收客户退回的次品和多余产品，并在客户应用产品出问题时提供支持。

供应链管理主要涉及四个主要领域：供应（supply）、生产计划（schedule plan）、物流（logistics）、需求（demand）。见图 4.4。

由图 4.4 可见，供应链管理是以同步化、集成化生产计划为指导，以各种技术为支持，尤其以 Internet/Intranet/Extranet 为依托，围绕供应、生产计划、物流、需求来实施的。在以上四个领域的基础上，我们可以将供应链管理细分为职能领域和辅助领域。职能领域主要包括产品工程、产品技术保证、采购、生产控制、库存控制、仓储管理、分销管理，而辅助领域主要包括客户服务、制造、设计工程、会计核算、人力资源、市场营销。

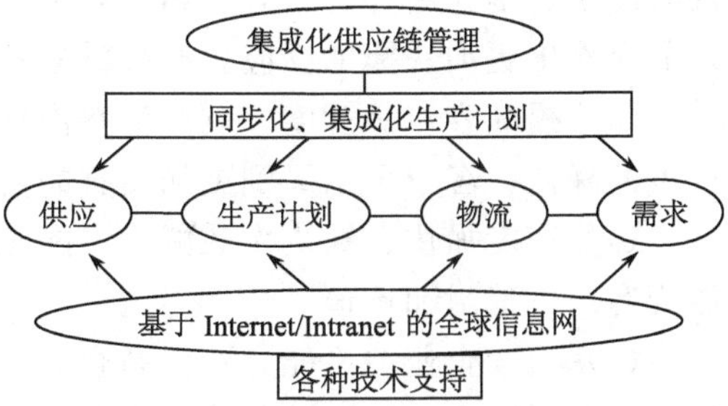

图 4.4　供应链管理涉及的领域

供应链管理的目标在于提高客户服务水平和降低总的交易成本，并且寻求两个目标之间的平衡（这两个目标往往有冲突），为此要把供应链各个职能部门有机地结合在一起，从而最大限度地发挥出供应链整体的力量，达到使供应链企业群体获益的目的。

2. 供应链管理的意义

实施供应链管理，可以为参与供应链的各企业带来巨大的效益，也可为消费者提供更好的服务和更大的价值。供应链管理的意义主要体现在下列几个方面：

（1）降低物流费用。供应链管理降低物流费用主要是降低库存成本。在实施供应链管理的企业之间，通过电子数据交换，关于生产、销售、库存、配送的信息和数据能由各方共享，供应链中的每个成员便能及时、准确地掌握整条供应链中原材料、在制品和制成品的流动情况、在途运输或配送的情况、库存状况、商品销售情况和客户需求状况，使整条供应链的透明度增高，不确定性因素降低。在此基础上，企业就能根据市场需求信息迅速调整生产和配送，不需要备有大量的库存。

(2) 降低交易费用。通常企业与其上下游企业之间的关系是建立在每笔交易的基础之上的，交易结束就是企业之间关系的结束，下次交易需要重新讨价还价，由此重复发生的交易费用是社会财富和企业资源的浪费。而在供应链管理中，上下游企业建立的是长期、稳固的关系，能在一定程度上减少谈判和履约费用，为企业节约资金。

(3) 提高物流效率。按照产权经济学家阿尔钦和德姆塞茨的团队生产理论，通过团队生产创造的总产品大于每一参与单位的分产出之和。同样，供应链管理所产生的整体效益会大于各个供应链成员单独管理物流所得到的效益之和，它能实现单个企业无法完成的任务。通过上下游企业的合作建立快速反应系统，实施及时配送、不间断补货、有效客户回应等项目，可以缩短订货周期，对市场和客户需求作出更加快捷的反应，提高供应链物流工作的效率。

(4) 提高客户满意度，刺激消费需求。客户满意度的提高一方面来源于物流成本的降低，客户可以买到更加便宜的商品；另一方面来源于物流服务水平的提高，送货速度加快、缺货次数减少、配送可靠性增加和满足客户个性化需求等都能为客户创造附加价值。

(5) 形成企业关系能力，提高企业社会资本。关系能力是指供应链企业之间的合作关系而产生的一种经营或竞争能力，企业关系能力经过长期培养可以成为企业特殊的资源和知识。基于业务流程需要，在供应链中形成的关系能力可使对方自觉地与自己保持长期合作和连续交易，通过供应链管理，既可以降低成本，又可以创造新的价值，从而提高企业的竞争优势。

3. 供应链管理的关键特征

供应链管理已经超越了传统的物流管理，它涉及的企业和环节较多，比单个企业的物流管理复杂。为了便于操作，必须充分认识供应链管理的关键特征。

(1) 供应链就像一条管道，在这条管道里既有物流，又有商流、信息流、资金流等。供应链管理在信息充分流动、共享的前提下，实现物流功能和商流功能。物流功能是将原材料转化为最终产品，并将它们从供应链的一个结点转移到下一个结点；商流功能是确保各种产品具有一定市场，能满足客户要求，并能实现价值增值。每种功能的实施均需一定成本，物流成本包括运输、储存、包装、装卸、流通加工、配送等费用；商流成本则包括市场购销行情预测费用、业务洽谈费用、缺货损失费用、供给超过需求的商品降价损失和企业因不能满足客户需求所带来的负面效应而丧失的潜在客户收入等。物流成本与商流成本之和构成供应链总成本。

(2) 供应链管理的侧重点在于物流。供应链管理是要对整条供应链中的物流和信息流进行管理，范围是供应链中的所有企业，重点是关系较近的几个企业。即由供应链成员对物流实施共同管理。

(3) 供应链管理有别于纵向一体化。纵向一体化是指建立一个包括生产和销售所有步骤在内的组织，把从原材料的获取、提炼，经过产品的加工、装配，直到产品销售都集中到一个企业身上。一般而言，纵向一体化的公司独立性非常强，在生产、流通、销售的许多环节都不会依靠别的企业，因而较少受到其他公司的影响。随着经济的发展，人们逐渐认识到社会分工需要各企业集中力量发展核心事业，发挥比较成本优势，企业不擅长的方面则交给伙伴公司去做。于是，纵向一体化日渐被供应链管理所代替。

4. 供应链管理方法

近年来，供应链管理发展迅猛，各种各样的供应链管理方法层出不穷，其中较为典型的方法如下：

1) 快速反应系统

快速反应系统（quick response，QR）是美国纺织与服装行业发展起来的一项供应链管理策略，是指在供应链中为实现共同的目标，零售商和制造商建立战略伙伴关系，利用信息技术进行销售时点的信息交换以及订货、补充等其他经营信息的交换，利用多频度、小批量配送方式连续补充商品，以缩短交货周期、减少库存、提高客户服务水平和企业竞争力等。

快速反应业务成功的前提是零售商和制造商具有良好的关系。这种新的贸易方式意味着双方必须建立起贸易伙伴关系，提高向顾客供货能力，同时降低整个供应链的库存和总成本。

快速反应对于制造商和零售商都具有很更要的意义。首先，对于制造商来说，快速反应改善了它的客户服务，这种改善从根本上说来自于同一供应链上制造商与零售商的良好合作关系。长期的良好客户服务会增加制造商的市场份额。其次，快速反应还能降低流通费用。由于将对客户需求的预测和生产规划集成到了一起，就可以缩短库存周转时间，减少需要处理和盘点的存货，从而降低了流通费用。再次，提高了采购订单的准确率，提高了订单效率。最后，由于可以对销售进行预测并能够得到准确的销售信息，制造商可以准确地安排生产计划，有效地减少浪费。

对于零售商而言，快速反应的意义主要表现在客户服务水平和获利能力的显著提高。快速反应利用条形码和 POS 扫描，使零售商能够跟踪各种商品的销售和库存情况，这样就能准确地跟踪存货情况，在库存真正降低时才订货。它们还可以降低订货周期，实施自动补货系统，运用存货模型来确定何时需要采购，最终提高销售额。商品采购成本是企业完成采购职能时发生的费用，其中包括订单准备、订单创建、订单发送、订单跟踪等。快速反应使这些业务流程大大简化，从而降低了采购成本。制造商使用运输标签后，零售商可以扫描这个标签，这样就减少了手工检查到货所发生的成本。

2）有效客户回应系统

有效客户回应系统（efficient customer response，ECR）是制造商、批发商和零售商等供应链成员各方相互协调和合作，以更好、更快的服务和更低的成本满足消费者需要为目的的供应链管理解决方案。其核心是通过向消费者传递价值来提高业绩，其优势在于供应链各方为提高消费者满意度这一共同目标进行合作，分享信息和决策，它是一种把以往处于分散状态的供应链结点有机联系在一起以满足消费者需要的工具。ECR概念的提出者认为ECR活动是过程，这个过程主要由贯穿供应链各方的四个核心过程组成（图4.5）。因此，ECR的战略主要集中在以下四个领域：有效的店内布局、有效的补货、有效的促销、有效的新产品开发与市场投入。

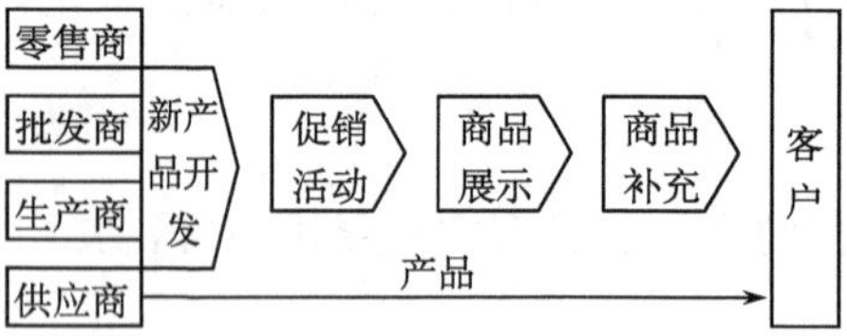

图4.5 ECR和供应链过程

ECR对成本的节约主要来自于：直接成本的节约，即通过减少额外活动和费用直接降低成本；间接成本的节约，主要是实现单位销售额的存货要求降低了。具体来说，节约的成本包括商品的成本、营销费用、销售和采购费用、后勤费用、管理费用和店铺的经营费用等。

3）企业资源计划系统

企业资源计划系统（enterprise resources planning，ERP）基于企业内部供应链的管理思想，把企业的业务流程看成一个紧密连接的供应链，并将企业划分成几个相互协同作业的支持子系统，可对企业内部供应链上的所有环节进行有效的管理。

ERP系统的管理思想主要体现在以下三个方面：

（1）整个供应链资源的管理及协调思想。现代企业的竞争已经不是单一企业与单一企业间的竞争，而是一个企业的供应链与另一个企业的供应链之间的竞争，即企业不仅要依靠自己的资源，还必须把经营过程中的有关各方如供应商、制造工厂、分销网络、客户等纳入一个紧密的供应链中，才能在市场上获得竞争优势。

（2）精益生产和敏捷制造的思想。ERP系统支持对混合型生产方式的管理，其管理思想表现为两个方面：一是“精益生产”（lean production，LP）的思想，即企业把客户、销售代理商、供应商、协作单位纳入生产体系，同他们建立起利益共享的合作伙伴关系，进而组成一个企业的供应链。二是“敏捷制造”（agile manufacturing，AM）的思想。当市场上出现新的机会，而企业的基本合作伙伴不能满足新产品开发生产的要求时，企业组织一个内特定的供应商和销售渠道组成的短期或一次性供应链，形成“虚拟工厂”，把供应和协作单位看成是企业的一个组成部分，运用“并行工程”（Concurrent engineering，CE）组织生产，用最短的时间将新产品打入市场，时刻保持产品的高质量、多样化和灵活性。

（3）事先计划与事中控制的思想。一方面，生产计划、物料需求计划、能力计划、采购计划、销售执行计划、利润计划、财务预算和人力资源计划构成 ERP 系统中的计划体系，而且这些计划功能与价值控制功能已经反映到整个供应链系统中。另一方面，ERP 系统通过定义事务处理相关的会计核算科目与核算方式，在事务处理发生的同时自动生成会计核算分录，保证了资金流与物流的同步记录和数据的一致性。从而实现了根据财务资金现状，可以追溯资金的来龙去脉，并进一步追溯所发生的相关业务活动，便于实现事中控制和实时作出决策。

4）电子订货系统

电子订货系统是指将批发、零售商场所发生的订货数据输入计算机，即刻通过计算机通信网络连接的方式将资料传送至总公司、批发商、商品供货商或制造商处。

电子订货系统能处理从新商品资料的说明直到会计结算等所有商品交易过程中的作业，可以说涵盖了整个商流。电子订货系统给零售业带来的好处有降低库存量、减少交货失误、改善订货业务、建立商店综合管理系统；给批发业带来的好处有提高服务质量、建立高效的物流体系、提高工作效率、销售管理系统化。

要实施电子订货系统，必须做一系列的标准化准备工作，如商品的统一代码、企业的统一代码、传票的标准格式、通信程序的标准格式以及网络资料交换的标准格式等。

5）协同商务

协同商务（collaborative product commerce，CPC）是使用 Internet 技术把产品设计、分析、采购、制造、销售、市场、现场服务和顾客连成一个全球的知识网络，使得在产品商业化过程中承担不同角色、使用不同工具、在地理上或供应网络上分布的个人能够协作地完成产品的开发、制造以及产品全生命周期的管理。

从管理思想的演变来看（图 4.6），企业间关系从竞争到合作，企业的经营模式从“纵向一体化”到“横向一体化”，企业的管理理念从突出核心竞争力到虚拟企业与供应链管理，协同合作的思想正在成为企业经营理念的主题。而当代最流行的供应链思想，也存在一些缺陷，难以满足现代企业协同合作的需要。现代企业迫切需要一种新的管理理论来支持这种协同合作，而协同商务正是在这一背景下提出的。协同商务迎合了现代商业社会的需要，通过协同，企业能够在更短的时间以更低的成本生产出更少缺陷的产品，为协同双方在现代市场的生存发展创造良好的条件。

图 4.6 管理思想的演变

协同商务是一组企业或组织实体的动态联盟，它包括开拓市场机会并创造价值的活动。从管理和信息的技术角度来看，协同商务是企业产品和流程的战略性信息源，是企业之间动态交互协作并集成了企业现有数据和信息系统的环境。从这一定义可以看出，协同商务的核心在于企业与企业之间以合作为基础。协同商务中的每个经济实体发挥自己最擅长的方向，实现强强联合，以获得最低的成本、最优的服务和最佳的竞争力。

5. 现代供应链管理体现的基本思想

（1）系统观念。系统观念指基于全球经济一体化以及竞争的加剧，不再孤立看待企业与部门，不再将供应链看成是由采购、制造、分销、销售等构成的一些分离的功能块，而是考虑所有相关的内外联系体，并把整个供应链看成是一个有机联系的单一整体，涵盖整个物流，从供应商到最终客户的采购、制造、分销、零售等职能领域过程（图 4.7）。

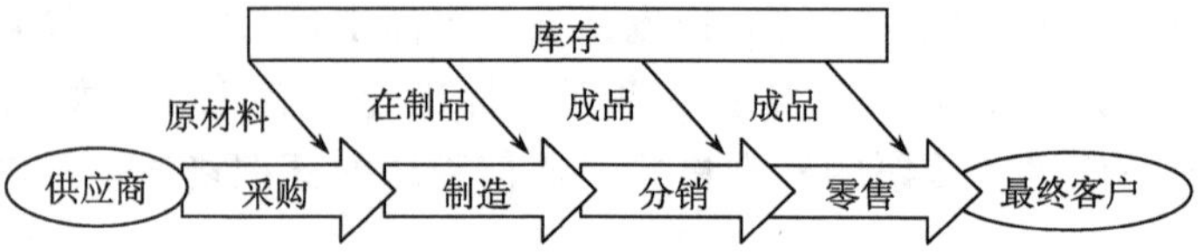

图 4.7 供应链管理范围

（2）共同目标。共同目标要求并最终依靠对整个供应链进行战略决策，将产品与服务最终消费者对成本、质量、服务等要求视为所有参与者共同的绩效目标，使客户最满意才会使得成本最低或利润最大，而不是仅仅完成一定的市场目标。

（3）主动积极的管理。这是指对在供应链中增加价值以及与成本有关的所有联系体进行积极主动的管理，采用集成的思想和方法，而不仅仅是结点企业、技术方法等资源简单地连接。

（4）建立新型的企业关系。在企业主动地关注整个供应链及其管理的同时，链中各成员间业务伙伴关系便得到了强化：通过仔细选择业务伙伴，减少供应商数目，变过去企业间敌对关系为紧密合作的业务伙伴，这种新型关系体现在共同解决问题与信息共享等方面。

（5）开发核心竞争能力。在供应链中，各成员企业本身具有核心竞争能力，业务伙伴关系才会持久。因此，企业必须把精力放在主要的竞争方面，做到能够借助其他企业的核心竞争能力来形成、维护、强化自己的核心竞争能力。

4.3.3 供应链中的物流管理

1. 供应链物流管理概念

供应链物流管理指用供应链管理思想实施对供应链物流活动的组织、计划、协调与控制。作为一种共生型物流管理模式，供应链物流管理强调供应链成员组织不再孤立地优化自身的物流活动，而是通过协作（cooperation）、协调（coordination）与协同（collaboration）来提高供应链物流的整体效率。

供应链物流涉及物流、信息流和资金流这三种不同形态，供应链的物流过程也是这三种不同形态的流动过程。这三种流动彼此联系、相互支持，作为一个整体构成供应链的正常运作。信息流使物流的每一项作业按照要求得以实现，是物流计划有效实施的保障，远距离的物流更需要现代信息流技术的支持。而物流又必然伴随着资金的流动，一方面，物流是一个增值的过程，它只有通过资金流来体现；另一方面，物流只有产出资金流，才能顺利进行。只有信息流很好地指导了物流，而物流的正确又保证了资金流的正确，这样反馈的信息流又很好地指导了物流，由此循环，整个供应链上的物流才能很好地配合，取得预期效果。供应链上的结点企业就是在核心企业的领导和需求信息的驱动下，通过供应链的职能分工与合作，以物流、信息流和资金流为媒介，实现整个供应链不断增值的。

供应链物流管理由三部分组成：

（1）前向物流与反向物流：包括运输、仓储、包装、搬运装卸、配送等。

（2）前馈与反馈的信息流：涉及订单、交付、运输等活动的信息交换。既包括供应信息、需求信息，也包括共享信息，这是与传统物流管理不同之处之一。

（3）管理和控制：包括采购、营销、预测、库存管理、计划、销售和售后服务。

供应链物流管理注重总的物流成本与客户服务水平之间的关系，利用系统理论和集成思想，把供应链成员内各职能部门以及成员间相关职能部门有机地结合在一起，从而最大限度地发挥出供应链整体优势，增强供应链整体的竞争力，最终达到供应链成员整体获益的目的。

2. 供应链物流管理特点

与一般物流管理相比较，供应链物流管理具有以下特点：

（1）分析问题角度不同。供应链物流管理是从整个供应链的角度出发，寻求供应链物流成本与客户服务之间的均衡的。

（2）管理内容不同。供应链物流管理涉及整个供应链所有成员组织，管理内容包括从初始供应物流到终端的分销物流以及反向物流。

（3）侧重点不同。供应链物流管理更侧重于供应链成员企业间接口物流活动的管理优化，这也是供应链物流管理的利润空间所在，管理难度更高、管理思想和方法更丰富。

3. 供应链物流组织

1）组织结构

供应链物流组织作为供应链的一部分，其结构受供应链自身结构的约束和影响，也存在组织长度与宽度的问题。

（1）供应链物流组织的长度：供应链物流组织长度指构成供应链物流组织的横向企业层级，即水平结构。供应链物流组织的长度受到众多因素的影响，包括供应链自身的长度、供应链成员企业的经营策略（如外包）、物流服务提供商实力（部分物流服务提供商可提供门到门服务）、国家政策法规等。

（2）供应链物流组织的宽度：指供应链物流组织每一层级所出现的企业数量，即垂直结构，其分析与供应链物流组织长度的分析类似。

2）组织管理

（1）集成：由于一般情况下供应链成员都具有独立的法人资格，相互之间不存在行政上的隶属关系，过高程度的松散势必会对物流组织结构产生不良的影响。因此，在供应链物流组织内必须利用集成思想协调管理。供应链物流集成包括企业内部物流集成和企业间物流集成两部分，内部物流集成指跨越单个企业内部物流功能边界的集成，外部物流集成是指跨越企业边界物流活动的集成。

（2）规范：包括供应链成员企业内部物流业务流程和企业之间的相互协作流程的规范，涉及规章制度的制定、业务流程的标准化、成员间的协调和约束机制的建立等。

（3）专业化：专业化程度越高，分工就越细，从而增加供应链物流组织成员的数量，增大组织的管理跨度，如实行业务外包、产品零部件分工等。

4. 供应链物流管理中应注意的问题

供应链物流管理框架分为基础性管理（包括组织系统管理、信息系统管理、政策与策略、基础设施管理等）、功能性管理（包括物料管理、运输管理、仓储管理等）、结构性管理（包括渠道设计、网络分析等）以及全局性管理（满足用户需求）四个层次。在供应链物流管理过程中，需要注意以下问题：

（1）目标性。在供应链物流管理过程中，要对客户细分，对不同类型的客户确定相应的客户服务水平，如订货周期、运输方式、库存水平等。同时，根据销售情况，对产品分组或分类，针对每一类不同的产品，可采取不同策略。

(2) 简化业务流程。订单录入、订单执行及交货作业处理在物流活动占很大比例，因而需要通过技术和管理使整个供应链物流流程更有效率和效果。特别是成员企业间的接口部位，要通过集成剔除和减少多余工作流，提高物流效益和效率。

(3) 减少不确定性因素。供应链物流组织包括多个成员，各成员内部及组织外部环境的波动和变化都会增加整个供应链的不确定性，“牛鞭效应”（供应链上信息流从最终客户端向原始供应商端传递时，由于无法有效地实现信息的共享，使得信息扭曲而逐级放大，导致需求信息出现越来越大的波动现象）又会进一步放大这种波动。因此，各个成员企业通过改善合作关系、使用现代管理手段和技术来实现准确预测和共享信息，从而减少不确定性因素带来的负面影响。

4.3.4　电子商务环境下的供应链管理

1. 电子商务对供应链管理的影响

电子商务的兴起是一场由技术手段飞速发展而引发的商务运作模式革命，它改变了传统经济活动的生存基础、运作方式和管理机制，对供应链管理产生了深远的影响，主要表现在以下几方面：

(1) 对供应链角色的影响。电子商务的应用加强了各个供应链角色一体化倾向，特别是加强了生产商前向一体化倾向，这是由生产商所独具的专业知识和技能决定的。这种一体化行为能够提高供应链效率。

(2) 对供应链管理模式的影响。随着信息技术飞速发展，经济全球化市场形成，消费者个性化需求不断提高，企业之间竞争日益激烈，企业实施的内部管理和控制由原来“纵向一体化”向“横向一体化”转变，企业可以利用电子商务模式，不局限于企业内部，建立一种跨企业的协作，并使之覆盖从产品设计、需求预测、外协和外购、制造、分销、储运和客户服务的全过程。这样可以促进供应链向动态的、虚拟的、全球网络化的方向发展。

(3) 消除了供应链上不必要的中间环节。通过 Internet，生产商可以不经由分销商或零售商直接将产品卖给消费者，消除了一些不必要的中间环节，既带来了运输和销售费用的节约，又有助于供应链管理的实施。此外，利用 Internet 进行零部件和产品的订货、发货，能够合理安排库存，提高信息的及时性和准确性，降低库存和营业费用。

(4) 使企业的组织边界趋于模糊化。随着电子商务的发展，组织之间信息流和资金流更加频繁，组织间的联系由单一渠道转变为多渠道；随着供应链中组织间合作程度的日益加深，供应链各成员，尤其是企业和供应商之间形成以订单为中心的战略合作伙伴关系，实现供应链中所有企业的信息、产品生产、产品设计、采购、预测协同等方面的协作，彼此不断融合，组织边界越来越模糊，整个价值链重新整合，形成一个虚拟大企业。

(5) 实现经营的网络化。一是交易系统的网络化。物流配送中心与供应商、制造商通过网络实现连接，上下游企业之间的业务往来也通过网络来实现。二是组织的网络化。电子商务借助电子信息网络将各种不同的技术、技能进行有机集成，提高了业务经营绩效，削弱了“牛鞭效应”。由于同一个业务流程由不同专长的企业共同实现，信息和计划在这些企业中实现了共享，虚拟化组织的特点开始显现。企业组织内部管理层次和人员减少，经营趋于柔性化。

(6) 培育大量网络企业。在诸如书籍销售、股票交易、拍卖等领域和主要通过信息交换而成交的领域中鼓励网络企业的发展。这些网络企业可以为电子商务提供交易平台、技术支持和物流服务，改善供应链中的信息交流，节省一些不必要的物流开支，从而有效地提高供应链管理的效率。

(7) 促进供应链中信息流的改善。通过互联网，供应链之间的信息传递由原来的线形结构变为网状结构，企业利用网上信息使企业与伙伴之间建立更密切的合作关系，使商业运转的各个环节更加协调一致，推动资金流动、库存、成本、服务的改善，通过网上与消费者直接的信息交流，企业可以有效地了解市场需求，对市场作出快速反应。广泛信息交流不仅完善了供应链的信息结构，也使得供应链内部决策结构的完善易于实现。因为通过实时的信息交流能够使供应链内部的决策过程更透明，也更有参与性，因而使决策更趋合理，从而提高企业的效率。

2. 电子商务供应链管理

1) 电子商务供应链

电子商务供应链是供应链发展的必然趋势，是电子商务和供应链自然结合的结晶。电子商务供应链的含义为：围绕核心企业，以 Internet 为平台，以电子商务为手段，通过对物流、资金流与信息流的整合和控制，从采购原材料开始，到制成中间产品以及最终产品，最后由销售网络把产品送到消费者手中的将供应商、生产商、分销商、零售商，直到最终客户连成一个整体的网链结构和模式。

这个定义包括以下几个方面的内容：以核心企业为中心，通过核心企业来构建整个供应链网络；通过 Internet 和电子商务来整合供应链中的物流、资金流、信息流，从而能够及时快速地响应客户服务，构建电子商务供应链目的在于提高整个供应链的效率和竞争实力，从而使供应链中各成员的经营成本最小化，利润最大化；电子商务供应链上各结点企业都是产权相互独立的主体。

2) 电子商务供应链管理

供应链管理与电子商务相互结合，产生了供应链管理领域新的研究热点——电子商务供应链管理（E-supply chain management，E-SCM）。E-SCM 的核心是高效率地管理企业的信息，帮助企业创建一条畅通于客户、企业内部和供应商之间的信息流。

当前，供应链管理和电子商务结合的研究引起了国内外学者的关注，已有一些杂志和学术会议设立了相关的专题。这些研究大致可分为两类：一类是利用电子商务手段将供应链上的各种异构系统集成为一个整体，以提高业务流程效率，降低供应链的总成本，如 ERP 与 CRM 的集成、接口与标准、EDI 的战略应用及其对伙伴商务关系和权力平衡等的影响、电子商务技术采纳模型的研究等，侧重于信息技术的应用与管理。另一类是研究电子商务环境下供应链管理的特征和管理方法，如重新设计分销流程、减少流通中间层、避免价格差异、供应链的重组、供应链的电子化战略研究等，侧重管理模式的创新。

3）电子商务供应链管理与传统供应链管理的比较

和传统的供应链管理相比，电子商务供应链管理主要有以下不同：

（1）物流管理的方式发生变化。在传统的供应链形式下，物流是对不同地理位置的客户进行基于传统形式的批量式空间移动，供应链各个环节之间的可见性是有限的。在电子商务供应链管理模式下，利用各种信息技术和互联网，客户在任一给定时间都可以沿着供应链追踪货物。

（2）物流的目的地不同。传统供应链由于不能及时掌握商品流动过程中的信息，出现信息不及时等情况，使物流只能实现集中批量化运输和无差异性，从而使物流的目的向集中运输方向发展。而电子商务供应链完全是根据客户的个性化要求来组织各种物流活动，这种物流不仅要通过集运来实现运输成本的最低化，同时也需要借助差异化的配送来提高服务，其目的地是分散的。

（3）客户的类型不同。在传统供应链管理模式下，企业服务的对象是既定的，供应链服务提供商能够明确掌握客户的类型及其所要求的服务和产品。电子商务要求快捷、高速、划分细致的物流和商流方式，客户是未知实体，他们根据自己的意愿、季节需求、价格以及便利性，进行产品订购。

（4）供应链运作的模式不同。传统供应链是一种典型的推式经营，制造商为了克服商品转移空间和时间上的障碍，利用物流将商品送达到市场或客户，商流和物流都是推动式的。在电子商务供应链中，商品生产、分销以及仓储、配送等活动都是根据客户的订单进行，商流、物流、资金流都是围绕市场展开的，物流为商流提供了有力保障，因此电子商务供应链是推拉并存式的。

（5）供应链管理的要求不一致。传统供应链管理强调的是物流过程的稳定、一致，否则物流活动就会出现混乱，任何物流运作过程中出现的波动和变异都有可能造成上下游企业的巨大损失。电子商务供应链管理却不同，由于其物流需求本身就是差异化的，物流是建立在高度信息管理基础上的增值活动，物流必定会出现高度的季节性和不连续性，从而要求企业在管理物流活动中必须按照及时应对、高质服务以及总体成本最优的原则来进行，体现“个性化、专业化”。

(6) 物流信息管理系统不同。传统供应链管理中物流信息一般都是通过人工采集、传输、汇总，信息具有单向性，供求双方的信息是不对称的，物流信息管理系统一般都是单机系统，至多是一个局限于内部网络的局域网络系统。而电子商务环境下的供应链管理中的物流信息的采集可以由供求双方通过互联网进行在线采集，信息具有双向性和对称性，信息管理系统是一个对供求双方开放的基于互联网的网络系统，信息具有高度的实时性、准确性和有效性。

(7) 资金结算方式不同。在传统供应链管理中，资金结算大都是通过现金、支票或转账方式进行的。而在电子商务环境下的供应链管理中，因交易都是在线进行，以在线电子支付为主要结算方式。

电子商务供应链中的物流管理与传统供应链中的物流管理相比，最大的不同就是物流管理的信息化水平不同，前者在网络技术和信息技术的支持下，更能够低成本、有效地实现物流管理的目标。

➢ 本章思考题

1. 什么是物流？什么是供应链物流？什么是电子商务物流？
2. 什么是物流管理？什么是供应链管理？
3. 物流管理和供应链管理各包含哪些基本内容？
4. 物流中主要应用哪些信息技术？
5. 电子商务物流有哪些特征？
6. 电子商务物流有哪些基本模式？各个模式适用条件是什么？
7. 第四方物流和第三方物流是什么关系？
8. 电子商务对供应链管理产生了什么样的影响？
9. 电子商务环境下供应链管理与一般供应链管理有什么区别和联系？
10. 结合实例分析如何做好电子商务供应链中的物流管理工作。

第5章

电子支付与网络金融

电子支付是电子商务的关键环节，也是电子商务得以顺利发展的基础条件。没有符合要求的电子支付手段相配合，电子商务就成了真正意义上的“虚拟商务”，而无法实现网上成交。电子商务的发展，对传统金融业产生了强大的冲击，传统金融服务和金融机构在此背景下发生了新的变化，电子支付与网络金融应运而生。本章主要介绍电子支付和网上金融的基本知识。

5.1 电子商务与电子支付

5.1.1 电子商务对支付系统的要求

1. 支付

支付（payment）就是在具体的经济活动中，将货币资金转移，实现交易主体间资金划拨的过程。它本源于银行客户之间各种经济交往所引起的收付款活动，但由于银行信用中介的结果，演化为银行客户与开户银行之间的资金收付关系，而银行之间的资金收付交易又必须经过政府授权的中央银行进行清算，这样才能最终完成客户之间的资金往来交易。因此，支付全过程将在两个层次上进行，底层是银行与客户之间的支付结算，高层是中央银行与商业银行之间的支付清算。在两个层次的支付活动中，银行与客户之间的支付结算是银行向客户提供的多种金融服务，其特点是账户多、业务量大、涉及客户和银行的双方利益；而中央银行与商业银行之间的支付清算则是中央银行控制信贷规模、监督商业银行金融活动等事务的重要手段，两个层次的支付结算与清算密切相关、相辅相成。

传统的支付方式主要有现金支付、票据支付和银行卡支付三种类型。

2. 支付系统

支付过程将经济交往活动各方与金融机构联系在一起组成一个复杂的系统整体，这个系统被称为支付系统（payment system），也称为清算系统或支付结算系统。支付系统是由提供支付服务的中介机构、管理货币转移的法规以及实现支付的技术手段共同组成的，用来清偿经济活动参加者在获取实物资产或金融资产时所承担的债务，是实现债权债务清偿及资金转移的一种制度性安排。因此，支付系统是重要的社会基础设施之一，是社会经济良好运行的基础和催化剂，在国民经济大系统中发挥着经济活动枢纽的作用。

支付系统的基本任务是快速、有序、安全地实现货币所有权在经济和社会活动参与者之间的转移。

基于传统支付方式的支付系统由于以手工操作为主，大都是在相对封闭的环境中运作的，相对安全。但通过传统的通信方式来传递凭证，实现货币的支付结算，因而存在效率低下的问题。另外，传统支付系统受时空限制，很难满足众多用户在时间、空间等习惯上的需求，很难做到跨地区的全天候的支付结算服务。同时，绝大多数传统支付结算方式应用起来并不方便，处理流程和应用规则与规范因支付介质的不同而不同，给用户的应用造成了一定困难。

3. 电子商务对支付系统的要求

交易环节和支付结算环节是电子商务活动的两个基本环节。电子商务活动的顺利进行，要求建立与之相适应的支付系统，基于互联网络的电子商务活动的支付系统应满足如下几个方面的要求：

(1) 电子化、网络化。电子商务的环境要求支付从发起到最后完成资金转账的全过程实现电子化、网络化。

(2) 方便、快捷。这是电子商务对支付系统的基本要求，要求在保证安全支付的前提下提供全天候的支付服务，提供远程支付服务，实现异地资金划拨。同时，快速处理交易信息，尽可能缩短交易时间，体现电子商务支付的安全、有效、快捷的优势。

(3) 安全、可靠。电子商务环境下的支付系统，应保证客户和商家各自支付数据信息的安全，防止这些信息的外泄，同时还要保证电子商务支付过程的安全；应能向商家和客户提供有关的信用评估信息，或者以自己的信用为交易双方提供相应的担保；应能对电子数据所代表的身份以及身份的真实可信性进行认证，确保信用关系在网上这个无形的世界中是真实的。安全、可靠是电子商务对支付系统的一个核心要求。

(4) 适用、灵活。支付系统必须十分实用，并支持多种支付方式，支付应与现实生活中一样容易，每个交易的费用应该很低。

5.1.2　电子支付的概念与特点

1. 电子支付的概念

电子支付（electronic payment），也称电子支付与结算。《中国人民银行电子支付指引（第一号）》对于电子支付是这样定义的："电子支付是指单位、个人（以下简称客户）直接或授权他人通过电子终端发出支付指令，实现货币支付与资金转移的行为。"当人们可以通过互联网实现货币支付和资金转移时，也有人将其称为网上支付。由于网上支付的发展，现在提到电子支付时，很多情况下指的就是网上支付。

2. 电子支付的特点

与传统支付方式相比，电子支付具有如下显著特征：

（1）信息传输数字化。与传统的支付方式通过现金的流转、票据的转移及银行的汇兑等物理实体流转来完成款项支付不同，电子支付是采用先进的技术通过数字流转来完成信息传输的，其各种支付方式都是采用数字化的方式进行款项支付的。

（2）通信手段网络化。电子支付使用的是先进的通信手段，因此对硬软件以及技术的要求较高。

（3）具有方便、快捷、高效和经济优势。电子支付可以完全突破时间和空间的限制，可以实现全天候的工作模式，在很短的时间内完成整个支付过程，其效率之高是传统支付望尘莫及的。而其支付费用却很低，一般仅相当于传统支付的几十分之一，甚至几百分之一。

（4）基于开放的系统平台。电子支付以互联网络（如 Internet、Extranet）或银行专网为平台，而传统支付则在较为封闭的环境中进行。

5.1.3　电子支付的产生与发展

电子商务交易必然包括资金流的处理，随着电子商务的广泛深入发展，电子商务资金流的运作方式和效率成为电子商务领域引人注目的一个重要话题。传统支付方式显然不能满足电子商务发展的需要，电子商务呼唤安全、高效、便利、可靠的支付方式。电子商务推动着银行电子化的发展，推动着传统支付方式向电子支付方式的转变，同时电子商务的巨大潜力又为各种电子支付方式的产生提供了市场需求。总体来说，电子支付的发展经历了如下几个阶段：

（1）第一阶段是银行利用内部的计算机通信网络处理银行之间的业务，办理结算，以减少管理费用、提高效率、简化簿记等。这一阶段电子支付的突出方式就是电子资金转账。

（2）第二阶段是金融机构与非金融机构计算机之间资金的结算，如代发工资、代交电话费等。

(3) 第三阶段是利用网络终端向客户提供各项银行服务，如客户在自动柜员机上进行存取款操作。

(4) 第四阶段是利用银行销售点终端向客户提供自动扣款服务。

(5) 第五阶段是最新发展阶段，电子支付可随时随地通过互联网络进行直接转账结算，这是正在发展的形式，也将是21世纪的主要电子支付方式。通常，我们称这一阶段的电子支付叫做网上支付。

随着Internet的日益普及，很多网上支付系统得到了开发。目前，国际上网上支付系统主要有BTArray英国电信（British Telecom）的微支付系统，Cybank支付系统，即使用Cybank账号的资金进行支付的系统，Net Market在网上实行自动加密的商业交易系统，Inter Coin一种先试用后购买的在线票据服务系统，Digital Silk Road用于邮递等低成本业务的支付系统，等等。我国也建设了中国国家现代化支付系统（China National Advanced Payment System, CNAPS)，该系统是中国人民银行总行正在推广使用的，集金融支付、资金清算服务、金融经营管理和货币政策职能于一体的现代化的电子支付清算系统。该系统主要提供跨行的支付清算服务，支持债券交易、同业拆借、外汇交易等金融市场的资金清算和银行卡信息交换、同城票据交换等系统的资金清算。国内各商业银行也建立了各自的行内电子汇兑系统以及行内的银行卡异地授权。网上支付正成为国内电子支付的主流方式。

5.2 电子支付工具

随着计算机网络和信息技术的发展，电子支付工具越来越多，但它们仍可分为三大类：一是电子现金类；二是信用卡类，包括借记卡、商务卡、电话卡、智能卡等；三是电子支票类。

1. 电子现金

电子现金又称为数字现金，是指能被客户和商家接受的，通过Internet购买商品或服务时使用的一种交易媒介，是一种以数据形式流通的货币。它可以用来表示现实中各种金额的币值，具有现金的属性。电子现金是电子商务中较为重要的付款方式之一。消费者首先要到银行去开一个账户，并提供表明身份的证件，在银行确认了消费者的身份后，发给消费者一定量的数字现金，然后从消费者账户上减去相同的金额。以后当消费者想要使用电子现金消费时，可通过互联网访问银行并提供身份证明，由认证中心颁发的数字证书认证身份，消费者可将电子现金存在他们的电子钱包中或智能卡上。电子现金模仿的是传统支付方式中的现金支付，因而具有传统现金支付隐私性、低交易成本的特点。

2. 信用卡

信用卡是银行或其他金融机构发给消费者用以在约定单位购买商品或支付劳务、定期结算清偿的信用工具。在信用卡的网上支付中，SSL 协议仅保证数据通过互联网传输的安全，但支付动作仍然依据传统信用卡的支付流程，商家需要得到消费者的卡号码，商家与消费者在这种交易环境中也很难验证双方的身份，这种方式特别是在一些信用机制不成熟地区使用风险较高。后来出现了加入第三方参与的信用卡支付协议 SET，由于第三方的参与为安全的互联网财务交易提供完整的解决方案和技术保障，大大降低了支付风险。借记卡支付与信用卡支付较类似，但借记卡在支付时间和支付方式与信用卡支付有着很大的区别。首先借记卡要求提供卡号和密码，一些情况下还要有刷卡的硬件设备，而信用卡支付只需要提供卡和用户签名。它们之间最大的不同就是使用借记卡支付时，持卡人的卡里必须有足够的钱，而信用卡可以透支，只要持卡人消费的金额不超过允许其透支的数额就可以，持卡人只要在银行规定的期限内把透支的钱还清就不需要支付额外的利息。因而借记卡消费属于实时支付，而信用卡消费属于事后支付。借记卡支付使得在线支付风险得到良好的控制。

3. 电子支票

电子支票是一种借鉴纸张支票转移支付的优点，利用数字传递将欠款从一个账户转移到另一个账户的电子付款形式。电子支票是对传统支票的模仿，因此它包含的信息和传统支票一样，如内容上同样有支票支付人的姓名、支付人金融机构名称、账户名、被支付人姓名等。电子支票支付流程相对复杂，且银行佣金的收取不同于其他方式，手续费用由买方支付，因此一般只有在较大数额支付情况下才会使用。电子支票的使用使得交易速度大大提高，尤其在巨额交易中由于提高交易速度而降低成本；电子支票保证了无空头支票，账户的瞬时平衡能力给所有财政经营者提供了更大的金融灵活性；电子支票支付整个流程几乎没有人工参与，结合数字签名和加密技术使得伪造一个电子支票远远比伪造一个传统的支票的签名难度大，所以安全度比较高。

5.3　电子支付系统

5.3.1　电子支付系统基本构成及其分类

电子支付系统是指消费者、商家和金融机构之间使用安全电子手段把支付信息通过信息网络安全地传递到银行或相应的处理机构，以实现货币支付或资金流转的支付系统。电子支付系统是金融电子化系统的重要组成部分，是从银行的支付功能出发对银行电子化信息系统进行的重新分类，它是银行电子化信息系统中具有支付功能的信息系统集合。从具体业务上看电子支付系统包括跨行业务与资金清算系统、ATM/POS 授权系统，还包括一些新型的网上支付系统。

1. 传统电子支付系统安全运行所必需的计算机网络系统

(1) 商业银行网络。它是面对客户，为客户提供高质量全面支付服务的计算机网络。其一端与广大银行客户接口，另一端与中央银行接口，既处理实时业务又处理批量业务，是以银行柜台服务系统为基础网络系统。这种网络一般都是城市网络，也有区域网络甚至全国的网络。

(2) 跨行资金清算与结算网络。由于经济活动的地区性、全国性甚至是国际性的特点，作为经济活动枢纽的银行业由于客户间资金转账结算而派生的银行间资金转账结算必须经过跨行的网络才能完成，这种网络通常都与中央银行的资金结算账户系统连接以达到资金最终结算的目的。因此，一般来说各家商业银行都是通过这种网络系统与中央银行的资金结算账户接口，既有城市网络也有全国性的网络，既有实时处理的业务也有批处理业务。

(3) ATM/POS 授权系统。随着 ATM 和 POS 系统的迅速发展，ATM 和 POS 在商业银行内部网络迅速发展，但一般都与商业银行的柜台服务系统计算机网络相协调共用一个通信子网，但是跨行使用 ATM/POS 授权计算机网络系统必须建立跨行的 ATM/POS 授权计算机网络。这种网络系统是各商业银行网络系统的互联系统，一般只提供授权信息的交换服务、信息查询服务和必要的统计核对功能，有时称之为信息交换网络。它的一端与商业银行的 ATM/POS 终端或 ATM/POS 网络系统相接，另一端与中央银行接口，这种网络都是实时通信网络。在发达国家 POS 系统很少用于异地支付，而 ATM 则广泛用于异地支付。如 Master 卡和 Visa 卡不仅在一个国家，而且在全世界都建立了授权系统。

2. 电子商务支付系统的基本构成

现代网上支付系统由于其支付网络的开放性、支付参与者的广泛性、支付业务的复杂性等特性，比传统电子支付系统显得更为复杂。然而，无论如何，电子商务支付系统应该是融购物流程、支付工具、安全技术、认证体系、信用体系以及现在的金融体系为一体的综合大系统。电子商务支付系统的基本组成如图 5.1 所示。

(1) 支付工具。客户用自己拥有的支付工具来发起支付，是支付体系运作的原因和起点。商家则是拥有债权的商品交易的另一方，它可以根据客户发起的支付指令向金融体系请求获取货币给付。商家一般准备了优良的服务器来处理这一过程，包括认证以及不同支付工具的处理。

(2) 安全技术。一个电子支付系统要实现在公共网络上传输敏感的支付信息就必须采取先进可行的安全技术，各个主体均遵循安全支付协议。

(3) 认证体系。认证机构负责为参与商务活动的各方（包括客户、商家与支

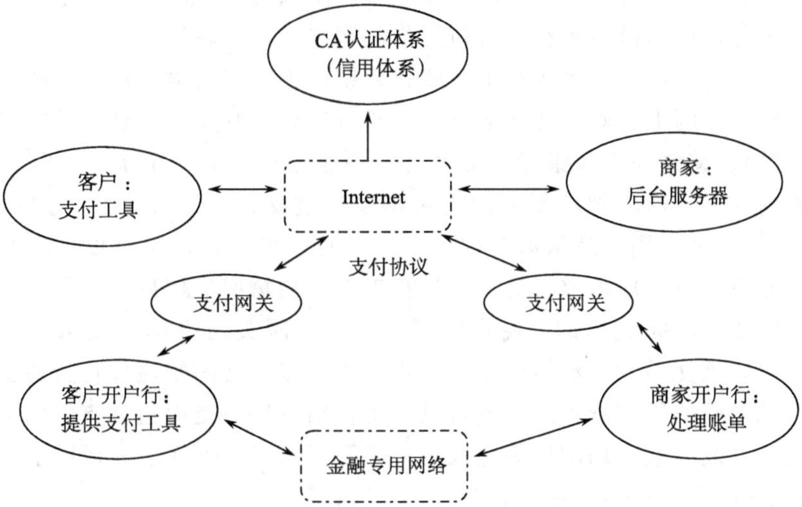

图 5.1　电子商务支付系统的基本构成

付网关）发放数字证书，以确认各方的身份，保证电子商务支付的安全性。电子支付系统在将支付工具、支付过程无形化的同时，也将原来面对面的信用关系虚拟化了。代表支付结算关系的参与者只不过是网络中的某些电子数据，如何确认这些电子数据所代表的身份以及这些身份的真实可信性，就需要建立 CA 认证体系，以确保在这个无形的世界中存在真实的信用关系。这也是网上支付得以进行的基石。

（4）信用体系。在电子商务中各种支付手段也要依托于某种信用形式。例如，信用卡是银行提供的银行信用；电子支票也是依托银行信用；电子现金是用来模拟现金交易的，它涉及持有电子钱包的群体向发放电子钱包的群体提供了信用；网上银行涉及面更广，没有信用无法运行。

（5）金融体系。对于网上支付，银行的参与是必须的，网上支付体系必须借助银行的支付工具、支付系统以及金融专用网才能最终得以实现。客户的开户行是指客户在其中拥有账户的银行，客户所拥有的支付工具就是由开户行提供的，客户开户行在提供支付工具的时候也同时提供了一种银行信用，即保证支付工具的兑付。商家开户行是商家在其中开设账户的银行，其账户是整个支付过程中资金流向的地方，商家将客户的支付指令提交给其开户行后，就由开户行进行支付授权的请求以及行与行间的清算等工作。商家的开户行是依据商家提供的合法账单（客户的支付指令）来工作的，因此又被称为收单行。支付网关是公用网和金融专用网之间的接口，支付信息必须通过支付网关才能进入银行支付系统，进而完成支付的授权和获取。支付网关的建设关系着支付结算的安全以及银行自身的安全，关系着电子商务支付结算的安排以及金融系统的风险，必须十分谨慎。金融专用网则是银行内部及银行间进行通信的网络，具有较高的安全性，包括中国国家现代化支付系统、人民银行电子联行系统、工商银行电子汇兑系统、银行卡授权系统等。以网上针对消费者的商务交易（B2C）为例，参与方通常包括消费者（持卡人）、特约商户和银行。交易流程一般包括如下几个步骤：消费者向商户发送购物请求，商户把消费者的支付指令通过支付网送往商户开户行（收单行）；收单行通过专用网络从消费者开户行（发卡行）取得支付授权后，把授权信息送回商户；商户取得授权后，向消费者发送购物回应信息。如果支付获取与支付授权并非同时完成的话，商户还要通过支付网关向收单行发送支付获取请求，以便把该笔交易的金额转账到商户账户中；银行之间则通过自身的支付清算网络来完成最后的行间清算。由此可见，支付结算环节是由包括支付网关、收单行、发行卡以及金融专用网络等完成的，离开了银行，便无法完成网上支付。

3. 电子支付系统的分类与特点

电子支付是电子商务的核心环节，也是最为复杂的环节，因此电子支付方式的选择一定要根据电子商务交易的实际情况，选择一种或多种支付方式，并在安全性和效率方面进行综合考虑。虽然网上支付系统发展的方向是兼容多种支付工具，但事实上做到这一点是比较困难的。因为各种支付工具之间有着较大的差距，在支付流程上也各不相同。从目前已经开发出来的各种支付系统来看，一般主要是针对某一种支付工具设计的。如 SET（安全电子交易协议）针对的是信用卡，FSTC（美国金融服务技术联合会研制的电子支票支付系统）针对的是电子支票，Mondex（英国银行界研制的智能卡型电子现金支付系统）针对的是电子现金。

根据系统中使用的支付工具不同，可以将电子支付系统大致分为三类，即信用卡支付系统、电子支票支付系统和电子现金支付系统。

1）信用卡支付系统

目前，B2C 的支付主要是由信用卡（credit cards or debit cards）来完成的。信用卡是银行或金融机构发行的，授权持卡人在指定的商店或场所进行记账消费的信用凭证，是一种特殊的金融商品和金融工具。信用卡的主要功能有：ID 功能，证明持卡人身份；结算功能，可用于支付购买商品、享受服务的款项；信息记录功能，将持卡人的属性、对卡的使用情况等各种数据记录在卡中。信用卡的支付通常可采用无安全措施的信用卡支付或通过第三方经纪人支付或简单信用卡加密支付或 SET 信用卡支付等模式。信用卡支付系统的特点是每张卡对应一个账户，资金的支付最终是通过转账实现的。由于在消费中实行“先消费，后付款”的方法，对信用卡账户的处理是后于货款支付的。也就是说，购物支付是通过银行提供消费信贷来完成的，对信用卡账户的处理还是事后的事情，因此属于

"延时付款"一类，与电子转账有实质上的不同。信用卡支付系统需要采用在线操作，可以透支。

2）电子支票支付系统

电子支票（electronic check）是一种借鉴纸张支票转移支付的优点，利用数字传递将钱款从一个账户转移到另一个账户的电子付款形式。电子支票的支付一般是通过专用的网络、设备、软件及一整套的用户识别、标准报文、数据验证等规范化协议完成数据传输，从而控制安全性。支票与现金最大的区别是有明确的用途、金额等。在交易中，商家要验证支票的签发单位是否存在，支票的单位是否与购货单位一致，还要验证客户的签名等。电子支票支付系统的特点是支付过程中的操作直接针对账户，对账户的处理即意味着支付的进行，是一种"即时付款"的支付办法。在支付过程中由于发起人不同又可分为付款人启动的支付和接收人启动的支付，在此系统中，付款人对支付的确认意义十分重要，这就需要一些确认的手段，如支票。于是，这一系统也必须在线操作，但不允许透支。

3）电子现金支付系统

电子现金（E-cash）又称数字现金，是一种以数据形式流通的、能被客户和商家接受的、通过 Internet 购买商品或服务时使用的货币，也就是以电子方式存在的现金货币，其实质是代表价值的数字。这是一种储值型的支付工具，使用时与纸币类似，多用于小额支付，可以实现脱机处理。按其载体来划分，电子现金主要包括两类：一是币值存储在 IC 卡上；二是以数据文件存储在计算机的硬盘上。目前，比较有影响的电子现金系统有 E-cash、Netcash、Cybercoin、Mondex 等。电子现金具有人们手持现金的基本特点，同时又具有计算机网络化的方便性、安全性、秘密性。因此，电子现金必将成为网上支付的主要手段之一。电子现金支付系统的特点是支付过程中不直接对应任何账户，持有者事先预付资金，便可获得相应货币值的电子现金（智能卡或硬盘文件），因此可以离线操作，是一种"预先付款"的支付系统。

5.3.2　电子支付系统的功能及基本流程

1. 电子支付系统的功能

不论是专门针对一种支付方式，还是兼容几种支付方式的电子支付系统，都应具有以下功能：

（1）认证、授权、管理功能。使用数字签名和数字证书可以实现对各方的认证、授权和管理。为了实现协议的安全性，对参与交易的各方身份的有效性进行认证，通过认证机构或注册机构向参与各方发放数字证书，以证实身份的合法。

（2）安全保障功能。使用加密技术对业务进行加密，可以确保数据的完整性。通过采用对称加密算法或非对称加密算法进行信息加密，并采用数字信封、数字签名等技术来加强数据传输的保密性，以防止未被授权的第三者获取真实信息。使用消息摘要算法以保证业务的完整性和不可否认性。业务的不可否认性可以通过使用公钥体制和 X.509 证书体制来实现。此外，每个消息可以使用单向 Hash 算法加以保护。采用数据杂凑技术，可以保护数据不被未授权者建立、嵌入、删除、篡改、重放，从而完整无缺地到达接收者，通过对原文的杂凑生成消息摘要一并传送到接收者，接收者就可以通过摘要来判断所接收的消息是否完整；否则，要求发送端重发以保证其完整性。

(3) 多边支付功能。系统能够处理贸易业务的多边支付问题。由于网上贸易的支付要牵涉到客户、商家和银行等多方，而多方参与的支付需要解决许多复杂的问题。比如，客户传送的购货信息与支付信息是连接在一起的，而商家不应看到客户的相关支付信息，银行不能读取商家的订单信息，这种多边支付的关系可以通过双重签名等技术来实现。

2. 电子支付系统的基本流程

电子支付系统的参与者主要包括：

(1) 金融机构或银行，就支付而言，即为收款人或付款人的开户银行。

(2) 收款人或付款人，资金划出或接收的个人或团体。

(3) 支付网关，是商家授权并以此获取支付消息进行支付交易的平台。它提供支付服务，但不是收、付款人的开户银行。它作为连接互联网与金融专用网络的中介，将支付信息经过协议转换后，传入或传出金融专用网络，实现金融专用网络内收、付款人双方以及双方的开户银行之间的资金划转与交割。支付网关由金融机构或第三方非金融机构设立。

(4) 金融专用网络，包括连接各专业银行及支付网关的各种金融专用网络。

电子支付系统的基本流程如图 5.2 所示。图中实线代表电子支付信息的流向，虚线代表资金或者商品的流向。主要流程包括：

(1) 客户连接上 Internet，用 Web 浏览器进行商品的浏览、选择购买、填写网络订单。选择相应的电子支付结算工具，并且得到银行的授权使用。

(2) 客户机对相关订单信息，如支付账户信息进行加密，在网上提交订单。

(3) 商家服务器对客户的订购信息进行检查、确认、并把相关的客户加密支付信息等转发给支付网关，直到银行专用网络的银行后台服务器确认，以期从银行得到支付资金的授权。

(4) 银行验证确认后，通过由支付网关的加密信道，给商家服务器回送确认及支付结算信息。

(5) 银行得到客户传来授权结算信息后，把资金从客户账户转账到商家银行账号上，借助金融专用网络进行结算，并分别给交易双方发送支付结算成功信息。

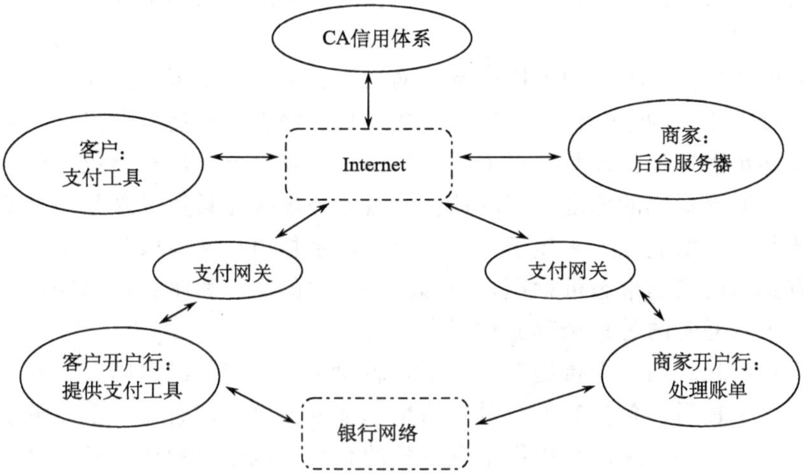

图 5.2　电子支付系统的基本流程

(6) 商家服务器收到银行发来的结算成功信息后，给客户发送网上付款成功信息和发货通知。

5.4　网上银行与网络金融

20 世纪 90 年代中期，以 Internet 技术为核心的现代计算机网络技术在银行业得到迅速普及并推广应用。网络技术的应用使得银行服务功能和效率大大增强，而率先采用该技术的银行的竞争力也得到了迅速的提升。面对金融全球化和银行业务综合化的发展的浪潮，银行业进入了新一轮的竞争阶段——网上银行业务的拓展和应用。1995 年，世界上诞生了第一家网上银行——美国安全第一网上银行（Security First Network Bank，SFNB）。1998 年，招商银行开我国银行业之先河，率先推出了“一网通”业务。之后，中国工商银行、中国建设银行、中国银行等也先后推出了同类业务。网上银行业务突破了时间和地域的限制，使其客户可享受每周 7×24 小时的在线服务。同时，银行还在此基础上推出了众多的金融增值业务，如网上炒股、在线理财等。

5.4.1　网上银行概念、特征与功能

1. 网上银行的概念

网上银行（electronic bank，E-bank），又称电子银行，是指银行利用 Internet 技术，通过网络向客户提供开户、销户、查询、对账、行内转账、跨行转账、信贷、网上证券、投资理财等服务项目，使客户不受时间、空间的限制，足

不出户就能够安全便捷地管理活期和定期存款、支票、信用卡及个人投资等。

2. 网上银行的基本特征

从目前两种模式下的网上银行看，网上银行突出表现了以下几个特征：

（1）虚拟化。网上银行的虚拟化主要表现在网上银行经营地点、经营业务和经营过程逐步虚拟化。经营地点虚拟化是银行没有地址、没有营业大厅、没有营业网点，只有虚拟化的地址，即网址。经营业务虚拟化具体说来是网上银行经营的金融产品和金融业务大多属于电子货币、数字货币和网络服务。金融产品名称化，没有具体的实物形态可触摸，全部为理念中的产品和服务，而经营过程虚拟化是网上银行经营的过程全部通过指令实现。

（2）数字化。网上银行的数字化主要表现在网上银行经营的金融业务和金融产品上。电子货币，包括其他金融产品全部都名称化、理念化、不可触摸，但可使消费者得到这些金融产品提供金融服务的利益。这些金融产品和金融服务没有具体的实态，仅表现为数字的增减。

（3）无纸化。网上银行的无纸化主要表现在金融业务、金融产品和经营的过程中。传统的金融产品和金融业务，以及经营过程都以实物形态进行运作，而网上银行由于其虚拟化特征，导致了其经营产品和经营过程的无纸化。

（4）资源共享性。传统的商业银行的管理系统是以账户为中心进行设计的，同一个客户的账户之间难以建立联系，银行缺乏客户详细的档案资料，不能依据客户资金活动的历史记录正确评价客户的资信情况，不利于信贷收放的管理工作，各业务部门之间也不能实现资源共享。而网上银行的管理系统是以客户为中心的模式设计的，将客户的档案独立于账户之外，用客户的标识号将客户档案与其所有账户连接起来，可提供对客户的分类、资信分析和各种统计功能。其优点在于：一个客户在银行管理系统中只有一个档案，任何业务部门或银行建立的客户信息，都可以供其他部门或银行使用，从而实现了资源共享。

3. 网上银行的主要功能

网上银行业务按照服务对象可分为企业银行和个人银行。企业银行专门为企业提供对外支付、公司内部转账、账务信息查询、代发工资、银行信息通知等业务。个人银行主要提供个人账户转账、网上支付、代理缴费、账务查询、网上证券服务、按揭贷款有偿计算等业务。网上银行业务按照业务类型可以分为网上存款业务、网上贷款业务、网上支付业务、相关的网上信息服务及其他服务等。较之于传统银行，网上银行的功能大大增强，主要有以下三个方面：

（1）账户管理。通过网上银行服务，客户可凭银行卡的卡号和密码登录银行网站，随时随地查询其账户余额、账户明细记录、修改登录密码等。

（2）转账服务。客户开设网络账户后，就可通过该账户向银行的签约商户收取和支付各类款项。个人客户可通过该账户收取工资、股息分红等，也可支付水、电、煤气、电话、学费等日常生活费用；企业客户可通过该账户收取销售产品的收入，支付营业和财务费用等。

(3) 在线理财。随着计算机网络的迅速普及，越来越多的投资者开始通过网络这一新兴渠道进行个人的投资理财活动。通过在网上银行开设账户，客户可以通过该账户完成对股票、债券、基金、外汇等金融产品的委买、委卖、撤单、成交查询等操作。

此外，银行网站还可以通过 BBS、电子邮件、即时通信软件等工具为客户提供新产品推介、账户提醒、股价预警等业务。

4. 网上银行的优势

网上银行自诞生以来，以迅猛的发展势头迅速风靡全球。究其原因，较之传统银行的经营模式，网上银行主要有以下三方面的优势：

(1) 降低交易成本。对银行来说，网上银行业务的拓展可大大降低建立实体分支行及营业网点的费用。传统银行的经营模式需要建立足够的分支行和营业网点，以便分散于各地的客户都能方便地使用银行服务。因此，银行必须为此租用或购买经营场所，并支付相应的人员工资，而开展网上银行业务则只需创建一个商务网站，并维持服务器的正常运转，就可使全球用户通过个人计算机终端接入银行服务。对客户来说，不必去银行排队等候就可以享受到方便快捷的银行服务，而且大多数银行为拓展网络市场，均会向客户收取极低的甚至免费的交易费用。

(2) 突破时空限制。网上银行创建后，就可突破营业时间的限制，为客户提供每周 7×24 小时不间断的服务，随时响应客户需求。同时，对于暂时无法在异地或海外建立分支行的银行来说，创建网上银行是其应对该种竞争劣势的解决方案之一，能帮助其快速树立网络品牌，在客户中间赢得好的声誉。

(3) 提供了金融增值服务的平台。金融增值服务是银行为客户提供的证券、保险、基金、外汇等金融产品及其衍生品的交易结算服务。网上银行的建立，有效地提供了金融增值服务的平台。网上股票买卖、网上投保、网上基金买卖、网上外汇买卖等在线服务竞相推出，使银行客户可通过个人 PC 机或移动通信终端随时随地接入银行网站，进行个人理财产品的买卖。

5.4.2　网上银行的模式与主要业务

1. 网上银行的模式

网上银行的发展模式大致分为“纯网上银行”和“网分支银行”两种模式。

(1) “纯网上银行”模式。这是一种完全以技术为依托的全新的电子银行，它没有传统银行的柜台，是完全在网络上虚拟的，这类银行所有的银行业务交易都依靠互联网进行。如世界第一家全交易型网上银行——美国安全第一网上银行就是这种模式，这家银行只有虚拟营业网点网站而没有物理营业网点，它通过网络提供全球范围的金融服务。这家网上银行向客户提供的是全新的服务手段，客户足不出户便可进行存款、取款、转账、付款等业务。

(2) 网上分支银行模式。在现有商业银行基础上发展起来，把银行业务服务运用到 Internet，开设新的网络服务窗口，即所谓传统业务外挂的网上银行系统。目前我国开办的网上银行业务都属于后一种。这是以互联网为背景的传统银行电子化业务，是传统银行运用技术作为新的服务手段，在开展传统的银行业务交易的基础上建立银行站点，提供在线服务，发展家庭银行、企业银行等服务。其网络站点相当于一个分支机构或者营业部，既为其他非网上银行分支机构提供一些信息查询、资金划转的辅助服务，也单独开展业务，有些业务必须在传统银行柜台办理。

从本质上讲，纯网上银行是一种金融分化，是一种设在互联网上的虚拟金融机构，而网上分支模式的网上银行是一种金融创新，是对银行业务的发展，传统银行利用计算机技术在互联网络建立网站，以替代原来需要在柜台上操作的诸种业务。纯网上银行的初衷是建立一个完全独立于传统银行运作模式，争取足不出户就能实现跨区域甚至全球范围内的金融交易。由于这种方式脱离了金融业发展的历史和金融业务内在的特点和现实，这种网上银行方式并没有非常成功。激烈的竞争使美国安全第一网上银行发生亏损，后被加拿大皇家银行收购。然而，它最为深远的成就在于证实了一个事实，即一种新型的金融服务渠道得以建立，而且证明了它的可行性。应该说网上银行取得成功的还是很多传统银行。传统银行在发展传统银行业务的同时，依托建立网站，发布信息，并且通过金融业务理念的创新，实现网络上的资金流动和融通，网上银行得到了前所未有的发展。

2. 网上银行的主要业务

一般说来，网上银行的服务项目可以大致分为三类。

1) 基本服务

基本服务包括一般性的信息发布和账户查询服务，如账户交易明细与余额查询、银行业务宣传、金融信息发布等。一般信息发布服务要求网上银行具有信息发布与管理功能。网上银行信息发布功能是指网上银行通过互联网发布公共信息，一般包括银行的历史背景、经营范围、机构设置、网点分布、业务品种、利率和外汇牌价、金融法规、经营状况以及国内外金融新闻等。网上银行信息管理功能是指网上银行利用计算机、信息技术对信息的处理功能，达到实现相关的银行管理的目的，包括按照规定格式自动生成统计分析信息表格等信息自动化处理功能，以资产负债管理为主体的业务经营管理和客户关系管理等信息化银行管理功能，管理人力资源、不动产采购、固定资产、机关财务的管理和以在线交易、在线分析支持的综合信息应用智能管理的银行运行支持管理功能，提高办公效率的工作流程优化、管理程序化、自动化和无纸化办公为目的的办公自动化功能，以实现实时查询和报表的形式及时向决策者提供必要信息数据的决策支持功能，以原始数据、业务数据和主题数据仓库三层结构构成全行数据体系的数据管理功能，以资金托管、账户托管为手段为客户的资金使用安排提供周到的专业化的理财建议和顾问方案的信息增值功能。账户查询服务要求网上银行具有向企事业单位和个人客户提供其账户状态、账户余额、一段时间内的交易明细清单等事项的查询功能，同时为企业集团提供所属单位的跨地区多账户的账务查询功能。这类服务的特点主要是客户通过查询来获得在银行账户的信息以及与银行业务有直接关系的金融信息，而不涉及客户的资金交易或账务变动。

2）中级服务

中级服务包括简单的账户申请、挂失、转账、付款等支付服务。账户申请和挂失，主要包括存款账户、信用卡开户、电子现金、空白支票申领、企业财务报表、国际收支申报的保送、各种贷款、信用证的申请、预约服务的申请、账户挂失、预约服务撤销等。客户通过网上银行清楚地了解有关业务的章程条款，并在线直接填写、提交各种银行表格，简化了手续，方便了客户。网上银行的支付功能主要是向客户提供互联网上的资金实时结算功能，是保证电子商务正常开展的关键性的基础功能，也是网上银行的一个标志性功能。

3）高级服务

高级服务包括整合所有客户可能用到的财务服务，如投资理财顾问、家庭预算规划、保险业务、网上证券买卖下单等。

网上银行为客户提供的服务品种包括个人客户业务和企业客户业务。个人客户业务包括商业银行零售业务电子化在线支付等基础性业务，也包括客户的账务信息查询、信用卡申请、个人理财等增值性业务，具体主要包括账务信息查询、转账、证券业务、B2C 在线支付、异地汇款、代缴费用、个人质押贷款、个人理财、信用卡申请、账户挂失和客户信息修改等客户服务；企业客户服务包括商业银行批发业务的电子化，B2B 在线支付等基础性业务，也包括信息查询、集团理财、转账结算等增值性业务，具体主要包括企业信息查询、企业财务管理、网上结算、B2B 在线支付、收费、电子回执、证券业务、票据业务等。

5.4.3　网上银行发展中的问题

目前，全球范围内网上银行发展主要面临安全问题、立法问题、信用问题和监管问题等。结合我国实际情况，网上银行发展中主要存在的问题有以下几点：

1. 社会信用环境不健全

与传统银行一样，网上银行与客户间也是一种信用关系。由于电子商务交易主体彼此不见面即其“虚拟”的特点，网上银行发展较传统银行更加注重社会信用环境。但目前我国社会信用环境不够理想，企业之间相互拖欠资金居高不下，同时企业恶意逃废银行债务的现象也时有发生。我国个人信用制度建设才刚刚起步，银行缺乏必要的取信手段，特别是跨区域取信更是困难重重，而这对于网上银行“无疆界”地开展业务十分不利。

2. 传统的现金支付习惯

在我国，真正的信用卡尚未普及，电子货币的推广缺乏相应的基础。任何一种商务模式都需要银行提供与其相适应的支付工具，网上银行最大的表现就是支付工具的虚拟化。银行卡在线支付虽然已在部分金融机构如中国银行、招商银行、中国建设银行等实现，数字货币、智能卡等其他支付手段也正在积极发展，但由于受传统思想的影响，居民消费仍偏好使用现金，真正的信用卡的普及需待时日。

3. 法律法规不健全

我国目前还没有法律法规对网上银行各当事人之间的权利和义务进行规范和调节。网络金融立法还处在酝酿中，没有形成明确规定。目前，网上银行采用的规则都是协议，在与客户言明权利义务关系的基础上签订合同。由于缺乏相关的法律，交易问题出现后涉及的责任认定、承担、仲裁结果的执行等复杂的法律关系目前难以解决。新的《中华人民共和国合同法》虽然承认了电子合同的法律效用，数字签名法也已经出台，但银行和客户在网上进行金融交易的麻烦和风险依然存在。由于互联网的作用，银行网络化的发展模糊了国家与国家、地区与地区、客户与银行之间的界限，因此诸如网上交易的管辖权、合法合规性、业务的标准，这些关系到银行安全、效率、发展的重要问题，如果因网络自身或人为因素造成差错纠纷、引起诉讼，很难找到法律依据。

4. 互联网安全存在问题

目前各商业银行普遍采用的SET协议和SSL协议已经是国际上最为常用的技术手段，并且我国的加密技术在国际上也是处于领先地位的，因此，对我国网上银行安全的最大威胁是来自管理和规划上的。目前各家商业银行虽然都采取了一定的安全防范措施、制定了相应规定，但是在执行上普遍存在管理不严格的现象，如密码的保管和定期更换、主机房的安全管理、灾难备份、病毒防范等。在这种条件下，各种伪造、篡改、非法入侵等行为严重威胁银行安全，往往一个小小的篡改就带来数以百万计的资金流失，银行网络风险增大，对金融监管技术提出了极大的挑战，金融监管也面临网络化革命。

5. 监管方式滞后

中央银行对商业银行现有的监管主要针对传统银行，重点是通过对银行机构网点指标增减、业务凭证、报表的检查稽核等方式实施。而在网上银行时代，账务收支的无纸化、处理过程的抽象化、机构网点的虚拟化、业务内容的大幅增加，均使现有的监管方式在效率、质量、辐射等方面大打折扣，监管信息的真实性、全面性及权威性面临严峻的挑战。同时，在发展过程中，意识的僵化将使一些监管措施不但难以保障网上银行安全运行，反而会束缚和妨碍网上银行的发展。

针对以上问题，在我国网上银行的发展中应采取以下对策：

首先，开展银行再造工程。开展银行再造工程，必须从根本上改变经营理念、业务流程和营销体系。经营理念的转变是指导银行再造的基础和前提，而业务流程的重组和营销渠道的设计则是银行再造的关键问题。在经营理念上，银行作为传统资金媒介和支付结算中介的服务行业，必须正确树立“客户本位”的思想。客户是银行的“生命线”，而且由于金融产品无专利可言，产品上的竞争优势无法长期保持，因此，如何正确定位客户群，把握客户需求，为客户提供最恰当的服务，提高客户忠诚度，是银行提高核心竞争力的关键。在业务流程上，银行应该按照网上银行的交易流程需要进行改造，构建完整和高效的新流程，在确保安全的前提下对网上银行交易流程中无价值的环节进行简化与合并，对一些低效率的环节通过一定的技术手段进行改造。

其次，扩大网上银行的规模。主要包括金融产品和金融服务的创新，提高客户的认知度。扩大网上银行规模的关键因素受到网上金融产品与服务的创新能力和客户因素两方面的制约，网上银行必须提供更多的产品和更广泛的服务，同时拥有更多的客户才能真正扩大网上银行的规模。一方面要增强产品与服务的创新能力，要根据网上银行的特点和优势，不断开发出新的金融品种和金融服务方式。银行要充分利用自身的资源，将已有的线下业务以创新的方式移植到网上，如网上贷款业务；在政策允许的范围内，银行还应与其他金融机构积极合作，推动金融创新，丰富金融产品市场。另一方面要提高客户认知度。从客户方面来说，银行要争取更多的网上客户，就必须加强网络基础设施的建设，适当调整上网资费。同时，要进行广泛的宣传，提高我国公民对网上银行的认知程度。

再次，提高网上银行的风险管理能力。提高网上银行风险管理能力的关键因素主要包括构建网上银行的风险管理体系和加强网上银行的外部监控。一方面要构建网上银行风险管理体系。从银行内部讲，提高网上银行的风险管理能力，最关键的是建立一个包括风险评估、风险控制和风险监督体系在内的网上银行风险管理体系，对网上银行进行事前、事中和事后的监督。通过风险评估体系及早识别风险，采取相应措施，将损失降到最低限度。另一方面，要加强网上银行外部监管。政府、银监会等监管部门要以前瞻性和预见性为原则，加强对网上银行的监督和规范，为网上银行的风险管理提供一个良好的外部环境，要加快全国统一的金融认证中心的建设，并对各地方的认证机构进行认证授权，要借鉴国外关于网上银行立法的经验及巴塞尔委员会关于网上银行业务风险管理的原则，加快网上银行及电子商务的立法工作，不断规范网上银行的行业行为，制定网上银行的规则，如网上客户协议、网上服务协议等。另外，要加强信用教育和宣传，在全社会形成讲诚信的良好氛围。

最后，完善网络信息系统建设。我国银行网络信息系统建设中两个最大的问题就是跨行间资金清算和后台支持。因此，完善网络信息系统建设，必须首先解决这两个方面的问题：一是解决银行间网际网络互联问题。要尽快制定网上银行信息交换的统一标准，实现跨行间实时清算，同时，要对我国金融通信网络的建设进行统一规划，避免由于各行独立开发导致的大量重复建设。二是要整合前台与后台两个系统。完整的银行业电子商务系统应该包括后台应用系统和前台应用系统两部分，网上银行作为银行的前台，能够以互动的方式收集大量的客户信息，并且通过后台的整理和分析，以 Internet/Extranet 的形式使信息自外向内再自内向外有序流动，从而支持辅助市场和管理决策的作用，带来银行利润的增长。目前，可以通过一定的方式来集成 Web 应用和传统应用，构建管理和传输系统之间的业务信息，协调各个系统处理模块的中间管理服务系统，以实现前端与后端的无缝衔接。

5.4.4 网络保险

1. 网络保险的概念

网络保险也叫做保险电子商务，是指保险公司或保险中介机构以信息技术为基础，通过网络进行保险经营管理活动的经济行为。网络保险包括两个层次的含义，从狭义上讲，网络保险是指在保险公司或新型的网上保险中介机构通过互联网为客户提供有关保险产品和服务的信息，并实现网上投保、承保等一类或几类实质性保险业务，直接完成保险产品的销售和服务，并由银行将保费划入保险公司，可见，狭义的网络保险着重突出的是保险的电子商务实现模式，即如何利用网络实现保险业务的再造。从广义上讲，网络保险是指以信息技术和网络为基础，利用互联网作为保险产品、服务及相关信息主要业务渠道的一切经营活动，几乎涵盖了所有在互联网上拥有主页的保险类机构，强调保险企业内部管理的信息化程度以及保险企业之间，保险企业和非保险企业之间，保险企业与股东、保险监管部门、税务部门、工商管理等相关机构之间的信息交流活动。它包含了保险公司利用互联网开展电子商务的一系列活动，包括宣传企业形象，介绍保险品种，与客户交流信息，网上投保、核保、承保和理赔，各类保险咨询等；涵盖了保险公司利用信息技术和网络进行内部管理的整个过程，囊括了保险中介机构利用网络提供保险专业服务的活动。

2. 网络保险的特点

与传统保险相比，网上保险的特点有：

(1) 虚拟性。开展网络保险不需要具体的建筑物和地址，只需要申请一个网址，建立一个服务器，并与相关交易机构作链接，通过互联网进行交易，一切金融往来都是以数字形式在网络上进行。

(2) 互动性。网络保险解除了传统条件下保险机构与客户之间活动的时间、空间制约，相互作用更为直接，可以根据保险客户需要提供“一对一”的个性化服务。客户可以主动选择和实现自己的投保意愿，而不是被动接受保险中介人的硬性推销，还可以在多家保险公司以及多种保险品种中实现多样化的比较和选择。

(3) 电子化。客户与保险公司之间通过网络进行交易，尽可能在经济交易中采用电子单据、电子传递、电子货币交割，实现无纸化交易，避免了传统保险活动中书写任务繁重且不易保存、传递速度慢等弊端，实现了快速、准确双向式的数据信息交流。

(4) 时效性。在互联网上，保险公司可以随时准确、迅速、简洁地为客户提供所需的资料，客户也可以方便、快捷地访问保险公司的客户服务系统，获得保险公司有关公司背景、保险产品以及费率等详细信息，实现实时互动。保险公司可以利用公告牌、电子邮件等方式向全球发布电子广告，推销新产品，向客户发送有关保险动态、防灾防损咨询等信息，有效解决借助报纸、印刷宣传小册子时效性差的弊端。

(5) 低廉性。网络保险可以大大降低保险公司的经营成本，节省营销时间，同时保险公司可以把给保险中介人的费用让利于客户，为客户节省投保成本。

3. 网络保险的主要业务

(1) 在线宣传。保险公司可以通过网络来宣传自己的产品、服务理念、经营理念，成本十分低廉，可以针对个性需求进行宣传。保险公司也可以把自己的网址与重要的相关机构链接，如保险监管机构、保险评估机构、与保险有关的学术机构等，达到宣传保险公司的目的。

(2) 在线销售。客户可以在任何时间登录提供网络保险服务的网站，完成咨询、比较、选择的过程，确定投保险种、交费方式、交费年限、指定受益人，并向保险公司发出电子邮件。保险公司核保人员通过计算机核保后（体检等情况除外），客户就可以即刻通过网上银行交纳首期保费，保险公司出具电子保单，客户可以在指定好的打印机上打印出正式保单，在线销售完成。

(3) 在线客户服务。客户通过点击网站，可以了解保险公司的背景、保险规则、险种条款解释、承保核保处理要求、定损核赔处理、费率标准、既往赔付案例、保险法律法规等信息，或在线与保险公司进行互动交流，解决各种问题。客户在购买保险产品后，可以根据自己的需要，通过在线客户服务变更与保险公司的合同约定内容，获得保险公司的理赔服务。

（4）在线客户追踪。网络保险中保险公司可以通过互联网更好地做好客户关系管理工作，如通过电子邮件，向客户发送、回收电子表格，或通过在线论坛等形式来收集、了解客户的意见，及时掌握市场需求变动等信息，改善企业的经营管理。

（5）在线合作。保险公司的网站可以通过与保险代理机构网站、保险经纪机构网站、银行网站、房地产商网站、汽车销售商网站、证券公司网站等相互合作，提供一揽子服务销售保险。这种合作延伸了保险公司的业务触角，也形成了与相关机构的信息资源共享。

4. 网络保险的运作模式

（1）传统的保险公司与互联网嫁接的模式。这种模式是指一些传统的保险公司利用网络技术对传统保险产业进行改造，全面提高企业整体素质。它主要侧重于改进服务的内容和形式，实现保险行业传统营销模式的重大变革。此类网站拥有明确的业务和客户资源，有母公司强有力的支持，但目前的业务还是要依赖传统部门完成的。该模式为传统保险公司提高经营管理水平，整合内部和外部资源，实现跨越式发展提供了很好的机遇。

（2）第三方保险商务平台模式。这类网站既不属于保险公司，也不属于保险经纪人，它们只是技术服务提供者提供的一个开放型保险商务专业平台。该平台介绍行业内的信息和资讯，不仅服务于个人用户，将不同保险公司的产品进行比较，给出投保建议分析，让广大的投保人可以“货比三家”，而且也为保险公司、中介机构所用，容纳大多数的保险公司和代理机构对宣传和网上销售的需求。

（3）虚拟的保险公司模式。这种模式下经营的网络保险公司，没有可以依托的传统意义上的保险公司，而是纯粹意义上的虚拟保险网站。它可以直接在网上经营保险业务，提供个性化的服务，有很高的灵活性。

5.4.5 网络证券

1. 网络证券的概念

网络证券业务是指投资者利用互联网网络资源，包括公用互联网、局域网、专网等各种电子方式手段传送交易信息和数据资料并进行与证券交易相关的活动，包括获得实时行情、相关市场资讯、投资咨询和网上委托等一系列服务。网络证券交易有狭义和广义之分。从狭义上讲，网络证券交易是指投资者通过互联网进行证券交易的一种手段，投资者利用互联网中的网络资源，获取证券的实时报价，分析市场行情，并通过互联网委托下单，进行实时交易；从广义上讲，网络证券交易是指通过互联网进行证券投资的全过程，包括交易会员在证交所的报价交易。开展网上交易的证券公司，通常是将网上证券交易作为一种为股民服务的手段和方式，因此网上证券交易是券商开展的网上证券经纪业务，是证券电子商务。

2. 网络证券交易的操作程序

在网络上进行证券交易，其程序和现实的交易步骤是一样的，也是经过开户、委托、成交、交割等几个步骤，只不过实现交易的手段不同而已，原来需要亲自去交易所办理的一切手续，在网上交易时都可在计算机上操作。网上证券交易的操作程序为：

(1) 登记开户。目前国外证券商已经能支持在 Internet 上进行开户，如瑞典的 Scarab 公司（http：//scarab. com)。投资者将自己的计算机连通到该站点后，即可直接在网上登记和开户，投资者将自己的社会保险号、信用卡号及授权用电子邮件通知该公司，在家中即可加入证券交易者的行列。

(2) 订单委托。Internet 通过 TCP/IP 协议将投资者的需求及买卖委托及时准确地传递给撮合子系统并及时得到确认和成交回报。

(3) 清算交割。投资者以电子邮件形式接收证券商发送的通知单，可以通过浏览器连到证券商的 Web 服务器上主动查询自己的交割单和对账单。投资者也可以通过远程文件传输（FTP）的方式到证券商的非匿名 FTP 服务器上下载自己的成交回报，付款过程则与开户过程大致相同。

3. 网络证券交易模式

根据交易是否依托实物证券交易所和有形证券营业部可以划分为三种模式：

(1) 完全的互联网全球电子交易模式。所有交易过程均通过互联网实现，没有有形证券的证券营业部。但该模式往往也会提供一条可以进入有形证券交易所的交易通道，以供客户选择。

(2) 投资者利用互联网通过券商电子交易系统进入实物交易所完成交易的模式。我国目前采取这种模式。这种交易的模式实际上处于准网络证券交易时代，因为其交易方式与以前的电话委托没有本质区别，只是委托的模式借助了更为先进的网络信息技术而已。

(3) 券商理财模式。也就是券商可以提供有形的营业网点供投资者委托买卖证券，也可以提供电子交易者在互联网直接下单，该委托单无须通过券商交易席位而直接进入证券交易所主机实现撮合成交。同时，券商还会为投资者提供理财和咨询服务。

4. 网络证券交易的特点

由于网络本身具有的开放性、全球性、低成本、高效率等的内在本质特征，以互联网为媒介的网络证券交易与传统的柜台委托交易、自助委托交易、电话委托交易等证券交易方式相比，必须具有其自身的特点：

(1) 多品种、全方位。多品种是指网上业务涵盖网上证券发行、证券交易、资金清算等多项服务业务种类，网上证券交易的证券品种要涵盖市场上所有的证券品种，利用网络为客户提供资信、行情、理财等多种服务手段，实现全方位、全天 24 小时不间断委托服务交易、咨询服务等。

(2) 一个入口，通买通卖。系统通过券商的业务网网关接口访问位于全国的所有营业部，客户只要登录交易网站，而不用再去选择开户的营业部便可以快捷交易。网上交易不受地域限制，极大地提高了投资选择的自由度。

(3) 无差异的基础服务。网上交易系统将充分体现安全、迅速、便捷的委托交易功能，为网上客户提供完善全面的行情浏览和委托手段，首先保证网上交易客户能够享受到与现场客户无差异服务，如操作界面相似，响应速度快，服务产品全，同时还能够提供网上证券委托等服务。网络可以做到投资者在信息面前真正平等，而不是向大客户提供行业研究报告、个股分析报告，向散户提供股评服务，使散户在竞争中处于劣势。

(4) 个性化的增值服务。交易网站的基本项目是网上交易，其附加值体现在网络咨询上，网络咨询要能为客户提供以下服务：基本咨询的网络快递，包括投资资讯、研究报告、投资组合等；由公司内外组合专家组成的投资顾问团提供每日的专家网上咨询；由开户预约、个股诊疗、预约调研和投资组合方案组成的预约服务系统；每日卫星电视股评、股评报告会、行业研究报告会；营业部经纪人和经理的网上接待等服务；开设投资俱乐部，提高新用户注册、模拟炒股、股市沙龙等。

(5) 方便直观的查询。网上交易行情分析、下单委托、查询资料方便直观，网上证券交易系统不仅可以提供全套的分析系统，而且可以提供历史的分析走势图，可以查询个人的股票、资金、成交等资料，系统可以将委托事先准备好，当时机成熟时，可以发出某一笔、某几笔甚至全部委托，无须临时下单委托。

可以看出，网络证券业务不是一个单纯的部门能够完成的，它需要多个部门协同作战、紧密配合。如网上证券交易的发展，必须依赖于商业银行快捷的资金清算网络，通过银证转账系统，证券公司与银行的合作将会越来越密切。证券公司有必要与银行结成战略联盟，不断地在网上交易业务中推出新的业务。

5.4.6 其他网络金融业务

1. 网络理财

1) 网络理财的概念

网络理财是指个人或组织通过互联网获取商家提供的理财服务和金融咨询，根据外界条件的变化不断调整其剩余资产的存在形态，以实现个人或组织资产收益最大化的一系列活动，具体包括网上理财信息查询、理财信息分析、个性化理财方案设计和相关的金融产品和服务的交易等。这种投资理财的方式对个人投资者非常有利。

目前提供网络理财服务的主体很多，包括网上银行、网络保险公司或网上保险中介、网络证券交易所，还包括一些专门提供金融投资信息、理财咨询、金融增值服务的网络公司。网络理财服务的接受方主要包括个人或组织等。在发达国家，理财业务几乎深入到每一个家庭；在我国，这项业务才刚刚起步。

网络理财服务可以分为两种发展模式：一是专业型发展模式，即专门提供单一的某个领域的金融服务或者其他理财服务，如网上银行和网络保险公司提供的理财服务；二是综合型发展模式，即集银行、证券、保险等各种金融网络服务于一体，提供全方位、个性化的网络金融理财服务。

2）网络理财的具体操作

第一，选择投资领域。金融投资包括的领域很广，如在国内和国外的货币市场、资本市场、外汇市场、黄金市场和保险市场以及商品市场、房地产市场等都可以进行投资。这样，需要投资者关注各方面的网络信息源，在投资领域上作出判断和选择。

第二，选择理财工具。综合权衡各种资产存在方式的流动性、安全性、收益性，根据自己的需要和风险偏好进行选择。

第三，分析市场行情。即技术层面的分析，跟踪选定理财工具的历史走势，通过研究既往价格和交易量数据，预测未来的价格走势。此类分析侧重于利用历史数据生成图表与公式作为研究依据，以捕获主要和次要的趋势，并通过估测市场周期长短，识别买入或卖出的机会。

第四，研究投资。即基本面分析，相对于技术面分析，基本面分析强调的是从影响资产价格的因素出发，预测未来的价格波动趋势。如在股票投资中包括经济因素、政治因素、公司自身因素、行业因素、市场因素、心理因素等，这些都可以在互联网上找到充分、丰富的信息。

第五，核实投资对象。也就是在互联网上搜集该资产的评价信息或一些专业的评价报告、投资建议等。对于投资者来说，这个领域目前可能是互联网上开发利用程度最低的领域。网络经济时代，投资者可以登录专门的投资分析网站，也可以通过搜索引擎或目录服务得到此类信息。当然，由于互联网的开放性和隐蔽性，同时也造就了投资市场上的“噪声制造者”，也就是存在一些未来操纵市场价格而传播虚假信息的投资者或机构。将来应建立一定的规则和采取智能侦察手段，提高投资者对互联网信息的判断和识别能力。

第六，发出交易指令。投资者在作好充分准备工作以后，就可以发出实际的交易指令。现在国内外都有很多网站提供网络金融交易平台。有的是单一性的，仅仅提供单一的金融产品或服务，如网上银行、网络保险、网络证券等；有的则是提供综合性的金融服务，投资者登录该网站就如同进入了一个金融超市，可以自由选择证券、保险等各种理财工具。

第七，监控交易。在发出交易指令后，投资者还要通过各种方法收集市场信息，监控资产的市场价格变化，以及时调整投资方案。在这方面互联网发挥越来越重要的作用。很多网站提供从实时报价到收盘价的全方位服务，提供各种各样的投资建议，用户还可以自定义搜索引擎定期收集信息。

3）网络理财的优势

第一，信息优势。主要体现为信息量的广泛与传播的迅速，解决投资者信息不对称的问题。

第二，成本优势。与传统理财服务相比，网络理财服务节省了大量的运营成本，使服务供应商能够不断地提高服务质量和降低服务费用，最终使投资者受益。

第三，时空优势。网络理财空间覆盖面广，业务范围可以覆盖全球，拥有无限扩张的全球化目标市场；时间上提供全天候营业服务，真正做到了每周 7 天、每天 24 小时营业，极大地方便了客户。

第四，服务优势。理财活动需要投资者耗费大量时间、金钱和精力去搜集信息、研究市场行情、研究投资工具、进行投资分析、作出投资决策等。网络理财的运用可以节省投资者每一步骤的投入，提高理财的效率和理财活动的质量，使投资者处处掌握先机，最终提高投资者的应变能力。互联网技术和计算机技术的应用，不仅使投资者减少了投资的盲目性和随意性，而且还满足了投资者个性化服务的需求。

2. 网络期货

随着网络技术的不断发展，期货网上交易也正在日趋成为全球期货市场的一种新型的交易委托方式，网络期货交易的不断发展必将改变投资者的活动方式。网络期货交易对交易所、期货经营和普通投资者三者之间的关系进行了重新整合，网络期货交易使交易行为无形化，普通交易者可以直接入市。期货交易缩小了期货公司之间的服务内容差别性，服务质量差异性成为主要的内容。期货公司网络期货交易的竞争将会更加激烈。

与传统期货交易方式相比，网络期货交易具有如下优势：

第一，交易系统的开放性。网络期货交易通过互联网，将处于世界各地的投资者聚集在无形市场中，交易系统是开放式的，其形式之方便灵活明显优于有形市场。

第二，交易手段的简便性。网络期货交易提供了一个全新的交易手段，可以强化期货交易中的风险管理。网络期货交易可以不再依赖实体化的场所，可以克服自然环境变化的影响，避免天灾和其他人为因素造成期货市场毁损使得期货交易被迫中断的风险。通过网上管理和交易，可以减少传统的营业环节，降低营运风险。如投资者可以直接通过网站实施投资决策，缩短中间环节，防止经营违规风险。

第三，资源配置的合理性。网络期货交易可以克服市场信息不对称的缺点，使资源合理化配置。期货交易中的信息不对称和不充分为部分支撑信息资源的人滥用比较优势、进行内幕交易提供了可能性。网络期货交易，可以提高期货市场信息交易速度，有效地提高期货市场的定价功能和资源配置功能。

第四，交易成本的低廉性。网络期货交易减少了传统交易方式的时间成本、旅行成本、填单和报单成本，能比传统交易方式提供更便捷、更可靠、更全方位的投资服务和信息服务。

3. 网络共同基金

互联网在基金投资方面为投资者提供了大量的工具。网站上通常有最佳基金和最差基金的列表、滤屏工具以及全面的基金搜索引擎，有些网站提供了共同基金的背景资料以及评估基金的排名系统，网上一些基金行家热情地介绍基金知识或是积极开设相关栏目，网上有越来越多的基金学习资料使投资者能及时了解新类型基金的情况以及新的基金投资策略。

➢ 本章思考题

1. 试述电子商务与电子支付之间的关系。
2. 电子支付主要工具有哪些？各有什么特点？
3. 什么是电子支付系统？主要有哪些组成部分？
4. 分析电子支付系统的主要功能和特点。
5. 网络银行有什么特点？主要业务有哪些？
6. 目前国内电子支付与网络金融存在哪些主要问题？应如何解决？

第6章

电子商务安全

随着电子商务的深入发展和广泛应用，其安全问题也变得越来越突出，如何建立一个安全、便捷的电子商务应用环境，对信息提供足够的保护，已经成为商家和用户都十分关心的话题。

6.1 电子商务安全内涵与安全需求

6.1.1 信息安全概念及其演变

1. 信息安全的概念

不同人站在不同的角度对信息安全会有不同的理解。

网络用户需要的安全是指他们借助计算机处理信息时，不会出现非授权访问和破坏，即使是在信息交换、传输过程中也不能出现任何意外事件。

信息系统管理者认为的安全是对管理对象完全可控，任何时候都不能因黑客攻击、系统故障等问题出现管理失控，管理者按约定给用户提供井然有序的信息服务。

受众理解的信息安全是过滤一切有害信息，享受信息带来的便利和快乐。

机密信息拥有者要保证的安全是敏感信息不会以任何形式泄露。

综合以上要求，我们认为信息安全是指信息不会被故意或偶然地非法泄露，不会被非法系统辨识、控制，人们能有益、有序地使用信息。

2. 信息安全涉及的内容

计算机信息系统是由计算机实体、信息和人组成的人机系统，安全问题也应包括实体安全、信息安全、运行安全和安全管理等几个方面，内容涉及安全技术、安全管理、安全评价、安全产品、安全法律、安全监察等。

信息安全主要涉及信息存储安全、信息传输安全、信息应用安全三个方面，包括操作系统安全、数据库安全、网络安全、访问控制、病毒防护、加密、鉴别七类技术问题，可以通过保密性、完整性、真实性、可用性、可控性五种特性进行表述。①保密性：是信息不会泄露给非授权对象的特性；②完整性：是信息本身完整，且不会在未授权时发生变化的特性；③真实性：是保证信息内容及处理过程真实可靠的特性；④可用性：是合法对象能有效使用信息资源的特件；⑤可控性：是对信息资源能进行有效控制的特性。

3. 信息安全的演变

信息的内涵及意义因时代的不同而不同，因此人们对信息安全的认识也有一个发展变化的过程。在很长一段时期内，信息的重要性常常是与军事机密紧密联系在一起的，信息安全因此也就是保守军事秘密的同义词。随着计算机的发明和应用，这种情况开始发生变化。信息的内涵因此不断丰富，信息不再局限于军事领域，而出现了普遍化、数字化的倾向。信息安全因此被理解为对信息的机密性、完整性和可获性的保护，这就是仅仅 20 年前人们对信息安全的理解。它是建立在对专用机房内的主机及其数据的安全属性的保护基础上的，其实质是面向单机、面向数据的。20 世纪 80 年代以后，计算机开始走出专用机房，进入办公室乃至家庭，开始了微机和局域网时代，信息安全的内涵又有了变化。由于这时的用户和网络结构比较简单、对称，既要依靠技术措施保护，还要制定人人必须遵守的规定。因此，这个时代的信息安全是面向网管、面向规约的。

20 世纪 90 年代以后，人类进入互联网时代。此时，通过网络，每个用户都可以连接、使用和控制世界上每一台上网计算机。因此，网络时代信息安全内容更多，更为强调面向连接、面向用户。信息安全的内容已由保密性、完整性和可获性等数据安全概念，扩展到鉴别、授权、访问控制、不可否认性和可服务性以及基于内容的个人隐私、知识产权等的保护。此二者的结合，就是信息安全体系结构中的安全服务，而这些安全问题又要依靠密码、数字签名、身份认证、防火墙、安全审计、灾难恢复、防病毒、防黑客入侵等安全机制加以解决。其中，密码技术和管理是信息安全的核心，安全标准和系统评估构成信息安全的基础。

随着信息网络系统的迅速发展和全面普及，人与计算机的关系发生了质的变化。人类社会与计算机和网络组成了一个巨大的系统，出现了一个全新的世界——网络社会，人类对信息网络的依赖越来越强，不仅人们的政治经济、文化生活依赖于网络，而且个人、企业、民族、国家乃至全人类的安全（包括金融安全、经济安全、政治安全、军事安全、科技安全、文化安全等）也建立于计算机中，信息安全的内涵因此将发生前所未有的根本变化。一句话，网络社会的信息安全不仅涉及个人权益、企业生存、金融风险防范、社会稳定和国家安全，甚至关系到环境安全、生态安全和人类安全。它是物理安全、网络安全、数据安全、信息内容安全、信息基础设施安全与公共、国家信息安全的总和，是一个多层次、多因素、多目标的复合系统。从要素来看，信息安全是过程、政策、标准、管理、指导、监控、法规、培训和工具技术的有机总和。

概括地说，现代信息安全主要包含两层含义，第一层是运行系统的安全，包括：严格而科学的管理，如对信息网络系统的组织管理、监督检查，规章制度的建立、落实与完善，管理人员的责任心、预见性、警惕性、使命感等；法律、政策的保护，如用户是否有合法权利，政策是否允许等；物理控制安全，如机房加锁、线路安全、环境适宜等；硬件运行安全；操作系统安全，如数据文件是否保护等；灾害、故障恢复；死锁的避免和解除；防止电磁信息泄漏等等。第二层是系统信息的安全，包括：用户口令鉴别；用户存取权限控制；数据存取权限、方式控制；审计跟踪；数据加密；等等。

6.1.2 电子商务安全含义与特征

1. 电子商务安全含义

电子商务安全从整体上可分为两大部分：计算机网络安全和商务交易安全。计算机网络安全的内容包括计算机网络设备安全、计算机网络系统安全、数据库安全等。其特征是针对计算机网络本身可能存在的安全问题，实施网络安全增强方案，以保证计算机网络自身的安全。商务交易安全则紧紧围绕传统商务在Internet上应用时产生的各种安全问题，在计算机网络安全的基础上，如何保障电子商务过程的顺利进行，即实现电子商务信息的保密性、完整性、真实性、可用性与可控性。

2. 电子商务安全的特征

(1) 安全是一个系统概念。安全问题不仅仅是个技术性的问题，更重要的是管理，而且它还与社会道德、行业管理以及人们的行为模式都紧密地联系在一起。

(2) 安全是相对的。不要追求一个永远也攻不破的安全系统，安全与管理始终是联系在一起的，也就是说安全是相对的，而不是绝对的，要想以后的网站永远不受攻击、不出安全问题是不可能的。我们要正确认识这个问题。

(3) 安全是有代价的。为系统安全保障而采取的任何措施或技术，都是需要付出成本或代价的。不同的安全保障需求可能需要不同的成本或代价，所以，作为一个经营者，应该综合考虑这些因素；作为安全技术的提供者，在研发技术时也要考虑到这些因素，直接牵涉敏感问题时，对安全的要求就高一些，如果牵涉问题不太敏感，对安全的要求可以低一些。

(4) 安全是发展的、动态的。今天安全明天就不一定安全，因为网络的攻防是此消彼长、道高一尺魔高一丈的事情，尤其是安全技术，它的敏感性、竞争性以及对抗性都是很强的，这就需要不断地检查、评估和调整相应的安全策略。没有一劳永逸的安全，也没有一蹴而就的安全。

6.1.3　电子商务的安全需求

1. 电子商务安全环境

电子商务的安全环境主要包括电子商务系统的硬件安全、软件安全、运行安全、使用安全、法律安全。硬件安全主要包括电源电压的稳定性、计算机放置是否平稳、通信线路连接是否顺畅、是否有良好的接地、环境的温度和湿度等；软件安全主要包括病毒的防范、数据备份及还原等；运行安全主要是指用于系统管理维护的规章制度；使用安全主要是指从业人员应该保证所提供信息的真实性，以诚信为本，营造良好的商务环境；法律安全主要是指用于打击通过电子商务进行犯罪活动的法律法规。

2. 电子商务安全基本需求

电子商务的安全需求主要体现在以下几个方面：

1) 有效性、真实性

有效性、真实性，是指网上交易各参与方身份信息和交易信息要真实有效。双方交换信息之前通过数字签名、身份认证以及数字证书来辨别参与者身份的真伪，防止伪装攻击。交易时，对提供的交易信息也要保证其真实性，防止欺骗交易行为。电子商务以电子形式取代了纸张，如何保证这种电子形式的商务信息的有效性和真实性是开展电子商务的前提。

2) 机密性

在利用网络进行的商务活动中，必须保证发送者和接收者之间交换的信息的保密性。电子商务活动中的信息代表着个人、企业或国家的商业机密。商业泄密是电子商务全面推广和应用的重要障碍。因此，既要预防对信息进行非法的存取和信息在传输过程中被非法窃取或篡改，又要确保只有合法用户才能看到数据，防止泄密事件。

3) 数据的完整性

电子商务简化了贸易过程，减少了人为的干预，同时也带来了维护商业信息的完整性、统一性的问题。由于数据输入时的意外差错或欺诈行为，可能导致商务活动参与方之间信息的差异。此外，数据传输过样中信息丢失、信息重复或信息传送的次序差异也会导致各方信息的不同。能否保证各方信息的完整性将影响到各方的交易和经营策略，保持各方信息的完整性是电子商务应用的基础。因此，既要防止对信息的随意生成、修改和删除，同时又要防止在数据传送的过程中信息的丢失和重复，并保证信息传送次序的统一。

4）可靠性、不可否认性和可控性

可靠性，就是能保证合法用户对信息和资源的使用不会被不正当地拒绝；不可否认性就是能建立有效的责任机制，防止实体否认其行为；可控性就是能控制使用资源的人或实体的使用方式。

电子商务活动中，如何对要进行交易的贸易方进行鉴别这一问题是保证电子商务顺利进行的关键。在传统的纸面贸易中，贸易双方通过在交易合同、契约或贸易单据等书面文件上手写签名或印章来鉴别贸易伙伴，确定合同、契约、单据的可靠性并预防抵赖行为的发生。这也就是人们常说的“白纸黑字”，一旦交易开展后便不可撤销，交易中的任何一方都不得否认其在该交易中的作用。这一点将确保任何一方都无法伪造提供的或接受的报价等信息。

在无纸化的电子商务方式下，通过手写签名和印章进行贸易方的鉴别已是不可能的。因此，就需要在交易信息的传输过程中为参与交易的个人、企业或国家提供可靠的标识。这样，发送方在发送数据后就不能抵赖，接收人在接收数据后也不能抵赖。

为了进行业务交易，各方必须能够对另一方的身份进行鉴别。一旦一方签订交易后，这项交易就应受到保护以防止被篡改或伪造。交易的完整性在其价格、期限及数量作为协议的一部分时尤为重要。接收方可以证实所接收的数据是原发方发出的，而原发方也可以证实只有指定的接收方才能接收，以防止身份假冒。根据机密性和完整性的要求，应对数据审查的结果进行记录。

6.2 电子商务安全管理

如前所述，电子商务安全管理，不仅仅是一个从单纯的技术角度考虑如何解决的问题，而是应该从综合的安全管理思路来考虑。所以电子商务的安全管理应该从技术、管理、法律等方面综合考虑，建立一个完整的电子商务安全体系。下面我们从技术、经济、组织、风险等方面介绍电子商务的安全管理问题，电子商务安全有关的法律法规将在后面第7章予以介绍。

6.2.1 电子商务安全技术管理

电子商务安全技术包括网络安全技术和交易安全技术两个大的方面。网络安全技术主要包括防火墙技术、病毒防范技术、身份识别技术和虚拟专用网技术，交易安全技术主要包括加密技术、认证技术、安全协议和公钥基础设施等。

1. 防火墙技术

当企业内部网接入Internet之后，系统的安全除了考虑计算机病毒、系统的稳定性之外，更重要的是防止非法用户的入侵。

防火墙（firewall）是指由软件和硬件设备组合而成，处于企业 Intranet 和 Internet 之间的一道屏障，用于限制外界用户对内部网络访问及管理内部用户访问外界网络的权限。防火墙的作用就是隔离系统可能遭到伤害的危险。它作为网络安全的一种防护手段，已经得到了广泛的应用。

1）防火墙的基本安全策略

防火墙的基本安全策略有以下两种，可根据网络状况及安全要求的程度等因素选用。

（1）一切未被允许的访问服务都是禁止的。基于该准则，防火墙封锁所有信息流，然后对希望提供的服务逐项开放。这是一种非常实用的方法，可以形成一个十分安全的环境。因为只有经过仔细挑选的服务才被允许使用。

（2）一切未被禁止的服务都是允许的。基于该准则，防火墙应转发所有信息流，然后逐项屏蔽可能有害的服务。这种方法构成了一种更为灵活的应用环境，可为用户提供更多的服务。

2）防火墙的主要功能

一般情况下，防火墙应具备以下功能：

（1）控制不安全的服务。防火墙可以过滤不安全的服务，降低内网受到非法攻击的风险，只有经过授权的协议和服务才能通过防火墙访问内网。

（2）控制访问站点。防火墙可以提供对站点的访问控制，限定允许外部网络访问的主机，大部分内网仅允许外网访问电子邮件服务器、文件传输服务器和 WWW 服务器，其他主机则靠防火墙封闭。

（3）集中式安全保护。使用了防火墙后，所有或大多数需要修改的软件和附加的安全控制软件都可以放在防火墙上，对于一次性密码口令系统和其他身份验证的软件，放在防火墙上往往比放在主机系统上更好。

（4）增强私有资源的保密性。对私有资源加强保护十分必要，因为，越是被认为平常的信息越有可能被攻击者利用，成为攻击的线索。使用防火墙后，站点可以封锁控制某些显示用户信息的服务，防止服务信息的泄露。

（5）网络记录功能。如果将防火墙配置为与内部网连接都需要经过安全系统，那么，防火墙会记录每次的往返访问，网管人员就可以通过日志对一些可能的攻击行为进行分析，防火墙还能提供信息流量、网络使用率等有价值的统计数字。

3）防火墙的不足

尽管目前的防火墙一般都具有非常丰富的功能，但仍有很多方面需要改进和完善。防火墙的不足之处主要有：①网络上有些攻击可以绕过防火墙，而防火墙却不能对绕过它的攻击提供阻挡；②防火墙管理控制的是内部与外部网络之间的数据流，它不能防范来自内部网络的攻击；③防火墙不能对被病毒感染的程序和文件的传输提供保护；④防火墙不能防范全新的网络威胁；⑤当使用端到端的加密时，防火墙的作用会受到很大的限制；⑥防火墙对用户不完全透明，可能带来传输延迟、瓶颈以及单点失效等问题。

4）防火墙的基本类型

目前主要采用的是两种结构：代理主机结构和路由器加过滤器结构。

从技术角度，防火墙可分为包过滤、应用网关、代理服务、状态检测技术防火墙和混合型防火墙。

包过滤技术是在网络层对数据包实施有选择的通过。

应用网关技术是建立在网络应用层上的协议过滤。

代理服务是设置在互联网防火墙网关的专用应用级代码，这种代理服务能允许或拒绝特定的应用程序或特定的应用功能。

状态检测技术使用一个在网关上执行网络安全策略的软件模块，称之为监测引擎。监测引擎在不影响网络正常运行的前提下，采用抓取有关数据的方法对网络通信的各层实施监测，并动态保存，作为以后执行安全策略的参考。

电路层网关在网络的传输层上实施访问控制，是根据网络安全管理的要求，开通或封闭基于 TCP/IP 的连接，相当于在防火墙上直接开口子进行传输，不像应用层防火墙那样能严密地控制应用层的信息。

混合型防火墙是把过滤和代理服务等功能结合起来形成防火墙。严格说来，混合型防火墙并不能算是一种独立的类型，而是几种防火墙技术的综合产品，是在各种类型防火墙中取长补短，是各种防火墙技术的综合应用。

按产品形式防火墙大致可以分为两类：硬件防火墙和软件防火墙。硬件防火墙用途广泛，但价格偏高；软件防火墙功能单一，价格较低。

从用户的角度看防火墙可以分为企业防火墙和个人防火墙两种。

一般情况下，企业防火墙以硬件防火墙为主，辅以软件防火墙进行检测，个人防火墙属于软件防火墙。

2. 病毒防范技术

计算机病毒是一段具有破坏性的软件代码。它依附于正常的软件或电子文档，驻留在计算机内，对系统进行控制或破坏，而且还具有自我复制的功能，可以将自身完整复制传播到其他软件中。计算机病毒一般分为引导区病毒、可执行病毒、宏病毒和邮件病毒等。不同的病毒危害性也不一样。计算机病毒的传播途径可以是磁盘介质，也可以是网络。网络病毒的主要来源是文件下载和电子邮件。

对病毒的防治，可以采取建立多层病毒防护体系措施，多层病毒防护体系的建设策略是“层层设防、集中控制、以防为主、防杀结合”，具体方法根据网络安全的要求和网络结构而定。采用的有效手段主要有以下几种：

1）反病毒管理服务器

反病毒管理服务器可以实时扫描网络间交换的数据流，包括内网与外网之间的数据交换、内网中服务器与客户机之间的数据交换、内网中客户机之间的数据交换。其主要功能为：24 小时网络监控，实时扫描网络间交换的数据流；查杀 99%以上的已知病毒和 85%以上的未知病毒；递归扫描压缩文件中的病毒；分析未命名的新病毒；检查并清除内存中驻留的病毒；发现病毒自动报警；提供系统扫描日志和报告。

2）病毒实时检测和清除软件

病毒文件检测和清除软件俗称"病毒防火墙"。当它运行的时候，会把监控病毒特征的程序驻留内存中，随时查看系统的运行中是否有病毒的迹象。一旦发现有携带病毒的文件，马上激活杀毒处理的模块，先禁止带毒文件的运行或打开，再查杀带毒的文件。

3）防病毒网关

网关级防病毒是一种新技术。它在 Internet 入口实施拦截，无疑是一种非常好的防病毒解决方案。近年来，国际知名杀病毒软件公司，如 NAI、熊猫软件、趋势科技都推出了其网关级防病毒产品。我国的联想公司运用当今最先进的 Internet 防病毒技术，在国内首次研制出功能强大的防病毒网关产品。

对于大型的网络系统，安全方面的要求比较高，我们可以按照分布式网络结构来分层部署防病毒系统，每一层都以反病毒管理服务器或网关防毒墙为核心，再使用病毒实时检测和清除软件，由上层统一制定防病毒策略、管理病毒特征码库，全网同步进行杀毒引擎升级。

对于一般局域网系统，我们可以将整个防护体系分成三个层次：网关层、服务器层和客户机层。在网关层安装网关防毒墙或反病毒管理服务器，控制数据流的进出口；在服务器层的所有服务器上安装病毒实时检测和清除软件，包括 Web 服务器、文件服务器、数据库服务器、邮件服务器和其他应用服务器，确保网络核心的安全；在客户机层安装一般杀毒软件，经常对本地硬盘进行清理。

另外，还要有严格管理制度，如数据备份和恢复、敏感设备和数据与外网必要的物理隔离、定期检测、专机专用等。

3. 身份鉴别技术

身份鉴别技术在网络信息安全中处于非常重要的地位，是其他安全机制的基础。只有实现了有效的身份鉴别，才能保证访问控制、入侵防范等安全机制的有效实施。

身份识别是指用户向系统出示自己身份证明的过程。身份鉴别是系统查核用户的身份证明的过程，实质上是查明用户是否具有他所请求资源的存储和使用权。人们通常把这两项工作统称为身份鉴别，它是判明和确认通信双方真实身份的两个重要环节。身份鉴别必须做到准确无误地将对方辨认出来，同时还应该提供双向的鉴别，即相互证明自己的身份。信息技术领域的身份鉴别是通过将一个证据与实体身份绑定来实现的。实体可能是用户、主机、应用程序甚至进程。证据与身份之间是一一对应的关系，双方通信过程中，一方实体向另一方提供这个证据证明自己的身份，另一方通过相应的机制来验证证据，以确定该实体是否与证据所宣称的身份一致。结合电子商务的实际情况，常用的身份识别技术有以下几种：

1）基于口令的鉴别技术

这是目前在互联网和计算机领域中最常用的鉴别方法，当用户登录计算机网络时需要输入口令。计算机系统把它的鉴别建立在用户名和口令的基础之上，如果用户把用户名和口令告诉了其他用户，则计算机也将给予其相同的访问权限，因为鉴别是建立在已知口令之上的，仅仅属于一种模式鉴别。

通过一些措施可以有效地改进口令鉴别的安全性，如通过增加口令的强度，提高抗穷举攻击和字典攻击的能力；将口令加密防止在传输中被窃听；采用动态的一次性口令系统防止口令的重放等。

2）基于智能卡的鉴别技术

这种方法较为先进，所有的智能卡都含有一块芯片，芯片中包含了一些持卡人的个人信息，如驾照信息及医疗信息等。一块智能卡与标准信用卡大小相等甚至更大，尺寸大小主要取决于内嵌芯片的功能。有时内嵌芯片包含只读信息，芯片比起信用卡背面的磁条卡含有更多的信息，这种类型的智能卡通常只能开发一次，并且完全依赖于称为智能卡可读器来进行操作。还有一种智能卡可以不使用读卡器，它形状类似于普通的 USB 盘或者软件狗（dongle），这种智能卡也被称做电子钥匙（E-key），可以直接插在计算机的 USB 接口上使用。这种智能卡具有内置的 CPU，可以进行高强度的加密运算，并能保存秘密信息。使用时，用户需要首先输入 PIN 码（个人身份识别码），PIN 认证成功后，即可读取智能卡上的秘密信息。

3）基于 DCE/Kerberos 的双向身份鉴别技术

Kerberos 系统是美国麻省理工学院为 Athena 工程而设计的，为分布式计算环境提供一种对用户双方进行验证的鉴别方法。Kerberos 是一种非常安全的双向身份鉴别技术，其身份鉴别强调了客户机对服务器的鉴别，而别的身份鉴别技术往往只解决了服务器对客户机的鉴别。Kerberos 有效地防止了来自服务器端身份假冒的欺骗。它的安全机制在于首先对发出请求的用户进行身份鉴别，确认其是否是合法的用户，如是合法的用户，再审核该用户是否有权对他所请求的服务或主机进行访问。

4）基于质询/ 应答的鉴别技术

基于质询/应答方式的身份鉴别机制就是每次鉴别时，鉴别服务器端都给客户端发送一个不同的“质询”字串，客户端程序收到这个“质询”字串后，作出相应的“应答”。

5）基于人的生理特征的鉴别技术

这种过程通常需要一些物理因素，如基因或其他一些不能复制的个人特征。到目前为止，高级生物学鉴别已经很有经验，并且在一些高安全环境中得到了实施。这种方法包括指纹、面部扫描器、视网膜扫描器和语音分析。

面像鉴别技术：身份鉴别机器的摄像头会自动采集来人的照片，并与计算机里的资料进行自动对比确认。这种方法比人工认识更准确，而且速度也更快，与指纹鉴别、虹膜鉴别等相比，面像鉴别技术靠摄像头采集资料，隐蔽性最强。目前美国机场的安检已开始使用这项技术。

人的指纹或者掌纹的身份鉴别技术：人体某些生物特征具有客观性和唯一性，人各有异，终生不变，绝不遗失，具有无法仿制的特点。特别是采用活体指纹读取技术，使伪造指纹更加不可能发生。

基于人的视网膜的身份鉴别技术：该类鉴别技术也是利用人体特有的生物特征来进行身份鉴别的技术，通过每个人视网膜的特有特征来进行身份鉴别。目前美国 FBI 即采用了基于指纹和视网膜的双重鉴别。

基于声音的语音鉴别和语音验证。这种身份鉴别技术通过一次简短的语音注册过程对用户进行登记，在此过程中捕获和存储他们的声波纹，声波纹被加密存储在标准数据库中。在访问该系统的来电者说话时，系统将他们的语音与数据库中的声波纹作比较来进行识别。

6）基于公共密钥的鉴别机制

PKI 是通过使用公开密钥技术和数字证书来确保系统信息安全并负责验证数字证书持有者身份的一种体系。后面将详细介绍此种技术。

身份鉴别技术是网络安全中的一个重要环节，建立强有力的身份鉴别体系已成为保障电子商务系统安全的关键技术之一。身份鉴别技术必将在电子商务活动中发挥着越来越重要的作用。

4. 虚拟专用网技术

虚拟专用网（VPN）指的是在公用网络上建立专用网络的技术，即通过对网络数据的再封包和加密传输，在公用网络上传输私有数据，形成一种逻辑上的专用网络，它具有专用网络的功能，但本身并不是一个独立的物理网络。所谓“虚拟”，是指 VPN 是一种仿真物理连接的逻辑连接，而不是固定的物理连接，任意两个结点之间没有传统专用网所需的端到端的物理链路，而是利用公用网络资源动态组成。所谓“专用”，说明它在功能等同于传统的专用网络，有和内部网络（局域网）相同的安全性、易管理性和稳定性，可以被当做专用网来使用。因此可以从某种意义上说，VPN 是一种建立在公用网之上的局域网，用起来的感觉和局域网差不多，几乎感觉不到公用网的存在。

VPN 的主要功能：实现不同网络的组件和资源之间的互联，综合传统数据网络的性能优点和共享数据网络结构的优点，利用互联网或其他公共互联网络的基础设施为用户创建安全的数据隧道，提供远程访问和内外部网连接。能在降低成本的同时，满足对网络带宽、接入和服务不断增加的需求，并提供与专用网络一样的安全保障。

VPN 的主要特点：成本低，容易扩展，企业完全控制主动权。

VPN 的分类：从不同角度可以把 VPN 划分为不同的类别。按应用范围可分为实现移动用户或远程办公室安全访问企业网络（远程接入 VPN）、组建跨地区的企业内部互联网络（IntranetVPN）、企业与客户、合作伙伴之间建立互联网络（ExtranetVPN）；按 VPN 网络结构可分为基于 VPN 的远程访问（点到站点，桌面到网络）、基于 VPN 的网络互联［站点到站点，网关（路由器）到网关（路由器）或网络到网络］、基于 VPN 的点对点通信（端对端，用于企业内部网的两台主机之间的安全通信）；按接入方式可分为专线 VPN（通过固定的线路连接到 ISP，如 DDN、帧中继等）、拨号接入 VPN（简称 VPDN）两类，使用拨号连接到 ISP 是典型的按需连接方式（非固定线路的 VPN）；按隧道协议可分为第 2 层隧道协议 VPN、第 3 层隧道协议 VPN；按隧道建立方式可分为自愿隧道、强制隧道两类；按路由管理方式可分为叠加模式（或“覆盖模式”）和对等模式两类。还有其他分类方法，在此不再赘述。

5. 数据加密技术

为了防止数据在传输过程中被窃取，必须对数据进行加密。虽然目前已有多种技术来保障计算机系统和网络的文件安全，但近几年来，国内外在安全性方面的研究主要还是集中在两个方面：一方面是以密码学为基础的各种加密方法；另一方面是以计算机网络为对象的通信安全的研究。在保障网络通信安全方面，主要采用的技术仍然是数据加密技术。

数据的加密是指利用某种算法对数据进行变换的过程，一般数据的加密过程如图 6.1 所示。用来加密（或解密）的算法为一数学函数，通常情况下有两个相关的函数，一个用于加密，另一个用于解密，在加密（或解密）过程中使用的可变参数称为密钥；在发送端对需要传输的数据进行加密，即利用加密算法 E 和加密密钥 K 对明文 P 进行加密、得到密文 $Y=E_k(P)$，加密信息被传送到接收端后应进行解密。解密是将密文 Y 还原为明文，利用解密算法 D 和解密 K 对密文 Y 进行解密，将密文恢复成明文 $P=D_k(Y)$。

在加密和解密过程中，所使用的密钥 K 可以是相同的，也可以是不同的。

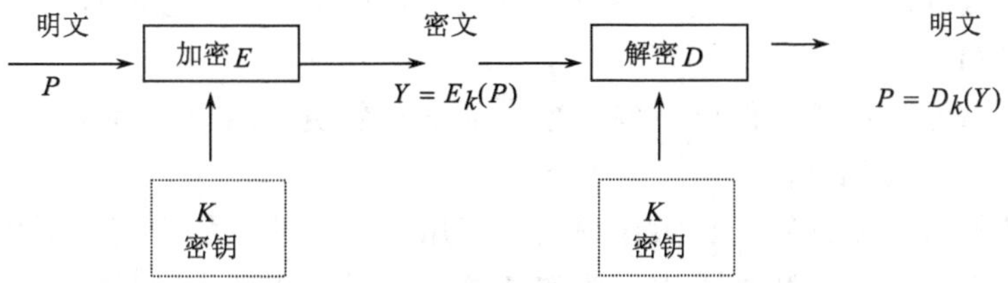

图 6.1 加密和解密过程

使用相同的密钥加密和解密的算法称为对称加密算法，使用不同的密钥加密和解密的算法称为非对称加密算法。

这两种加密体制在电子商务中都得到了广泛的应用。

对称密钥加密在加密和解密过程中使用相同密钥。由于其速度较快，通常在消息发送方需要加密大量数据时使用。

与对称加密算法不同，非对称加密算法需要两个密钥：公开密钥（public key）和私有密钥（private key）。公开密钥与私有密钥是一对，如果用公开密钥对数据进行加密，只有用对应的私有密钥才能解密；如果用私有密钥对数据进行加密，那么只有用对应的公开密钥才能解密。

在加密系统中，算法是相对稳定的，而密钥是可以改变的。为了加强数据的安全性，应经常改变加密密钥。

保证电子商务安全的最重要的一点就是使用加密技术对敏感的信息进行加密。现在，一些专用密钥加密算法（如多重 DES、IDEA、RC4 和 RC5）和公开密钥加密算法（如 RSA、DSA 和 feige-fiat-shamir），可用来确保电子商务的保密性、完整性、真实性和不可否认性。

6. PKI 技术

为解决 Internet 的安全问题，世界各国对其进行了多年的研究，初步形成了一套完整的 Internet 安全解决方案，即目前被广泛采用的公开密钥体系（public key instructure，PKI）技术。

PKI 是一种遵循既定标准的密钥管理平台，它能够为所有网络应用提供加密和数字签名等密码服务及所必需的密钥和证书管理体系。简单来说，PKI 就是利用公钥理论和技术建立的提供安全服务的基础设施。PKI 技术是信息安全技术的核心，也是电子商务的关键和基础技术。

PKI 的基础技术包括加密、数字签名、数据完整性机制、数字信封和双重数字签名等。

PKI 的基本组成为权威认证机构（CA）、数字证书库、密钥备份及恢复系统、证书作废系统和应用接口（API）等。

认证机构（CA）：即数字证书的申请及签发机关，CA必须具备权威性的特征，它是PKI的核心。

数字证书库，用于存储已签发的数字证书及公钥，用户可由此获得所需鉴别的其他用户的证书及公钥。

密钥备份及恢复系统：如果用户丢失了用于解密数据的密钥，则数据将无法被解密，这将造成合法数据丢失。为避免这种情况，PKI提供备份与恢复密钥的机制。但须注意，密钥的备份与恢复必须由可信的机构来完成。并且，密钥备份与恢复只能针对解密密钥，签名私钥为确保其唯一性而不能够做备份。

证书作废系统：它是PKI的一个必备的组件。与日常生活中的各种身份证件一样，证书有效期以内也可能需要作废，原因可能是密钥介质丢失或用户身份变更等。为实现这一点，PKI必须提供作废证书的一系列机制。

应用接口（API）：PKI的价值在于使用户能够方便地使用加密、数字签名等安全服务，因此一个完整的PKI必须提供良好的应用接口系统，使得各种各样的应用能够以安全、一致、可信的方式与PKI交互，确保安全网络环境的完整性和易用性。

7. 数字认证技术

1）数字证书的含义和内容

数字证书就是网络通信中标志通信各方身份信息的一系列数据，它提供了一种在Internet上验证身份的方式，其作用类似于司机的驾驶执照或人们日常生活中的身份证。它是由一个权威机构——CA机构，又称为证书授权（certificate authority）中心发行的，人们可以在交往中用它来识别对方的身份。

数字证书是一个经证书授权中心数字签名，包括公开密钥拥有者信息以及公开密钥的文件。最简单的证书包括一个公开密钥、名称以及证书授权中心的数字签名。一般情况下，证书的格式遵循ITUT X.509国际标准。

一个标准的X.509数字证书包含以下一些内容：①证书的版本信息；②证书的序列号，每个证书的序列号都是唯一的；③证书所使用的签名算法；④证书的发行机构名称。命名规则一般采用X.509格式；⑤证书的有效期。现在通用的证书一般采用UTC时间格式，它的计时范围为1950～2049；⑥证书所有人的名称，命名规则一般采用X.509格式；⑦证书所有人的公开密钥；⑧证书发行者对证书的签名。

2）数字证书的基本原理

数字证书采用公钥体制，即利用一对互相匹配的密钥进行加密与解密。每个用户设定一把仅为本人所知的私有密钥（私钥），用它进行解密和签名。同时设定一把公共密钥（公钥）并由本人公开，为一组用户所共享，用于加密和验证签名。当发送一份保密文件时，发送方使用接收方的公钥对数据加密，而接收方则使用自己的私钥解密，这样信息就可以安全无误地到达目的地了。通过数字的手段保证加密的过程是一个不可逆的过程，即只有用私有密钥才能解密。在公开密钥密码体制中，常用的一种是 RSA 体制。其数学原理是将一个大数分解成两个质数的乘积，加密和解密用的是两个不同的密钥。即使已知明文、密文和加密密钥（公开密钥），想要推导出解密密钥（私有密钥），在计算上也是不可能做到的。按现在的计算机技术水平，要破解 1024 位 RSA 密钥，需要上千年的计算时间。公开密钥技术解决了密钥发布的管理问题，商户可以公开其公开密钥，而保留其私有密钥。购物者可以用公开密钥对发送的信息进行加密，安全地传送给商户，然后由商户用自己的私有密钥进行解密。

用户也可以用自己的私钥对信息加以处理，由于私钥仅为本人所有，这样就产生了别人无法生成的文件，也就形成了数字签名。采用数字签名，一是能够保证信息是由签名者自己签名发送的，签名者不能否认或难以否认；二是能够保证信息自签发后到收到为止未曾进行任何修改，签发的文件是真实文件。

数字签名具体做法如图 6.2 所示。

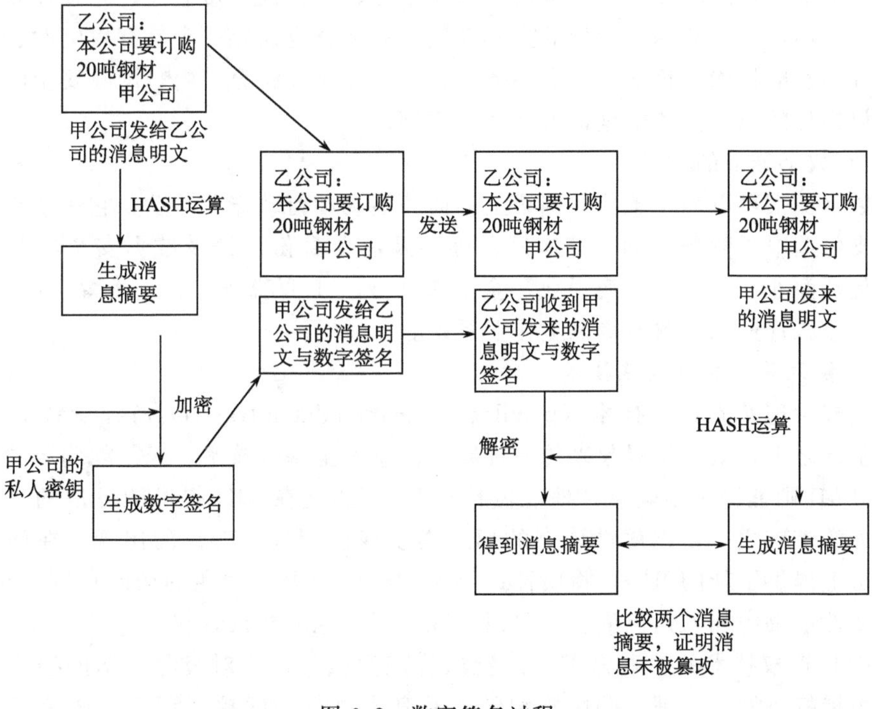

图 6.2　数字签名过程

将报文按双方约定的 HASH 算法经过计算得到一个固定位数的报文摘要。在算法计算上只要改动报文中任何一位，重新计算出的报文摘要值就会与原先的值不相符。这样就保证了报文的不可更改性。

将该报文摘要值用发送者的私有密钥加密，连同原报文一起发送给接收者，而产生的报文即称数字签名。

接收方收到数字签名后，用同样的HASH算法对报文计算摘要值，然后用发送者的公开密钥进行解密，并与解密后的报文摘要值相比较，如果相等则说明报文确实来自确认的发送者。

3）证书与证书授权中心

CA机构，又称证书授权中心，作为电子商务交易中受信任的第三方，承担公钥体系中公钥的合法性检验的责任。CA机构为每个使用公开密钥的用户发放一个数字证书，数字证书的作用是证明用户合法拥有证书中列出的公开密钥。CA机构的数字签名使攻击者不能伪造和篡改证书。在SET交易中，CA不仅对持卡人、商户发放证书，还要对参与交易的银行、网关发放证书。它负责产生、分配并管理所有参与网上交易的个体所需的数字证书，因此是安全电子交易的核心环节。

由此可见，成立证书授权中心，是开拓和规范电子商务市场必不可少的一步。为保证用户之间在网上传递信息的安全性、真实性、可靠性、完整性和不可否认性，不仅需要对用户身份的真实性进行验证，也需要一个具有权威性、公正性、唯一性的机构，负责向电子商务的各个主体颁发符合国内、国际安全电子交易协议标准的电子商务安全证书并实施管理。

4）数字证书的用途

数字证书可以应用于公共网络上的商务活动和行政作业活动，它包括支付型和非支付型电子商务活动，其应用范围涉及需要身份认证及数据安全的各个行业，包括商业、制造业、流通业、金融服务业、工商税务海关、教育科研单位、保险业、医疗业以及政府等网上作业系统。

8. 授权管理基础设施技术

授权管理基础设施技术（privilege management infrastructure，PMI）是在PKI基础之上，最新发展起来的一种新的信息安全基础技术。PKI能确定“他是谁”，PMI则能进一步确定“他能做什么”，它建立在PKI提供的可信的身份认证服务的基础之上，以属性证书的形式实现授权管理。PMI的出现，在访问控制方法上提供了新的思路，将属性证书和RBMC（基于角色的访问控制）结合，通过属性证书中加入角色信息，可以实现基于角色的授权管理。

PMI授权技术的基本思想是以资源管理为核心，将对资源的访问控制权统一交由授权机构去管理，即由资源的所有者来进行访问控制管理。与PKI信任相比，两者的区别主要在于PKI证明用户是谁，并将用户的身份信息保存在用户的公钥证书中；而PMI则证明这个用户有什么权限、什么属性、能干什么，并将用户的属性信息保存在属性证书（又称管理证书）中。

PMI 系统主要分为授权管理中心（又称 AA 中心）和资源管理中心（又称 RM 中心）两部分。授权服务平台是授权管理中心的主要设备，是实现 PMI 授权技术的核心部件，主要为用户颁发 AC 授权证书。

PMI 使用了属性证书（attribute certificate）。属性证书是一种轻量级的数字证书，这种数字证书不包括公钥信息，只包括证书所有人 ID、发行证书 ID、签名算法、有效期、属性等信息。一般的属性证书的有效期均比较短，这样可以避免公钥证书在处理 CRL 时的问题。如果属性证书的有效期很短，到了有效期的日期，证书将会自动失效，从而避免了公钥证书在撤销时的种种弊端。属性一般由属性类别和属性值组成，也可以是多个属性类别和属性值的组合。这种证书利用属性来定义每个证书持有者的权限、角色等信息，从而可以解决 PKI 中所面临的问题，对信任进行一定程度的管理。

9. 安全技术协议

1）安全技术协议概述

迄今为止，国内外已经出现了多种安全技术协议，目前有两种安全技术协议被广泛使用，即安全套接层 SSL 协议和安全电子交易 SET 协议，二者均是成熟和实用的安全协议。

2）安全套接层协议

安全套接层协议（secure socket layer，SSL）是 Netscape Communication 公司推出的在网络传输层之上提供的一种基于 RSA 和保密密钥的用于浏览器和 Web 服务器之间的安全连接技术，它是国际上最早应用于电子商务的一种由消费者和商家双方参加的信用卡/借记卡支付协议。

(1) SSL 协议的服务内容：认证用户和服务器，确保数据发送到正确的客户机和服务器；加密数据以防止数据中途被窃取；维护数据的完整性，确保数据在传输过程中不被改变。

(2) SSL 协议的工作流程：客户端向服务器发送一个开始信息 Hello，开始一个新的会话连接—服务器根据客户的信息确定是否需要生成新的主密钥（如果需要则服务器在响应客户的“Hello”信息时，将包含生成主密钥所需的信息）—客户根据收到的服务器响应信息，产生一个主密钥，并用服务器的公开密钥加密后传给服务器—服务器恢复该主密钥，并返回给客户一个用主密钥认证的信息，以此让客户认证服务器。

用户认证阶段的工作流程是：经认证的服务器发送一个提问给客户，客户则返回（数字）签名后的提问和其公开密钥，从而向服务器提供认证。

从 SSL 协议所提供的服务及其工作流程看，SSL 协议运行的基础是商家对消费者信息保密的承诺，这就有利于商家而不利于消费者。在电子商务初级阶段，由于运作电子商务的企业大多是信誉较高的大公司，因此这个问题还没有充分暴露出来。但随着电子商务的发展，各中小型公司也参与进来，这样在电子支付过程中单一认证问题就越来越突出。虽然在 SSL3.0 中通过数字签名和数字证书可实现浏览器和 Web 服务器双方的身份验证，但是 SSL 协议仍存在一些问题。例如，只能提供交易中客户与服务器间的双方认证，在涉及多方的电子交易中，SSL 协议并不能协调各方之间的安全传输和信任关系。在这种情况下，Visa 和 MasterCard 两大信用卡组织制定了 SET 协议，为网上信用卡支付提供了全球性的标准。

3）安全电子交易协议

安全电子交易协议（secure electronic transaction，SET）即是美国 Visa 和 MasterCard 两大信用卡组织于 1997 年 5 月 31 日联合推出的用于电子商务的行业规范，其实质是一种应用在 Internet 上、以信用卡为基础的电子付款系统规范，目的是为了保证网络交易的安全。SET 妥善地解决了信用卡在电子商务交易中的交易协议、信息保密、资料完整以及身份认证等问题，SET 已获得 IETF 标准的认可。

SET 支付系统主要由持卡人（cardholder）、商家（merchant）、发卡银行（issuing bank）、收单银行（acquiring bank）、支付网关（payment gateway）、认证中心（certificate authority）等六个部分组成。基于 SET 协议的网上购物系统至少相应地包括电子钱包软件、商家软件、支付网关软件和签发证书软件。

SET 协议的工作流程如下：

（1）消费者利用自己的计算机通过互联网选定所要购买的物品，并在计算机上输入订货单，订货单上需包括在线商店名、购买物品名称及数量、交货时间及地点等相关信息。

（2）通过电子商务服务器与有关在线商店联系，在线商店作出应答，告诉消费者所填订货单的货物单价、应付款数、交货方式等信息是否准确，是否有变化。

（3）消费者选择付款方式，确认订单，签发付款指令。此时 SET 开始介入。

（4）在 SET 中，消费者必须对订单和付款指令进行数字签名，同时利用双重签名技术保证商家看不到消费者的账号信息。

（5）在线商店接受订单后，向消费者所在银行请求支付认可。信息通过支付网关传输给收单银行，再到电子货币发行公司确认。批准交易后，返回确认信息给在线商店。

（6）在线商店发送确认后的订单给消费者。消费者端软件可记录交易日志，以备将来查询。

（7）在线商店发送货物或提供服务，并通知收单银行将钱从消费者的账号转移到商店账号，或通知发卡银行请求支付。在认证操作和支付操作中间一般会有一个时间间隔。

在以上步骤中，前两步与 SET 无关，从第二步开始 SET 起作用，一直到第六步。在处理过程中，通信协议、请求信息的格式、数据类型的定义等 SET 都有明确的规定。在操作的每一步，消费者、在线商店、支付网关都通过 CA 来验证通信主体的身份，以确保通信的对方不是冒名顶替。所以，也可以简单地认为 SET 充分发挥了认证中心的作用，以保证在任何开放网络上的电子商务参与者提供真实和保密的信息。

4）SET 与 SSL 的比较

（1）在认证要求方面。早期的 SSL 并没有提供商家身份认证机制，虽然在 SSL3.0 中可以通过数字签名和数字证书实现浏览器和 Web 服务器双方的身份验证，但仍不能实现多方认证。相比之下，SET 的安全要求较高，所有参与 SET 交易的成员（持卡人、商家、发卡银行、收单银行和支付网关）都必须申请数字证书进行身份识别。

（2）在安全性方面。SET 协议规范了整个商务活动的流程，对从持卡人到商家，到支付网关，到认证中心以及信用卡结算中心之间的信息流走向和信息加密、认证等各个环节，都制定了严密的标准，从而最大限度地保证了商务性、服务性、协调性和集成性。而 SSL 只对持卡人与商店端的信息交换进行加密保护，可以看成是用于传输部分的技术规范。从电子商务特性来看，它并不具备商务性、服务性、协调性和集成性。因此，SET 的安全性比 SSL 高。

（3）在网络层协议位置方面。SSL 是基于传输层的通用安全协议，而 SET 位于应用层，对网络上其他各层都有涉及。

（4）在应用领域方面。SSL 主要是和 Web 应用一起工作，而 SET 是为信用卡交易提供安全，因此如果电子商务应用只是通过从 Web 或是电子邮件，则可以不要 SET。但如果电子商务应用是一个涉及多方交易的过程，则使用 SET 更安全、更通用。

总之，SSL 协议实现简单，独立于应用层，大部分内置于浏览器和 Web 服务器中，在电子交易中应用便利。但它是一个面向连接的协议，只能提供交易中客户与服务器间的双方认证，不能用于多方的电子交易中。SET 在保留对客户信用卡认证的前提下，增加了对商家身份的认证，安全性进一步提高。由于两协议所处的网络层次不同，为电子商务提供的服务也不相同，因此在实践中应根据具体情况来选择是独立使用还是两者混合使用。

10. 数字摘要

数字摘要（digital digest）技术是采用安全 Hash 编码法（secure hash algorithm，SHA）对明文中若干重要元素进行某种变换运算得到一串 128bit 的密文。这串密文也称为数字指纹，它有固定的长度，且不同的明文摘要而成的密文，其结果是不同的，而同样的明文其摘要必定是一致的。

11. 数字时间戳

在电子商务交易过程中，时间同签名一样是十分重要的证明。比如，在书面合同中，文件签署的日期和签名一样均是十分重要的，是防止文件被伪造和篡改的关键性内容。在电子商务交易中应对交易文件的日期和时间信息采取安全措施，需要在经过数字签名的交易上打上一个可信赖的时间戳。与寄信用的邮戳一样，数字时间戳服务（digital time-stamp service，DTSS）也是用来证明消息的收发时间的。由于用户桌面时间很容易改变，由桌面时间系统产生的时间戳不可信赖，因此需要一个第三方来提供可信赖的且不可抵赖的时间戳服务。作为提供时间戳服务的可信赖的第三方，其根据用户请求为某文件加盖时间戳的过程，就是将一个可信赖的日期和时间与加盖时间戳的数据文件绑定在一起的过程。用户首先将需要加时间戳的文件经加密后形成文档，然后将摘要发送到专门提供数字时间戳服务的权威机构。该机构对原摘要加上时间标记后，进行数字签名，用私钥加密，并发送给原用户。这就完成了为用户某文件加盖时间戳认证服务的过程。

6.2.2 电子商务安全的经济管理

企业在筹划开展电子商务安全建设时，应将这项活动看做一项重要的投资。因此，在实施电子商务安全建设之前，应进行投资前的成本与效益分析。分析做得好，可以控制建设的规模，节约费用，最大可能地产生效益，分析不彻底，则可能会造成盲目投资。

安全预算的制定对于很多企业的高层管理者来说都比较头疼：一是因为电子商务安全涉及很多方面的问题，如人员安全、物力安全、访问控制等；二是因为很难依据某种科学的量化的输入得出具体的预算费用。电子商务安全预算应该关注以下几个方面：①是否平衡了成本与风险的关系；②是否真正用于降低或者消除信息安全风险，而不是引入了新的不可接受风险；③被关注的风险是否具有较高的优先等级。

同时企业还要结合自身的实际情况，资金雄厚的企业可以起点高一些，范围大一些，功能全一些，而对于实力较弱的企业，电子商务安全的建设就不要贪大求全，一步到位，而应该循序渐进。

6.2.3 电子商务安全的组织管理

组织内部要建立相应的信息安全管理制度。据有关部门统计，在所有的计算机安全事件中，约有52%是人为因素造成的，25%由火灾、水灾等自然灾害引起，技术错误占10%，组织内部人员作案占10%，有3%左右是内外部不法人员的攻击造成的。简单归类，属于管理方面的原因比重高达 70%以上，这正应了人们常说的“三分技术，七分管理”的箴言。因此，解决电子商务安全问题，不仅应从技术方面着手，更应加强网络信息安全的管理工作。

1. 建立安全管理制度

（1）要严格用户权限管理制度，对各级用户的使用权限定期进行检查。

（2）要严格控制网络接入设备的管理制度，对接入网络的任何设备的使用情况要有非常详细的记录说明，并定期检查其使用情况，还要对其入网操作的权限加以控制。

（3）要严格加强口令保密制度的执行。杜绝使用公开或缺省的口令和用户名称，对关键用户的口令要采用双人监护、异地保存等方式进行管理，严防个人独自以关键用户进入网络系统。

（4）要加强对入网用户身份的检查，对因工作岗位调换的用户要及时更改其网络使用权限，对不具备再次使用网络资源的用户身份要及时地予以删除。

（5）要加强网络系统日常的巡查，及时监控用户使用网络资源情况，对陌生用户要及时查清来源，并加以相应处理；对越权用户要查明越权原因，并根据实际情况限制其使用权限。

（6）要随时监视网络资源使用情况，严防网络使用瓶颈。当发现网络资源紧张时，要查明具体原因，如果资源紧张，则要及时对网络资源进行扩容；如系网络瓶颈则要分析具体情况，对网络的部分接入方式进行改造，改善网络性能；如系某个用户过度侵占网络系统资源，则要对其权限加以控制。

（7）要及时做好网络系统动态数据的远程备份工作。对于网络系统来说，对其静态的系统及数据往往容易引起注意并能及时做好远程备份工作，而作为随时变化的业务动态数据，则需要得到及时的备份，以备系统出现意想不到的故障。

（8）定期清理网络存储资源，出于网络实现资源共享，因而所有联网用户都来争抢有限的资源，有些用户将自己的私人文件也存放于共享区域，严重影响网络资源的充分利用。另外，还有用于系统监控的日志文件或临时文件，在作了相应处理之后，要将它们定期或不定期地进行清理。

（9）要加强网络用户与网络管理部门之间的联系与沟通，及时发现网络使用中的各种安全隐患，并根据具体情况制定出切实可行的防范方法，从而实现网络安全的防范体系。

（10）由于计算机网络技术涉及面广、技术性强，一般情况下，除技术管理部门以外的其他部门无法插足其中进行监管，由技术管理部门实行组建、使用、维护、监管一条龙服务。这当然有其优势的一面，但同时少了一些外部的约束。所以应该尽快地在组织内部培养出一批业务精通的计算机方面的监察能手，定期不定期地对计算机网络系统管理及使用人员进行跟踪监察。

2. 加强对人员管理

1）人员安全教育

网络安全的程度只取决于网络中最弱环节的安全程度，最危险的是个人警惕性的丧失。许多事例说明，威胁信息系统安全的重要因素是系统工作人员，建设一支高度自觉、遵纪守法的技术人员队伍是计算机安全工作最重要的一环。为此，应采取以下措施：

(1) 思想教育。加强思想和职业道德教育，定期对工作人员的政治思想、业务水平进行考核和审查，发现问题，及时处理。

(2) 明确职责。明确工作人员的岗位和职责范围，各自负责，相互制约，达到安全的目的，特别要坚持系统程序员与操作员分离的原则，以减少计算机犯罪的机会。

(3) 技术培训。加强技术培训和安全教育，提高工作人员业务水平和安全意识，保证信息系统的正常运行。

2）人员管理机制

在安全管理活动中，需要从以下方面的授权管理与监管等方面注意规范人员管理机制，来保障网络应用系统的信息安全：①访问控制；②信息处理系统的使用；③ 保密信息的处理；④硬件和软件的维护；⑤系统软件的设计、实现和修改；⑥重要程序和数据的删除和销毁等。

3）人员管理原则

(1) 多人负责原则。每一项与安全有关的活动，都必须有两人或多人在场。这些人应是系统主管领导指派的，忠诚可靠，能胜任此项工作；他们应该签署工作情况记录以证明安全工作已得到保障。

(2) 任期有限原则。为遵循任期有限原则，工作人员应不定期地循环任职，强制实行休假制度，并规定对人员进行轮流培训，以使任期有限制度切实可行。

(3) 职责分离原则。在信息处理系统工作的人员不要打听、了解或参与职责以外的任何与安全有关的事情，除非系统主管领导批准。出于对安全的考虑，下面每组内的两项信息处理工作应当分开：①计算机操作与计算机编程；②机密资料的接收和传送；③安全管理和系统管理；④应用程序和系统程序的编制；⑤访问证件的管理与其他工作。

6.2.4 电子商务安全的风险管理

电子商务安全的风险管理就是对电子商务系统的安全风险进行识别、衡量、分析，并在此基础上有效地处置风险，降低各种风险发生的概率，或当某种风险突然降临时，减少损失的管理过程。风险管理目标是尽可能地以最低的成本或代价实现尽可能大的安全保障。

1. 电子商务安全风险管理规则

针对电子商务面临的各种安全风险，电子商务企业不能被动、消极地应付，而应该主动采取措施维护电子商务系统的安全，并监视新的威胁和漏洞。因此，需要制定电子商务安全风险管理规则。

一般来说，风险管理规则的制定需要经历评估、开发和实施以及运行三个阶段。

1）评估阶段

该阶段涉及收集电子商务环境的相关信息，以便执行安全评估，必须收集足够的数据，以有效地分析环境的当前状态。然后，确定如何充分保护电子商务信息资产不受潜在威胁。除安全评估以外，还要创建安全行动计划以便在实施过程中执行，本阶段包括以下几个主要步骤：

（1）资产评估与估价。资产评估是信息相对于相关各方的价值，以及开发这些信息的成本。估价是指维护这些资产的成本、资产损失或遭破坏时将造成的损失以及另一方获取了该信息将会获得多大的利益。资产价值应反映所有在资产发生实际损坏时将会增加的可以确定的成本。

（2）安全风险识别。安全风险识别要求安全小组成员进行集体讨论以发现潜在的安全风险。

（3）安全风险分析。安全风险分析用来分析各种潜在的攻击、工具、方法以及可能被用于攻击潜在漏洞的各种技术。安全风险分析有三大目标：确定风险、量化潜在威胁的影响，以及在经济上寻求风险影响和对策成本之间的平衡。

（4）安全风险的跟踪、规划和时间安排。利用安全风险分析所获得的信息，制定缓解策略和应变策略以及围绕这些策略的各种计划。

2）开发和实施阶段

该阶段主要关注执行安全行动计划，以便对评估定义的环境实施推荐的更改，除安全行动计划以外，还要开发安全风险应变计划。此阶段包含三个步骤。

（1）风险补救措施开发。风险补救措施开发是这样一个过程：实施在评估阶段创建的各种计划，并用这些计划来创建新的安全策略，其中涉及配置管理、修补程序管理、系统监视与审核以及可操作的策略和过程。

（2）风险补救措施的测试。在完成风险补救措施策略的开发和相关系统管理的更改，并且确定其有效性的策略和过程已经写好之后，即进行风险补救措施的测试。在测试过程中，按照安全风险的控制效果来评估对策的有效性。

（3）风险知识学习。使收集如何保护资产的知识的过程标准化，并记录所发现的漏洞和攻击手段。随着不断的学习，必须重新收集并部署新的安全信息，以便不断地提高安全对策保护信息资产的有效性。

3）运行阶段

运行阶段的主要任务是根据需要对电子商务系统环境进行修改和更新，以保持环境安全，在运行过程中执行渗透测试和事故响应策略，有助于巩固系统实施安全项目的目标。在这个过程中还要执行审核和监督活动，以保持基础结构的完整和安全。此阶段包括重新评估新的或已经更改的资产和安全风险、对新的或已经更改的对策稳定性测试和部署。

2. 电子商务安全风险管理步骤

电子商务安全风险管理可分为三个步骤。

第一步：风险确认。这是风险管理最重要的步骤。如果不能准确地确认风险所在，就无法预测安全危机，当然也就无法制定对策来控制风险。风险确认是一个过程，在这个过程中，了解面对的风险的性质和暴露于该风险的程度。

需要注意的是，风险确认只能发现已知的风险或根据已知风险较容易获知的潜在风险。而对于大部分的未知风险，则依赖于风险评估和控制来加以解决或降低。

第二步：风险评估。风险确认后，接着要做的就是风险评估，风险评估就是对确认后所存在的风险作分析和量度，从而将电子商务安全风险损失降到最低或将其控制到可接受的水平。风险评估一般包括风险损失的划分和资产风险的分类，所采用的方法有定性和定量方法。

目前，风险评估主要采用的方法有：风险概率/影响评估矩阵、敏感性分析、模拟等。由于各影响因素量化在现实上的困难，可根据实际需要，主要采用定性方法为主、辅以少量定量方法相结合来进行电子商务安全风险评估，为制定风险管理制度和风险的控制提供依据。

第三步：风险控制。风险控制就是选择和运用一定的风险控制手段，以保障风险降到一个可以接受的水平。风险控制是风险管理中最重要的一个环节，是决定风险管理成败的关键因素。电子商务安全风险控制的目标在于改变企业电子商务项目所承受的风险程度。风险控制可分为风险前控制和风险后控制。

一般来说，风险前控制方法有两类：第一类是风险规避与预防措施，是指以设法避免风险发生或者降低风险损失为目标的各类控制措施。第二类为分散或分离风险的各类措施。最常见的有以保险手段转移风险、通过投资与经营策略的组合与调整分散风险等。

风险后控制就是当风险发生时，采取应急或者恢复措施，以尽可能降低风险所带来的损失。

对电子商务安全来说，其有效可行的风险控制方法是：建立完整高效的降低风险的安全性解决方案，掌握保障安全性所需的一些基础技术，并规划好发生特定安全事故时企业应该采取的应急方案。

3. 电子商务安全风险防御对策

制定电子商务安全风险防御对策目的在于消除潜在的威胁和安全漏洞，从而降低电子商务系统环境所面临的风险。

目前的电子商务安全风险防御对策中，较为常用的是纵深防御策略。所谓纵深防御策略，就是深层安全和多层安全。通过部署多层安全保护，可以确保当其中一层遭到破坏时，其他层仍能提供保护电子商务系统资源所需的安全。比如，一个单位外部的防火墙遭到破坏，由于内部防火墙的作用，入侵者也无法获取单位的敏感数据或进行破坏。在较为理想的情况下，每一层均提供不同的对策以免在不同的层中使用相同的攻击方法。

图 6.3 为一个有效的纵深防御策略。

图 6.3　有效的纵深防御策略

下面就各层的主要防御内容从外层到里层进行简要的说明：

（1）物理安全。物理安全是整个电子商务系统安全的前提。制定电子商务物理安全策略的目的在于保护计算机系统、电子商务服务器等各电子商务系统硬件实体和通信链路免受自然灾害和人为破坏造成的安全风险。

（2）周边防御。它对网络周边的保护能够起到抵御外界攻击的作用。电子商务系统应尽可能安装某种类型的安全设备来保护网络的每个访问结点。在技术上来说，防火墙是网络周边防御的最主要的手段，电子商务系统应当安装一道或多道防火墙，以确保最大限度地降低外界攻击的风险，并利用入侵检测功能来及时发现外界的非法访问和攻击。

（3）网络防御。网络防御是对网络系统环境进行评估，采取一定措施来抵御黑客的攻击，以确保网络得到适当的保护。就目前来说，网络安全防御行为是一种被动式的反应行为，而且，防御技术的发展速度也没有攻击技术发展得那么快。为了提高网络安全防御能力，使网络安全防护系统在攻击与防护的对抗中占据主动地位，在网络安全防护系统中，除了使用被动型安全工具（防火墙、漏洞扫描等）外，也需要采用主动型安全防护措施（如网络陷阱、入侵取证、入侵检测、自动恢复等）。

（4）主机防御。主机防御是对系统中的每一台主机进行安全评估，然后根据评估结果制定相应的对策以限制服务器执行的任务。在主机及其环境中，安全保护对象包括用户应用环境中的服务器、客户机以及其上安装的操作系统和应用系统。这些应用能够提供包括信息访问、存储、传输、录入等在内的服务。根据信息保障技术框架，对主机及其环境的安全保护首先是为了建立防止有恶意的内部人员攻击的首道防线，其次是为了防止外部人员穿越系统保护边界并进行攻击的最后防线。

（5）应用程序防御。作为一个防御层，应用程序的加固是任何一种安全模型中都不可缺少的一部分。加强保护操作系统安全只能提供一定程度的保护，因此，电子商务系统的开发人员有责任将安全保护融入应用程序中，以便对体系结构中应用程序可访问到的区域提供专门的保护。应用程序存在于系统的环境中。

（6）数据防御。对许多电子商务企业来说，数据就是企业的资产，一旦落入竞争者手中或损坏将造成不可挽回的损失。因此，加强对电子商务交易及相关数据的防护，对电子商务系统的安全和电子商务项目的正常运行具有重要的现实意义。

总之，对于电子商务安全风险管理来说，首先是扫描和检测电子商务系统的内外部环境，检查系统的脆弱性和薄弱环节；其次是对电子商务安全风险进行充分地分析，制定相应的规划和措施，并在其实施的每个阶段进行监控和跟踪；最后是根据环境的变化随时调整风险管理措施，以满足电子商务安全的需要。

➢ 本章思考题

1. 什么是信息安全？分别从基本属性、体系结构、服务及技术方面，说明信息安全包括哪些内容。

2. 说明电子商务安全的含义及特征。

3. 电子商务安全环境包括哪几个部分？

4. 电子商务的安全需求主要体现在哪几个方面？

5. 简单描述各项电子商务安全技术。

6. 电子商务安全组织管理有哪些内容？

7. 如何有效加强电子商务安全的风险管理？

第7章

电子商务法律法规与标准

7.1 电子商务法律概述

7.1.1 电子商务引发的主要法律问题

电子商务在各个行业的广泛应用，引发了许多新的法律问题。

1. 电子证据及电子合同的效力问题

在电子商务活动中，所有当事人的意思表示主要以电子化的形式存储于计算机硬盘或其他电子介质，这些记录方式不仅容易被涂擦、删改、复制、遗失，而且不能脱离其记录工具而作为证据独立存在。如何保证这些信息安全并具有证据力是一个必须解决的问题。

电子合同是对双方当事人交易行为进行约束的主要依据。因此从立法上确定电子合同的效力，是发展电子商务应解决的首要问题。

2. 电子支付的合法性问题

电子支付伴随电子商务的发展而兴起，目前，国内大多数商业银行都开办了电子支付业务，与电子支付相应的法律问题也引起了人们更多的关注。人们关注的焦点集中在电子货币的合法性、电子支付认证机构与第三方电子支付机构的合法性、电子支付指令的效力、电子支付的风险责任等多个方面。

3. 电子商务活动中的知识产权保护问题

1）电子商务中域名保护问题

域名表示 Internet 上的一个地址，其本身并不是知识产权，然而，域名为了便于被记住和识别，通常含有与企业名称、商标、产品或服务相关的意义。因此，它与知识产权密切相关。各大公司毫无例外全部注册了自己的域名，也有一些知名企业的商标或企业名称被其他企业以赢利为目的作为域名抢注，这样，这些企业要么花费比注册域名多许多倍的费用买回被抢注的域名，要么重新注册一个与本企业商标或名称均不相关的域名，无论哪种情况都会给企业造成损失。域名是企业的无形资产，必须从法律上予以保护。

2）电子商务中专利权保护问题

电子商务活动给专利权的保护带来了新的问题。例如，Internet 的广泛性和开放性对传统的专利"新颖性"特点提出了挑战，发明人通过电子信箱与同事通信中，披露了自己的有关发明，这是否构成"公开"，是否影响该发明获得专利时应有的"新颖性"；电子商务活动使用的各类软件产品或者服务能否成为专利制度保护的客体；还有电子方式申请专利是否合法和受到保护，等等。

3）电子商务中商业秘密保护问题

电子商务将传统的商务活动电子化与网络化，并没有改变商业活动的实质，只要有商业活动，就有商业秘密，商业秘密作为一种知识产权，凝聚着权利人在长期实践中所付出的大量人力、物力、财力及巨大的智力投资，并且是生产经营者参与市场竞争有力的秘密武器。在电子商务活动中，除了对商业秘密在数据网络中存放、传输采取高技术手段保护以外，还需从法律角度予以保护。

4）电子商务活动中的著作权保护问题

这包括网络环境下传递的信息（数据、资料汇编等）著作权保护、电子商务信息服务（网络音乐、电影、书店等）中的著作权保护、电子商务中数据库的著作权保护等。

4. 电子商务活动中不正当竞争问题

现实世界的不正当竞争同样会在网络世界出现，并呈现出越来越突出的态势。电子商务环境下的不正当竞争行为是指在电子商务活动中侵犯他人合法权益，破坏公正经营秩序的行为，既包括传统企业之间利用网络进行经营活动过程中发生的不正当竞争行为，也包括网络服务商与传统企业之间以及网络服务商之间在开展信息服务、技术服务、在线交易过程中发生的不正当竞争行为。

5. 电子商务活动中消费者权益保护问题

电子商务的网络性、广泛性与开放性，使得消费者的权益保护问题变得十分尖锐。电子商务改变了传统的商务模式，由此引发了许多传统商务活动中未曾有过的侵害消费者权益的问题，如网上欺诈、隐私权保护、责任界定和责任追究、侵害消费者权益案件管辖权确定等问题。

6. 电子商务税收中的法律问题

电子商务对传统税收原则及税务管理提出了挑战，具体表现在以下几个方面：

(1) 电子商务的所得性质难以划分。在电子商务活动中，对于以数字形式提供的数据和信息究竟认定为提供劳务、授予特许权还是销售产品，目前尚无明确的规定，因而税务机关也就很难确定它是销售所得、劳务所得还是特许权使用费。

(2) 税收管辖权难以界定。电子商务的多国性、流动性及无纸化等特征，使得各国基于属地和属人两种原则建立起来的税收管辖权面临挑战，使各国对所得来源地的判定发生争议。

(3) 税务管理难度加大。电子商务在影响税收原则的同时，还给税收征管的具体工作带来许多难题。比如，作为销售凭证的各种票据都有可能被轻易修改且不留下任何痕迹。这些都给税收征管和稽查工作带来了困难。

7. 信息与网络的安全问题

电子商务的安全性要求有效地保障通信网络的顺畅、信息系统的安全，确保信息的真实性、完整性、保密性和不可抵赖性，防止他人非法侵入、盗用、修改和破坏。它涉及社会环境、操作人员素质和安全防范技术水平，同时也需要立法保障。

8. 电子商务交易法律适用与管辖问题

电子商务的本质是商务，实体社会的商法框架和体系对电子商务活动仍然有效，电子商务法只是解决电子商务活动中的特殊法律问题，这就存在一个法律适用问题。由于 Internet 的超地域性，法院管辖范围也需要作相应调整。因此，对电子商务活动中引起的法律适用和法院管辖等问题的研究就显得更为迫切。

随着电子商务不断深入广泛地发展，还会陆续出现一系列新的法律问题。因此，不断研究并通过立法对电子商务活动进行规范和保护就显得极为重要和必要。

7.1.2　电子商务法的特点和任务

1. 电子商务法的特点

电子商务法是指调整因以电子交易和电子服务为核心的电子商务活动所发生的各种社会关系的法律规范的总称。

与一般的民商法相比，电子商务法具有以下特点：

1) 技术性

电子商务是高科技的产物，是通过网络进行的商务行为，规范这种商务行为的电子商务法必然要适应这种特点。传统民商法对电子商务的签字技术、确认技术以及加密技术等技术问题束手无策，而电子商务法律将传统法律与现代高科技相结合，需要对电子商务的有关技术问题作出合理的规定。事实上，电子商务的许多法律规范都是直接或者间接地由相应的技术规范演变而来。比如，一些国家将运用公共场所公开密钥体系生成的数字签名规定为安全的数字签名，把有关公开密钥的技术规范转化成了法律要求。另外，对于网络协议的技术标准，当事人若不遵守，就不可能在开放环境下进行电子商务交易。所以，技术性是电子商务的法律规范的重要特点之一。

2）程序性

电子商务法中有许多程序性规范，主要解决交易形式问题，一般不直接涉及交易的具体内容。从联合国国际贸易法委员会（United Nations Commission on International Trade Law，UNCITRAL）的《电子商务示范法》和新加坡的《电子交易法》来看，也都是以规定电子商务条件下的交易形式为主。电子商务法所调整的是当事人之间因交易形式的使用而引起的权利义务关系，如有关数据电文是否有效、是否归属于某人、电子签名是否有效、是否与交易的内容相适应、认证机构的资格如何、它在证书的颁发和管理中应承担何种责任等问题。美国的《统一电子交易法》规定了电子记录、电子签名和电子合同的效力、归属、保存等电子商务交易环境中的特殊问题。美国的统一州法委员会还颁布了一部以电子信息交易的实体内容为主的《统一计算机信息交易法》，对以计算机信息为标的的交易问题作了较全面的规定。两者相比，《统一电子交易法》的程序性更为突出，随着电子商务法的发展，相信会有更多的实体内容加入，电子商务法将朝着程序法和实体法相结合的方向发展。

3）国际性

信息化的发展推动着经济全球化和市场一体化进程，电子商务是一种世界性的经济活动，它的法律框架不应只局限于一国范围内，而应得到国际社会的认可和遵守。网络空间中，传统的管辖边界不再适用，也使得采用一国的法律适用于电子商务均具有很大的不确定性，这就需要制定通用的法律原则，来解决共同的法律问题及明确相应的法律责任。因此，国际性是电子商务法的明显特征之一。在世界范围内统一使用的电子商务法出现之前，各国制定适于电子商务的国内法律很有必要，只是需要注意如何与国际接轨的问题。

4）复合性

由于电子商务在技术手段上的依赖性和复杂性，与一般民商活动相比，任何电子商务活动的进行必须要有第三方的参与，否则，电子商务将无法进行。通过电话、传真、电视、电传等方式进行的传统电子商务需要由电信公司或电视服务提供者等中介者的参与，基于计算机网络的电子商务则必须要有网络服务商、网络认证服务者、电子银行乃至保险公司的参与。电子商务对中介第三方参与的依赖性，使得交易双方除了各自与对方发生法律关系外，还必须与一个以上的中介第三方发生法律关系，尤其是基于互联网的电子商务的进行通常必须有两个以上的中介服务者的参与。因此，电子商务法所调整的社会关系较之于一般商事法律关系更加复杂，它要求多方位的法律以及多学科知识的应用。

5）开放性

电子商务是关于数据电文进行意思表示的法律制度，而数据电文在形式上是多样化的，并且在不断发展之中，因此，必须以开放的态度对待任何技术手段与信息媒介。国际组织以及各国在电子商务立法中，大量使用开放性条款和功能等同性条款，其目的就是为了开拓社会各方面的资源，促进电子商务技术和社会经济的广泛发展。电子商务法的开放性具体表现在电子商务法基本定义的开放、基本制度的开放以及法律结构的开放等方面。

2. 电子商务法的任务

电子商务法的主要任务有以下几个方面：

1）为电子商务健康快速发展创造一个良好的法律环境

随着互联网的普及，电子邮件和电子数据交换等现代通信手段在商务交易中的使用日益增多和发展。然而，以非书面电文形式来传递具有法律意义的信息可能会因使用这种电文所遇到的法律障碍或这种电文法律效力或有效性的不确定性而受到影响，研究制定电子商务法的目的，是要向电子商务参与者提供一套虚拟环境下进行交易的规则，说明怎样去消除此类法律障碍，如何为电子商务创造一种比较可靠的法律环境，克服进一步使用电子商务所遇到的法律障碍。

2）保障网络交易安全

一谈到交易安全，人们首先想到的是技术保障措施。由于“黑客”的攻击技术也在不断发展，而网络安全技术与管理又总是落后于攻击手段的发展，因此网络交易一定会不可避免地存在安全隐患。对已经发生的违法行为，只能依靠法律进行惩处，当然也包括一些民事行为的法律救济与补偿。

另外，由于安全技术的开发和应用需要大量资金，人们常常会选择经济性而忽略安全性。所以，需要通过法律的惩戒与威慑，使具有犯罪意识的人产生畏惧心理，达到惩一儆百的效果。同时，也需要通过法律使公民了解在网络交易中什么行为是违法的，从而自觉地规范自己的交易行为，并创造出一个良好的电子商务运作环境。电子商务活动法律保障措施必不可少。

3）弥补现有法律的缺陷和不足

电子商务需要立法研究，是因为现行的有关传递和存储信息的法规不完备或已过时，因为那些文件在起草时，还没有预见到电子商务及其广泛应用。在某些情况下，那些法规中使用“书面”、“经签字的”或“原始”文件等的规定对现代通信技术的使用施加了某些限制或包含有限制的含义。这种情况可能使人们无法准确地把握并非以传统的书面文件形式提供的信息的法律性质和有效性，也无法完全信赖电子支付。此外，在日益广泛地使用电子邮件和电子数据交换的同时，也有必要对传真和电传等通信技术制定相应的法律和规范。电子商务法律，可以补救现有法律的缺陷或者不足，促进电子商务的健康发展。

4）鼓励利用现代信息技术促进交易活动

电子商务法的目标是促进电子商务的普及应用或为其创造条件，平等对待基于书面文件的用户和基于数据电文的用户，充分发挥高科技手段在商务活动中的作用。这些目标都是促进经济增长和提高交易效率的关键。从这一点讲，电子商务立法的目的不是要从技术角度来调整电子商务关系，而是创立尽可能安全的法律环境，有助于各方高效率地应用电子商务。

7.2 电子商务立法现状

7.2.1 国外电子商务立法现状

20世纪80年代初，由于计算机技术已有相当发展，一些国家和企业开始大量使用计算机处理数据，从而引起一系列计算机数据的法律问题，相关法律法规应运而生。其中影响比较大的是联合国国际贸易法委员会的立法工作。1984年联合国国际贸易法委员会提交了《自动数据处理的法律问题》的报告，建议审视有关计算机记录和系统的法律要求；1985年又提出了“计算机记录的法律价值”的报告，主要解决法庭诉讼程序中使用计算机可读数据作为证据的问题，从而揭开了电子商务国际立法的序幕。

20世纪90年代以来，随着Internet商业化和社会化的发展，国际组织和一些国家开始了更为积极的探索，为新经济运行提供了安全有序的法律环境。

1. 联合国国际贸易法委员会

UNCITRAL作为联合国系统内负责国际贸易法律协调和统一的组织，在电子商务法律领域开展了大量重要的工作。

1992年UNCITRAL制定了《国际资金支付示范法》，旨在推动国际间电子支付的广泛应用。该法是联合国在电子商务立法方面的实质性进展。

1996年6月，UNCITRAL通过了《电子商务示范法》。它是经过众多的国际法律专家多次集体讨论后制定的，对电子商务的形式、法律确认、书面形式要求、签字、原件、数据电文的可接受性和证据力、电子合同的订立及有效性等重要的问题都作了明确的规定，旨在向各国政府的执行部门和议会提供电子商务立法的原则和框架。1996年12月，联合国大会决议通过了这部《电子商务示范法》，它是迄今为止第一个关于电子商务的世界性法律，使电子商务的许多主要法律问题得以解决，成为各国制定本国电子商务法规的“示范文本”。

1999 年 9 月 17 日，UNCITRAL 电子商务工作组颁布了《电子签字统一规则（草案)》，旨在解决阻碍电子交易形式推广应用基础性问题——电子签字及其安全性、可靠性、真实性问题。草案提出电子签字与强化电子签字的概念，并对电子签字、认证证书及认证机构等作了规范。之后在广泛吸取了许多国家已经生效的或正在起草的立法文件经验的基础上，其于 2001 年 3 月 23 日正式公布了《电子签字示范法》。2005 年 11 月，通过了《联合国国际合同使用电子通信公约》。

2. 世界知识产权组织

世界知识产权组织（WIPO）在电子商务领域所关注的焦点在于如何在电子商务的环境下实现商标、版权和专利权的保护，尤其关心新兴的电子商务对电影、出版、多媒体和信息技术等行业的影响。

1999 年 4 月 30 日，世界知识产权组织公布了《WIPO 国际互联网域名规程最终报告》，针对 Internet 上由域名引发的问题提出了一些有益的建议。

1999 年 9 月 WIPO 在日内瓦召开了电子商务和知识产权大会，会上来自各成员国和不同国际组织的代表，在不同层次上，从技术、商业和政策法规等多角度讨论了电子商务和知识产权问题。

3. 世界贸易组织

1998 年 12 月，世界贸易组织（WTO）132 个成员国签署了《关于全球电子商务的宣言》，规定至少一年内免征 Internet 上所有贸易活动的关税，从而形成电子商务“全球自由贸易区”，降低税收给电子商务造成的负面影响。

4. 欧洲联盟

欧洲联盟（EU）在制定电子商务的政策和法规方面相对活跃，并在这方面进行了多项研究。1999 年发布了《数字签字统一规则草案》。

5. 亚太经济合作组织

亚太经济合作组织（APEC）作为重要的地区性组织已经意识到电子商务对本地区乃至世界经济的巨大影响作用，对各成员方电子商务的发展也给予了越来越多的关注。

1998 年 11 月的部长级会议签署了“APEC 电子商务行动蓝皮书”。

6. 美国

美国的电子商务立法，是以各州的立法为先导。1995 年犹他州颁布了《数字签名法》，它是美国乃至世界上第一部全面确立电子商务运行规范的法律文件，该法案成为世界上最先授权使用数字签字的法案。目前美国各州已经提交审议的有关电子商务的法律数目达上百个之多。

1996 年，美国财政部发布了《全球电子商务选择性的税收政策》，认为对电子商务的税收政策首先要做到中性，不能由于征税而使电子商务发生扭曲。

1997年7月1日，美国政府发布了《全球电子商务框架》，要求建立一个可预见的、干预最少的、一致的、简明的电子商务法律环境。这份长达30页的政策性宣言，被誉为美国全面进入信息化时代的“独立宣言”，引起了世界各国的高度重视。该框架展示了美国政府电子商务系统化政策和谋求国际规则主导权的企图，框架中提出的发展全球电子商务的基本原则和国际协作领域受到了发达国家的普遍支持，框架已经成为商讨全球电子商务政策法规问题的准则。

1998年6月，美国联邦政府通过了《国际互联网税收之自由法》。

1999年美国联邦政府公布了互联网上保护个人隐私的政策。美国国会通过了《反域名抢注消费者保护法》。

2000年2月13日，美国国会通过了电子签名法案，承认合同的电子签名与手写签名同样有效。该法案允许人们完全通过互联网来开设银行账户、购买汽车或从事其他合法的商务交易；允许企业在获得消费者同意的前提下，以电子方式向消费者发送保证书、通知和其他需要的文件。2000年10月1日，《电子签名法案》生效。

美国统一州法委员会于1999年7月通过了《统一电子交易法》，现在已经为大多数州批准生效。2000年9月29日，发布了《统一计算机信息交易法》，作为各州的示范法。该法意在为网上交易活动提供法律规范。

7. 德国

德国于1997年8月制定了《信息与通信服务法》。该法内容广泛，涉及了与电子商务相关的各个方面，其中包括“通信服务使用法”、“通信服务中个人信息的保护法”、“电子签名法”、“刑法典修正案”、“行政违法修正案”、“禁止对未成年人传播不道德出版物修正案”、“版权法修正案”、“价格标示法修正案”等。也就是说，德国为了实施其电子商务法，已经对整个法律体系进行了全面的调整。这种牵一发而动全身的做法，显示了其立法的严谨性。2001年和2006年，根据新形势两次修订了1981年出台的《联邦数据保护法》。

8. 意大利

意大利于1997年制定了《意大利数字签名法》，原则上承认了电子文件的法律效力，为了实施该法，又于1998年和1999年分别颁布总统令，并制定了数字签名技术规则。

9. 马来西亚

早在20世纪90年代中期，马来西亚就提出了建设“信息走廊”的计划，并于1997年制定了《数字签名法》。可以说这是亚洲最早的电子商务立法。该法承认数字签名的法律效力，要求认证机构必须持有许可证方可从事营业。

10. 日本

1996 年日本成立了电子商务促进委员会，有 251 家公司与组织机构参加。在电子授权认证和电子预付款协议等领域制定了规划和模型协议。1998 年 7 月，与美国签订了《美日电子商务联合宣言》，以协调两国发展电子商务的指导原则。日本政府于 2000 年 6 月颁布了《数字化日本之发端——行动纲领》，该纲领重申了电子签名认证系统对发展电子商务的重要意义。保护个人信息的根本法律《个人信息保护法》于 2005 年 4 月生效。

11. 新加坡

1998 年，新加坡正式制定、颁布了一部有关电子商务的综合性法律文件——《新加坡电子交易法》。该法在内容和体例上具有独到之处，不仅在亚洲太平洋地区而且在世界范围内都产生了较大的影响。1999 年又制定了《新加坡电子交易（认证机构）规则》和《新加坡认证机构安全方针》作为《新加坡电子交易法》的配套法律。

12. 韩国

韩国的《电子商务基本法》于 1999 年 7 月正式生效，该法兼容了欧洲国家与美国在电子商务立法方面的优点。为了具体实施其《电子商务基本法》，韩国还制定了《电子签名法》，使得具有经过认证的数字签名的所有数字式商务文档就同实际交易中使用的硬拷贝一样，具有同等的法律效力。2002 年制定《电子商务用户保护法》，该法令规定了电子贸易和直销、用户权利的保护、检查和监督、实行纠正和惩罚等。2003 年制定《电子商务用户保护指南》，通过规定和例示相关法律法规，保护用户基本权利和利益，并促使交易双方自觉自愿的去遵守电子贸易和直接贸易的规章。2004 年制定《电子化学习产业促进法》，目的是通过促进电子化学习来提高人民的生活质量，发展国家经济。

综上所述，20 世纪 90 年代是世界范围内电子商务立法最为迅速的时期。经过十多年的立法实践，世界各国和国际电子商务立法都有了长足的进步，一些基本原则得到广泛应用，在一些细节的处理上也比较成熟，起步较早的国家在完成电子签章和电子交易的相关立法后，开始把注意力转移到一些更为具体的问题上，如完善交易规则、反欺诈、打击垃圾邮件和查处网络犯罪等，并同时加大了推广国际规则的力度。及时跟踪和研究国际电子商务立法进程和特点，把握国际电子商务立法的总体趋势，积极参与国际电子商务立法，对于促进中国国内电子商务立法具有重要意义。

7.2.2 国内电子商务立法现状

我国政府高度重视电子商务的立法工作，发展电子商务的总体框架正在制定之中，其中政策法规标准被放在了第一位。

近年来制定的与电子商务相关的主要法律法规有：

1994 年国务院制定《计算机信息系统安全保护条例》，它是我国保护计算机信息系统安全的首部法规。

1996 年国务院发布了《计算机信息网络国际联网管理暂行规定》。

1997 年国务院信息化工作领导小组发布了《互联网络域名注册暂行管理办法》及其实施细则。

1997 年邮电部发布了《中国公众多媒体通信管理办法》。

1997 年公安部发布了《计算机信息网络国际联网安全保护管理办法》。

1998 年，国务院信息化工作领导小组发布了《计算机信息网络国际联网管理暂行规定实施办法》。

1998 年，国家保密局发布了《计算机信息系统保密管理暂行规定》。

1998 年，公安部、中国人民银行联合发布了《金融机构计算机信息系统安全保护工作暂行规定》。

国家保密局发布并于 2000 年 1 月 1 日起施行的《计算机信息系统国际联网保密管理规定》。

2000 年 9 月 25 日，国务院发布了《中华人民共和国电信条例》、《互联网信息服务管理办法》。

2002 年 9 月 30 日起，实施了《中国互联网络信息中心域名争议解决办法》。

2004 年 12 月 20 日，《中国互联网络域名管理办法》（信息产业部令第 30 号）开始生效。

2005 年 1 月 8 日，《国务院办公厅关于加快电子商务发展的若干意见》颁布。这是我国第一个专门指导电子商务发展的政策性文件，提出了我国发展电子商务的指导思想和原则，确立了我国从政策、法律法规、财税、投融资、信用、认证、标准、支付、物流、企业信息化、技术与服务体系、宣传教育培训、国际交流与合作等多个层面推动电子商务发展的具体措施，从而结束了我国长期以来对电子商务发展缺乏指引的状况。

这些法律和规章的颁布，对我国信息化和电子商务的迅速发展起到了很大的促进和规范作用。然而，这还远远不能适应电子商务发展的需要。

2005 年 4 月 1 日，我国第一部真正意义上的信息化法律——《中华人民共和国电子签名法》开始实施，这是信息化立法领域“从无到有”的第一步跨越。《中华人民共和国电子签名法》针对我国电子商务发展中面临的一些关键性法律问题，从确定电子签名的法律效力、规范电子签名的行为、明确认证机构的法律地位等多个方面作了具体规定，为我国电子商务、电子政务的发展起到了极其重要的促进作用，同时也为今后的信息化立法奠定了基础。

为了更好地实施《中华人民共和国电子签名法》，信息产业部颁布的《电子认证服务管理办法》于 2005 年 4 月 1 日起同时施行。

2005 年 4 月 30 日，国家版权局与信息产业部联合发布了《互联网著作权行政保护办法》，该办法于 2005 年 5 月 30 日起实施，这是我国第一部真正意义上的互联网内容著作权保护的行政法规。该办法明确划分了著作权行政管理部门与信息产业主管部门在互联网著作权保护方面的权责，界定了著作权人、互联网内容提供者、互联网接入服务提供者、互联网信息服务提供者在保护网上著作权方面的权利义务，并规定了相应的处罚措施。

2006 年 3 月 1 日起，中国银行监督管理委员会发布的《电子银行业务管理办法》和《电子银行安全评估指引》正式实施。

2006 年 3 月 17 日起，新的《中国互联网络信息中心域名争议解决办法》正式实施。

2006 年 3 月 30 日起，信息产业部颁布的《互联网电子邮件服务管理办法》正式实施，对占用大量网络资源并常常成为网络病毒传播工具、威胁互联网信息安全、侵害电子邮件用户合法权益的垃圾邮件以及互联网上其他违法不良信息等开始了全面的治理工作。

2006 年 7 月 1 日起，国务院颁布的《信息网络传播权保护条例》正式实施，该条例从保护信息网络传播权、保护为保护权利人信息网络传播权采取的技术措施、保护用来说明作品权利归属或者使用条件的权利管理电子信息等方面对权利人的权益进行了保护，同时为了社会公益事业，满足人民群众对获取知识的需求，还对权利人的信息网络传播权作了合理的限制。

2007 年 3 月 6 日，商务部发布《关于网上交易的指导意见（暂行）》，提出了网上交易及其参与方、网上交易的基本原则、网上交易参与方规范行为、网上交易促进等方面的指导意见。目的是推动网上交易健康发展，逐步规范网上交易行为，帮助和鼓励网上交易各参与方开展网上交易，警惕和防范交易风险。

2007 年 9 月 14 日，北京市第十二届人民代表大会常务委员会第三十八次会议通过了《北京市信息化促进条例》，对信息化工程建设、信息资源开发利用、信息技术推广应用、信息安全保障、监督管理、法律责任等方面的问题进行了规范。该条例自 2007 年 12 月 1 日起施行。

2007 年 12 月 13 日，商务部颁布了《关于促进电子商务规范发展的意见》，结合我国电子商务发展的新情况，就促进电子商务规范发展充分认识促进电子商务规范发展的重要意义；规范电子商务信息传播行为，优化网络交易环境；规范电子商务交易行为，促进网络市场和谐有序；规范电子支付行为，保障资金流动安全；规范电子商务商品配送行为，健全物流支撑体系；促进电子商务规范发展的保障措施；加强组织领导等七个方面提出了意见。

国内已有的电子商务相关法律法规，虽然涉及计算机信息和网络的使用、经营、管理和安全等问题，在规范电子签名活动、保障电子交易安全等方面发挥了重要作用，但没有对电子商务的基本法律问题进行规定，也未对电子合同的订立、电子信息交易、电子支付制度等进行规定。并且存在着多头管理，政出多门的问题，尚不能适应国内电子商务发展的需要。因此，研究电子商务立法，加大电子商务立法步伐，仍然是我国立法机关面临的一个十分紧迫的现实问题。

7.2.3 电子商务立法面临的主要问题

从国际上看，电子商务立法面临的主要问题有两个：一是随着电子商务的不断发展相应立法的不断修改和完善问题；二是如何做好各国电子商务立法之间的协调工作。

我国为了适应电子商务的发展，已相继出台了一系列的法律法规。但是，与电子商务实践的需求和世界发达国家的立法相比，我国电子商务立法还面临许多问题。主要表现为：

(1) 我国电子商务立法方面相对滞后，有关个人隐私和企业商业秘密的保护、网上消费纠纷解决尚未通过立法予以规范。

(2) 我国的法律结构比较单一、层次较低，难以适应信息网络技术发展的需要和不断出现的电子商务问题。

(3) 我国法律之间缺乏有效衔接，尚未形成完整的法律体系。

电子商务作为一个新事物，对其所产生的后果以及所引发的风险需要有一个清楚的认识。要达到这一目标，就需要建立一套完整的法律规则体系，在这种体系的基础上，人们可以充分预见自己通过这种电子商务方式从事商务活动的行为及后果的有效性、法律效力和可强制执行性。这样才能有助于人们树立对电子商务的信心，从而吸引更多的企业和个人加入其中，进一步推动电子商务的繁荣发展。因而，如何在现有法律体系的基础上，发展和完善电子商务的法律规则，使新规则同旧规则之间能够形成和谐的统一体，就成为当今迫切需要解决的问题。

7.3 电子商务指导思想、原则与立法形式

7.3.1 电子商务立法的指导思想

电子商务立法的指导思想应以鼓励和发展电子商务为立法的前提，规范电子商务交易行为及相应的经营活动为立法的内容，适度规范、留有空间、利于发展为立法的技术要求。既要充分考虑我国的实际情况，又要遵循国际惯例，尽量与国际接轨。

7.3.2　电子商务立法的原则

由于电子商务立法调整的是新型的市场交易方式，需要有与以往法律不同的新的立法原则。基于电子商务立法的指导思想，进行电子商务立法应该遵循以下基本原则。

1. 与国际电子商务法律接轨原则

电子商务是无地域界限或超国界的商业方式，因此，它比传统商业活动更需要采取统一规则。UNCITRAL 的《电子商务示范法》和《电子签名示范法》确立了一些基本原则，为电子商务立法统一奠定了基础。《电子商务示范法》和《电子签名示范法》作为各国电子商务立法时的参考法，其中体现出来的“功能等同”、“技术中立”等规则为许多国家制定电子商务法提供了依据。各国在制定电子商务法规的时候，一般都注意与《示范法》保持一致，甚至当国内法规与电子商务的国际性发生冲突时，往往舍弃国内立法的规定。例如，新加坡的《电子交易法案》就几乎全部吸收了《电子商务示范法》的有关规定，同时根据《电子商务示范法》的精神增加了一些内容，如网络服务提供者责任、认证机构及数字签名的法律标准和验证、电子记录、签名的政府作用等。我国的《中华人民共和国电子签名法》也较好地运用了《电子商务示范法》的立法规则。

2. 开放、中立原则

所谓开放、中立原则，是指电子商务立法对各种有关电子商务的技术、软件、媒体等采取开放、中立的姿态，以适应电子商务不断发展的客观需要，防止因电子商务立法对特定范畴的偏爱而损害法的连续性、稳定性，阻碍电子商务的健康发展。电子商务活动离不开有关技术的支持，如保障交易安全的电子认证、电子签名、电子支付制度等都是以密码技术、信息通信技术和其他相关技术的支持为基础的。如果立法将电子签名、电子认证、电子支付等制度依附于某一特定的技术，则必然会阻碍和限制此类技术领域其他技术的发展。同时，随着环境变化及商务活动发展需要，这些特定技术很难保证总能适应新技术条件下电子商务活动的需要。另外，随着电子商务的快速发展，一些建立在某一特定概念基础之上的诸如签名、原件、书面形式、对称密钥加密、非对称密钥加密等范畴也可能很快过时，从而导致不得不经常地、不断地修改相应的电子商务法律，这样必将牺牲法律的稳定性和连续性。因此，电子商务立法应对电子商务所涉及的相关技术和范畴采取开放、中立的原则，以使其能够适应电子商务技术和电子商务自身不断发展的客观需要，防止因立法对特定技术和范畴的偏爱而阻碍电子商务的发展。目前的国内外电子商务立法大多采取了开放、中立原则。

3. 协调性原则

协调性原则是指电子商务立法既要与现行立法相互协调，又要与国际立法相互协调，同时还应协调好电子商务过程中出现的各种新的利益关系，如版权保护与合理使用、商标权与域名权之间的冲突、国家对电子商务的管辖权之间的利益冲突等，尤其是要协调好商家与消费者之间的利益平衡关系，使消费者权益获得不低于其他传统商务活动中的保护水平。

从联合国贸法会制定的《电子商务示范法》、《电子签名统一规则》、《欧盟电子商务指令》和《经合组织有关电子商务中的消费者保护指南》，美国《国际与国内商务电子签名法》、《统一电子交易法》和《统一计算机信息交易法》，澳大利亚《电子交易条例》(1999)，新加坡《电子交易法》(1998)，韩国《电子商务基本法》，马来西亚《电子签名法》(1997)，印度《电子商务支持法》(1999) 等国外有关立法的精神来看，大都体现了这一原则。

4. 安全原则

所谓安全原则，是指电子商务立法应充分考虑电子商务活动对安全的需要，安全是电子商务的生命之所在，没有安全，就没有电子商务的存在与发展。安全性原则要求与电子商务活动有关的信息在传输、存储、交换等整个过程中不被丢失、泄露、窃听、拦截、改变等，要求网络信息应保持可靠性、可用性、保密性、完整性、可控性和不可抵赖性。国内外电子商务立法实践，一般都把交易安全作为立法的基本原则，并通过电子签名、电子认证；电子支付等具体法律制度来保证信息和交易安全。保证电子商务活动安全是各国电子商务立法的重要使命和应当遵循的基本原则。

5. 保护消费者权益原则

电子商务的繁荣最终要依赖消费者的参与，如果在电子商务活动中，消费者利益得不到保护，就不可能有持续发展的电子商务。而且，电子商务是在网络环境下运行的，其交易环境的非透明度、交易过程的非直接性、交易手段的非纸面性等特征，不仅增加了消费者权益受损害的机会，而且会导致消费者的不信任。因此，对电子商务环境下消费者权益的保护除了适用传统的消费者权益保护法外，还要制定专门的针对网上消费者权益保护的特殊法，以保障网上商品质量、网上广告信息的真实性和有效性，解决由于交易双方信誉不实或无效信息发生的交易纠纷，切实维护网络消费者权益。

6. 鼓励、促进与引导原则

21 世纪是网络与电子商务时代，电子商务将在经济发展中起到举足轻重的作用，但电子商务的发展还很不成熟，需要通过法律加以鼓励、引导、促进。由于目前各国电子商务的发展水平和社会公众对电子商务的认同程度较低，各国政府应担负起引导职责，从政策、法律上为电子商务创造良好、宽松的经营环境，努力引导企业和社会公众积极参与电子商务。在立法上，应从网络基础设施建设、电子商务相关技术和标准、税收、市场准入等方面鼓励和促进电子商务的发展。在法律实施上，坚持私法自治，只要现行法律没有禁止的，就是允许的或者不视为违法的，这将使法律对电子商务的干预降到最低限度，以免由于公法的过度干预而阻碍电子商务的发展。这个原则，实际上是表明电子商务立法是为了更好地协调、促进而不是阻碍电子商务的发展。

7. “功能等同”原则

“功能等同”原则是1996年联合国《电子商业示范法》提出的，“功能等同”原则就是在分析有关传统书面文件法律要求的目的和作用的基础上，使电子商务技术能够满足这些目的和作用。例如，书面文件的作用包括以下几个方面：让文件可以被所有人识读；让文件可以被复制；让文件在一段时间内不会被改变；通过签名方式对数据真实性进行认证；让文件以一种官方和法院可以接受的方式出现。就上述书面文件能起的各种作用而言，电子数据如果满足了一系列技术和法律的要求，就能够在数据的生成、存储和通信方面提供与书面文件同等水平的安全保障，甚至在数据来源及内容的认证方面具有更高的可靠性和速度。所以电子商务法应允许将国内有关立法加以修改以适应电子商务的发展，而不必全盘取消书面形式的要求或打乱这些要求所依据的法律概念和做法。

7.3.3　电子商务法的地位与立法形式

1. 电子商务法的地位

依据法学基本理论，法的地位是指一部法律在整个法律体系中有没有自己独立存在的位置，有没有自己独立存在的理由和必要性。能够在法律体系中占有独立存在的位置，才可能有单独立法的必要性。法律关系是法律规范调整一定社会关系的结果，法律关系的建立必须适应一定的社会关系的性质，反映一定的社会关系的要求，符合一定社会关系的发展规律。只有现行法律难以调整现行社会关系或社会发展要求突破现行法律框架时，才有独立部门法的出现。

就电子商务而言，电子商务交易中发生的各种社会关系是在广泛采用信息技术并将其应用于商业领域后才形成的特殊的社会关系（因在线商业行为而发生的关系）。这些社会关系交叉存在于虚拟社会和实体社会之间，而传统法律调整的对象都是在现实世界的范围之内，二者的调整对象有显著区别。

传统民法及民事程序法很难直接适用于虚拟环境中的商业行为，突出表现在合同效力的确定、诉讼管辖、证据认定等保障实体法实施的理论和方法不能支持现有法律处理电子商务案件，传统媒体管理的法律不能适应以网络为载体的全新的信息交流方式。

传统商法以现实中的商主体和商行为为调整对象。面对互联网环境下的商业行为，建立完善的规范体系确保这种特殊环境和手段下的商务运行安全有序，成为一个崭新的研究领域。因此，建立在线商主体资格登记和管制制度、建立身份认证和其他安全保障制度、完善电子合同和电子支付的运作程序成为电子商务法的核心内容。

电子商务的开放性、系统性、集成性等特点使现行分割的行业管理和调控难以适应电子商务的发展。典型的在线交易从网上选购商品或订购到支付和货物交付是一个完整的系统工程，具有系统性和集成性的特点，而它所涉及的管理部门，包括工商、税务、海关、卫生、质量监督等都是分立的。正确调整各部门之间的关系，协调各部门的职能，明确各自的法律职责，及时、公平、有效地解决在线交易问题，需要新法发挥作用。

面对传统法律难以解决的大量新问题，有必要制定应付新问题的法律，而这些分门别类的法律综合起来即形成一门新法学——电子商务法。电子商务法也就是网络环境下的法律规范和调控的法学。随着信息技术与互联网的应用，电子商务将成为未来商业活动的重要形式之一，而电子商务法也将在商法领域里发挥越来越重要的作用。

由上可知，互联网环境下的商业行为形成的独立的调整对象决定了电子商务法的独立地位，对电子商务单独立法是非常必要的。

2. 电子商务立法的主要形式

在电子商务立法形式上，理论界有先分别立法和先综合立法两种不同的观点。

第一种观点，主张先就电子商务出现的具体法律问题，先行制定单行规则或修订传统法律，形成统一思路后，再制定电子商务基本法，即首先解决电子商务发展过程中遇到的现实问题，制定单行法规，如电子合同规则、电子支付规则、电子提单规则、电子商务税收征收办法、网络广告规则等，待时机成熟后，再进行综合立法。这种方法的优点是：能够及时解决电子商务发展过程中的具体问题，并能够在实践中不断积累经验，逐步提出比较完善的综合立法的思路。这种方法的缺点是：缺乏宏观思考，全局性不足，各单行法规很难实现统一性和一体性。而且，很容易沿袭传统的按行业和部门归属立法的弊端。

第二种观点，主张先制定电子商务基本法，然后以基本法为指导思想，就各个具体问题制定单行规则或修订传统法律。对于电子商务这样一个发展十分迅速的新生事物，其立法应当反映现实并服务于现实，这是理所当然的，但立法超前性的指导意义也是非常重要的。“先综合立法后分别立法”的思路有利于从宏观上把握电子商务这一新事物的发展趋势，有利于统一电子商务活动中关键问题的看法。基本法制定出来，指导实践，规范实践，但不要限制实践的发展。如果立法不适应了，还可以修正，而且，由于电子商务所依赖的信息技术发展迅速，所制定的单行法规也需要经常修改和变动。这种修改和变动，如果没有综合的思路和统一的目标，很可能会产生诸多自身的问题和相互矛盾的问题。

第二种形式的立法，是国际上普遍采用的方法。如 1996 年出台的联合国国际贸易法委员会《电子商务示范法》中仅仅在第 7 条中涉及电子签字问题，之后才开始制定联合国国际贸易法委员会《电子签名示范法》。我们认为，电子商务立法采用先综合后单行的方式，即从研究电子商务的关键问题入手，起草电子商务基本法，然后再对具体问题进行立法，这应当是较好的立法选择。具体到我国，应先由全国人民代表大会制定综合性的《电子商务基本法》，在立法的指导思想、原则、目的、电子商务法的地位及主要问题上作出统一的规定，然后根据实际情况制定单行条例，以后随着发展再对《电子商务基本法》作出修改。这样不仅可以避免各部门单行立法可能产生的矛盾和部门归属立法的弊端，而且可以根据电子商务的发展情况，统一规定有关电子商务重点法律问题。《中华人民共和国电子签名法》的出台，可以看成是参照 UNCITRAL 的法律范本制定的与国际接轨的全国统一的电子商务基本法的开端。

从实践上讲，在《电子商务基本法》出台之前，可以就电子商务的一些具体问题先行制定行政法规或部门规章，各省市也可以根据地方立法权限，就地方电子商务发展的需要制定电子商务法规、规章。《电子商务基本法出台》后，再以基本法为指导思想，并总结行政法规、地方性法规、规章的立法经验，就电子商务所涉及的各种具体问题修订不适应的地方或者制定单行法律，从而构成相互配套的、完善的国家电子商务法律体系。

7.4 政府在电子商务法律法规建设中的作用

7.4.1 宏观规划与指导作用

在电子商务法律建设中，政府要从宏观上着眼致力为电子商务发展提供一个和谐的、宽松的法律环境，尽可能鼓励企业界自我规范、自我管理，发挥地方政府、政府部门和企业在电子商务立法中的作用，并结合本国实际情况，对本国电子商务立法的总体框架和法律法规进行整体规划，分阶段实施，重点突破，不断完善；制定优惠政策，积极引导和推进企业信息化，鼓励企业开展电子商务，同时加强基础设施建设，构筑社会电子商务平台。

7.4.2 协调作用

电子商务的发展带来了许多新的法律问题，但电子商务本身并非同过去的商务形式相对立，政府要协调好国内现有法律体系与电子商务法律法规的关系，通过现有法律的调整，消除有碍电子商务行业发展的相关法律障碍，使其适用新的商务运作方式，并注意协调发挥司法、行政执法、仲裁及国际组织的作用，以加快电子商务法律建设的进程。

7.4.3 推动作用

政府要在技术与产业政策、行为规范标准、教育和人才培养、组织与实施环境等方面制定有力政策，推动电子商务立法工作的开展；建立健全电子商务标准体系，组织和支持行业协会、企业、科研机构研究制定各类电子商务技术标准、经营管理和服务规范；建立健全电子商务国家标准和行业标准体系，引导企业增强标准化意识，积极进行电子商务技术和管理的标准化建设。

7.4.4 加强国际交流与合作

电子商务是一种世界性的经济活动，它的法律框架不应只局限在一个国家的范围之内，而应适用于国际间的经济关系，得到国际间的认可和遵守。电子商务法律具有国际性的特征，政府要研究国际电子商务立法的发展进程与特点，加强电子商务领域的国际交流与合作，积极参与国际标准的制定，促进本国电子商务的发展。

7.5 电子商务标准

7.5.1 电子商务标准体系框架

电子商务活动是否能在全球范围内灵活、安全地进行，其核心是国际化标准，只有在统一完善的国际标准氛围里，才会有真正意义上的全球经济一体化的电子商务平台。

标准是为了在一定的范围内获得最佳秩序，经协商一致制定并由公认机构批准，共同使用的和重复使用的一种规范性文件。完整的标准体系应涵盖标准以及标准制定、运行和管理的整个过程。因此，标准体系包括标准体系（标准本身）、标准运行机制和标准管理体制。标准体系由一定范围内具有内在联系的标准组成的科学的有机整体。标准管理体制是制定和贯彻标准应遵循的标准化管理方针、原则、组织制度和标准体制。标准运行机制是制定和贯彻标准过程中运用的方式、方法和组织形式。

电子商务标准体系框架由下列标准体系组成：信息技术基础标准体系、信息资源标准体系、网络基础设施标准体系、信息安全标准体系、应用标准体系、管理标准体系。

1. 电子商务信息技术基础标准体系

电子商务信息技术基础标准体系包括以下标准：

术语标准：用于统一信息化建设中的主要名词、术语和技术词汇，包括基础术语和专业术语（电子政务、电子商务领域术语及网络和空间信息资源方面的术语）标准两部分。

识别卡标准：包括条码卡、磁卡、IC 卡（接触式和非接触式）和光卡标准。

存储媒体标准：包括光盘、磁盘和磁带标准。

软件与软件工程标准：分为软件工程标准、操作系统与语言标准两部分。

设备标准：包括计算机设备、外设专用终端、网络设备、安全设备标准等。

字符集编码标准：包括字符代码结构、字符编码标准等。

2. 电子商务信息资源标准体系

电子商务信息资源标准体系包括以下标准：

数据元标准：数据元是通过定义、标识、表示以及允许值等属性描述的数据单元，是不可再分的最小数据单元。这部分包括数据元分类、定义、标识和属性标准等。

元数据标准：元数据（metadata）是描述数据元属性（即语义内容）的数据，用于数据资源的定位、评估、选择和共享等。这部分主要包括资源标识、标引语言（分类语言、主题词语言、XML 语言）、元数据和元数据注册标准等。

信息分类及编码标准：信息分类及编码实现对信息的分类及其代码化，保障数据代码的一致性和互操作性，支持交换与共享。

业务文档/媒体格式标准：文档是各种业务信息的载体，实现数据元信息的合成。这部分标准包括业务文档、文本、办公系统以及字符、音频和多媒体基础编码标准等。

数据库标准：数据库标准主要包括数据库语言、数据库访问和建库规范等。

描述技术标准：规定描述业务信息的语义以及语法结构的规范化描述方法。

目录服务标准：目录服务用于在网络中定位和标识数据及数据处理资源，并提供搜索和权限管理服务机制。

Web 服务标准：Web 服务是可通过网络协议访问的软件组件。为规范 Web 服务的发布与应用，需要规范 Web 服务的描述、发布注册、访问应用等方面的标准。

3. 电子商务网络基础设施标准体系

网络基础设施标准体系用于网络基础设施的规划、设计、建设、验收、测试、运行与维护。该标准体系包括网络公用标准和针对实际使用的各类网络的相关标准。

公用标准包括术语标准、网络体系结构标准（OSI/RM）、线缆（光缆和电缆）标准和配套设施（机房、接口、电源、监测、通信及其他配套设施）标准。

4. 电子商务信息安全标准体系

电子商务安全标准体系包括基础标准、技术标准和管理标准三部分。

基础标准：包括术语、体系结构、模型、框架标准。

技术标准：包括密码技术、安全协议、标识与鉴别、访问控制、内容安全、电子签名、完整性保护、抗抵赖、审计与监控、密钥管理基础设施/公钥基础设施、物理安全技术标准等。

管理标准：包括系统安全管理、等级保护、工程标准、评估与认证、运行类标准等。

5. 电子商务应用标准体系

电子商务标准体系：总体标准、业务操作标准、功能服务标准。

电子政务标准体系：总体标准、应用业务标准、应用支撑标准、网络基础设施标准、信息安全标准、管理标准、软件工程标准、验收与监理标准、测试与评估标准、信息资源评价标准等。

空间信息应用标准体系：术语标准、基础性标准、（地图）图形符号标准、工艺标准、产品帮助、检验和试验方法标准、数据交换及其他标准。

6. 管理标准体系

管理标准体系包括系统管理、网络管理、工程标准、验收与监理标准、测试与评估标准以及质量控制与认证标准等。

7.5.2 国外电子商务标准发展情况

国外电子商务发展的最初阶段，标准就得到了相当的重视，特别是电子商务信息安全方面普遍存在标准先行的情况。如美国政府很早就致力于密码技术的标准化，从 1977 年公布的数据加密标准 DES 开始，美国国家标准技术研究院（NIST）开展了一系列安全标准的研制工作。

国际上，国际标准化组织 ISO/IEC JTC1（信息技术标准化委员会）所属的安全技术分委员会（SC27），主要负责开展安全标准的研制工作。SC27 于 1990 年 4 月在瑞典斯德哥尔摩年会上正式成立，其名称为信息技术-安全技术，秘书处设在德国的英国标准学会（Britain Standard Institute，BSI），其工作范围为信息技术安全的一般方法和技术的标准化，包括：确定信息技术系统安全的一般要求（含要求方法）；开发安全技术和机制（含注册程序和安全组成部分的关系）；开发安全指南（如解释性文件和风险分析）；开发管理支撑性文件和标准（如术语和安全评价准则）。

截至 2003 年 12 月，该分技术委员会已制定和正在研制的国际标准有 70 多项。这些标准主要涉及密码算法、散列函数、数字签名机制、实体鉴别机制、安全评估准则等领域，并对促进国际信息安全起了重要作用。

在 JTC1 内，除 SC27 专门从事安全技术和安全机制的标准化工作外，还有六个分技术委员会（SC6、SC17、SC18、SC21、SC22、SC30）分别承担其他安全标准制定任务。

7.5.3 国内电子商务标准的发展情况

当前我国电子商务标准包括四个方面的内容：数据交换标准、识别卡标准、通信网络标准和其他相关的标准。涉及标准有 1250 多项。我国把采用国际标准和国外先进标准作业作为一项重要的技术经济政策积极推行。2007 年 1 月，国家电子商务标准化总体组正式成立，它是我国电子商务标准化工作的总体规划和技术协调机构，总体组的成立，有力地推进了我国电子商务标准化工作的进程，促进了骨干企业参加电子商务国家标准的制定工作，强化电子商务标准的应用与实施，对于建立和完善国家电子商务标准化体系，支撑我国电子商务快捷、健康、有序发展具有重要的作用。现阶段国家电子商务标准体系由“基础技术标准”、“业务标准”、“支撑体系标准”和“监督管理标准”分体系构成。随着电子商务业务和技术的不断发展，该体系将来可以继续扩展。

1. 有关数据交换标准制定情况

2003 年出台了基于 XML 的电子商务关键技术标准的基础部分 GB/T19256.1-2003《基于 XML 的电子商务第 1 部分：技术体系结构》。2006 年，我国基于 XML 的电子商务关键技术标准体系基本形成，有 14 项基于 XML 的电子商务国家标准在国家标准化管理委员会组织召开的验收会议上通过了验收。根据国家电子商务标准化总体组秘书处 2007 年 1 月最新出台的《国家电子商务标准体系》(草案)，我国的 XML 类标准的具体情况如下：

1）最新的总体类标准已经基本完成任务

GB/T19256.1-2003《基于 XML 的电子商务 第 1 部分：技术体系结构》、GB/T19256.2-2006《基于 XML 的电子商务 第 2 部分：协同规程轮廓与协议规范》两个重要的总体通用国家标准已经正式出版。该标准是基于 XML 电子商务的框架文件，阐述了基于 XML 电子商务的运作模式，并规定了构成基于 XML 电子商务的各构件的功能、关系和相互作用。与其紧密相关的流程与接口标准 GB/Z20539-2006《电子商务业务过程和信息建模指南》和 GB/T19256.6-2006《基于 XML 的电子商务 第 6 部分：业务过程规范模式》是一套配合使用的方法标准，为电子商务各参与方研究电子商务业务过程和信息模型，并用一致的语法将过程和信息模型表达出来提供了统一的工具。

2）一系列基础标准已经开始正式发布和报批

GB/T19256.3-2006《基于 XML 的电子商务 第 3 部分：消息服务规范》、GB/T 20538.1-2006《基于 XML 的电子商务业务数据和过程 第 1 部分：核心构件目录》、GB/T 20538.6-2006《基于XML的电子商务业务数据和过程 第6部分：技术评审组织和程序》、GB/T20538.7-2006《基于XML的电子商务业务数据和过程 第7部分：技术评审指南》、GB/T19256.4-2006《基于XML的电子商务 第4部分：注册系统信息模型规范》、GB/T 19256.5-2006《基于XML的电子商务 第5部分：注册服务规范》、GB/T19256.9-2006《基于XML的电子商务 第9部分：核心构件与业务信息实体规范》已经全部正式发布。《B2B电子商务系统总体技术框架》和《B2C电子商务系统总体技术框架》等也正在报批阶段。

3）其余几个标准或研究报告正在研究汇总中

《基于XML的电子商务业务数据和过程 第2部分》、《基于XML的电子商务业务数据和过程 第3部分》、《面向服务的技术体系架构（SOA）参考模型》、《共性服务与服务接口描述规范》等相关标准与报告正在研究完善中。

《基于XML的电子商务第1部分：技术体系结构/第2部分：协同规程轮廓与协议规范/第3部分：消息服务规范/第4部分：注册系统信息模型规范/第5部分：注册服务规范/第6部分：业务过程规范模式/第9部分：核心构件与业务信息实体规范》、《简单对象访问协议》、《Web服务描述语言》（已经报批）、《B2C电子商务系统总体技术框架》、《B2B电子商务系统总体技术框架》等一系列标准充分借鉴UN/EDIFACT和OASIS组织制定的ebXML、UN/EDIFACT、ISO/TC154、IETF以及Rosettane等标准。在其基础上，根据我国电子商务应用和发展对标准化工作的总体需求，系统地研究并制定上面的一系列基于XML的电子商务基础性、通用性、关键性的技术标准、互操作标准以及面向B2B和B2C模式的电子商务标准化解决方案，为我国电子商务沿着标准化、规范化、体系化的方向，有序、高效、快速、健康地发展奠定了坚实基础。

2. 有关识别卡及其相关设备的标准制定情况

我国于20世纪90年代从磁条卡开始进行识别卡的国家标准制定工作。现有六项磁条卡国家标准，基本齐全，等同采用ISO7810《识别卡物理特性》和ISO7811《识别卡记录技术》系列标准；三项触点式集成电路卡国家标准，等同采用ISO7816《识别卡带接触件的集成卡》系列标准。另外，有五项国家标准涉及金融卡及其报文、交易内容，采用了相应的ISO标准。目前，我国尚未将非接触IC卡、光存储卡以及使用IC卡金融系统的安全框架等国际标准转化制定为我国标准。

3. 有关通信网络标准方面

通信网络是电子商务活动的基础，目前国际上广泛应用的有MHS电子邮政系统和美国Internet电子邮政系统。前者遵循ISO、IEC、CCITT联合制定（个别是单独制定）的开放系统互联（OSI）系列标准，后者执行美国的ARPA Internet系列标准。这两套标准虽然可兼容，但还有差异。因此，我国制定通信网络国家标准时，主要采用 OSI 标准。

现在我国有 146 项网络环境国家标准，其中有 99 项标准分别采用 ISO、IEC 标准，占 67.8%。我国现有的网络环境国家标准还不配套，如网络管理，我国仅有 2 项国家标准，而 ISO/IEC 有 40 多项标准，其中，系统管理、管理信息机构、系统间信息交换等标准目前我国还是空白。

4. *有关网络信息安全标准方面*

2003 年 12 月，根据信息产业部科技司和中国通信标准化协会（CCSA）的有关决定，将通信安全研究组直接纳入了中国通信标准化协会，成立了网络与信息安全技术工作委员会（TC8）。CCSATC8 主要负责研究涉及有关通信安全技术和管理标准，其研究领域包括面向公众服务的互联网的网络与信息安全标准、电信网与互联网结合中的网络与信息安全标准、特殊通信领域中的网络与信息安全标准。TC8 设置有线网络安全工作组（WG1）、无线网络安全工作组（WG2）、安全管理工作组（WG3）和安全基础设施工作组（WG4）等四个工作组。

设备标准约有 380 项，其中 123 项采用 IEC、CCITT 等标准，占 32%。信息传输介质国家标准较多。以光纤通信电缆为例，有 53 项国家标准，其中 45 项采用 IEC、CCITT 标准，8 项涉及进网要求，根据我国情况，没有采用 IEC、CCITT 标准。目前正在讨论的网络安全标准以及研究项目有数字程控交换机安全技术要求，公众 IP 网络安全框架等几十项标准都已进入报批阶段。

5. *其他相关标准*

与电子商务活动有关的标准还有术语、信息分类和代码、计算机设备、软件工程、安全保密等标准，约有 440 项国家标准，其中采用 ISO 标准的有 164 项，占 37%。这些相关标准中许多标准仅描述我国特有的信息，如民族代码、汉字点阵模集等，因此不能也不应该采用国外标准。

7.5.4　进一步加快研究和制定适应我国的电子商务标准工作

鉴于电子商务的飞速发展和经济全球一体化态势，我国电子商务相关标准的制定工作相对薄弱，一是起步晚，EDI 等领域内的技术标准工作在 20 世纪 90 年代才开始的；二是标准未成体系，EDI 标准方面，EDIFACT 有 170 项，ANSIX.12 有 110 项，我国仅有 13 项。目前除一些 EDI 标准及部分有关网络标准是从国际相应标准等同或等效转换而来外，由我国自主制定的、直接与互联网电子商务相关的电子税务标准和在线支付标准等几乎还是空白。

部分标准内容交叉、重复，在标准的市场适应性方面，约一半以上的标准处于几乎未被使用的状态，尤其是报文标准。产生这些问题的主要原因在于，标准制定计划未完全受需求的驱动，标准的用户未成为标准制定的主体。我们应该改变电子商务领域标准工作的滞后性，相关标准要与国际接轨，应做到等同采用而不只是等效采用。要积极开放电子商务标准的制定体制，吸引更多的企业（包括吸引外资企业）与用户加入到标准研究与制定工作中，增强标准的实用性与适用性。要在自己的 cnXML 体系化电子商务标准集的基础框架上继续努力，完善包括网上支付、电子报关、文件传输、通信协议等方面的标准，以及网络安全、设备规范与测试标准等，使我们国家的电子商务标准化事业更上一层楼，从而推动我国电子商务更好更快地发展。

➢ 本章思考题

1. 电子商务法的特征主要体现在哪些方面？
2. 比较目前国内外电子商务立法的发展现状，并提出对我国电子商务立法的建议。
3. 如何有效保护电子商务中消费者的合法权益？
4. 举例分析我国电子商务法律问题中需要迫切解决的主要问题。
5. 我国民法、商法、行政法、刑法中涉及的电子商务方面的法律责任有哪些？
6. 试述电子商务中的知识产权保护与传统的知识产权保护有何不同。
7. 如何更好地保护网上个人隐私权？
8. 试述电子商务标准在电子商务活动中的重要作用。
9. 比较国内外电子商务标准研究与制定情况，说明我国在电子商务标准制定上存有哪些主要问题。
10. 世界范围内电子商务标准发展的主要趋势是什么？

第8章

企业电子商务及其管理

电子商务企业和企业电子商务是两个较易混淆的概念，即使在学术界，在提到这两个名词的时候也要看其语境。被较多学者接受的概念是，电子商务企业是为电子商务提供服务的相关企业，如互联网服务企业（ISP）、互联网内容提供商（ICP）以及应用基础设施提供商（AIP）等。在一些情况下，电子商务企业还包括因电子商务而产生，以电子商务为主要商务手段的商贸企业，如亚马孙书店。而企业电子商务主要是指未开展电子商务的传统企业运用电子商务手段，进行商务活动。本章重点阐述企业电子商务及其管理。

8.1　电子商务与传统企业

8.1.1　电子商务对传统企业的影响

1. 电子商务改变了传统企业的组织结构

电子商务影响和改变了传统企业的组织结构和管理方式。传统企业的组织结构多为垂直结构，呈金字塔形，中间环节较多，同级部门之间相互关联又相互独立，容易造成部门间工作效率低，对市场的反应迟钝，滋生官僚作风，这些都不能适应信息时代市场的瞬息万变。电子商务环境下的信息化水平使得企业组织可能逐渐趋于扁平化，而这也正是这个时代对企业变革的需求。因为，在网络时代，全球有数亿的网络消费者，他们面对的是无数多个可供选择的网上虚拟企业和各种各样的商品。企业必须及时将消费者的需求、偏好反馈到决策层，因此企业中间管理层不宜过多，网络时代的企业组织结构趋向于扁平化；同时，决策层走向分权化，中层管理人员享有一定的决策权，以适应瞬息万变的市场需求。

2. 电子商务使传统企业管理方式从资源管理转向信息管理

以圈地为象征的资源占有和资源扩张是传统企业的主要成长方式，资源的外延式扩大与资源的内涵式挖潜是工业社会企业管理的核心内容，无论是泰勒制的计件制管理，还是法约尔的组织管理，其管理宗旨归根到底是资源管理。在工业经济社会发展的后期，信息被作为企业资源之一加以管理，但是受技术环境限制，信息以人、财、物作为其依附载体。网络时代的到来，使得知识与信息成为知识社会最为活跃的生产力要素，成为企业成长的主要动力和源泉。传统企业在电子商务环境中，无论从生产制造、内部管理还是售后服务都将实现电子化、信息化，企业管理方式从资源管理转向信息管理已成必然。通过网络搜索、汇集、加工、交换、使用信息，强化信息管理，及时转化并创造价值，将成为企业管理在新时代的新课题。

3. 电子商务改变了企业的生产运作模式

电子商务对企业的生产运作模式、生产周期、物流配送、库存管理等都会有巨大的影响。

在电子商务下，客户的需求会迅速传递给生产者，甚至客户可以直接参与或定制满足自己特殊需求的产品。生产方式从规模化、规格化的典型工业化生产变为以客户需求拉动的生产模式，即“多品种中小批量”的生产模式。这种生产模式在满足不同客户的不同需求时，为降低生产成本提高生产效率，企业生产向柔性化管理方向发展。在按需生产的模式下，企业会进一步降低产品库存，甚至可以实现产成品的“零库存”管理。

以需求拉动的生产模式，还要求企业实现生产管理的信息化、产品设计的信息化，从根本上改变了原有的生产模式。

4. 电子商务促使传统企业的业务流程重组

传统企业在几百年的发展历程中找到了适应工业社会较好的业务模式，即在财务管理的总体控制下，按照供、产、销、售后服务、信息反馈的基本模式来组织业务流程。在网络时代，传统的业务流程逐渐显露出机构重叠、效率低下、信息传递不及时等弊端。传统企业一旦介入电子商务活动，企业的营销、采购、市场调研、售后服务以及企业内部的组织调控、行政管理等各种业务活动都在网上在线执行，企业内部信息管理系统（MIS）或者企业资源计划系统（ERP）也都集成到 Internet 中去，企业新的运作模式使原有业务流程必须进行重组。

5. 电子商务使传统企业以产品为根本的经营理念向以服务为根本的经营理念转变

在产品经济时代，传统企业的全部经营理念以产品为根本，通过掌握核心技术开发实质产品，通过技术进步推动市场需求从而获得企业的竞争优势。在产品经济中，尽管也涉及服务，但服务基本以产品为载体，是产品的附加部分。在电子商务环境下，企业面对的是千千万万客户的个性化需求，传统企业已经发展成熟的产品的基本功能不再具有新的竞争力，企业只有迅速转变经营理念，为顾客提供全方位的服务，才能具有新的增值空间。服务或者把握客户需求的服务式经营将成为传统企业在电子商务环境下新的经营理念。

6. 电子商务改变了传统企业的管理模式

随着经济全球化和电子商务的不断发展，国内外市场竞争变得日趋激烈，消费者的消费需求已变得越来越主体化、个性化和多样化，传统的企业管理模式已难以适应企业生存发展的需要了。因此，过去那种建立在精细分工基础上的管理结构和以功能分割为特征的管理模式，由于其“多层管理、多头领导、政出多门”等缺点，对市场变化的响应越来越迟缓与被动，难以适应电子商务发展的要求。

适应电子商务发展的管理模式要求在计算机技术和网络技术支撑下，把技术、知识、管理和人力等多种资源整合于一体，使各种生产要素紧密结合，协调运作，充分发挥各种资源的优势，使其在缩短产品开发周期，保证产品质量，降低生产成本，提供及时服务，提高企业的竞争能力等方面起到应有的作用。

这种创新型管理模式具有柔性化、集成化和智能化的特征。与传统的管理模式相比，有几点明显的不同：①在管理思想上，强调高效、敏捷，要求对市场变化作出迅速反应；②在管理体制上，注重各环节的协调、配合和并行工作；③在组织功能上，强调企业领导者的协调、服务和创新，着力培养企业员工的团队精神，增强企业的凝聚力；④在管理的任务方面，强调以客户的需求为中心，以满足客户需要，赢得客户信任为企业管理活动的出发点。

7. 电子商务拓展了传统企业的市场范围，创造了新的市场机会

传统企业通过改进产品质量、树立企业形象、提高品牌知名度，通过市场细分的方式满足不同需求的用户，运用 4P 营销策略提高市场占有率。在这种传统的运作方式下，企业激烈竞争的结果是群雄割据，对新的竞争者产生了很大的进入障碍。此外，传统企业的商品流通要依靠中介来克服产、销之间的时间矛盾和空间矛盾。电子商务模式改变了原有市场空间，使传统企业面临一个全新的覆盖面广阔的市场。它大大突破了传统商品的销售范围和消费群体，也冲破了原定的地理半径和交通条件的限制，突破了原有的划界的营销模式，从而极大地拓展了企业的市场范围，有可能创造新的市场机会。

8. 电子商务有助于提高企业竞争力

电子商务改变了上下游企业之间的关系。如在传统的市场环境下，由于高昂的交易成本、较低的市场贸易效率，企业倾向于批量采购，以库存成本对抗市场

成本。在电子商务环境之下，交易成本的降低以及交易效率的提高，使企业越来越倾向于即时采购，甚至要求供货商将企业采购的零部件、原材料等直接送到生产线上，降低甚至消除企业库存，从而降低企业运营成本，供应商则按订单即时生产，以达到降低产成品库存的目的。上下游企业之间的关系变得密不可分，并形成战略联盟，相关竞争企业要想冲破这种联盟必须付出更高的成本。

电子商务环境能使企业能够更及时、详尽地了解客户的偏好和需求，并将这种需求即时反馈到企业决策层，促进企业有针对性的创新活动，使企业能够快捷地提供适合市场的新产品和新服务，使企业更加注重于敏捷制造，企业间的竞争从规模经济的竞争转向创新速度的竞争。企业更加注重于对创新人才的争夺，强调基于知识交融的团队精神和企业文化，重视自主知识产权方面的创新以及学习型组织的构建，从而增加了企业对市场环境的适应能力和灵活度。

电子商务的发展，给传统企业造成了很大影响，传统企业面临着新的挑战，同时也带来了新的发展和创新的机会。

8.1.2 传统企业实施电子商务的战略意义

1. 传统企业电子商务化是企业自身的必然要求

传统企业一般存在企业规模庞大、内部管理层次多、结构复杂、格局分散以及管理制度落后等诸多问题。要改变这种情况，就要求进行创新。在信息时代，没有企业信息化，不实现电子商务，这些传统企业就难以卓有成效地管理其企业，也不可能健康地发展。

经济发展特别是企业发展（即企业规模的扩大）提出的需求和信息技术的发展提供的可能，是电子商务产生和发展的关键因素。从这个意义上讲，企业规模越大越需要电子商务，或者说，企业规模越大开展电子商务越有价值和意义，成功的电子商务意味着提高管理效率、提高劳动生产率、提高经济效益、提高企业竞争力。

2. 传统企业电子商务化是社会的需求

对于社会来说，逐步实现以信息技术改造传统产业，以信息化带动工业化，是一个必然的趋势。经济生活中的各个部分本来就是相互关联、有机联系的，各个部分环环相扣、协同配合，保证了项目、企业、经济整体的运作效率和效益。

在全社会信息化水平相对落后的大环境中，实施电子商务项目特别是某些所谓“纯”电子商务项目，形如单兵突进、孤军深入，缺乏与之匹配的环节和环境（如物流），势必导致电子商务项目整体运作效率低下，优势难以发挥，效益难以产生，成功遥不可及。传统企业进入电子商务领域开始改善这种不利局面，未来中国电子商务发展格局将更加优化，基础将更加坚实。

传统企业是中国经济的支柱，今后相当一个时期仍将是这样。传统企业进入电子商务领域，运用网络和电子商务方式，对企业资源进行重组，恰用其器，恰逢其时，必将大大提升传统企业的整体价值和竞争能力，大大推动中国经济的总体发展。以降低采购成本、强化财务管理、提高物流效率为目标的企业电子商务，会在近期得到发展；以大企业为核心、按供应链形成的企业间电子商务，则很可能成为传统企业实施电子商务的主流。凡此种种，电子商务的巨大优势将在传统企业进入电子商务领域后得以充分展现。

传统企业进入电子商务领域，必将以其巨大而有效的需求成为影响未来中国电子商务发展走向、速度和规模的决定性因素。

3. 传统企业进入电子商务有自身的优势

电子商务经济离不开传统经济，网络资源离不开传统资源，而传统企业在传统资源方面具有不可替代的优势。它们最大的资源就是依靠行业的背景优势，身后的行业背景孕育着坚实的基础和巨大的商机，所有资源优势都是在此基础上延伸和扩展而来的。围绕着传统企业可以形成一个物理或实体网络，这个网络是虚拟网络或电子商务平台的基础。

4. 传统企业电子商务化有利于带动信息产业和信息服务业的发展

信息技术给传统产业带来的好处，一是通过电子商务改变了市场结构，使企业与消费者摆脱了中介的束缚，提高了效益；二是利用电子商务有利于企业塑造形象，更好参与市场竞争；三是通过电子商务可以使企业发现潜在的顾客群，从而增加发展的机会。信息技术的普及和发展还会为中小企业创造一个平等的竞争环境和更广泛的发展空间，由信息化带动工业化，把信息化应用于传统产业，会使传统产业发生根本性变革。由此可见，传统企业电子商务化将在工业社会向信息社会转变过程中起重要作用。

8.2　企业实施电子商务的层次

按照电子商务系统的复杂程度，可以把电子商务由简单到复杂递进分成三个大层次，即初级层次、中级层次和高级层次。企业按自己的实际情况以及环境因素，选择适合于自己的电子商务层次。

8.2.1　初级电子商务

初级层次是指企业开始在传统商务活动中的一部分引入计算机网络信息处理与交换，代替企业内部或对外部分传统的信息储存和传递方式。例如，企业建立内部计算机网络进行信息共享和一般商务资料的储存和处理（如建立企业自己的内部网 Intranet)；通过国际互联网传输电子邮件；在国际互联网上建立网页，宣传企业形象等。

在初级层次，企业虽然利用了计算机网络进行了信息处理和信息交换，但所做的一切大都限于信息的简单发布、查询和交流，信息处理的深度不够。信息资源的开发利用处于简单阶段，这一层次的电子商务并不涉及复杂的技术问题和法律问题。企业实施初级层次的电子商务投资成本低，易操作。

8.2.2 中级电子商务

这一层次，企业通过网络环境中的EDI、电子支付系统、电子购物系统以及相关的基于客户机/服务器的管理信息系统构成了综合的信息处理系统，实现了在线交易环境，满足了企业各项管理过程中的信息管理需求，对信息资源的开发和利用有一定的深度。该层次可分为若干不同水平的运作。

特别是，电子商务的操作要涉及交易成立的实质条件或已构成商务合同履行的环境。因此，这一层次的电子商务就要涉及一些复杂的技术问题（如安全）和法律问题（如法律有效性）等。该层次电子商务的实施需要社会各界相互配合，特别是政府机构和商业团体应该为电子商务创造良好的发展环境。这一层次的电子商务是世界各国近期主要发展的目标。

8.2.3 高级电子商务（智能电子商务）

高级层次是电子商务发展的理想阶段。它是将企业商务活动的全部过程用计算机的信息处理和信息传输所代替，最大程度消除了人工干预。在企业内部和企业之间，从交易的达成，到产品的生产、原材料供应、贸易伙伴之间单据的传输、货款的清算、产品提供的服务等均实现了一体化的计算机网络信息传输和信息处理。基于Web的管理信息系统给企业活动中的各种运作提供了一个更为广阔便利的操作平台，智能化、网络化、协同化的决策支持环境将使企业信息资源的开发和利用达到非常高的水平。

这一层次电子商务的实现将有赖于全社会对电子商务的认同，以及电子商务运作社会环境的改善。国外有人将这一层次称为智能电子商务。

8.3 电子商务环境下的企业资源计划

8.3.1 企业资源计划概念及发展

企业资源计划的英文缩写是ERP（enterprise resources planning），它是体现了对企业各种资源进行综合管理的现代管理思想和方法的管理信息系统。基于ERP，可以使企业内部管理高度集成。ERP思想是逐渐发展起来的，经历了MRP、闭环MRP、MRPII、ERP和ERPII等发展阶段。

MRP 即物料需求计划，是为解决企业缺料问题而提出的。传统的库存管理，是根据以往的用料经验，为每个物料定一个最低库存量，该库存量是在正常生产速度下，能维持物料在预定的订货期（或生产期）之内的生产用量。当物料的库存量低于或接近于最低库存量时就去订货或安排生产。该管理方法的缺点是：在小批量多品种的生产模式下，不同时间段内物料的需求是不平衡的，这就会造成某种物料长期存放于仓库中，造成库存对流动资金的占压，降低资金周转率，从而减低了企业的赢利能力。在 MRP 的管理模式下，物料分为独立需求物料和相关需求物料。独立需求物料是直接供给客户使用的物料，相关需求物料是为生产其他物料而必须具有的物料，物料需求计划就是根据企业生产计划表上的独立需求物料数量计算出所有物料的需求数量和最迟需求时间，以此来安排库存、采购和生产，从而达到保障企业生产运作，降低库存成本的目的。

应用 MRP 之后，又出现了新的问题，就是单纯的物料需求计划往往没有考虑到企业制造能力的限制，往往因为某一时段企业制造能力达不到物料需求计划的要求，造成局部生产线停工待料，而使生产计划失败。于是产生了将制造能力需求计划纳入其中的闭环 MRP。闭环 MRP 的要点在于编制出物料需求计划之后，根据该物料的生产工艺计算他在相关工作中心上所需要的工时，汇总不同工作中心的工时编制出能力需求计划，并与企业所能提供的制造能力比对，如发现超过企业制造能力，或调整生产计划，或调整物料需求计划，或将部分物料从自加工改为外协加工，从而达到物料需求计划与能力需求计划之间的平衡。

将 MRP 的信息共享程度进一步扩大，使生产、销售、财务、采购等活动密切结合在一起，形成一个集成体，就是制造资源计划（MRPⅡ）。相对于闭环 MRP，MRPⅡ主要增加了生产能力计划、生产活动控制、采购和物料管理计划三方面的功能。

企业要想在竞争环境中生存，必须不断进行自我调整，最大限度地发挥企业所有资源的作用，通过企业资源的最佳整合，以产生最大的效益。以 MRPⅡ为核心，将信息化管理扩展到企业所有资源之上，实现对企业资源的有效计划和控制，就是企业资源计划（ERP）。企业资源可分为企业内部资源和企业外部资源，企业内部资源包括人力资源、设备、资产等，外部资源包括客户、供应商和分销商等。ERP 以其高度集成性实现了对所有资源的优化管理。

在电子商务时代，ERP 又进一步发展为 ERPⅡ，实现了企业之间的协同商务，深入行业领域以及跨出企业内部的商业过程，加强了企业之间的协作和联盟。

8.3.2　ERP 系统的功能模块

ERP 的功能模块可以分为三大部分：采购与分销部分、生产管理部分、辅助资源管理部分。采购与分销部分主要是对企业与外部环境接口部分的资源进行管理，生产管理部分是对企业主体的生产资源进行管理，辅助资源管理部分主要是对诸如人力资源、财务、设备等辅助性资源的管理。其主要功能结构如图 8.1 所示。

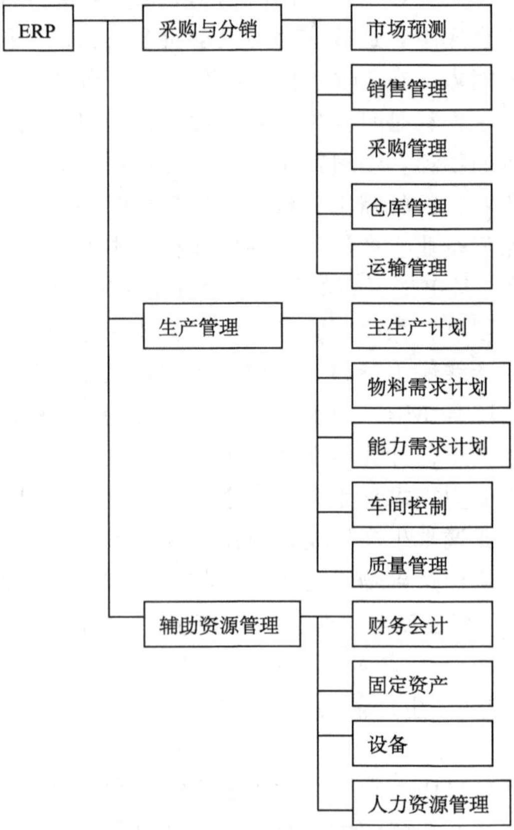

图 8.1 ERP 主要功能结构图

下面介绍图 8.1 中几个典型模块的主要功能。

销售管理的主要功能如下：①接受和管理用户的订单，并通过计划部门将订单纳入生产计划，交由生产部门执行；②对到达交货期的订单通过提货管理到仓库部门提货，并经由运输管理将货物发送给客户；③通过结算管理为财务部门提供发票，支持财务部门的收款业务；④通过服务管理为客户提供服务；⑤销售数据作为基础数据供市场预测功能作销售分析之用；⑥根据现有合同和订单、经营规划以及对市场的预测，制定销售计划，该计划是生产计划的主要依据。

生产管理的主要功能是：根据销售计划形成主生产计划方案，并对该方案所需要的关键工作中心能力进行计算，形成粗能力需求计划，对照企业的现有生产能力进行平衡调整，最终形成主生产计划。对主生产计划中的独立物料需求，根据物料清单计算各物料需求，扣除仓库可用部分形成初步物料需求计划，该计划按照工艺路线要求计算对各个工作中心的能力要求形成能力需求计划，比对企业现有生产能力进行平衡和调整，形成最终物料需求计划。对物料需求计划中需要采购部分交采购部门进行采购，需生产部分通过车间控制管理组织生产。

采购管理首先要通过供应商管理功能对供应商及其相关信息进行管理，当物料需求计划制定出之后，根据该计划形成采购计划，并依计划申请采购资金，选择合适供应商下单，通过订单管理功能对订单进行追踪管理，供应商交货后通过收货管理协助仓库部门验货、收货，并协助财务部门付款。

财务管理就是根据企业各部门的运作，进行现金和银行账的管理，进行应收、应付账款管理，进行固定资产管理以及进行工资核算、成本核算等核算业务。

固定资产管理进行新购固定资产的建账、实现资产增减处理，对现有资产进行维修和折旧，并执行资产租赁业务。

质量管理就是根据工艺要求和质量分析报告建立和管理质量标准，执行质量检验，根据质检数据以及客户的反馈信息进行质量分析。

人力资源管理执行人员招聘、测试和选拔，对现有人员进行培训与开发，并建立和执行业绩考核与薪酬。

从以上功能简述可以看出，除采购与销售能直接和电子商务发生关系外，其他企业主要业务也必须充分利用或适应电子商务功能。如固定资产的租赁和外包维修业务、财务的应收应付账款业务、人力资源的招聘业务、质量管理对客户反馈意见的处理和响应、生产部门依照销售变化的生产调整等。

8.3.3　电子商务与 ERP 的整合

传统 ERP 的应用主要是企业内部各业务处理过程的集成，如财务、人力资源、订单管理、生产制造管理等，即 ERP 只是充当企业内部信息的集成工具，而没有把企业外部信息集成进来实现对企业整个资源的整合与管理。

如果将电子商务作为独立于 ERP 的系统，会形成企业内外部信息的鸿沟，无法使企业业务流程连贯流畅，也不能充分发挥电子商务的优势作用，减弱了电子商务对企业的市场竞争力和市场响应能力的提升作用。因此，必须对电子商务和 ERP 进行有效整合，使它们形成一个集成化的、完善的优化系统。

电子商务与 ERP 的优化整合，就是要根据企业的经营特点，分析企业各个业务环节对商务活动的要求和支撑，结合 ERP 的应用现状，确定集成系统的核心组成部分及其结构，从集成角度选定合适的电子商务方案，重新设计相关业务流程和经营策略，使电子商务和ERP形成有机整体。

做好电子商务与ERP的集成工作，需注意三个要点。

1. 从整个供应链的管理角度出发

系统整合需要用更加宏观的观念看待系统的各个组成部分，在更高的系统目标下，整合系统才能做到真正的优化。SCM与ERP的主要区别在于它只对供应链上的有关信息进行管理，而很少涉及企业内部的经营活动。企业要根据自己在供应链中的地位和作用，根据所在供应链上企业当今和未来信息化程度，确定自己的系统整合方案，注重供应链各环节信息的交流、分享，做到企业之间物流、资金流、信息流的无障碍流动，使企业内部系统与供应链管理系统形成有机整体。纳入了供应链管理后的ERP系统不再局限于单个企业实体，而是基于供应链进行管理。所以ERP的内涵也发生了深刻的变化，传统ERP中的资源R（resource）被代表企业与供应商和客户之间的关系R（relationship）所取代，传统ERP中的计划P（planning）被管理M（management）所取代，ERP将会发展为企业关系管理（enterprise relation management，ERM）。在此基础上的电子商务系统一方面要实现与企业内部系统的有效对接，另一方面还要能够实现与供应链上其他企业信息系统的自动化对接。

2. 以客户需求为中心

一个企业的价值最终是通过客户实现的，如何快速有效地满足客户需求是企业利益的根本所在。信息化时代，客户已经成为企业的最重要资源。电子商务促进了企业与客户之间的信息交流，强化了企业与客户之间的关系，使企业可以方便地获得各种客户信息，并使客户信息的自动化处理成为可能。随着电子商务技术应用的不断深入，企业满足客户需求的手段也不断增多，从传统面向客户群的营销，逐渐转向一对一的市场方法、个性化订单和需求。通过电子商务方便的市场调查，以及在交易过程中所记录下来的客户行为信息，进行整理和分析可以把握客户的偏好和购买特点，并调整营销策略、新产品开发策略以及生产制造方式，最大限度地满足客户需求，同时进行商业情报分析，了解竞争对手、市场和行业动态。电子商务与ERP的集成系统的重点要从面向企业实体，转为以客户为中心。

3. 注重商务全过程

在电子商务的支持下，人们有能力从单纯关注交易向关注商务全过程转移，使企业更加注重整个供应链上各方业务之间的协作。除企业间的协作之外，也要求企业内部各部门之间的业务、不同的业务指标和目标之间以及各种资源约束实现协同，使企业内部各部门的工作行为与整个供应链的运作集成为一个有机整体，最大限度地满足客户需求。

总之，电子商务与ERP的整合要求以客户为中心，注重商务全过程，实现面向整个供应链的管理，这要求企业之间以及企业内部各部门实现协同运作。

由于企业客户对供应链管理 SCM、客户关系管理 CRM 和电子商务功能等新功能的要求不断出现，ERPⅡ应运而生。ERPⅡ可以看做是一种电子商务与 ERP 的整合方案，是指通过支持和优化企业内部和企业之间的协同运作和财务过程，以创造客户和股东价值的一种商务战略和一套面向具体行业领域的应用系统。ERPⅡ强调未来的企业注重深度行业专业分工和企业之间的交流，而不仅仅是企业业务过程管理。

ERPⅡ是一种新的商业战略，它由一组行业专业化的应用组成，通过它们建立和优化企业内部和企业之间流程、协作运营和财务运作流程，从而将客户和股东价值优化。

8.4　电子商务环境下的客户关系管理

8.4.1　客户关系管理的基本概念

客户关系管理（customer relation management，CRM）的核心思想是将企业的客户作为企业最重要的资源，变坐等客户上门的被动推式方法为主动上门向客户推销产品，变针对客户群的服务为更为个性化的服务，以重视客户价值为导向，以加强企业与客户关系为手段，组织企业经济活动，通过完善的客户服务和全面的客户分析来满足客户需求，提高客户满意度和忠诚度，最终获得长期、稳定的高额利润。

客户关系管理是一种管理思想，企业通过多种方式与客户进行沟通和交流，收集客户的信息，在客户信息分析的基础之上建立更加适于客户需求的营销服务体系，进而和客户建立长期良好的关系。在以客户为中心的思想指导下，管理好企业内部资源和外部资源，打造更好的品牌，提供更优质的服务，从而拥有更多的客户资源，使企业获得核心竞争力。

识别客户，对客户进行分类管理是客户关系管理的重要一环。在对客户分类的基础上，对企业的各项活动围绕不同类别的客户进行，使企业能够向客户提供适合其特定需求的产品和服务，提升客户对企业的满意度，最终使企业在有限资源约束下获得最大的收益。识别客户的另外一个意义在于不同类型的客户对企业的贡献度也是不同的，对不同贡献度的客户采取差异化策略，有利于企业资源的合理配置，可以使企业开发重点客户群体，设计出使企业收益最大的产品和服务来。

对客户的识别必须建立在客户信息基础之上，这包括收集、存储客户信息，对客户信息进行有效分析。客户信息包括在交易过程中获得的客户基本信息、客户交易行为信息等，由此建立客户档案。由于客户信息可以从市场营销、销售、客户服务等多个部门获取，必须进行客户信息的跨部门整合，以保证信息的真实性、全面性和一致性，并实现客户信息的共享性。对数量繁多的客户档案进行电子化存储，合理组织客户信息的数据结构，有利于对客户信息的查询、分析、使用及多部门共享。采用数据挖掘的方法对客户信息进行分析，可以对客户进行分类，发现有益于营销的商务知识和市场趋势，为经营决策提供依据。

客户关系管理的另一个重要意义在于改善企业与客户的关系，从而提高客户的满意度和忠诚度。改善关系的基本方法就是加强与客户的沟通，建立电话、传真、网络等多种方式的沟通渠道，增加企业与客户的接触机会，保证客户能及时获得企业有价值信息，保证及时、有效地解决客户的实际问题，同时把收集到的客户信息、对产品或服务的意见和建议等及时反馈给相关部门。

客户关系管理要求对客户进行及时响应，这要求企业生产管理有很高程度的信息化，也要求企业营销、销售、服务实现自动化和信息化。

运用信息化工具进行客户关系管理是改善客户服务，满足客户需求的良好手段。这是客户关系管理产生的原因。

8.4.2 电子商务环境下的客户关系管理特点

电子商务环境下的客户关系管理是在传统客户关系管理的基础上，以信息技术和网络技术为平台的一种新兴的客户管理理念与模式，是电子商务、ERP、SCM 和 CRM 的集成化应用。其主要特点有以下几方面：

1. 高效的信息沟通

电子商务系统为企业与客户的沟通提供了新的高效渠道，有效支持客户随时、准确地访问企业信息，客户只要进入企业网站，就能了解企业的各种产品和服务信息，寻找决策依据及满足需求的可行途径。除单向信息发布之外，电子商务系统还可以提供即时和离线两种双向沟通方式。传统的即时通信可以有电话和短信方式，这往往要求企业建立呼叫中心，进行电话转接，这使客户需要复杂的电话操作或者有较长时间的等待。而互联网提供的即时通信模式，企业业务人员可以在调度中心的调度下兼顾其他工作的同时，及时解答客户问题。如果客户问题牵扯到多个部门或多个人员，互联网上的即时通信可以做到对客户透明的及时转换。互联网提供的离线沟通方式，如 BBS、E-mail 等，其效率性远远优于传统通信模式。

在电子商务环境下进行沟通的同时将沟通信息以数字化状态存储于系统之中，从而保证了沟通的连续性和一致性。同时营销人员借助先进的信息技术，对沟通信息进行分析，及时、全面地把握企业的运行状况及变化趋势，以便根据客户的需要提供更为有效的信息，改善信息沟通效果。

2. 较低的客户关系管理成本

在传统客户关系管理下，企业通过非数字化手段与客户沟通，所收集的信息难于管理和使用，或者需要花费成本将其数字化。而在电子商务模式下，客户通过电子商务平台与企业进行交流和交易，其所交流的信息和交易行为数据就是数字化的。如果电子商务系统与客户关系管理系统集成，可直接把这些信息纳入客户关系管理系统之下，及时对客户需求作出反应。以电子商务平台作为企业与客户的主要交互界面，降低了非数字化沟通渠道的成本费用，也降低了非数字化信息的数字化转换费用，从而获得降低客户关系管理成本的效果。

3. 集成的 CRM 解决方案

在电子商务模式下，为了使企业业务的运作保持协调一致，需要建立集成的 CRM 解决方案。客户关系管理系统与电子商务系统的集成，使两者共享信息及信息渠道，商务业务与管理业务协同一致，企业后台系统与前台系统无缝连接，客户可在电子商务环境下获得一站式服务。

8.4.3　电子商务环境下客户关系管理系统的构成与功能

集成化的客户关系管理系统的结构如图 8.2 所示，其主要组成部分功能如下：

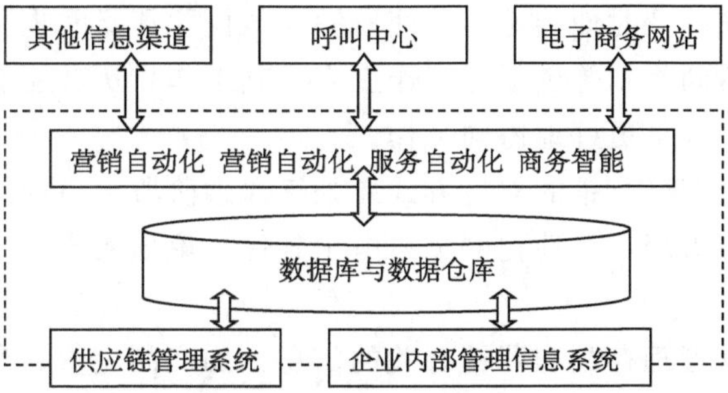

图 8.2　客户关系管理系统结构示意图

1. 销售自动化

销售自动化就是采用以信息技术为基础的自动化方法代替传统销售过程，销售自动化功能通过计算机网络和其他通信工具，使销售人员能够了解客户的基本信息和历史档案，产品、价格、费用等产品销售策略方面的信息，日程安排、商机等与销售业务有关的信息，新闻、佣金等信息，并能进行订单录入、变更、撤销等销售业务的处理，支持销售人员对客户的售前服务、交易谈判与销售合同签订、售后服务等工作。

除通过电子商务网站支持的网络销售之外，销售自动化功能的另外一个重要销售渠道就是呼叫中心。呼叫中心是支持电话销售的计算机系统，一般有智能网络、自动呼叫分配、交互式语言应答、计算机电话综合应用、来话呼叫管理、去话呼叫管理、集成工作站、呼叫计费等功能，其核心结构是计算机电话综合应用部分，它将计算机和电话结合起来，实现对客户的自动应答。同网络销售一样，销售自动化也给电话销售以必要的信息支持。

一些企业的销售自动化还支持现场销售，这使销售人员在远离公司的销售现场中能够利用便携式计算机或掌上计算机等工具，及时查询客户信息，即时提交客户的现场订单。

销售自动化还支持对客户和潜在客户信息的管理、商机的管理，支持诸如传真、信函等其他销售渠道。客户管理除对客户的基本信息、交互历史信息、交易历史信息进行管理外，还可以对客户资信等级进行评价和管理。

2. 营销自动化

营销自动化是对传统营销活动和网络营销提供管理和信息支持功能，主要包括营销活动管理、网络营销、营销支持信息等功能。

营销活动管理支持营销活动计划的编制、费用预测和预算的编制、记录营销活动的信息以及对这些信息的管理、支持营销活动的执行，并能对营销活动的结果进行分析。营销活动管理使营销人员实现了营销活动信息的共享，保证了营销活动工作信息准确、及时地传递，并使营销人员摆脱了日常重复的工作，使其注意力集中在营销活动策划等创新性工作上来。其工作日历功能能实现销售人员的工作安排，使销售人员更好地协同工作。

营销自动化对网络营销的支持方式还处于探索阶段，目前的常用功能是网络信息的及时发布与管理，个性化网页、电子邮件、论坛的自动生成，更有效的电子邮件中心等。

营销支持信息管理存放与营销有关的信息，如产品定价、产品性能、竞争信息等使营销人员在作营销策划和营销活动执行时能够有统一、准确的数据源。

3. 服务自动化

服务自动化是在完善的服务流程和服务体系、服务信息共享策略的基础上，通过呼叫中心和电子商务网站等渠道，提供客户服务与支持。

服务自动化功能支持电子商务网站发布服务相关信息，如维修网点的地址和电话，维修、保修条款等。它对销售出去的产品进行追踪，记录对这些产品的保修服务情况。对可以签订服务合同的，支持合同的签订，记录合同以及合同的执行情况，并对合同执行提供警示信息，提高服务质量，缩短回款周期。它还对产品的退货、检修进行管理服务自动化，对客户求助与投诉进行响应。它记录客户提供的信息，根据系统内服务与投诉处理知识库中的知识规则，迅速选择恰当应对方式，并将客户要求及时报送服务体系的相关业务环节，及时对客户要求进行反应，从而提升客户满意程度。

一些客户管理系统还在服务自动化中加入客户关怀的功能，如按客户偏好提供新服务信息，在节日和客户纪念日向客户发信祝贺等，也可以有更复杂的客户关怀计划，从而达到提升客户忠诚度、密切客户关系的目的。

4. 商务智能

客户关系管理系统实现了客户关系管理的自动化，同时也积累了大量宝贵数据，其中包含了很多有价值的客户知识，运用联机分析处理（OLAP）和数据挖掘等分析功能，可以对这些知识进行发现，为决策者的正确决策提供依据。同时，可以为客户关系管理系统增加商务智能功能，主要包括销售智能、营销智能、客户智能等部分。客户关系管理的商务智能是通过数据挖掘和联机分析处理产生报表，并对报表进行分析和决策支持的工具，直接供销售、营销等人员在具体业务处理中使用。

在构建电子商务环境下的客户关系管理系统的过程中，要遵循以下要点：

（1）坚持电子商务的主渠道作用。充分发挥电子商务系统的主渠道作用，有利于企业与客户双方。坚持电子商务的主渠道作用，增大了客户在互动过程中的控制权，充分体现了客户资源是企业根本利益所在的理念，才能充分发挥客户关系管理的作用。

（2）注意客户信息的同步化和共享性。电子商务的主渠道作用，并不是说要排斥其他渠道，从多渠道收集到的客户信息，集成化管理，同步更新，使不同业务环节在共同信息源的主导下进行决策和操作，有利于这些业务环节的协同和优化，提高客户服务水平。

（3）与电子商务的有机融合。客户关系管理并不是单纯接受电子商务信息的后台系统，在电子商务环境下，客户关系管理能够发挥更重要的作用，这种作用直接对电子商务的运作提供支持。所以客户关系管理和电子商务是同一业务流程的两个密不可分的部分。以整体化角度对电子商务和客户关系管理系统进行设计，才能充分发挥两者的作用。

（4）注重商务智能的运用。客户关系管理使企业可以积攒大量数字化客户信息，为这些信息的再利用提供了可能。运用商务智能手段，充分发掘这些信息中的规律性知识，有利于商务运作的效果提升，也使信息化建设的投入得到更多的回报。

8.5 企业电子商务战略规划与实施

企业的电子商务战略是指在企业总体战略体系内，利用电子商务对传统业务进行改造和创新，发掘和提升企业的竞争优势。现阶段，国内众多实施电子商务的传统企业往往只重视电子商务的应用，而忽视了前期的企业电子商务战略的开发。没有电子商务战略的电子商务应用是无本之木，难以成功。开展电子商务战略规划，必须首先注意以下几点：

第一灵活把握传统企业实施电子商务的内涵。电子商务不仅仅是企业之间或是与消费者之间在信息网络上的买卖活动，更为重要的是一种在信息网络上以建立新型经济联系和经济关系为目的的经济行为。在互联网时代，企业利用网络与信息技术来改善内部沟通、提高运作效率、加强与供应商的联系、利用网站塑造企业和产品形象等一系列商务活动，如前所述，都属于电子商务活动。所以，针对不同企业的经营特点，电子商务的内涵应该有不同诠释。

第二将电子商务战略纳入到企业总体战略体系。在进行电子商务战略规划时，企业应该把电子商务战略纳入到企业的总体战略体系中，指导企业的经营策略和电子商务应用。

第三明确系统规划电子商务战略的重要性。现阶段，很多传统企业已经意识到电子商务能够给企业的经营活动带来活力和价值，却往往非常重视电子商务的后期应用，对前期的电子商务战略缺少系统且全面的规划，因而对后期的系统实施留下很多隐患。

8.5.1 企业电子商务战略规划主要步骤

1. 考察企业总体战略目标

企业总体战略目标限定了企业竞争活动的范围，即各种行业和市场。实施电子商务应该从考察总体战略目标出发，调查电子商务战略是否适应企业的总体战略目标，为电子商务的应用范围指引一个明确方向。

2. 初步确定企业电子商务战略目标

电子商务的实施工作将会以电子商务战略目标为导向，其控制工作将以该目标为基准。企业的电子商务战略目标主要体现在实现以下四个方面：差异、管理变革、保护、信任（表 8.1）。可以说，企业实施电子商务都是在为该目标体系中的一个或几个目标组合而努力。

表 8.1　企业电子商务战略目标体系

目的	内容
差异	专业化的一对一营销 客户服务水平 营销时机 价格、价值定位
保护	顾客基础和市场份额 品牌和产权 市场、投资和企业
管理变革	改善环境 企业组织结构和文化 企业流程和顾客沟通方式 提高竞争力
信任	企业和品牌信任度影响 采用安全可靠的系统 对电子商务应用的信任度

3. 分析电子商务外部战略环境

外部战略环境主要包括宏观环境和行业环境。其中，宏观环境包括政治环境、经济环境、社会环境、技术环境等；行业环境包括竞争环境、供应环境、顾客环境等。战略环境分析为企业电子商务战略的开发提供了一个有利出发点（表8.2）。该表只是提供了一个分析框架，其内容应该依各企业自身情况进行灵活变动。

表 8.2　电子商务外部战略环境分析

环境	内　容
政治环境	政治环境是否稳定？是否有成熟的法律政策支持？
经济环境	网上消费规模可观否？能源成本、运输成本、流通成本如何？
社会环境	消费者的网上价值观如何？生活方式改变否？收入分配构成如何？
技术环境	技术新方向如何？新技术应用速度如何？对手的技术支持如何？
竞争环境	网上市场竞争激烈否？竞争对手对电子商务的态度如何？
供应环境	供应商对电子商务的支持如何？其讨价还价能力如何？
顾客环境	议价能力如何？产品适合网上消费吗？网上顾客的忠诚度如何？

4. 分析企业实施电子商务战略的内部相关资源和能力

企业应该分析和检验自身成功实施该战略的相关资源和能力，如果它们不满足需求，应该选择重新制定目标或是加强资源和能力的补充水平。与传统企业实施电子商务战略相关的关键资源和能力主要体现在五个方面：人力资源、技术资源、财务资源、运营资源、组织能力（表8.3）。同样，该表也只是给出了一个大致的分析框架，在具体应用时可以灵活增加评估内容。

表8.3 资源和能力分析

资源/能力	主要特征	关键内容
人力资源	是否有相关的专业技术人员关系到电子商务战略的成功与否	人员的观念；人员的技术水平；人员的学习能力等
技术资源	电子商务技术是实施电子商务的前提和保障	技术人员的数量；现有技术与所需技术的差距等
财务资源	充足的资金支持了电子商务的开展	提供的资金与所需资金的比较等
运营资源	包括各类信息系统等用来支持企业电子商务流程顺利开展的资源	各类信息系统的先进性；系统的整合程度；升级的难易程度等
组织能力	组织能力使组织能够顺应企业电子商务的开展	组织流程变革的难易程度；电子商务管理水平等

5. 对电子商务初步战略目标的有效性评估及必要调整

企业应结合对战略面临的外部环境和内部资源与能力的分析，再一次评估电子商务战略目标的有效性，并在需要时进行调整。在这一阶段，企业应该做到在明确实施电子商务战略过程中所需要的资源和能力的基础上，确立正确而稳定的电子商务战略目标。

6. 电子商务战略方案制定

电子商务战略方案制定是把企业所要实施的所有电子商务活动系统化和明确化。电子商务战略方案制定主要是要确定以下三个问题：

（1）电子商务运作模式。“企业的电子商务运作模式是根据企业自身的要求对原子电子商务模型所进行的整合。”所谓原子电子商务模型，是指从事电子商务最基本的方式，其数量有限，是复杂模式的基本构建模块。不同企业可以选择不同的原子电子商务模型组合建立自身的电子商务运作模式。

（2）电子商务核心能力。核心能力是竞争优势产生的基础。一般来讲，电子商务核心能力可能来自很多方面，如良好的客户关系和服务、高效的内部运作管理和敏捷的供应链集成等均能形成核心能力。企业应选取一个或几个点进行集中强化，才能在电子商务的应用中形成竞争优势。

（3）电子商务战略定位。定位的目的是把电子商务提供的核心价值传递给受众（消费者、供应商、社会公众等），并使该价值在消费者的心目中得到强化。电子商务战略定位主要应在技术、产品、服务、品牌四个方面下工夫。企业可以结合实力选取最能体现其价值的一个或几个方面定位。如在技术方面，应强化信息安全性、功能全面性、应用方便性等；在产品方面，应强化产品的质量、品种、展示等；在服务方面，应强化物流的快捷性、支付的方便性、使用的人性化等；在品牌方面，应强化品牌的美誉度和忠诚度。一般来讲，企业应该选取自身的强项进行定位，以创造差异化，形成优势。但是，有实力的企业也可以进行综合定位，从四个方面进行强化。

8.5.2　企业电子商务战略实施与评价

电子商务战略方案的有效实施是保证战略成功的关键。在实施阶段，要注重每个细节的执行，并且应该制定出详细的战略实施方案。从企业全局的角度来看，“领导、人员、资源、组织”四个方面尤需关注，这是战略成功实施的重要保障。

在实施的每个阶段，都应适时实施效果评估。

效果评估的目的就是看先前所确立的战略目标在方案实施之后有没有达到。效果评估必须以确立的战略目标为基准，不能一味对经济效果进行定量评估，隐性效果不容忽略。

上一节所述的规划过程及本节所述的实施过程，为传统企业实施电子商务战略提供了一个参考性的规划框架和思路。以此为基础，可以建立一个传统企业的电子商务战略规划模型（图 8.3）。

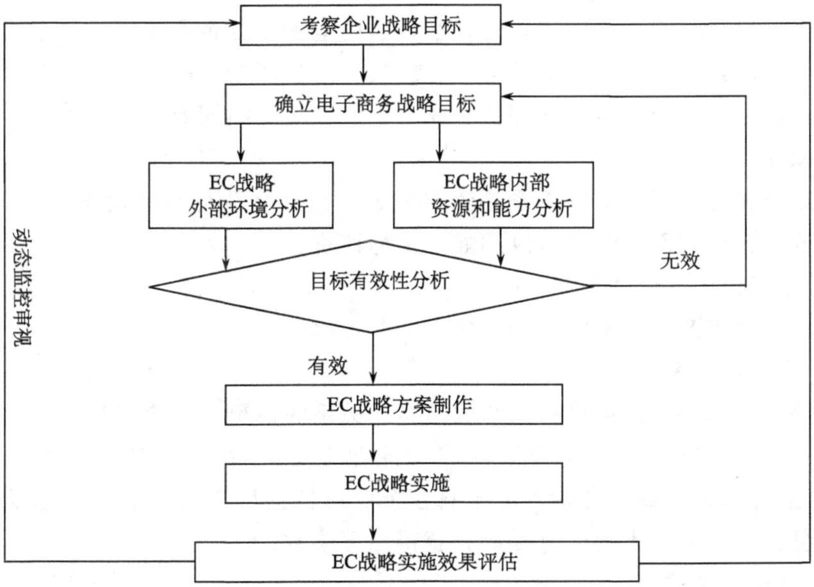

图 8.3　电子商务战略规划模型

互联网技术发展日新月异，电子商务的应用环境必定处于一个不稳定的状态。这就要求企业在实施电子商务战略的过程中，不能一味按照上述规划来进行，还应该时时监控这一动态变化的环境，灵活地对规划作相关调整，以求获取动态竞争优势，保证电子商务战略的成功实施。

8.6 企业电子商务活动绩效评价

企业电子商务活动绩效评价对于企业电子商务活动的开展起着重要作用，主要表现在：第一，绩效评价具有“事前”的导向作用，企业可以依据绩效评价设定的具体指标系统地、综合地评价电子商务发展战略和战术决策。第二，绩效评价具有“事中”的控制作用，企业依据在执行战略或战术过程中得到的反馈信息与“事前”预计绩效的偏差，调整企业的电子商务行为，朝既定目标前进。第三，绩效评价具有“事后”的评价作用。它既可以成为企业评价前期电子商务行为的标准，又可以成为投资者进行电子商务项目投资决策的依据。因此，建立一个完善的、具体的电子商务活动绩效评价体系对于企业有效开展电子商务无疑具有重要的现实意义。

目前，国内外尚无公认的企业电子商务活动绩效评价标准，这方面的研究尚处于理论探索阶段。国内学者张小康等通过对中国电子商务企业的考察，根据电子商务活动的特点，基于平衡计分卡的原有指标体系，于 2005 年提出了一套电子商务企业活动绩效评价指标体系，其中综合运用了“财务指标”和“非财务指标”两个手段，具有一定的代表性，适合国内电子商务企业应用。整个指标体系分客户、内部经营能力、企业的学习与成长、财务四个大的方面。该指标体系经适当改造后也可用于针对性地评价企业电子商务活动的绩效。

1. 客户

与客户保持长期稳定的关系是企业电子商务活动获得持续竞争优势的关键。反映企业在客户方面的绩效可以用如下指标评价：

1）市场份额

企业在出售产品的网络市场上所占的业务比例。

2）客户保持率

反映业务部门保留或维持当前网络客户关系的情况。客户保持率的具体计算公式为：客户保持率＝（企业当期客户或业务量－企业当期新增客户或服务量）/企业上期客户或服务量。电子商务企业可依据用户的注册信息以及购买商品的数量，通过数据库的信息提取，获得计算参数。

3）新增点击数率

反映企业吸引新网络顾客的能力。新增点击数反映了在一定时期内新增客户访问该网站的次数，企业可通过用户的登录信息计算该指标。计算公式为：新增点击率＝当期新增客户点击数/上期客户点击数。

4）客户满意度

在电子商务活动中，影响企业客户满意度的因素除传统的产品质量、服务等影响因素外，还包括其他三个部分：商品选择、商品交货、货款支付。

商品选择的顾客满意程度主要体现在网站的浏览速度、网站的友好程度、搜寻所需商品的时间等方面。网站的浏览速度可以用平均页面响应时间、同一时间内允许最大用户访问数作为指标。网站友好程度不易采用数字指标度量，可行的方法是首先对其进行定性评价，将各种定性指标通过主管评分等方法进行定量处理，或者使用层次分析法等其他手段进行定量处理。搜寻单件商品所需要的时间可以通过搜索引擎的响应时间进行测度。

电子商务网站的交货即电子商务的物流是电子商务的优势和竞争力所在，但同时也是企业电子商务活动中面临的最大问题。目前，交货的手段有通过邮政配送、自建系统配送和第三方物流等方式。衡量电子商务网站交货的主要指标有平均延误时间、最大延误时间和延误次数。

电子商务中，货款的支付手段有多种方式，包括电子货币、邮局汇款、现金支付等。尽管国内已经有多家银行开办了电子支付业务，但由于各家银行采用的不同安全协议，导致各银行之间的数字现金和电子货币不能通用。因此，支付手段的种类是衡量货款支付的一个重要指标。此外，银行与电子商务企业数据交换的速度直接影响商品交易的效率，因此，银行与电子商务企业之间是否存在专用的方便快捷的数据通信线路，也是衡量顾客支付满意度的重要指标之一。

5）顾客信任度

顾客信任是维持稳定和良好的客户关系的前提。在电子商务活动中，顾客信任显得尤为重要。所以，将信任度指标独立于客户满意度指标单独进行考察对于评价企业电子商务绩效是必要的。从企业方面考察，信任度指标主要包括页面导航、品牌、购买建议、网络安全和隐私保护等。

2. 企业内部经营能力

信息收集能力、信息处理能力、信息应用能力是衡量企业在从事电子商务活动中内部经营能力的主要指标。

1）信息收集能力

信息收集能力指企业准确收集顾客的需求信息（包括产品和服务的数量、质量、时间和价格等）和生产者的商品信息（包括商品和服务提供的数量、质量、交货周期和成本等）的能力。

信息收集能力的另一方面是信息的准确性和及时性。失真的、迟滞的信息将导致企业经营决策的重大失误，准确的、及时的信息则是企业决策的基础。

2）信息的处理能力

信息处理能力是对于所收集到的各种信息能够进行正确地分析和加工处理以得到能够直接应用于企业决策信息的能力。信息处理能力包括处理手段、处理效率、处理质量三方面。

信息处理应用的方法和手段是信息处理质量的基础，也是信息处理效率的保证。现有的处理方法包括各种统计分析、神经网络分析和数据挖掘等，不同的数据形式、不同的处理目标需要不同的分析方法，处理手段的多样性是衡量信息处理能力的重要指标。

处理效率是信息处理在时间方面的指标，可以用完成一次信息处理的平均时间来衡量。

处理质量是信息处理在效用方面的指标。各种不同的信息分析工具可能得到不同的信息处理结果，可以使用在一次信息处理过程中得到有兴趣的、新颖的信息数目来评价。

3）信息应用能力

该指标指使用各种分析工具和分析方法加工信息后，基于这些信息制定决策并将其转化为与企业经营目标一致的具体行为的能力。

3. 企业的学习和成长

企业开展电子商务活动时，员工素质的高低直接影响企业创新能力和经营业绩以及企业的长期竞争核心优势。考察和评价企业学习和成长能力的指标包括员工满意度、员工培训和员工劳动生产率等。

（1）员工满意度。使员工感到满意是提高劳动生产率、客户响应速度和服务质量的前提。影响满意度的因素包括参与决策、认为本职工作不错、在做好工作时得到肯定、主观能动性得到肯定等。实际工作中，加权评分法是测度员工满意度的有效方法。

（2）员工培训。信息时代，与计算机和网络相关的各种科学技术迅猛发展。组织员工培训不但可以使员工在技术、处理和分析问题的能力方面跟上时代，还可以沟通人际关系、塑造员工的创新精神和敬业精神，提高电子商务活动的水平和效果。计划期内参与培训的员工百分比和员工的培训次数是衡量员工培训的主要指标。

（3）员工劳动生产率。员工劳动生产率是衡量每个员工劳动效率的重要指标，一般可以采用平均每个员工创造的生产总值进行测定。

4. 财务指标

财务指标仍然是评价企业电子商务活动绩效最为直接的指标，也是最重要的指标之一。它包括的具体指标有销售增长率、营业收入、投入回报率、经济附加值、成本费用利润率、流动比率、速动比率等。需要注意的是，为重点考察企业实施电子商务后在提高经营能力、销售能力，与供应商、客户建立良好的关系等方面的效果，现阶段评价电子商务企业绩效的主要财务指标应注意考虑：销售收入的增长率；目标市场、顾客群体和地区销售的增长率；资产的利用率等。

需要指出的是，企业的电子商务活动绩效评价通常与企业的电子商务发展战略紧密联系。由于各类企业经营的复杂性以及电子商务本身仍然处于不断成长的过程之中，如何在实践中建立有效的企业电子商务活动绩效评价体系，并将其与现有的企业整个经营绩效评价工作很好地予以结合，是一个迫切需要解决的课题。

➢本章思考题

1. 电子商务给传统企业带来了哪些影响和挑战？
2. 为什么说传统企业开展电子商务更具有优势？
3. 企业实施电子商务分为几个层次？各个层次的内涵是什么？
4. 如何实现电子商务与企业资源计划的整合？
5. 电子商务环境下如何做好客户关系管理工作？
6. 制定企业电子商务战略计划的基本步骤有哪些？制定企业电子商务战略应该注意什么问题？
7. 你认为应该如何评价企业电子商务活动的效果？

第9章

电子商务与消费者

伴随着电子商务的蓬勃发展，通过电子商务的网络平台进行采购与消费，已经越来越渗透于社会经济与日常生活的众多领域，无论是在发达国家还是在发展中国家，只要是电子商务得到开发与应用的地区，通过网络进行消费的行为正在普遍发生。特别是在城市和经济发达地区，电子商务在消费领域的作用越来越凸现出来，网络消费正在越来越快地吸引传统的消费用户。本章将着重讨论网络消费者的心理、动机与购买行为等问题。

9.1 网络消费概述

9.1.1 网络消费及其分类

1. 网络消费的概念

网络消费是一种以电子商务网络为媒介，通过网络实施选择、决策、购买、支付行为来实现消费的一种现代化消费方式。

在发达国家，网络消费已经十分普及。在美国，根据全美零售商联合会2007年出版的一份统计报告显示，2006年全美网上消费额快速增长，达到2200亿美元，增速达25%。这份报告指出，网络消费正全速发展，网络技术及企业电子商务的发展是网络消费的主要助推器。

商品的消费领域也出现了很大的变化。以往，网上消费最多的商品是计算机及软件产品，而2006年美国的网络消费中服装类商品的消费额首次超过前者达到 183 亿美元，增长幅度高达 61%。在我国，网络消费也以惊人的速度迅速普及。网络消费行为，已经在世界范围内日益引起重视。

2. 网络消费的分类

网络消费可以按照不同的划分标准进行分类。

1）按照交易对象

按照交易对象分类，网络消费可以分为四种主要类型：

（1）企业与消费者之间的网络消费。它是利用电子商务手段使企业与消费者参与消费活动的主要形式。消费者包括群体消费者和个体消费者两种类型。

（2）企业间的网络消费。它是企业的管理者在电子商务网络中寻找最佳交易伙伴，并与之进行从采购（销售）到结算的全部交易行为。这里的购买者包括生产性的和经营性的采购，采购的商品不直接用于消费或不用于最终消费，是这一类型网络消费的特征。

（3）非企业的社会组织与企业之间的网络消费。它是前者在电子商务网络中寻找最佳供应企业，并与之进行从订购到结算的全部交易行为。

（4）消费者之间的网络消费。它是消费者在电子商务网络中寻找最佳交易伙伴，并与之进行从订购到结算的全部交易行为。

2）按照交易商品的内容分类

按照交易商品的内容分类，网络消费主要包括对有形商品和无形商品两类消费活动。

（1）有形商品网络消费。指有形货物的电子订货和付款，它仍然需要利用传统的输送渠道如物流或邮政的服务传递货物，多数体现为间接的网络消费。

（2）无形商品的网络消费。即无形货物和服务，如某些计算机软件、娱乐产品的联机订购、付款和交付，或者是全球规模的信息服务。多数体现为直接的网络消费。

9.1.2　网络消费者购买过程

在传统消费的领域里，消费者的购买行为分为确认需要→信息收集→比较选择→购买决策→购后评价这五个阶段，表明了消费者从产生需要到满足需要的整个过程。

网络消费的购买过程同样可以分为上述的五个阶段，这个过程与传统的消费过程十分相似，但是在各个过程中表现出一些不同的特点。

1. 确认需要

网络购买过程的起点是诱发需求。当消费者忽然受到某种商品信息的刺激，随之产生某种购买欲望，或当消费者认为目前拥有的商品不能满足需求时，也会产生购买新产品的欲望。与传统的购物过程比较，网络购物刺激消费者需求的内外因素中既有有利的一面，也有不利的一面。有利的一面是：有效的页面导航、具有吸引力的页面、更详细的产品信息及其使用情况的介绍、节省逛街的时间、可以方便地货比多家、相对比较省钱等都会激发消费者的想象力与需求欲望；不利的一面是：网络环境下不能感受到实物的直接刺激、货主的信用难以确认、购物送货等待的担忧、电子支付的不安全顾虑等都会影响消费者购买决策的确定，作为企业或中介商对这些不利因素应给予足够重视。

2. 收集信息

当需求被唤起后，每一个消费者都希望自己的需求能得到满足，因此，收集信息、了解行情成为消费者购买行为的第二个环节。

收集信息的渠道主要有两个方面：自身经验和外部信息，即内部渠道和外部渠道。消费者首先在自己的记忆中搜寻可能与所需商品相关的知识经验，如果没有足够的信息用于决策，就需要到外部环境中去寻找与此相关的信息。当然，不是所有的购买决策活动都要求同样程度的信息和信息搜寻。根据消费者对信息需求的范围和对需求信息的努力程度不同，可分为以下三种模式：

（1）广泛的问题解决模式。是指消费者尚未建立评判特定商品或特定品牌的标准，也不存在对特定商品或品牌的购买倾向，可以认为消费者在该商品领域处于一种“盲区”，因此，需要很广泛地收集某种商品的信息。处于这个层次的消费者，可能是因为好奇、消遣或其他原因而关注自己感兴趣的商品。这个过程收集的信息会为以后的购买决策提供经验。

（2）有限问题的解决模式。是指当消费者已建立了对特定商品的评判标准，但尚未建立对特定品牌的倾向时，消费者有针对性地收集信息。这个层次的信息收集，才能真正而直接地影响消费者的购买决策。

（3）常规问题的解决模式 。在这种模式中，消费者对将要购买的商品或品牌已有足够的经验和特定的购买倾向，它的购买决策需要的信息较少。

3. 比较选择

消费者需求的满足是有条件的，这个条件就是实际支付能力。消费者为了使消费需求与自己的购买能力相匹配，就要对各种渠道汇集而来的信息进行比较、分析、研究，根据产品的功能、可靠性、性能、模式、价格和售后服务，从中选择一种自认为“足够好”或“满意”的产品。

由于网络购物不能直接接触实物，网络消费商要对自己的产品进行充分的文字描述和图片描述，以吸引更多的顾客。但也不能对产品进行虚假的宣传，否则可能会永久地失去顾客。

4. 购买决策

网络消费者在完成对商品的比较选择之后，便进入到购买决策阶段。与传统的购买方式相比，网络购买者在购买决策时主要有以下三个方面的特点：①网络购买者理智动机所占比重相对较大，而感情动机的比重相对较小；②网络购物受外界影响小。这是因为网络购买一般没有面对面的促销劝说，受外来人员的影响较少；③网上购物的决策实施行为与传统购买决策实施相比速度要快。

网络消费者在决策购买某种商品时，一般要具备以下三个条件：①对制造商、销售商有信任感；②对支付有安全感；③对产品有好感。

所以，网络消费的制造商、销售商要重点抓好以上工作，促使消费者购买行为的实现。

5. 购后评价

购后评价是指消费者在消费实现后，根据购买的商品或服务是否符合自己的预想心理目标，对自己的购买决策行为所作的评价。消费者购买商品并使用一段时间以后，往往会对自己的购买行为进行检查和反省，以判断这种购买决策的准确性。购后评价往往能够决定消费者以后的购买动向，甚至对消费者网络购物的信心与勇气产生影响。

为了提高企业的竞争能力、最大限度地占领用户，企业必须虚心听取顾客的反馈意见和建议。厂商在网络上收集到这些评价之后，通过计算机的分析、归纳，可以迅速找出工作中的缺陷和不足，制定相应对策，改进自己产品的性能和售后服务。

9.2　网络消费需求与动机

9.2.1　网络消费需求及其特征

电子商务的出现，使得消费观念、消费方式和消费者的地位正发生着重要变化，互联网商用的发展促进了消费者主权地位的提高；网络消费系统巨大的信息处理能力，为消费者挑选商品提供了前所未有的选择空间，使消费者的消费行为更加理性化和多样化。网络消费者的需求主要有以下八个方面的特点：

1. 消费需求的个性化

在近代，由于工业化和标准化生产方式的发展，消费者的个性被淹没于大量低成本、单一化的产品竞争之中。随着加工能力的快速发展，个性化产品的低成本生产也已经成为可能。21 世纪的消费品用户变得越来越丰富，消费者进行产品选择的范围全球化、产品的设计多样化，消费者开始制定自己的消费准则，整个用户消费又回到了个性化的基础之上。特别是网络消费者的消费心理发生了巨大的差别，甚至可以说，每一个网络消费者都是一个细小的消费用户，个性化消费逐渐成为发达国家消费的主流。

2. 消费需求的差异性

不仅仅是消费者的个性消费使网络消费需求呈现出差异性，对于不同的网络消费者因其所处的时代环境不同，也会产生不同的需求，不同的网络消费者，即便在同一需求层次上，他们的需求也会有所不同。

3. 消费主动性增强

在社会化分工日益细化和专业化的趋势下，消费者对消费的风险感随着选择的增多而上升。在许多大额或高档的消费中，消费者往往会主动通过各种可能的渠道获取与商品有关的信息并进行分析和比较。或许这种分析、比较不是很充分和合理，但消费者能从中得到心理的平衡以减轻风险感或减少消费后产生的后悔感，增加对产品的信任程度和心理上的满足感。消费主动性的增强来源于现代社会不确定性的增加和人类需求心理稳定和平衡的欲望。网络信息的提供可以在一定程度上满足这种要求。

4. 消费者与生产者直接进行交流

传统的商业流通渠道由生产者、商业机构和消费者组成，其中商业机构起着重要的作用，生产者不能直接了解用户，消费者也难以直接向生产者表达自己的消费需求。而在网络环境下，消费者能跨越传统消费中的中间机构，直接参与到生产和流通中来，与生产者直接进行沟通，减少了用户的不确定性。

5. 追求消费过程的简洁和享受

在网上购物，除了能够完成实际的购物需求以外，消费者在消费商品的同时，还能得到许多信息，并得到在各种传统商店没有的乐趣。今天，人们对消费过程出现了两种追求的趋势：一部分工作压力较大、紧张程度高的消费者以方便消费为目标，他们追求的是时间和劳动成本的尽量节省；而另一部分消费者，是由于劳动生产率的提高，自由支配时间增多，他们希望通过消费来寻找生活的乐趣。今后，这两种相反的消费心理将会在较长的时间内并存。

6. 消费的理性化

网络消费系统巨大的信息处理能力，为消费者挑选商品提供了前所未有的选择空间，消费者会利用在网上得到的信息对商品进行反复比较，以决定是否消费。对企事业单位的采购人员来说，可利用预先设计好的计算程序，迅速比较进货价格、运输费用、优惠、折扣、时间效率等综合指标，最终选择有利的进货渠道和途径。

7. 价格是影响消费心理的重要因素

从消费的角度来说，价格不是决定消费者消费的唯一因素，却是消费者消费商品时肯定要考虑的因素。网上购物之所以具有生命力，重要的原因之一是网上销售的商品价格普遍低廉。尽管经营者都倾向于以各种差别化来减弱消费者对价格的敏感度，避免恶性竞争，但价格始终对消费者的心理产生重要的影响。因为消费者可以通过网络联合起来向厂商讨价还价，产品的定价逐步由企业定价转变为消费者引导定价。

8. 消费需求的阶段性

在网络消费的开始阶段，消费者偏重于精神产品的消费。因为一般说来，图书、报纸、杂志等精神产品查询和购物过程需时极短，程序简便快捷。

到了网络消费的成熟阶段，等消费者完全掌握了网络消费的规律，并且对网络购物有了一定的信任感后，消费者便会从侧重于精神消费品的消费转向日用消费品或品质上要求较高的商品的消费。

9.2.2 网络消费者的消费动机及其特征

网络消费者的消费动机，是指在网络消费活动中，能使网络消费者产生消费行为的某些内在驱动力。只有了解消费者的消费动机，才能预测消费者的消费行为，以便采取相应的促销措施。由于网络销售是一种不见面的销售，消费者的消费行为不能直接被观察到，因此对网络消费者消费动机的研究，就显得尤为重要。

网络消费表现为这样一个过程：有需要才会产生购买动机，有了购买动机才可能导致消费，实现消费才表现出一定的消费特征，进而形成比较明显的需求。

关于网络消费者消费动机，西方学者作了一些研究。例如，Babin（1994）把网络消费者消费动机划分为工具动机与娱乐动机；Childers（2001）把网络消费者动机分为使用动机和享受动机；在 Childers 研究成果基础上，Pethtl（2003）将使用动机细分为追求更多的选择、便宜的价格与方便，将享受动机细分为追求审美与娱乐等。总的来说，西方研究者对网络消费者的动机划分比较宽泛，一些研究缺乏实证研究的依据。

国内有关网络消费者的研究较少，对网络消费动机的分类也没有体现中国网络消费者的特点。

根据国内外有关学者的实证研究成果，本书将网络消费者主要消费动机概括为以下七种：

1. 交流与尝试

“交流与尝试”指消费者参与网络消费的原因是满足自己与其他网络消费者和朋友交流的需要，同时也满足消费者尝试新鲜事物的需要。网络购物前，消费者与已经购买某类产品的消费者交流信息；网络购物后，消费者也会参与到所购买产品的网络讨论中。同时，网络购物作为一种消费方式，又是消费者在消费之后与朋友或同事们交流的话题，也是一些消费者尝试新鲜事物的方式。

2. 自由与控制

“自由与控制”体现了网络消费减少消费者购物过程中时间与空间的限制，给了消费者更大的自由与控制感。Bellman、Lohse 和 Johnson 的研究表明：工作较忙、业余时间较少的人容易成为网络消费者。网络消费者多对购物时间与地点有着很强控制欲。与其他的消费方式相比，网络消费模式在给予消费者对于环境的控制方面，有了很大的提高。此外，在网络消费模式下，网络消费者的社会接触减少，使得消费者可以不通过任何人际接触就可以挑选自己需要的商品并完成交易，这也增加了消费者自由与控制的感觉。在这种方式下，最基本的关系已不是买者与卖者之间的关系，而是卖者与中立环境之间的关系。

3. 娱乐

“娱乐”体现了人们通过网络消费来消遣、放松、寻求乐趣的动机。有些网络消费者网上消费是为了获得体验的乐趣，具有这样动机的消费者喜欢浏览拍卖网站，花比较长的时间搜寻自己喜爱的商品。这类消费者喜欢与网络商家的互动，愿意参与商家推出的各项活动。

4. 信息搜集

“信息搜集”体现了网络购物带给消费者信息搜集与查找的方便性，以及由此产生的购买行为。网络的出现使人们在搜寻产品信息方面的成本下降，同时信息在网络上广泛的传播与获取的便利性，这些都是消费者使用网络消费的重要原因。

5. 个性化

“个性化”体现了网络消费者在网络上购买个性化产品的动机，商品的唯一性是消费者网络消费的重要原因。网络消费不仅给消费者提供了个性化的购物场所，而且给消费者提供了一个寻找特殊商品和具有收藏价值商品的机会，这是传统购物方式无法比拟的。研究结果表明，网络消费者在网络上搜索个性化与特殊要求的产品，并且把网络作为购买具有收藏价值商品的方式。消费者在网络消费环境下，可以使自己的个性得到充分的体现。

6. 价格便宜

“价格便宜”是网络消费者上网购物的主要动机之一。收集商品价格信息并进行对比，是网络消费的核心优势之一。

7. 方便

“方便”是指网络消费带来网络消费者在时间与精力上的节省，网络消费者可以足不出户，在计算机屏幕上就可以查找符合他们需求的商品。网络消费提高了人们购物时的效率，减少了人们购物时所付出的努力。

需要特别指出的是：人类的动机是复杂的、多层面的，网络消费者的消费动机也可能是上述一种或多种动机协同作用的结果。

9.2.3 影响网络消费的环境因素

网络消费和传统消费一样，需要在自然社会的消费领域中进行，只是消费的方式与传统的有所差别。因此，网络消费也就不可避免地和传统消费一样，面临环境的影响。影响网络消费的环境要素主要包括政治法律因素、文化因素、经济因素和物质技术因素等方面。

1. 政治法律因素

政治法律因素主要是指国家的政体、政局和政策等方面的因素。各国对于网络消费都逐渐建立了一些法规来规范企业的网络销售行为和消费者的网络消费行为，对网络消费活动产生的影响也是多方面的。网络消费活动连接着众多不同国家，各国的政治和法律差异会对网络消费产生不同的影响。

(1) 产品政策对网络消费的影响。由于网络消费的商品在销售完成之前往往是客户见不到的，消费者在购买决策时对商品的品质、纯度及性能方面的确定就很困难，这对网络销售的影响自然较大。为解决这一问题，许多国家对于网络销售的商品制定更严格的法律标准或限定经营品种。

(2) 价格政策对网络消费的影响。许多国家政府对价格有着较多的控制，即使像美国这种接近于完全市场经济体制的国家，也颁布了不少对价格进行干涉的法规和法令，只是各国干涉的范围和程度有所不同。网络消费的商品由于相对费用较低，往往会形成很强的成本竞争力，网络消费给传统消费会带来冲击和影响，进而带来某些社会问题。因此，网络消费受到价格管理者的注意。随着网络消费的发展，价格管理也会越来越全面和完善。

(3) 分销渠道对网络消费者的影响。在网络消费中，分销策略受法律限制和影响的程度最低。在一般情况下，企业可以根据其内外部可供利用的资源选择分销渠道。当然，前提条件是渠道的选择必须在法律允许的范围内进行。

(4) 促销对网络消费者的影响。在所有促销手段中，广告引起的争议最大，因而各国对广告的限制最多也最为严厉，对广告的内容及真实性、广告的刊播媒体和刊播时间、广告的征税管理及广告的语言表达等都作出了明确的限制规定。但是因为网上广告、网上促销活动的监管还没有全面开展，所以一些网络企业运用夸张的语言、过激的行为开展促销宣传，对消费者的误导行为时有发生，因此许多国家都在加紧相关法律法规的制订与实施。

2. 文化因素

文化因素是指在一种社会形态下已经形成的信息、价值、观念、宗教信仰和审美观念等行为规范。文化因素对网络消费的影响表现在诸多方面，既表现于社会文化对企业文化的影响，也表现于社会文化对消费者文化的影响。一般来说，消费者的受教育水平越高，文化程度越高，参加网络消费的能力越强，如图9.1所示。

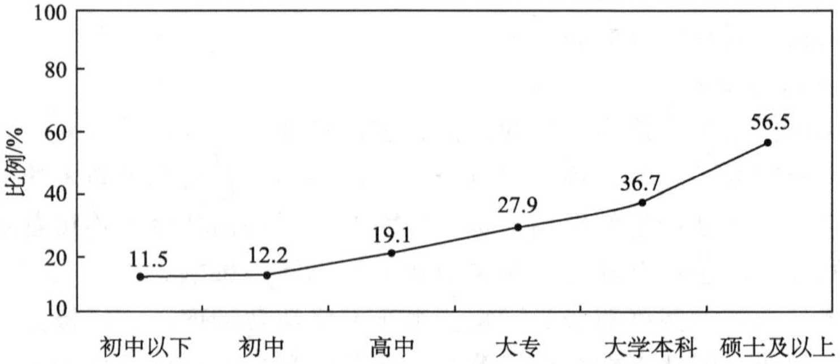

图 9.1 不同学历网民的网上购物比例

资料来源：CNNIC，《第二十一次中国互联网络发展状况统计报告》，2008

受教育水平高，对享受性、发展性的商品需求便会较多，如书籍、艺术、旅行及娱乐支出会占整个消费支出的较大比例。同时，消费行为也较为理智化，对新产品的鉴别能力、接受能力较强，对产品质量和品牌要求较高，而且注重突出个性。这些都符合网络消费的商品特征和网络消费者的心理特征。

3. 经济因素

经济因素是决定消费欲望能否转变为消费现实的主要因素，通常包括国家经济规模、经济结构、社会购买力、人均收入等诸多方面。在网络消费方面，良好的经济条件，通常指消费者的经济收入、可支配收入的状况，这些是决定消费者参与网络消费活动的重要因素。

从网络消费者的经济环境来看，在我国，网上购物的网民是一群经济环境相对比较好的人群。根据 2008 年《第二十一次中国互联网络发展状况统计报告》提供的数据，这些购物者超过 80%居住在城镇，在合资和外资企业工作的较多，属于相对高收入的网民群体。并且，消费者上网历史越长，购物比例越高。1999 年以前就开始上网的网民网上购物比例为 42.4%，2007 年新增网民的网上购物比例仅有 5.7%，即资深网民网上购物的比例要高一些。

另外，我国现阶段网络消费的商品主要是一些文化用品和能够表现消费者个性文化特点的生活用品。见表 9.1。

表 9.1 网络消费的主要产品或服务

用户在最近半年内在网上实际消费的产品或服务	所占比重/%
图书、报纸、杂志及其他纸质出版物	47.2
音像制品（包括 CD、VCD、DVD 等）	34.4

续表

用户在最近半年内在网上实际消费的产品或服务	所占比重/%
计算机、计算机配件（如内存、硬盘）及计算机周边设备（如打印机、扫描仪等）	29.7
服装	21.9
手机	18.2
生活、家居	17.8
MP3	17.6
网络游戏用品（含游戏卡、虚拟道具等）	17.4
化妆品	15.6
计算机配件	15.3

资料来源：CNNIC，《第十七次中国互联网络发展状况统计报告》，2006 年

这些商品对于普通的民众消费者来说，不完全是生活必需品，是在满足了一定生活水准之后的消费需求，所以经济环境越好，消费者的经济收入越高，网络用户的消费潜力就越大。生活水平迅速提高，消费需求由低层次的生理需求向高层次满足转变，从对物质需求向精神需求转变，消费需求日益趋向个性化，对服务水平和产品的品质有更高需求，发达的经济环境使网络服务成为可能。

4. *物质技术因素*

物质技术因素是实现网络消费的基本条件。网络消费所需的基本设施、设备的购置与建立，以及大众的网络设备的普及与否，与国家的政策和基本经济能力密切相关。在此基础上，科技革命特别是信息技术革命，使得全球经济呈现出网络化、数字化特征，传统的以实物交换为基础的交易方式被以数字交换为基础的无形交易所代替。因此，信息技术发展推动交易的全球化、交易的直接化和便捷性，网络消费可以利用世界性网络进行信息交互和沟通，降低国际交易的费用和交易风险，促进网络消费的普及。

9.2.4　影响网络消费的心理因素及其分析

无论是个人消费者，还是组织消费者，消费行为都是受消费心理支配的。也可以说，消费行为是消费心理的外在表现，消费心理一定会在很大程度上影响消费行为。个人消费者是这样，即使是组织消费者，主要责任者的心理状况也对最终的消费行为有着决定性的影响。因此，结合消费者的网络消费行为的特点，还要分析促进和影响网络消费的心理与行为。

当今企业正面临前所未有的激烈竞争，消费者主导的消费时代已经来临。消费者将面对更为纷繁复杂的商品和品牌选择，这一变化使当代消费者心理与以往相比呈现出一种新的特点和趋势。

1．促进网络消费的心理行为

1）追求个性化的消费心理

追求个性化的心理是网络消费的主流特征之一。随着经济环球化的进展与消费者可支配收入的提高，消费品市场发展到今天，多数产品无论在数量上还是质量上都极为丰富，这使得消费者能够以个人心理愿望为基础挑选和消费商品或服务。特别是现代消费者往往富于想象力、渴望变化、喜欢创新、有强烈的好奇心，需要与众不同，这些都对个性化消费提出了更高的要求。当前，个性化消费已成为现代消费的主流。互联网具有良好的互动性，这就使得以消费者为导向、针对消费者个体的个性化消费成为现实。用户通过互联网对自己想要的产品、服务进行选择和组合，实现个性化消费；企业则可以真正了解到消费者所需要的产品、服务，就能最大限度满足消费者的需求。

2）追求决策的自主性心理

日益频繁的促销活动使得消费者在采购决策方面出现困惑。在社会分工日益细分化和专业化的趋势下，由于竞争的加剧，供应商过于频繁的甚至是夸大或虚假的宣传变得让消费者难以承受。消费者消费的风险感会随着可选择内容的增多而上升，另外对商品单方面灌输式的消费宣传，也往往是站在供应商的观点上强行对消费者进行的，令消费者感到厌倦和不信任。这在一些贵重、消费次数少的消费品的宣传上表现得尤其突出。这时消费者往往希望通过各种可能的途径获取与商品有关的信息并进行分析比较。他们从中可以获取心理上的平衡以减轻风险感，增强对产品的信任和心理满意度。网络消费在这方面可以有效地回避传统消费的被动接受推销所带来的心理压力与不快。

3）追求独立的消费心理

网络消费相对于传统消费来说，消费行动之前的商品浏览活动比较特殊。传统的消费者在消费行动实施之前，往往对去何处采购、何时采购、如何采购、消费标的物等问题需要与家庭成员、朋友、同事、同行业者进行商谈，会征求他们的一些意见。消费者受到这些意见的左右程度较大。

网络消费往往是出于个人消费意向的积极的行动，通常可以花费较多的时间到网上的虚拟商店浏览、比较和选择。独特的购物环境和与传统交易过程截然不同的消费方式会引起消费者的好奇、超脱和个人情感变化。这样，消费者完全可以按照自己的意愿向商家提出要求，以自我为中心，根据自己的想法行事，以在消费中充分表现出决策的独立性为快。

4）追求方便、快捷的消费心理

现代社会使人们的生活节奏普遍加快。前面提到了网络消费独特的购物环境，使得一些喜好购物者通常会花费较多的时间到网上的虚拟商店浏览、比较和选择，而也有一些在何种环境下也不会热衷于购物活动，或不愿在购物上花费时间的消费者，以及对于一些非常忙碌的人来说，在购物中简单、便利、快捷显得更为重要。这样网络消费的优势就显而易见了。消费者选择网上购物的方便性和便捷性主要体现在以下两个方面：

（1）时间上的便捷性。网上虚拟用户一年 365 天、一天 24 小时全天候提供销售服务，随时准备接待顾客，而不受任何限制。

（2）商品挑选范围的便捷性。消费者可以足不出户就在很大范围内选择商品。对个体消费者来说购物可以“货比多家”，精心挑选。对单位采购进货人员来说，其进货渠道和视野也不会再局限于少数几个定时、定点的订货会议或几个固定的供应厂家，而是会大范围地选择品质最好、价格最便宜、各方面最适用的产品，这是传统的购物方式难以做到的。CNNIC 的调查表明：2001 年基于节省时间进行网络购物的人数占网上消费总人数的 49.29 ％。到 2005 年这一统计数据已经上升到了 66.4％，增加了 17.11％，这进一步说明了消费者看重网上消费节省时间的倾向。

5）追求物美价廉的消费心理

普遍来说，价格和品质是影响消费的最主要因素。即使消费人员倾向于以其他消费差别试图来降低消费者对价格和品质的敏感度，但这两个方面始终是消费者最敏感的因素。网上商店比起传统商店来说，能使消费者增加直接了解商品的途径，能够方便地挑选和对比同类商品。简单地上网就可以轻松获得各个关注产品的信息以及价格，进而通过搜索链接快速进入消费者认为适合的网站，完成购物调查活动。消费者对于互联网有一个低价格的心理预期，认为网上商品价格也应该比传统的销售渠道的价格要低，因为网络用户与传统消费用户相比，能够减少消费活动中的中间费用和一些额外的信息费用，可以降低产品的成本和销售费用，而且这也正是互联网商业应用的巨大潜力所在。

6）追求时尚化的消费心理

现代社会新生事物不断涌现，消费心理受这种趋势带动，稳定性降低，在心理转换速度上与社会同步，在消费行为上表现为需要及时了解和消费到最新商品，产品生命周期不断缩短。产品生命周期的不断缩短反过来又会促使消费者的心理转换速度进一步加快。传统购物方式已不能满足这种心理需求。

另外，对于时效性特别强的商品，网络消费的速度可能要明显快于传统消费。从网上购物的构成资料来看，具有年代特点、更新换代较快的相关产品在网上交易中占有重要位置，具体内容可见表 9-1［2006 年《第十七次中国互联网络发展状况统计报告》中《用户在最近半年内在网上实际消费过哪些产品或服务（多选题）调查结果前十位产品》］。

7）解决购物困难的消费心理

2005年《第十六次中国互联网络发展状况统计报告》资料显示，在网上消费的总人数中，有45.6%的消费者的网上购物行为是消费本地没有的商品。在一些不发达地区，包括中心城市以外的地区、商品流通条件不好的地区，通过网络消费可以有效地满足追求时尚的消费者的消费心理。

2. 制约网络消费的心理行为

目前，虽然网上购物具有形式方便、信息快捷、节省时间等诸多优势，但是由于相关的法律政治环境等方面的影响，由于目前网络购销存在着一些不安全的因素，消费者对网上消费仍然有一定程度的担忧，使之对这种新的购物方式存在一定的畏惧心理，或者敬而远之，严重地影响和制约了网络消费的发展。这些心理因素主要表现在以下几方面：

1）行为习惯的不适应性

（1）传统购物观念和产品观念束缚着网络购销行为。由于传统消费习惯的影响，长期以来消费者形成的“眼看、手摸、耳听”的传统购物心理使人们对网上购物存在顾虑，受到束缚。例如，服装及服装面料，单纯依靠图片等视觉感官和文字介绍取代不了手感的鉴定；食品中一些味道特殊的商品，不进行嗅觉或味觉的判断也难以作出决策消费。所以要考虑产品消费的参与程度。对消费者要求参与的程度比较高，且要求消费者需要现场购物体验的产品，一般不宜于在网上销售。但这类产品可以采用网络消费推广的功能来扩大产品的宣传，来辅助传统消费活动。

（2）部分消费者对网络消费尚不习惯。网络消费增加了鉴别、选择企业或产品的难度。一些在实体世界中可有效判别和预期产品服务质量的感觉，如以对超市、百货商店、专卖店的营业面积、店容店貌、服务人员的举止等表面直观的感受来判断企业优劣的经验，在网上将无用武之地。消费者必须重新学习或继续以现实途径进行辅助判别，这就增大了消费者判别的难度和成本。此外，网络商店较容易设立，因而也容易作假，消费者对此也会心存疑虑。

（3）价格预期心理得不到满足。既然在网上购物不能得到传统的购物体验，那么消费者就对价格有很多的考虑。这主要体现在网上商品的价格要低于同类产品。据统计，消费者对网上商品的预期心理比商场的价格便宜20 %～30 %，而目前网上商品仅比商场便宜4%～10 %，加上配送费用，消费者所享受到的价格优惠是有限的。另外，由于电信行业的长期垄断，我国的电信费和网络使用费较高，高额的交易使消费者对网上购物敬而远之，可望而不可即。

（4）网络、计算机知识的缺乏。部分消费者由于不熟悉网络消费的过程，或者说知之甚少，或者是对新事物接受比较滞后，或者是受到一些不利于网络消费的信息影响，都会影响其参与网络消费的积极性。有的即使发现了网络上有自己喜欢的商品，也由于上述原因而放弃。

2）消费环境安全的不信任性

除了上述原因影响着消费者的购买行为之外，还有下列因素从安全角度影响着消费者的购买心理：

（1）个人隐私权受到威胁。随着网络消费的发展，商家不仅要抢夺已有的客户，还要挖掘潜在的客户，而现有技术不能保障网上购物的安全性、保密性。隐私权不能得到保障，使许多消费者不愿参与网上购物。例如，有一些特殊药品、生理用品等的消费者，就不希望在交易过程中留下痕迹。即使这些购物网站上会给消费者一个好的评价和得分。

（2）对网上支付机制缺乏信任感。这种心理行为主要是由于现阶段网络消费缺乏网上有效的支付手段和信用体系，在支付过程中消费者的个人资料和信用卡密码可能会被窃取盗用，有时还会遇到虚假订单，没有订货却被要求支付货款或返还货款等不良现象，使消费者望而生畏。一旦环境整备完善，这种心理会逐渐消除。2006 年我国的调查资料显示，网上支付占了支付手段的 61.5%。其次是货到付款 36.1%、银行汇款 25.8%、邮政汇款 25.8%。

（3）对虚拟的购物环境缺乏安全感。在网络消费环境下，所有的企业在网上均表现为网址和虚拟环境，网络商店很容易建立，也容易作假，特别是网上交易需要跨越时间和空间才能完成订货、发送、到货的交易过程，往往使消费者心存疑虑。另外，互联网是一个开放和自由的系统，目前仍缺乏适当的法律和其他规范手段，如果发生网上纠纷，消费者的权益不能获得足够的保障。

（4）对高效配送缺乏信任感。我国现在还缺乏一个高效成熟的社会配送体系，商品配送周期长、费用高、准确率低。我国仓库周转率仅为发达国家的 30% ，而差错率几乎是发达国家的 3 倍，货物的丢失、破损率很高，而商品的配送保险金额又相对过高。在我国的包括邮政系统在内的几大快递公司保价费用都在商品价值的 1%以上，与较发达国家的日本 0.25%及美国的 0.4%相比较都明显增加了消费者的负担。到 2007 年，我国各地邮局承寄邮包业务时（包括特快专递、邮政快件、国际、国内普通包裹）仍要求顾客在交寄时注明内容物损坏责任由用户自负，许多快递公司拒绝承揽液体商品的配送业务。

低效的物流配送体系离顾客的实际要求相距甚远，影响了网络消费的发展。

3）网络消费无法满足某些特定的心理需求

网络消费的特点决定了它不能满足特定的某些消费心理需求。由于网上购物可替代部分人际互动关系，也就不可能满足消费者在这方面的个人社交动机。例如，家庭主妇或朋友间希望通过结伴购物来保持与左邻右舍的关系或友情等。此外，虚拟商店也无法使消费者因购物而受到注意和尊重。消费者无法以购物过程来显示自己的社会地位、成就或支付能力，而且网络商品的价格欠缺灵活，会令某些喜欢在现场讨价还价的消费者大失所望。

综上所述，从消费者心理角度分析，网络消费有其突出优势，也有其弊端。网络消费不可能取代所有的传统消费方式。

9.3 网络消费行为

9.3.1 个人网络消费者的消费行为及特征

1. 网络个人消费者的基本状况

根据中国互联网络信息中心 2004 年 11 月发表的《中国互联网络热点调查报告（电子邮箱和网络购物)》相关数据，中国个人网络消费者具有下列一些特征：

(1) 用户的性别：男性占 60.6%，女性占 39.4%。

(2) 用户的年龄分布，如图 9.2 所示。

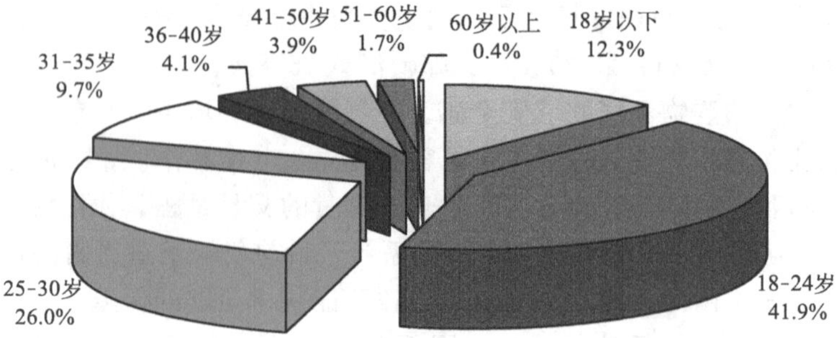

图 9.2 用户的年龄分布

(3) 用户的受教育程度，如图 9.3 所示。

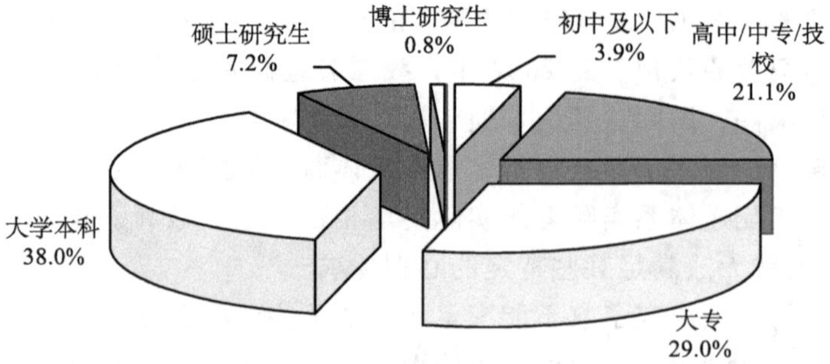

图 9.3 用户的受教育程度

(4) 用户的婚姻状况：已婚 38.2%，未婚 61.8%。

(5) 用户的职业分布，如图 9.4 所示。

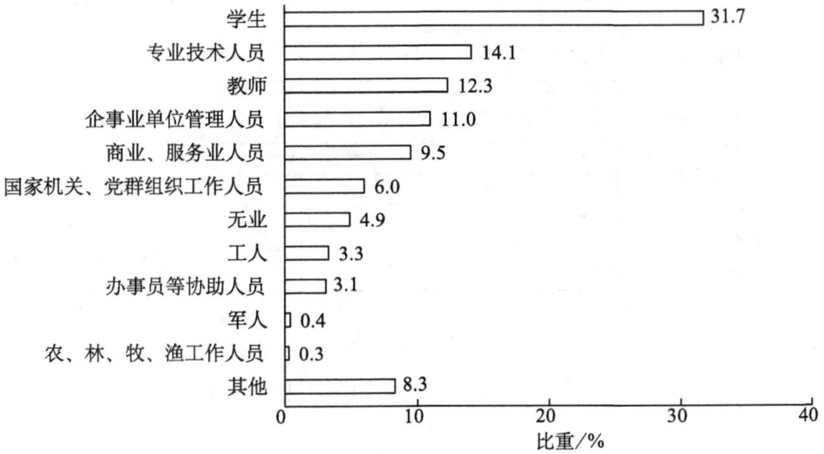

图 9.4 用户的职业分布

(6) 用户的个人平均月收入，如图 9.5 所示。

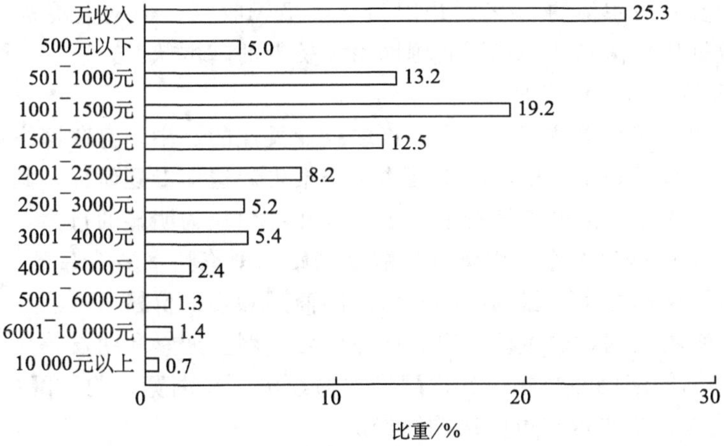

图 9.5 用户的个人平均月收入

(7) 用户的家庭平均月收入，如图 9.6 所示。

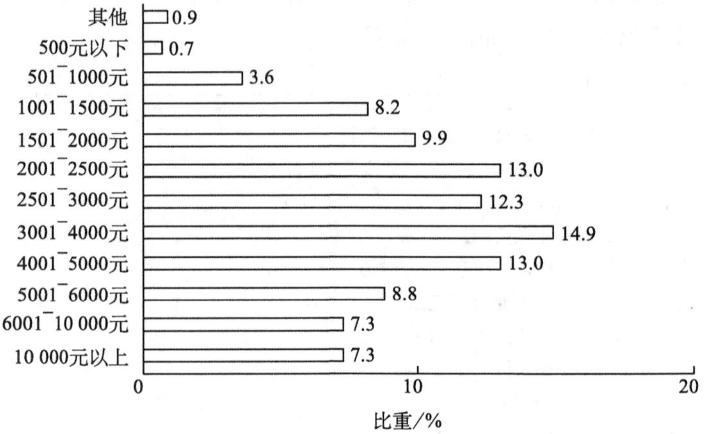

图 9.6 用户的家庭平均月收入

综上所述，网络消费者已经遍布各行各业，从年龄上看，18～30 岁的占消费群体的 60％以上；从性别看，男性消费者占 60％；从受教育程度看，中专、大专、本科占主体；从职业上看，学生、专业技术人员、教师、企事业单位管理人员占主体。另外家庭月收入 2000～5000 元的为消费主体人群，个人月收入为零的网络消费者占主体的 25％则是因为学生虽无收入，但网上消费却较高的影响。这些数据比较清晰地描述了我国网络消费者的基本状况。

2. 个人用户的网络消费行为

个人用户的网络消费行为一直是许多企业关注的。中国互联网络信息中心曾在 2004 年 11 月发表了《中国网络购物调查报告》这一专题研究，其中的要点提示，中国的个人用户的网络消费呈现出以下几方面较为明显的行为：

有 60.6％的网民在半年内浏览过购物网站，浏览频率多为每周 1 次至每月 1 次，浏览购物网站的主要目的有寻找特定的商品和查询价格。

网民获知购物网站的主要渠道有网站广告、网上搜索和朋友等介绍。

有 17.9％的网民在半年内有过网络购物经历，在浏览过购物网站的网民中，有 29.6％的人在半年内有过网络购物经历。

不论是浏览购物网站，还是进行网络购物，目前大部分还是相对较高学历人群参与，网络购物并没有普及每个普通网民。

网民选择网络购物的原因中方便、价格低和可以买到本地没有的产品较多，而不选择网络购物的原因有对网站不信任或怕受骗、担心商品质量问题和售后服务、质疑其安全性等。

多数网民购物时会在多个购物网站间进行商品比较，C2C 网站和专业购物网站的选择比例较高，它们吸引网民的主要原因有商品丰富、知名度高以及价格低。

在网络购物的网民中，购买频次有近半数不低于每月一次，用户平均每次购物的金额以 50～500 元最多（占 72%），购买商品以图书和音像制品为最多，付款方式以汇款、网上支付和货到付款方式为主。

商品质量、配送及时性、信息描述、支付手段、诚信是被网民提到最多的几个需要改进的方面。

有 63.7%没有购物经历的网民表示今后会尝试网络购物，有过网络购物经历的被访者中有超过 90%的人表示今后会继续进行网络购物。

3. 个人网络消费者的行为特征

与传统的店铺购物者不同，网上消费者的行为发生了更多的变化，主要表现在以下几方面：

1）购买方式的日益个性化

消费者的购买行为多样复杂。网上消费者相对而言有着较高的受教育程度，表现在心理需求方面也是追求较高层次心理需求方面的满足。他们在购买商品时更加重视商品的象征意义，更加注重通过消费来获取个性的满足，精神的愉悦、舒适及优越感。这种消费个性趋势的出现，标志着感性消费时代的到来。

2）消费者与营销者之间的互动性增强

网上消费的互动性，满足了消费者购物的社交动机，习惯在购物时与营业员或者其他消费者交谈的家庭主妇在网上购物也能随意地与其他主妇或“店员”交流心得。互动性有时也满足了消费者个人角色扮演的动机，消费者可借此扮演社会上所认可或接受的某一角色定位。顾客满意将从传统的对售货员满意转为对整个网上交易过程的满意度评价。随着技术支撑与商务水平的发展，网上消费的互动性会大大加强，智能化小区、智能化商厦的建设也将从本质上改变传统的消费习惯。

3）消费者的主动性获得提高

网上交易过程中，消费者希望并能够直接参与企业的生产设计和商业流通循环。传统营销模式是一种“生产者—中间商—消费者”的模式，消费者对于产品的意见主要是通过中间商传达到生产厂家那里，而经过这种传递以后信息的丢失以及反馈时间的滞后，使得这种反馈对于生产厂家的作用明显减弱。而利用网络交易，产品的销售模式变为“生产者—消费者”，减少了中间环节，同时又由于网络传播的交互性和即时性，消费者一旦对产品有不同意见就可以通过互联网直接反馈到生产者那里，从而生产者可以直接了解消费者用户，这样生产者就能根据消费者的要求对商品进行改造，调整营销策略。通过这种方式，消费者就能对生产者的行为进行干预，影响生产者的生产和决策。

9.3.2 网络组织用户的消费行为及特征

同个人网络消费者用户相对应的是组织者用户。组织用户和消费者用户的主要区别在于：购买者主要是企业或社会团体而不是个人或家庭消费者；目的是为了用于生产或转卖以获取利润，以及其他非生活性消费，而不是为了满足个人或家庭的生活需要。根据组织用户的这种特点，我们可将组织用户定义为：购买商品和服务以用于生产性消费，以及转卖、出租，或用于其他非生活性消费的企业或社会团体。组织用户的规模很大，往往是消费者用户规模的几倍。所以组织用户及其消费行为一直是企业十分关注的问题。

1. 组织用户网络消费的分类

（1）生产者用户。在某些场合，生产者用户亦被称做产业用户或工业用户，或称生产采购组织。它主要由这样的一些个体和组织构成：它们采购商品和劳务的目的是为了加工生产出其他产品以供出售、出租，以从中牟利，而不是为了个人消费。这部分用户是本书中所称的“组织用户”的主要组成部分。

（2）中间商用户 。亦称转卖者用户，或称流通采购组织。它是由所有以营利为目的而从事转卖或租赁业务的个体和组织构成，包括批发和零售两大部分。在许多场合中，批发和零售往往作为营销渠道的组成部分被提出来，而不作为组织用户的一部分被认同。其实，中间商用户和生产者用户有着许多相似之处，包括双方的购买行为上，也有许多雷同的地方。

（3）非营利性组织 。也称机构用户，或称事业型采购组织。主要是指一些由学校、医院、疗养院、监狱和其他为公众提供商品和服务的部门所组成的用户，它们往往是以低预算和受到一定的控制为特征的，而且一般都是非营利性的。

（4）政府采购用户。在大多数国家里，政府也是产品和劳务的主要购买者。由于政府的采购决策要受到公众的监督，它们经常会要求供应商准备大量的书面材料。此外政府用户还有一些如以竞价投标为主、喜欢向国内供应商采购等特点。

2. 组织用户的网络消费特征

一般说来，组织用户网络消费的专业性很强，它不同于一般的日常消费和普通的生活消费，呈现出一些与众不同的消费特征：组织用户需要持久的持续采购，并基于此需要对价格进行认真的比较，对采购的商品是否符合实际需要，性能、质量和价格的比较等需要作出权衡；而且由于购买金额比较大，在付款时间、付款方式上都需要和供应商进行交涉，所以一般说来组织用户的消费行为比较慎重，购买决策也往往需要管理者集体或逐级作出，决策性过程比较复杂。

9.3.3 网上消费者行为对企业电子商务战略的影响

电子商务的发展与人们网络消费观念的变革一直是一个互动的过程。电子商务与传统商务一样，消费者的消费观念、消费偏好和最终消费行为是其赖以生存的根本，并影响其消费规模、层次。如果消费者不能够接受新兴的消费方式，那么电子商务就很难谈到发展。企业如何从传统的营销模式中转换出来，关键在于通过建立一个有利于企业自身及消费者的、较完善的网上消费环境，吸引消费者注意力，促进新兴的消费方式的兴起。也就是说，让电子商务的不断发展适应人们与日俱增的网络消费习惯，并通过人们消费习惯的变革进一步促进电子商务的再发展。

虽然网上购物具有形式方便、信息快捷、节省时间等诸多优势，但是目前消费者对网上消费仍然有一定程度的担忧，他们对这种新的购物方式尚在某些方面心有余悸或不能全面得到满足，因而制约着电子商务的发展。其主要表现在网络购物和传统购物之间差异的不适应，网上购物的价格还不够便宜，网上支付机制不够安全，网络消费发生纠纷不易解决，商品配送周期长、费用高、准确率低，缺乏一个高效成熟的社会配送体系等诸多方面。

尽管存在着上述种种问题，但是目前在我国，企业电子商务发展形势是比较有利的，各方面的环境变化促使企业越来越重视电子商务战略行为的研究。我国企业运用电子商务开展市场营销的能力越来越强，同时，在网络销售环境方面，网络支付机制不断完善，安全方便的电子货币支付系统已步入实用阶段。第三者的支付监督系统，如支付宝的出现，使得很多交易变得安全和顺利。网络交易诚信系统已经在许多地方法规中得到确立。实名制的公开经营者身份的网络商店开始受到越来越多的欢迎。同时，许多全国性的大型物流企业的出现，以及它们与国际物流业在中国用户展开的竞争，使得中国物流业被邮电、铁路统治的局面被打破，商品配送的价格大幅度降低，全国性的卓有成效的物流网络正在建立，物流网络的配套将使电子商务的效率大幅提高和物流费用的大幅降低。这些条件都会促使消费者更加灵活地选择商家、选择支付银行、选择物流公司。这些因素在带动网络消费蓬勃发展的同时，也使得电子商务活动的竞争更加激烈，企业也需要不断完善自身的战略行为参与竞争，主要应从以下几个方面入手：

1. 开发针对网络消费的商品

电子商务网站从 20 世纪 90 年代末在中国兴起，但前期一直限于图书、音像制品领域，近年来才逐步得到扩展。如今计算机、数码产品、通信产品、服装服饰、美容、化妆、珠宝首饰的销售已经成为目前消费者关注的重点。随着人们文化生活的丰富，旅游、票务、医疗健康、餐饮食品、网络视频及音乐相关产品等受到广泛的关注。网上预订、网上直销等行业保持高速增长。网民的消费心理已经发生了变化，消费信心正在逐渐提升，交易金额的大幅增加更表明电子商务交易环境已经越来越好。因此开发更适宜网络消费的商品领域，是企业实施电子商务战略的首要任务。

2. 制定针对网络消费的价格

网上消费的价格，对于互联网的用户而言是完全公开的，价格的制定要受到同行业、同类产品价格的约束，因为互联网为消费者提供了一个广泛的比较空间，制约了企业通过价格来获得高额垄断利润的可能。现在越来越多的企业通过电子邮件进行议价，以及在自己的网站上设立“价格讨论区”，并在网上通过智能化议价系统直接议价，或者通过其他平台进行竞价、拍卖等。互联网的出现，为创造一个完善的用户机制创造了条件。因为在互联网时空中，信息具有透明性、完全性和平等性等特点，消费者的选择权大大提高，交易过程更加直接。因此，有针对性地制定适宜网络消费的价格是企业开展电子商务活动的重要内容。

3. 实施具有网络特性的促销活动

网络促销是利用互联网来进行的促销活动，也就是利用现代化的网络技术向虚拟用户传递有关产品和服务的信息，以引发需求、引起消费者购买欲望和购买行为的各种活动。

网络广告和促销是主要的网络营销促销形式。本书第 10 章对网络促销及网络广告有系统详尽的介绍，此处不再赘述。

一些企业还利用顾客的消费商品数量、购买商品的时间长短等相关指标来给予顾客一定的企业网络购买积分与折合点数等，吸引顾客的网络消费活动持续在自己的企业服务内容中进行。

4. 建立网络商店的分销机构

目前，网上商店提供的货品和服务的地域性特点相当明显。许多网上商店的商品主要是地方产品。许多同类商品都来自同一个城市的网络经销商。激烈的价格竞争使得网络商店的收益越来越低。而信誉好、经营时间长的商店会赢得更多的顾客。

但是在我国由于人口众多，许多新的网络消费者在不断加入，使得第一次进入网络环境购物的消费者仍然占有相当大的比例。而网上购物的商店与消费者的地理距离越远，使得消费者与商店经营者的消费与经营不安全感越强烈，主要包括对商品的品质、性能、支付、配送、服务等方面的担忧。因此扩大用户范围，建立分销网络成为战略发展的一个重要环节。

5. 突出网络经营的自身特色，增加网上购物的吸引力

在传统的店铺购物中，优雅的购物环境及独特、与众不同的店铺特色均有助于激发消费者的购买欲望并促成其形成现场购买。同样道理，网上商店也需要强化突出自身特色，并且为消费者提供良好的购物环境。对此，网上商店在站点设

计、网页制作方面应注意突出自身站点特色，主题鲜明，在结构和背景上体现出自己独特的一面，体现自身的企业文化和经营理念。同时，注意信息的丰富、有趣和及时更新，以吸引顾客浏览、驻留，提高网上消费者的满意度。运用体验式营销将消费者的感觉和感受结合起来，在网页中将文字、图像、动画、音乐等多种元素融合，提供网站导航支持、站点结构图与其他网站的链接、BBS、Chat和娱乐栏目，使消费者的轻松浏览、角色扮演、顺利购买和消遣娱乐融于一体，购物过程充满愉快的体验，使得网络购物更加具有吸引力。

6. 建立消费者信息数据库

通过建立消费者数据库，营销者可以较为清晰、全面地了解每一位消费者的有关信息，如购买习惯、产品偏好等。在此基础上，实现以数据库为基础的“一对一营销”、“个性化营销”，满足顾客的个性化需求，提高企业的顾客占有率，进一步促进企业的客户关系管理。

7. 注重消费者教育

将网上浏览者转化为购买者。消费者行为具有可诱导性，这就意味着消费者教育对于培育消费者用户的重要性。在网上，零售商可以通过开设网上培训、网上讲座、消费论坛、建立网上虚拟展厅等一系列措施，使消费者对产品的各个方面有较为全面的了解，满足消费者的信息需求，促进购买行为的产生。

8. 不断完善技术，确保客户信息安全

消费者信息安全是消费者考虑得比较多的一个问题。网上商店应在技术上确保消费者的个人信息安全，这样既保护了消费者的权益也提高了自身的信誉。网上企业同时还要做好与银行的协调工作，确保网上支付的安全可靠，从而使消费者放心的通过银行卡进行网上支付，提高消费者购物效率，突出网上购物的优势。

9. 完善物流配送体系，做好售后服务工作

要突出网上购物方便快捷的优势，还必须在物流方面做好配套工作，这就需要网上销售商做好与物流商的协调工作，使商品能快速、安全地送到消费者手中。售后服务对于网上商店来说同样重要，这是提高网上商店信誉的一个重要途径。网上商店应具有完善的售后服务体系，比如，设置免费供消费者拨打的咨询电话和投诉电话，在网上设计消费者论坛，让消费者上网提出关于产品的问题或疑问，并对消费者的问题及时的给以回答以及处理等。这些均有助于消费者形成正面积极的购后行为，一方面可以促使其产生重复购买，另一方面还可以通过消费者口头传播扩大网上营销的影响。

总之，在逐渐发展普及的网络销售模式中，消费者的行为是复杂多变的。只有把握了消费者在新的销售模式中的行为变化及特征，并对其作出积极准确的反应，才能成为竞争中的胜出者。

➤本章思考题

1. 网络消费与传统消费的不同点是什么？网络消费的优势体现在哪些方面？
2. 根据你的了解，分析现阶段我国大学生网络消费的主要商品是什么，并描述其特点。
3. 影响网络消费的环境因素有哪些？你认为目前制约我国网络消费的主要因素是什么？
4. 论述促进网络消费的心理因素。
5. 我国的个人网络消费者有哪些主要特征？
6. 我国网络组织用户的消费有哪些主要特征？
7. 企业应如何针对网络消费的特征开展电子商务？

第10章

网络营销

网络营销的出现大大拓展了营销领域、丰富了营销手段、创新了营销理论，这使得营销策略的针对性、操作性、目的性更强，营销战略的执行效果也更好。本章将从网络营销的概念、网络营销理论基础、网络营销策略、网络营销方法、网上市场调研、网络营销绩效评估等方面，对网络营销作一简明扼要的介绍。

10.1 网络营销概述

互联网具有信息传播快速、双向互动、多媒体、成本低廉、跨越时空等传统渠道和媒体所不具备的特性。因而随着互联网的迅速普及，互联网迅速成为市场营销的有力工具，而互联网自身大量的用户也成为营销的目标。人们很快发现，当市场营销和互联网结合后，市场营销的理论和实践都实现了革命性的变化，网络营销也自然地成为市场营销研究的热点。

10.1.1 网络营销概念

与电子商务的概念一样，网络营销至今也没有一个统一的被广泛认可的定义。广义地说，凡是以互联网为主要传播手段进行的，为达到一定的营销目标而开展的营销活动，都可称之为网络营销。下述几个被网络营销实践证实的观点能进一步帮助我们认识和理解网络营销活动。

1. *网络营销中网络的作用*

网络是营销信息传播的工具。由于网络的多媒体、实时互动和高速传播等特性，传统营销中难以实践甚至无法实现的理论成为现实，如全程营销、整合营销、关系营销、数据库营销等。信息技术是网络营销发展的背景和环境，信息技术和网络应用的每一次创新都会丰富网络营销的理论和手段，都会对网络营销产生巨大的影响。

网络是一个聚集了大量目标客户的市场。网络的迅速普及和新技术、新应用的大量涌现影响了大部分网络用户的思想观念和工作、生活方式，通过网络获取信息，完成购买已成为普遍的行为。所以网络不再是一个“虚拟”的市场，而是一个拥有巨大现实购买力的比较成熟的市场。因此，网络营销必须重视对网络市场规律的研究，形成相应的营销策略。

网络是企业运营的新环境。开展网络营销的企业越多，企业通过网络获得的商业机会和商业资源就越多，使得企业运营的时空范围无限扩大。因而，企业必须适应网络营销的需要，再造自身的业务流程，转变营销观念以适应经济全球化、信息化要求。

2. 网络营销不仅仅关注网上市场

网络营销是传统营销向互联网上的延伸。网络营销使得生产者到客户的价值交换更便利、更充分、更有效率。而互联网的普及不但形成了网络市场，也对传统的现实市场造成了巨大的影响，事实上已经不可能对市场是网上还是网下进行清晰的划分了。在网络环境下，企业和客户的时空概念、市场的性质和内涵、市场细分理论、客户行为方式等都在发生着深刻的变化，由此引发了企业经营理念、营销运作模式、市场竞争形态的变化。

网上营销与网下营销是一个相辅相成、互相促进的营销体系，一个完整的网络营销方案，除了在网上实施之外，还要利用传统营销方法进行网下推广。网站本身的推广手段往往也要采取许多传统的方式，如在传统媒体上做广告、召开新闻发布会、印发宣传册等。

3. 网络营销不等于网上销售

网上销售是网络营销发展到一定阶段产生的结果，网络营销可以实现网上销售的目的，但网络营销本身并不等于网上销售。网络营销的目标是提升企业品牌价值、加强与客户之间的沟通、增加客户的忠诚度、拓展对外信息发布的渠道、改善客户服务等。所以，网络营销的目的不仅仅是为了促进网上销售，网上销售的推广手段也不仅仅靠网络营销，往往还要采取许多传统的方式。

4. 网络营销是电子商务的一项职能

网络营销是企业电子商务活动中最基本、最重要的网上商业活动。网络营销本身并不是一个完整的电子商务过程，而只是促进商业交易的一种手段。因此，可以说网络营销是电子商务的一项职能，开展电子商务离不开网络营销，但网络营销并不等于电子商务。网络营销和电子商务的关系类似于传统市场营销与企业管理之间的关系。

5. 网络营销可以为企业营造更好的经营环境

网络营销综合利用各种网络营销方法、工具、条件并协调其间的相互关系，更加有效地实现企业营销目标。网上经营环境是指企业内部和外部与开展网上经营活动相关的环境，包括网站、客户、网络服务商、合作伙伴、供应商、销售商、相关行业等。网络营销的开展就是企业与这些营销环境建立关系的过程，以达到提升企业品牌形象、增进客户关系、改善客户服务、开拓网上销售渠道并最终扩大销售的目的。

综上所述，我们可以将网络营销定义为：网络营销是网络经济环境下企业整体营销战略的组成部分，是以 Internet 等各种现代通信系统为载体，运用信息技术手段，面向网络市场和现实市场，以满足客户需求为核心，营造企业经营环境的过程。

10.1.2　网络营销的基本职能

网络营销的基本职能包括信息传播与管理、网络品牌建设与推广、销售促进及网上交易的实现、客户服务与客户关系管理、网上市场调研等方面，这些也是网络营销的主要内容。

1. 信息传播与管理

互联网为企业发布信息创造了优越的条件，不仅可以将信息发布在企业网站上，还可以利用各种网络营销工具和网络服务商的信息发布渠道向更大的范围传播信息。信息发布包括网站的内容策略及内容管理、外部信息发布渠道管理、信息发布的效果管理等。信息发布是网络营销的基本内容。

2. 网络营销品牌建设与推广

网站的风格结构、内容的表现、周到的服务等承载品牌的内涵，展现品牌形象。网站推广的直接效果表现为网站访问量的增加、用户数量增长等，标志着网络营销品牌知名度的提高和品牌形象的提升。网络营销品牌管理是指通过合理利用各种营销途径创建和提升品牌价值，主要内容是网络品牌策略制定、网络品牌计划实施、网络品牌评价等。网站推广是网络营销管理的基础内容，也是最基本的网络营销管理活动。

3. 销售促进

市场营销的基本目的是为最终增加销售提供支持，各种网络营销方法大都直接或间接具有促进销售的效果，同时还有许多针对性的网上促销策略和手段，然而这些促销方法并不限于对网上销售的支持。事实上，网络营销对于促进网下销售同样很有价值，所以一些没有开展网上销售业务的企业一样有必要开展网络营销。网络营销针对不同的产品和服务，制定不同阶段的促销目标和策略，并对在线促销的效果进行跟踪控制。网络广告、商品展示、选购代理、接受团购等都是很好的促销手段。

4. 网上交易

网上交易是企业销售渠道在网上的延伸，一个具备网上交易功能的企业网站本身就是一个网上交易场所。网上交易不只是网上销售，还包括网上分销渠道管理、网上供应链管理、网上采购管理等内容。网上交易也并不限于企业网站本身，还包括建立在第三方电子商务平台上的网上商店以及与其他电子商务网站不同形式的合作等。

5. 客户服务与客户关系管理

网络营销良好的客户服务手段和准确翔实的服务信息，为建立良好的客户关系、提高客户满意度和客户忠诚度奠定了基础。有效整合利用在线服务手段，研究并制定满足客户要求、适应网络特点的客户服务策略，构成了在线客户服务管理的基本内容。通过信息系统管理客户信息和沟通方式，并分析客户潜在需求和采购特点为改进营销策略提供依据，从而挖掘潜在客户，留住老客户，提供企业的市场竞争力就是客户关系管理。

6. 网上市场调研

网上市场调研具有调查周期短、成本低的特点，它不仅为制定网络营销策略提供支持，也是整个市场研究活动的辅助手段之一。合理利用网上市场调研手段对于市场营销策略制定具有重要价值。网上市场调研与网络营销的其他职能具有同等地位，既可以依靠其他职能的支持开展，也可以相对独立地进行，网上市场调研的结果反过来又可以为其他职能更好地发挥提供支持。

10.1.3 网络营销的特点

与传统市场营销相比，网络营销呈现出以下一些优势：

1. 降低营销费用

对企业来说，网络营销最具有诱惑力的优点是可以降低企业的交易成本。开展网络营销可以节约昂贵的店面租金，减少库存商品资金占用，使经营规模不受场地限制，与客户的沟通方便而高效，减少由于多次迂回交换带来的损耗等。这些都可以降低企业的经营成本和费用，从根本上增强企业的竞争优势。网络营销通过互联网改造传统的企业营销管理组织结构与运作模式，并通过整合其他相关业务部门如生产部门、采购部门，降低营销及相关业务管理费用，降低销售成本，实现企业成本费用最大限度的控制。

2. 创造市场机会

网络营销的主要受众是互联网的使用者，网络用户数量快速增长并遍及全球，且多数属于受教育程度高、购买力强、消费观念成熟、具有很强的市场影响力，且可以为企业带来长期利益的客户群体。利用互联网从事市场营销活动可以到达过去靠人工进行销售或者传统销售所不能到达的市场，可以快速获取各种商业信息和购销信息，可以借助网络组织货源和物流配送，抢先完成交易。网络营销活动需要大量企业提供中介和配套服务，一个为网络营销和网络交易服务的行业也应运而生。因此，网络营销可以为企业创造更多新的市场机会。

3. 提高客户满意度

在传统营销中，由于客户需求千差万别，而且客户的情况又不相同，要想采取有效的营销策略来满足每个客户的需求是不大可能的。互联网出现后改变了这种情况。企业可以将产品介绍、技术支持和订货情况等信息放到网上，客户可以随时随地根据自己的需求有选择性地了解有关信息，从而克服了在为客户提供服务上的时间和空间限制，有利于实现“一对一”的营销，提高客户满意度。

4. 满足客户个性化消费需求

在网络环境下，客户不再被动地接受不需要的信息和产品，拥有比过去更大的选择自由，并且能根据自己的个性特点和需求在全球范围内寻找合适的消费品。客户不但可以获取与产品相关的信息，而且可以依靠计算机辅助设计、人工智能、遥感和遥控等技术，量身订制产品，使购物更显个性。个性消费的发展将促使企业重新考虑其营销战略，以客户的个性需求作为提供产品及服务的出发点。传统营销也强调客户的主导地位，强调个性化，但由于成本高而缺乏可操作性，网络营销则在这方面显示出自身的优势。

5. 加强与供应商的联系

网络营销环境下，企业可以在更大范围内选择更适合自己的供应商，可以和供应商建立实时的紧密联系，并且还可以了解竞争者的供应量，与供应商密切合作，制定合理的采购计划，确保竞争优势。如沃尔玛通过其网络系统了解其分布在世界各地超市的销售情况后，制定其商品补充和采购计划；通过网络将采购计划传送给供应商，供应商适时送货到指定零售店。供应商送货既不过早，也不过晚。沃尔玛凭借其与供应商稳定协调的关系，使其库存成本降到最低，供应商也因沃尔玛销售额的稳定增长而获益，因此沃尔玛与其供应商都愿意保持这种紧密的合作关系。

10.1.4 网络营销的层次

根据企业对互联网作用的认识及应用能力划分，企业网络营销行为可以划分为以下层次：

1. 把网络看做媒体，完成营销信息的传播和收集工作

典型的应用是网上宣传和网上市场调研。

(1) 网上宣传。这是网络营销最基本的应用方式，是在把互联网作为一种新

的信息传播媒体的认识基础上开展的营销活动。企业可以借助门户网站或自己建立企业网站实现企业上网宣传。发布到网上的信息由企业制定，没有传统媒体的时间、版面等限制，也可伴随企业的进步发展不断地实时更新。企业网站可应用虚拟现实等多媒体手段吸引受众并与访问者双向互动，及时有效地传递并获取有关信息。

(2) 网上市场调研。企业通过访问行业门户网站、竞争对手网站、新闻网站，可以便捷地了解有关政策、法规、业内动态、消费需求等信息，还可以通过自己的网站或专业网站，利用留言簿、E-mail、网上论坛、调查问卷表等方式了解产品的使用信息、客户的需求，从而为产品开发、改进、销售、市场定位等提供决策依据。

2. 把网络看成交易场所，通过网络完成交易的部分或全部流程

(1) 管理分销渠道。企业通过互联网构筑虚拟专用网络，将分销渠道的内部网融入其中，可以及时了解分销过程的商品流动和最终销售状况，为企业及时调整产品结构、补充脱销商品以及分析市场特征，实时调整市场策略等提供帮助，从而为企业降低库存，采用实时生产方式创造了条件。网络分销也开辟了及时获取畅销商品信息、处理滞销商品的巨大空间（长尾效应），从而加快销售周转。利用互联网构筑零售商与供货商的新型实时联系框架，是企业提高市场竞争力的最佳路径。

(2) 网上直接销售。网上直接销售为上网者创造了实现消费需求的新机会。网上直接销售不仅是面向上网者个体的消费方式，也包含企业间的网上直接交易，是一种高效率、低成本的市场交易方式。

3. 把网络看成市场，实现网络营销集成

互联网是一种新的市场环境，这一环境不只是对企业的某一环节和过程产生重大影响，还将对企业组织、运作及管理观念产生重大影响。一些企业已经迅速融入这一环境中，依靠网络对供应链和企业的生产运作进行管理，与原材料供应商、制造商、客户建立密切联系。通过网络收集、传递信息，根据客户需求，充分利用网络伙伴的生产能力，实现产品设计、制造及销售服务全过程的信息化。

10.1.5 网络营销的理论基础

在传统营销理论的基础上，从网络的特征和客户需求演化这两个视角审视和创新营销理论，才能更好地揭示网络营销的规律。

1. 网络整合营销理论

整合营销表示营销不再是单一的企业营销部门的活动，而是综合了与企业经营活动存在关联的各个内部企业单位与外部主体如供应商、客户等的全局性活动。整合营销主要有三个方面的含义：①传播信息的统一性。企业用一个声音说

话，客户无论从哪种媒体所获得的信息都是统一的、一致的。②互动性。企业与客户之间展开富有意义的交流，能够迅速、准确、个性化地获得信息和反馈。③目标营销。企业的一切经营活动都应围绕企业营销目标来进行，实现全程营销。

1960 年，美国学者麦卡锡（Jerome Mocarthy）教授将产品（product）、价格（price）、渠道（place）和促销（promotion）归纳为市场营销策略中的 4P 组合理论，使营销成为具有纯市场导向特点的传统的市场营销学。4P 是市场营销过程中企业可以控制的因素，也是企业进行市场营销活动的主要手段，对它们的具体运用，形成了企业的市场营销战略。

产品策略主要包括产品的实体、服务、品牌、包装，它是指企业提供给目标市场的货物、服务的集合。定价策略主要包括基本价格、折扣价格、付款时间、借贷条件等，它是指企业出售产品所追求的经济回报。渠道通常称为分销策略，主要包括分销渠道、储存设施、运输设施、存货控制，它代表企业为使其产品进入和达到目标市场所组织、实施的各种活动，包括途径、环节、场所、仓储和运输等。促销策略是指企业利用各种信息载体与目标市场进行沟通的传播活动，包括广告、人员推销、营业推广与公共关系等。

以 4P 理论为典型代表的营销理论的经济学基础是厂商理论，即利润最大化。所以 4P 理论的基本出发点是企业的利润，而没有把客户的需求放到与企业的利润同等重要的位置，它指导的营销决策是一条单向的链。

以舒尔兹教授为首的一批营销学者从以客户为核心，从营销的目的是满足客户需求的角度出发研究市场营销理论，提出了 4C 组合。图 10.1 显示了它们之间的关系。

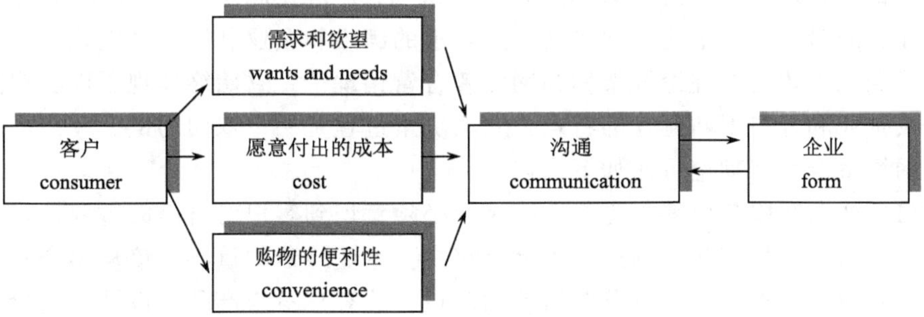

图 10.1 4C 示意图

4C 的主要内容是：

(1) 客户的需要及欲望（consumer's wants and needs）。以研究客户的需求和欲望为中心，卖客户想购买的产品。

(2) 客户获取满足的成本(cost to satisfy wants and needs)。研究客户为满足其需求所愿付出的成本。

(3) 用户购买的方便性(convenience to buy)。着重考虑怎样让客户方便地购买到需要的商品。

(4) 与用户沟通(communication)。通过加强与客户沟通和交流实现销售的目的。

菲利浦·科特勒归纳说:"4P反映的是销售者关于能影响购买者的营销工具的观点,从购买者的观点来看,每一种营销工具都是为了传递客户利益。"他还认为4P与4C有着一一对应的关系,4P如果充分考虑客户需求,主动向客户提供价值就是相应的4C。

实际上,4C所提出的营销理念和标准最终还是要通过4P为策略和手段来实现的,如要提升客户购买的便利性就要通过渠道策略来完成;满足客户需求,要通过产品策略、广告公关等促销策略才能实现等。另外,企业关于4P的每一个决策都应该给客户带来价值,否则这个决策即使能达到利润最大化的目的也没有任何用处,因为客户在有很多选择余地的情况下,不会选择对自己没有价值或价值很小的商品。企业如果从4C出发,寻找能实现企业利益最大化的营销策略,则可能同时达到满足客户需求和利润最大化两个目标。

网络的互动特性使得客户能够真正参与到整个营销过程中来,客户不仅参与的主动性增强,而且选择的主动性也得到加强。因此,在满足个性化消费需求的驱动之下,企业必须严格地执行以客户需求为出发点、以满足客户需求为归宿点的现代市场营销思想。

由于网络在企业与客户之间通信和交互的优势,网络整合营销的理论模式应该是营销过程以客户的需求为起点,营销决策4P是在满足4C要求的前提下实现企业利润最大化,最终实现的是客户需求的满足和企业利润的最大化。

我们把上述这个理论框架称为网络整合营销理论。它始终体现了以客户为出发点及企业和客户不断交互的特点,它的决策过程是一个双向的链。

网络整合营销理论可作如下表述:

(1) 产品和服务以客户为中心。企业必须意识到客户对自己的重要性,并研究客户的需要,生产相应的产品去满足客户。企业经营的重心应该从生产转向市场,将客户的需求作为企业营销活动的起点,让客户参与产品的设计与定价可以激发他们对企业的信任感和参与意识,从而争取到新客户,拉住老客户。企业还可以及时了解客户的具体需求,并根据客户要求及时组织生产和销售,提高企业的生产效益和营销效率。企业要满足客户的个性化需求,实行供应链管理,缩短产品的生产与供货周期,降低产品成本。企业还应做好服务工作,提高用户的满意度,树立良好的网络营销形象。

(2) 考虑客户能接受的成本定价。在网络环境下，新的价格形成机制正在改变客户市场、销售渠道以及买卖双方的砍价实力。网络营销要综合考虑客户能接受的成本来定价，客户通过互联网提出可接受的成本，企业根据客户愿意支付的成本提供柔性的产品设计和生产方案供用户选择，直到客户确认后再组织生产和销售。企业满足客户产品定制的同时会获取大量关于潜在客户的信息（如偏好、过去的购买行为等），使企业可以实现差别定价，即向不同的买方收取不同的价格。在高度差异化和定制化产品的市场中，价格取决于买方的支付意愿，而不是生产成本。

(3) 产品的分销以方便客户为主。网络营销分销渠道的职能和管理也发生了很大变化。客户可以随时随地利用互联网订货和购买产品，所有的供需信息和磋商过程都通过网络系统来进行，再辅以物流配送，即可顺利完成交易。网络环境下的渠道提供两类服务：一是匹配和提供信息，可以完全实现自动化，由提供免费服务的电子市场和门户网站承担；二是咨询等增值服务，要求专家参与。增值服务可以更好地满足网络用户的需要。

(4) 促销以加强与客户的沟通和联系为主。网络营销利用网络建立起生产者、商家和客户之间的在线实时沟通，实现双向互动，如组织内部的沟通、文化和感情上的沟通、商业信息的沟通等。沟通内容丰富，形式多样，而且费用低廉。

2. 网络直复营销理论

美国直复营销协会（ADMA）认为，直复营销（direct-marketing）是一种为了在任何地方产生可度量的反应和（或）达成交易而使用一种或多种广告媒体的相互作用的市场营销体系。

直复营销利用人员面对面推销、邮寄附有直接反馈的产品目录或通过电信、电视、互联网、购物亭（如自动售货机）等媒介向目标市场发出直接的销售信息，进行商品介绍、推广并寻求回应。直复营销中的“直”指产品或服务不经过经销商而直接到达客户手中；“复”指客户和企业之间的沟通和交流，客户对企业实施的直复营销努力有明确的回复，企业可精确统计回复的数据并对结果进行评价。

互联网具有方便快捷、双向沟通、内容篇幅不受限制、快速传递多媒体信息等优点，可以很方便地在企业与客户之间架起桥梁。客户可以直接通过网络看货、订货和付款，企业可以通过网络接收订单、安排生产，直接将产品送到客户手中。所以，基于互联网的直复营销可以更好地演绎直复营销的理念。

借助互联网，企业与客户之间可以实现直接的一对一的信息交流和直接沟通，企业可以根据目标客户的需求进行生产和营销决策，在最大限度满足客户需求的同时，提高营销决策的效率和效用。

在网络营销整个过程中，企业与客户保持持续的、密集的双向信息沟通和交流，让客户参与营销过程的方方面面，从产品设计、制作、定价到售后服务，真正体现以客户为中心的营销思想。

在网络营销条件下，营销人员能确切地知道某种信息交流方式使客户产生的反应行为，并且能知道反应的具体内容是什么，如目标客户是想订货，还是要获取更详细的资料，等等。营销活动的效果是可测定的。

将通过目标客户的反应得到的信息和这个目标客户的相关信息一起存入数据库，可以作为营销人员进行下次营销活动的依据，并且与每位客户联系后还要重新修订这个客户的有关数据，在这些方面网络营销无疑具有先天的优势。

3. 网络“软营销”理论

“软营销”理论是针对工业经济时代以大规模生产为主要特征的“强势营销”提出的新理论。“强势营销”是工业化大规模生产时代的营销方式。传统营销中最能体现“强势营销”特征的是传统广告和人员推销。这两种营销模式企图以一种信息灌输的方式在客户心中留下深刻印象，而不管客户是否需要和喜欢（或憎恶）它的产品和服务。

概括地说，“软营销”和“强势营销”的一个根本区别就在于，“软营销”的主动方是客户而“强势营销”的主动方是企业。“软营销”强调企业进行市场营销活动的同时必须尊重客户的感受和体验，让客户能舒服地主动接受企业的营销活动。

由于在网络时代个性化消费需求的回归，客户在心理上希望自己成为主动方，而网络的互动特性又使其有成为主动方的可能。客户不欢迎不请自到的广告，但他们会在某种个性化需求的驱动下自己到网上寻找相关的信息和广告。网络“软营销”恰好是从客户的体验和需求出发，采取拉动式策略吸引客户的关注，从而达到营销效果。但传统的“强势营销”和网络的“软营销”并不是完全对立的，二者的巧妙结合往往会收到意想不到的效果。

网络社区和网络礼仪是网络“软营销”理论中所特有的两个重要概念。

网络社区是指由具有相同的兴趣目的、经常相互交流、互惠互利特征的单位或个人在网络上组成的团体，这个团体能给每个成员以安全感和身份意识。网络社区强调的是其作用和组织规则，而没有区域的限制。网络社区主要有：①横向网络社区，就某一话题在网上交谈形成一个有共同兴趣的网络社会；②垂直网络社区，企业利用业务关系和新闻组、论坛等工具形成以企业站点为中心的网络商业社区。

网络社区作为一个具有社会、文化、经济三重性质的团体，是按一定的行为准则组织起来的，这种行为准则就是网络礼仪。网络礼仪是网上一切行为都必须遵守的规则，网络营销也不例外。“软营销”的特征主要体现在“遵守网络礼仪的同时通过对网络礼仪的巧妙运用而获得一种微妙的营销效果”。

除了上述理论之外，近年来，还有一些专家把电子商务经济学、关系营销、企业对企业营销、全球营销、高科技营销、数据库营销、服务营销、网络伦理学等理论也作为网络营销的理论基础，在此不再一一阐述。有兴趣的读者可参阅相关文献。

10.2　网上市场调研

10.2.1　网上市场调研的概念

网上市场调研是为利用互联网为某一特定的营销问题的决策所需开发和提供信息而引发的判断、收集、记录、整理、分析、研究市场的各种基本状况及其影响因素，并得出结论性的、系统的活动与过程。

10.2.2　网上市场调研的特点

1. 及时性和共享性

网络的传输速度非常快，网络信息能迅速传递给连接上网的任何用户。网上调研是开放的，任何网民都可以参加投票和查看结果，这就保证了网络信息的及时性和共享性。此外，网上投票信息经过统计分析软件初步处理后，可以看到阶段性结果，而传统的市场调研得出结论需经过很长的一段时间。如人口抽样调查统计分析需 3 个月，而 CNNIC（中国互联网络信息中心）在对 Internet 进行调查时，从设计问卷到实施网上调查和发布统计结果，总共只有 1 个月时间。

2. 便捷性和低费用

网上市场调研在收集过程中不需要派出调查人员，不受天气和距离的限制，不需要印刷调查问卷，调查过程中最繁重、最关键的信息收集和录入工作将分布到众多网上用户的终端上完成，可通过统计分析软件对访问者反馈回来的信息进行整理和分析。因此，网上市场调研可节省传统的市场调研中所耗费的大量人力和物力。

3. 交互性和充分性

网络的最大优势是交互性。这种交互性在网上市场调研中体现在如下两点：①在网上调查时，被访问者可以及时就问卷相关的问题提出自己的看法和建议，可减少因问卷设计不合理而导致调查结论出现偏差等问题。②被访问者可以自由地在网上发表自己的看法，同时没有时间的限制。而传统的市场调研是不可能做到这些的。

4. 调研结果的可靠性和客观性

由于企业站点的访问者一般都对企业产品有一定的兴趣，这种基于客户和潜在客户的市场调研结果是客观和真实的，它在很大程度上反映了客户的消费心态和市场发展的趋向。

（1）被调查者在完全自愿的原则下参与调查，调查的针对性更强；

（2）调查问卷的填写是自愿的，不是传统调查中的“强迫式”，填写者一般对调查内容有一定的兴趣，回答问题相对认真，所以问卷填写可靠性高；

（3）网上市场调研可以避免传统市场调研中人为因素所导致的调查结论的偏差，被访问者完全是在独立思考的环境中接受调查的，能最大限度地保证调研结果的客观性。

5. 无时空和地域的限制

网上市场调研可以 24 小时全天候进行，这与受区域和时间制约的传统的市场调研方式有很大的不同。

6. 可检验性和可控制性

利用 Internet 进行网上调研收集信息，可以有效地对采集信息的质量实施系统的检验和控制。

（1）网上市场调查问卷可以附加全面规范的指标解释，有利于消除因对指标理解不清或调查员解释口径不一而造成的调查偏差；

（2）问卷的复核检验由计算机依据设定的检验条件和控制措施自动实施，可以有效地保证对调查问卷的 100%的复核检验，保证检验与控制的客观公正性；

（3）通过对被调查者的身份验证技术可以有效地防止信息采集过程中的舞弊行为。

10.2.3 网上市场调研可能存在的问题

网上市场调研的优点很明显，但同时也不应忽视其所存在的问题，主要表现在调查表的设计、样本的数量和质量、个人信息保护等因素的影响。

1. 在线调查表本身的问题

由于在线调查占用被访问者的上网时间，在设计上应讲究技巧，要尽可能简洁明了，少占用填写表单的时间和上网费用，避免被访问者产生抵触情绪而拒绝填写或者敷衍了事。调查表的设计应该做到调查目的明确、问题容易回答、尽量采用选择性的问题、与调查目的关系不大的问题不要出现在问卷中。

2. 样本的数量

样本数量难以保证是在线调查最大的局限之一，对于一些访问量较低的网站来说，如何吸引人参与调查是一种挑战。如果网站访问量小，为了达到一定的样本数量，就需要较长的时间。如果为了调查而加大网站推广力度，需要增加不小的推广费用，可能得不偿失。

3. 样本的质量

网上调查不仅受样本数量少的影响，样本分布不均衡同样可能造成调查结果误差大。由于网上调查的对象仅限于上网的用户，即使在上网用户中，网民结构也有明显的特征，同时用户地理分布和不同网站的特定用户群体也是影响调查结果的重要因素。网民的构成决定着预定的被调查者是否代表目标总体。因此，网上调研要根据具体的调查项目和被调查者群体的定位。

4. 个人信息保护

由于人们担心个人信息被滥用，通常不愿在问卷调查中暴露准确的个人信息，往往会因为涉及过多的个人信息而退出调查。

5. 被调查者的因素

被调查者提供信息的准确性直接影响到在线调查结果的准确性。如果被调查者不愿意回答问卷，即使他对所调查的问题感兴趣也可能不填写问卷，特别是在调查内容较多的时候。如果调查结果不涉及利益或情感冲突，调查结果可靠性可能较高，但若涉及利益冲突，调查的客观性就成问题了。有些用户参与调查的目的可能只是为了获取奖品，甚至可能用作弊的手段来增加中奖的机会，因此，筛选无效问卷是在线调查的必要环节之一。

所以，网上调查并不是万能的，调查结果有时会出现较大的误差，网上调查也不可能满足所有市场调研的要求。应根据调研的目的和要求，采取网上调研与网下调研相结合、自行调研与专业市场调查咨询公司相结合的方法，以尽可能小的代价获得尽可能可靠的市场调研结果。

10.2.4 网上市场调研的方法

网上市场调研方法主要有两种，即网上间接调研和网上直接调研。网上直接调研是通过调研获取第一手资料并分析调研结果的方法。第一手资料是指资料和信息直接从面试、讨论、问卷调查等方式中获得，它是前人没有做过的，是原始的信息。网上间接调研是通过搜集第二手资料并进行分析从中得到调查结果的方法。第二手资料是指别人已经收集和分类过的资料和信息，它的来源有很多，如政府出版物、公共图书馆、大学图书馆、贸易协会、市场调查公司、广告代理公司和媒体、专业团体、企业情报室等。

1. 网上直接调研方法

直接调研的方法有很多，调研过程中具体应采用哪一种方法，要根据实际调查的目的和需要而定。

1）专题讨论法

专题讨论法可通过与行业或产品有关的论坛、聊天室、QQ群、新闻组、BBS或邮件列表讨论组进行。其步骤如下：①确定要调查的目标市场。目标市场的确定可根据论坛和群组的分层话题选择，也可向讨论组的参与者查询其他相关名录。②识别目标市场中要加以调查的讨论组。应注意查阅讨论组上的FAQ（常见问题），以便确定能否根据名录来进行市场调查。③确定可以讨论或准备讨论的具体话题。④登录相应的讨论组，通过过滤系统发现有用的信息，或创建新的话题，让大家讨论，从而获得有用的信息。

2）在线问卷法

在线问卷法即请求浏览其网站的每个人参与企业的各种调查，在线问卷法也可以委托专业公司进行。具体做法：①向相关的网站申请放置简略的问卷。有时需要缴纳相关的费用。②在自己的网站上放置简略的问卷。③向相关群组发送与调研有关信息，并把链接指向网站上的问卷。

企业网站本身就是一个有效的网上调查工具，在网站上设置调查表，访问者在线填写并提交到网站服务器，这是网上调查最基本的形式，被广泛地应用于各种调查活动。

3）电子邮件调查

将设计好的调查表直接发送到被调查者的邮箱中，或者在电子邮件正文中给出一个网址链接到在线调查表页面。如果调查对象选择适当且调查表设计合理，往往可以获得相对较高的问卷回收率。但采用电子邮件调查方式的前提条件是已经获得被调查者的电子邮件地址，并且预计他们对调查的内容感兴趣。

4）对网站访问者的抽样调查

利用一些访问者跟踪软件，按照一定的抽样原则对某些访问者进行调查。这类似与传统方式中的拦截调查。

5）固定样本调查

同传统调查中的固定样本连续调查法一样，可以用合理的抽样技术选定固定样本用户。当然，这些用户必须是经常上网的用户。同时，应对固定样本用户给予必要的培训，说明调查目的，提出一定的要求，由各样本用户按照要求将所要调查的内容记录下来，定期提交给市场调研项目的负责人。

2. 网上间接调研方法

1）利用搜索引擎查找资料

搜索引擎使用自动索引软件来发现、收集并标引网页，建立数据库，以Web形式提供给用户一个检索界面，供用户以关键词、词组或短语等检索项查询与提问匹配的记录。网上检索通常作为收集第二手资料的手段，利用搜索引擎强大的搜索功能也可以获得大量第一手资料。

2）跟踪访问相关的网站收集资料

如果知道某一专题的信息主要集中在哪些网站，便可直接访问这些网站，获得所需的资料。网上每天都会出现大量的市场信息，即使功能最强大的搜索引擎，也不可能将所有信息都检索出来。而且很多有价值的信息并不是随便可以检索得到的，有些网站的信息只对会员才开放，有些搜索引擎的数据库更新比较缓慢，也减弱了信息的时效性。因此，作为市场调研的日常资料收集工作，就需要对一些提供信息的网站进行定期跟踪或者加入其邮件列表，及时获得有价值的信息。

3）利用相关的网上数据库查找资料

网络市场调研人员可以利用互联网上已有的数据库或建立企业自己的数据库完成市场调研工作，这种调研是持续性的，随着数据库规模的扩大，数据库的价值也越来越大。

（1）充分利用网络上已有的数据库。很多综合性的商务网站都使用商业智能的方法搜集市场信息，提供某些产品的市场行情。而用户可以订阅一些电子邮件列表，及时了解市场行情。企业营销人员也可以根据市场调研的目的、内容，选择适当的搜索引擎，查找所需要的数据库，并经常查看每个已连接的数据库以保证数据库信息的及时和准确。

（2）建立企业自己的数据库。建立企业自己的数据库无疑要投入大量的人力和资金，但企业建立了自己的网络数据库，会得到准确、客观、及时的市场信息，并提高其市场营销能力。

10.3 网络营销策略

网络营销策略是企业根据客户的需求和自身所在市场中所处地位不同而采取的一些网络营销组合，主要包括网络营销产品服务策略、价格策略、渠道策略和促销策略等。

10.3.1 营销导向的网站策略

1. 网站的意义

网络营销方式可分为无站点网络营销和基于网站的网络营销，后者在网络营销中居于支配地位。

企业网站建设与网络营销方法和效果有直接关系，没有专业化的企业网站作为基础，网络营销的方法和效果将受很大限制，因此网络营销策略的基本手段之一，就是建立一个网络营销导向的企业网站。也就是以网络营销策略为导向，从网站总体规划、内容、服务和功能设计等方面为有效开展网络营销提供支持。

一个完整的企业网站包括四个基本要素：结构、内容、服务、功能。

（1）网站结构是为了向用户表达企业信息所采用的网站布局、栏目设置、信息的表现形式等。站在不同的角度，对企业网站结构的认识是有区别的。从用户角度看，一个企业网站是由多个具有一定关联性的网页所组成，可以通过浏览器实现信息浏览，并且使用其中的功能和服务；从网站运营维护者的角度看，企业网站是一个可以发布企业信息、提供客户服务，以及在线销售的渠道；从开发设计人员的角度看，企业网站无非是一些功能模块，通过网页将前台和后台结合起来。

（2）网站内容是用户通过企业网站可以看到的所有信息，也就是企业希望通过网站向用户传递的所有信息。企业网站在不同时期的内容可能有很大差别，这主要取决于企业当时的经营状况和行业内其他企业的网络营销发展状况。企业网站一般包括六个主要方面：公司信息、产品信息、用户服务信息、促销信息、销售信息、公众信息。

（3）网站服务是指网站提供给用户的一种特殊形式的内容，网站服务是通过网站功能和内容而实现的。企业网站的服务有些已经包含在网站的基本内容中，有些则需要与产品相结合才能发挥作用。企业网站服务的内容和形式很多，常见的有产品选购和保养知识、产品说明书、常见问题解答、在线问题咨询、即时信息服务、会员通信、优惠券下载、驱动程序下载、会员社区服务、免费研究报告等。

（4）企业网站的功能包括技术功能和网络营销辅助功能。技术功能是网站实现发布信息、提供服务等必需的技术支持系统。网络营销辅助功能则是从网络营销需要的角度，企业网站应该发挥的作用，如财务预算、市场调研与分析等。无论是技术功能还是网络营销辅助功能都需要与企业的经营策略需要相适应。

网站建设对网络营销的影响表现在两个方面：一是对用户产生的影响，这直接关系到网络营销的最终效果；二是对网络营销策略的影响，这种影响是通过网络营销的中间效果表现出来的，如对搜索引擎的影响、对销售促进功能影响等。

2. 企业网站的类型

1）信息发布型网站

信息发布型网站是企业网站的基本形式，不具备直接在线销售的功能，不需要太复杂的技术。将网站作为一种企业基本信息的载体，主要功能定位于企业信息发布，包括公司新闻、产品信息、采购信息、招聘信息等用户、销售商和供应商所关心的内容，多用于产品和品牌推广以及与用户之间的沟通。

信息是所有网站必不可少的基本内容，即使是一个功能完善的电子商务网站，一般也离不开这些基本信息。

2）网上交易型网站

这类网站在信息发布的基础上，提供全程的面向客户或企业的网上交易功能。网站可以由企业独立建设，也可以是行业建设或一些企业联合建设。B2C的网站通过软件工具提供方便快捷的选购、购买、支付、交付服务，使客户能够顺利完成购物过程。B2B 的交易型网站主要有采购型网站和销售型网站两种形式。

3）交易服务型网站

交易服务型网站的作用主要是为网上或网下的交易提供服务，保证交易环境，使交易正常进行，一般由网上中间商建设。提供的主要服务有物流服务、支付网关、安全认证、信用保证、法律服务、营销策划、网上推广、情报及数据服务、预约服务、网络技术支持、测评排名、诊断评估等。一些功能完善的信息发布型或交易型企业网站自身也可对外提供部分交易服务。此外，由买卖双方之外的第三方投资建立的网上交易市场型网站也属于交易服务型网站。

4）综合性网站

这是企业网站的高级形式。这类网站利用互联网上功能强大的 WWW，将数据交换、视频会议、企业管理信息系统、项目管理、财务、产品销售、物料采购、市场推广等企业营销活动都融入企业网站，同时进行 Intranet 与 Internet 的接驳，建立企业间的 Extranet。这类网站可以说是真正实现了网络营销，并能从整体上提高企业网络营销的运作效率和效果。目前，这类网站数量较少，但从发展的眼光来看，它代表了企业网站的发展趋势。

企业网站对于大企业的重要性不言而喻，企业可以通过网站进行品牌推广和管理、供应链管理、个性化定制服务、网上直销、多媒体产品展示和推介、通过代理系统辅助客户选购、售后服务等工作，还可以管理内部信息系统，协同各系统的运行，为客户提供更周到的服务。由于大企业的品牌知名度，其网站的推广工作也比较简单，费用不成问题，效果容易保证。

中小企业在企业网站的问题上则需要更多地考虑。企业网站的功能相对较少意味着网站价值的降低，网站推广的相对费用较高，推广难度较大，推广的效果需要长期的努力才能显现，因此很多人对中小企业建设企业网站提出了质疑。一般来讲，中小企业的网站策略应该是“两条腿”走路。在网站发布的初期，企业应该同时采用无站点网络营销方法，如采用到第三方网上市场开店、网络信息发布、网络广告等形式，既可以满足网络营销的基本需要，也可以辅助推广企业网站。而更重要的是培养网络营销人才，锤炼网络营销策略，这样等到企业网站得到推广后就可以顺利地转到基于网站的网络营销策略的实施，实现更多的网络营销职能。企业网站必然会伴随着企业的成长一起成长，所以中小企业不但要建设网站，还应该维护好、管理好网站。

3. 网站建设

企业网站的建设，其实是一个网络营销整合的过程。首先需要了解企业的各种需求，包括企业的市场状况、竞争状态、营销渠道、方式及方法等。然后，把需求与互联网技术相结合，把适合网上操作并可以改进运作成效的部分，整合到网上进行；可以网上、网下结合进行的，通过网站结合起来。这样，这个网站的功能就是适用的、有效果的。

1）网站策划

企业网站策划主要涉及企业的市场分析、可行性分析、目标客户群体分析、网站的主要栏目设置、网站的主要功能、网站的整体结构等多方面的内容。网站策划一般包括如下几个过程：

(1) 通过市场调查确定建设目标。了解目前互联网的发展状况以及同类站点的发展、经营状况，吸取别人的长处，找出自己的优势，明确网站的主题。根据企业的产品、销售渠道和销售对象等情况，明确自己的网站是信息服务型、网上交易型、交易服务型还是综合型，面向的目标客户是企业还是消费者等。

面向企业客户的网站和面向消费者的网站是完全不一样的，即使是面向消费者的网站，也并非所有网站都需要销售商品，而且并不是所有产品都适合在网上销售。面向企业客户的网站重点是其在企业间合作过程中的作用，而不需要像面向消费者的网站那样千方百计地去增加浏览率。例如，可口可乐、柯达都没有在网上销售产品，网站只是它们树立形象、提供客户服务的一个工具，是它们整体营销战略的一部分。

(2) 设定网站规模。网站并不是盲目地想做多大就做多大，而要根据现阶段自身的能力以及企业的规模大小，确定网站规模。网站规模关系到网站的后期维护以及网站的发展方向。

(3) 确定网站的类别和设计特色。根据主题、形式以及企业本身的特点，对网站进行特色设计。

(4) 确定主要目标受众。网站的类别不同，目标受众也不一样。比如，教育类的网站目标受众是院校的老师和学生，化装类、护肤产品类的网站目标受众是女性等。

(5) 确定网站的整体风格。网页上所有的图像、文字，包括背景颜色、区分线、字体、标题、注脚等，都要统一风格，贯穿全站。这样读者看起来舒服、顺畅，会对网站留下很专业的印象。色彩斑斓的站点，尤其要注意风格的统一。颜色可以变，不过字体、主体文本对齐风格、标题、背景效果以及特殊图像效果等都应保持统一。

(6) 根据目标框架整理出站点的内容框架以及逻辑结构图。①把目标细化以整理出站点内容框架。基本确定的目标，就应该把目标细化，并初步整理出为达到这些目的，站点所需要包含的所有内容。例如，站点应该发布什么信息，站点需要提供什么应用程序，等等。然后，把初步定下的内容纲要写下来，交给上级或业务人员审核批准。这实际上就形成了站点设计的需求报告。在内容纲要里，还应该注明这些内容的信息来源，哪个部门应该提供哪方面的信息。②进一步整理出站点逻辑结构图。定下内容纲要后，画出站点的结构图。结构图也有很多种，顺序结构、网状结构、继承结构、WEB结构等，应依据内容而定。例如，如果是在编一个教程，那么用表示顺序的流程图可能比较合适。多数复杂的网站会综合应用到几种不同的结构图。画出结构图的目的，主要是便于有逻辑地组织站点和链接，便于分配工作和任务。

2）企业网站设计的主要原则

（1）明确建立网站的目标。网站的设计是展现企业形象、介绍产品和服务、体现企业发展战略的重要途径，因此必须明确设计站点的目的和用户需求，从而作出切实可行的设计计划。要根据客户的需求、市场的状况、企业自身的情况等进行综合分析，牢记以“客户”（customer）为中心，而不是以“美术”为中心进行设计规划。在设计规划之初同样考虑：建设网站的目的是什么？为谁提供服务和产品？企业能提供什么样的产品和服务？网站的目的客户和受众的特点是什么？企业产品和服务适合什么样的表现方式（风格）？

（2）总体设计方案主题鲜明。在目标明确的基础上，对网站的整体风格和特色作出定位，规划网站的组织结构。网站应针对所服务对象（机构或个人）的不同而具有不同的形式。好的网站把图形表现手法和有效的组织与通信结合起来，以简单明确的语言和画面体现站点的主题，并调动一切手段充分表现网站的个性和情趣，突出网站的特点。

（3）网页形式与内容相统一。要将丰富的意义和多样的形式组织成统一的页面结构，形式语言必须符合页面的内容，体现内容的丰富含义。运用对比与调和、对称与平衡、节奏与韵律以及留白等手段，通过空间、文字、图形之间的相互关系建立整体的均衡状态，产生和谐的美感，表达完美的设计意境。

（4）重视网站可用度和可信度建设。网站可用度（usability）是直接影响网站效果的关键。可用度指标包括一系列涉及用户使用网站的各个方面的问题，如导航的方便性、栏目结构、用户体验、下载速度等。而网站可信度也是必须重视的内容。网站可用度和可信度与推广本身的成效无关，是纯粹网站建设本身的问题，如果网站在搜索引擎中的可见度很高（如排名好、做了广告等），但询单很少，就该反思网站的可用度和可信度是否出问题了。

企业网站对网络营销效果的影响是各种复杂因素综合作用的效果，每一个细微的不足和问题，都有可能失去用户，或者根本无法获得被用户发现的机会。结果，最明显的表现就是网站访问量很小，或者由于得不到有价值的信息和服务，访问者的转化率很低，无法取得最终的收益。

4. 网站优化设计

网站优化的含义是：通过对网站功能、结构、布局、内容等关键要素的合理设计，网站的功能和表现形式达到最优效果，可以充分表现出网站的网络营销功能。

网站优化设计的含义具体表现在以下三个方面：

（1）从用户的角度来说，经过网站的优化设计，用户可以方便地浏览网站的信息、使用网站的服务。

（2）从基于搜索引擎的推广网站的角度来说，优化设计的网站使得搜索引擎可以顺利抓取网站的基本信息，当用户通过搜索引擎检索时，企业期望的网站摘要信息可以出现在理想的位置，使用户能够发现有关信息并引起兴趣，从而点击搜索结果并达到网站获取进一步的信息的服务，直至成为真正的客户。

（3）从网站运营维护的角度来说，网站运营人员可以对网站方便地进行管理维护，有利于各种网络营销方法的应用，并且可以积累有价值的网络营销资源，因为只有经过网站优化设计的企业网站才能真正具有网络营销导向，才能与网络营销策略相一致。

应注意的是，网站设计优化不仅仅是为了搜索引擎优化，其核心仍然是对用户的优化。因此，应坚持用户导向而不是搜索引擎导向，这也是网站优化与搜索引擎优化基本思想的重要区别之处。

网站优化之所以强调坚持以用户为导向的原则，是因为网站的内容和服务是否有价值最终是由用户来判断的。即使网站在搜索引擎中的表现很好，如果用户使用感觉很不方便，同样不会产生理想的效果。而且，网站推广也并非完全依赖搜索引擎，还需要综合考虑各种相关因素。因此网站优化设计中三个层面的内容不能顾此失彼，应实现全面优化，尤其是对用户的优化应放在首位。

5. 网站推广策略

网站推广的目的在于让尽可能多的潜在用户了解并访问网站，通过网站获得有关产品和服务等信息，为最终形成购买决策提供支持。网站推广是网络营销的主要任务，是网络营销工作的基础。

1）网站建设阶段的推广

网站建设的专业性是网站推广的基础，网站建设是否符合网络营销导向的原则，对将来网站推广的效果具有直接影响。一个专业的网络营销策划方案，应该将网站推广策略纳入到网站建设方案中。

简单说来，需要重视下列三个方面的工作：

（1）网站建设前的专业策划。网络营销导向的网站建设并不只是关注网站的外观视觉效果和基本技术功能的实现，更重要的是用适当的方式体现出网站的网络营销功能。

（2）网站建设过程中的有效控制。在整个网站策划和建设的流程中，确定了优化设计的原则和方案之后，在方案实施过程中，要进行合理的控制。

（3）网站发布后及时进行专业性评价。在网站策划和建设阶段推广的效果不能像正在运行中的网站那样通过流量统计数据及时进行分析，利用网站流量统计分析来进行控制只有在网站发布后才能进行，这样很可能会贻误最佳的网站推广时机。因此，一个重要的解决办法就是在网站发布后及时进行网站专业性评价，经过专业诊断之后，对发现的问题进行改进，这样不论对于网站建设服务商还是建站的企业都有好处。

2）网站发布初期的推广

登录主要搜索引擎和分类目录、购买网络实名/通用网址、与合作伙伴建立网站链接等是网站初期网上推广的主要方法。为了加强推广的力度，网下的推广一定要与网上推广密切配合，形成完整的推广方案。例如，配合公司其他营销活动，在所有的资料和礼品上强调推广企业网站和网站上的活动；在媒体和行业网站发布企业新闻和广告时突出企业网站；把赠送和优惠活动与登录企业网站联系起来；甚至专门进行网站推广的网下宣传和造势活动。在活动中要把企业域名进行包装，让人们容易记忆，并对网站的内容产生好奇和期待。

3）网站增长期的推广

当网站有一定访问量之后，为继续保持网站访问量的增长和品牌提升，可以在相关行业网站投放网络广告，在相关专业电子刊物投放广告，与部分合作伙伴进行资源互换等加强宣传，采用关系营销、病毒营销、博客、播客等方法加强推广。企业营销活动的重心也应该向网站倾斜，以期进一步扩大网站的访问量。这个阶段网站的维护将变得非常重要，因为随着流量的增加，网站建设中可能存在的问题和隐患会暴露出来，而用户对网站还没有产生依赖，访问中出现的问题会吓跑用户。要注意内容的维护，随时更新各种信息，尤其是那些能够吸引用户浏览的内容。

4）网站稳定期的推广

结合公司新产品促销，不定期发送在线优惠券。参与行业内的排行评比等活动，以期获得新闻价值。在条件成熟的情况下，建设一个中立的与企业核心产品相关的行业信息类网站来进行辅助推广。这一阶段最大的问题是推广和维护人员的懈怠，要真正维持住现有客户，仍然需要做好用户服务工作，满足用户的需求。

10.3.2 网络营销品牌策略

1. 网络营销的品牌内涵

品牌是无形价值的保证形式，它是一种企业资产，涵盖的理念比表象的文字标记或是注册商标更胜一筹。品牌是一种信誉，由产品品质、商标、企业标志、广告口号、公共关系等混合交织形成。客户的购买行为是经由认知、信任进而产生行动的过程。传统品牌把大量预算花在品牌形象的塑造上，就是因为这种形象能够缩短购买的时间。借助各种媒体树立企业形象，提高品牌知名度，通过在客户中树立企业形象来促使客户购买企业产品，而企业的品牌就是客户识别和选择的对象。

网络营销中的品牌与传统品牌相比，在品牌内涵、外延以及品牌建设策略上都有所不同：一是品牌的内涵更为丰富，如域名、网址、网站等都成了网络营销品牌组成部分；二是网络营销品牌的建设途径有了变化，传统优势品牌不一定是网络营销中的优势品牌，网络营销品牌的创立需要重新进行规划和投资。网下的知名品牌与其网站的访问量之间并没有必然的联系，公司要想取得网络营销成功，绝不能单纯依赖传统的品牌优势。因此，网络营销品牌建设，与传统营销品牌建设同样重要。

从客户角度看网络营销品牌更为重要，如果把网站建设的最终目的界定为销售，那么，网络上的购买行为更需要品牌形象的支持，品牌带来的信誉和保证在某种程度上可以抵消虚拟环境的不安全感。

1）企业域名的商业价值

域名是由个人、企业或组织申请的独占使用的互联网上的标识，提供信息交换或交易的虚拟地址，并对提供的服务或产品的品质进行承诺。由于域名是企业站点联系地址，是企业被识别和选择的对象，提高域名的知名度，也就是提高企业站点知名度，也就是提高企业被识别和选择的概率。

一般情况下，域名和公司名称往往是一致的，公司的形象在用户中的定位和知名度常常会随着域名的推广而传播，甚至超过公司的专门形象策略和计划。因此，域名的知名度和访问率就是公司形象在互联网商业环境中的具体体现，公司商标的知名度和域名知名度在互联网上是统一和一致的。域名从作为计算机网上通信的识别标志提升为从商业角度考虑的企业的商标资源，与企业商标一样，其商业价值是不言而喻的。

2）商标的界定与域名商标

根据美国市场营销协会（AMA）定义，商标是一名字、术语、标志、符号、设计或者它们的组合体，用来识别某一销售者或组织所营销的产品或服务，以区别于其他竞争者。商标从本质上说是用来识别销售者或生产者的一个标识，依据商标法，商标拥有者享有独占权，单独承担使用商标的权利和义务。另外商标还携带一些附加属性，它可以给客户传递使用该商标的产品所具有的品质，是企业形象在客户心理定位的具体依据。可以说商标是企业形象的化身，是企业品质的保证和承诺。

（1）商标定义内涵与域名的商标特性。对比商标的定义，域名不但具有商标的一般功能，还提供互联网上进行信息交换和交易的虚拟地址。虽然目前的域名申请规则和法律没有明文规定域名的法律地位和商标特性，但从域名的内涵和商标的范畴来看，可以将域名定义为从以物质交换为基础的实体环境下延伸到以信息交换为基础的网上市场虚拟环境下的一种商标，是商标功能在新的虚拟交易环境中的一种新的形式和变种，是企业商标外延的拓展和内涵的延伸，是适应新的商业环境的需要而产生的。重新认识域名在商业环境中的商业价值和法律地位，对企业的发展是刻不容缓的事情。

（2）域名命名与企业名称和商标的相关性。考虑企业现在的发展和未来的机遇，大多数商业机构注册域名与企业商标或名称有关。根据对互联网域名数据库网上信息中心的商业域名进行分析，有直接对应关系的占58%，有间接关系的也占很大比例。可见，许多企业已经意识到域名的商标特性，为适应企业的现代发展，才采取这种命名策略。

3）企业域名管理

域名的管理主要是针对域名对应站点内容的管理，因为客户识别和使用域名是为了获取有用的信息和服务，站点的页面内容才是域名商标的真正内涵。要保证域名使用和访问频度高，必须注意信息服务定位、内容的多样性、时间性、速度问题、国际性、用户审计等问题。

（1）信息服务定位：域名作为商标资源，必须注意与企业整体形象保持一致，提供的信息服务必须和企业发展战略进行整合，避免提供的信息服务有损企业已建立的形象和定位。

（2）内容的多样性：丰富的内容才能吸引更多用户，才有更大的潜在市场，必须注意内容的多媒体表现形式，采取生动活泼的形式提供信息，如声音、文字和图像的配合使用。

（3）时间性：页面内容应该是动态的、经常变动的，因为固定页面访问一次即可，没有再次访问的必要，这一点非常重要。因为企业大部分收益是由少数固定客户消费实现的。

（4）速度问题：使用者的选择机会很多，因此对某站点的等待时间是极其有限的几秒钟，如果在短短时间内企业未能提供信息，客户将毫不犹豫地选择另一域名站点。因此，企业的首页一般应设计简洁，以便用户可以很快查看内容，不至于让用户感觉等待太久。

（5）国际性：由于访问者可能来自国外，企业提供的信息必须兼顾国内外用户。一般对于非英语国家都提供两个版本，一个是母语，另一个是英语，供查询时选择使用。

（6）用户审计：加强对域名访问者的调查分析，针对特定客户提供一对一的特殊服务，如采取Cookies技术对用户进行记录和分析，以提高与客户交互的质量，提高客户忠诚度。必须注意的是，不能强行记录客户有关个人隐私的信息，如姓名、住址和收入等，这是目前上网者最担心的问题。

提高站点内容的丰富性和服务性，还须注重对域名及站点的发展问题，以尽快发挥域名的商标特性和站点的商业价值，避免出现影响企业形象的有关域名站点问题。创建网上域名品牌其实与建立传统品牌的手法大同小异。

2. 网络营销中的品牌建设与推广策略

网络营销的品牌通常并不是独立存在的，网络营销品牌的建设途径也多种多样，一个网络营销品牌往往是多种网络营销活动所带来的综合结果。网络营销品牌建立和推广的过程，同时也是网站推广、产品推广、销售促进的过程，所以有时很难说哪种方法是专门用来推广网络营销品牌的。在实际工作中，许多网络营销策略通常是为了网络营销的综合效果而不仅仅是网络营销品牌的提升。

（1）企业网站中的网络营销品牌建设。企业网站建设是网络营销的基础，也是网络营销品牌建设和推广的基础。在企业网站中有许多可以展示和传播品牌的机会，如网站上的企业标识、内部网络广告、网站上的公司介绍和企业新闻等有关内容。

（2）电子邮件中的网络营销品牌建设和传播。作为市场工作的需要，每天都可能会发送大量的电子邮件，其中有一对一的客户服务邮件，也会有一对多的产品推广或客户关系信息。通过电子邮件向用户传递信息，也就成为传递网络营销品牌的一种手段。

（3）网络广告中的网络营销品牌推广。网络广告的作用主要表现在两个方面：品牌推广和产品促销。相对于其他网络营销品牌推广方法，网络广告在网络营销品牌推广方面更具有针对性和灵活性的特点。可以根据营销策略需要设计和投放相应的网络广告，如根据不同节日设计相关的形象广告，并采用多种表现形式投放于不同的网络媒体。

（4）搜索引擎中的网络营销品牌推广。搜索引擎是用户发现新网站的主要方式之一，用户通过某个关键词检索的结果中看到的信息，是一个企业网站的第一印象，这一印象的好坏则决定了网络营销品牌是否有机会进一步被认知。可见，网站被搜索引擎收录并且在搜索结果中排名靠前，是利用搜索引擎营销手段推广网络品牌的基础。利用搜索引擎进行网络营销品牌推广的主要方式包括在主要搜索引擎中登录网站、搜索引擎优化、关键词广告等常见的搜索引擎营销方式。

（5）用病毒性营销方法推广营销网络品牌

病毒性营销对于网络营销品牌推广同样有效。例如，Flash 幽默小品是很多上网的用户喜欢的内容之一，一则优秀的作品往往会在很多同事和网友中相互传播，在这种传播过程中，浏览者不仅欣赏了画面中的内容，同时也会注意到该作品所在网站的信息和创作者的个人信息，这样就达到了品牌传播的目的。除此之外，常见的病毒性营销的信息载体还有免费电子邮箱、电子书、节日电子贺卡、在线优惠券、免费软件、在线聊天工具等。

(6) 提供电子刊物和会员通信。电子刊物和会员通信都是许可Email营销中内部列表的具体表现形式，这种基于注册用户电子邮箱传递信息的手段对于客户关系和网络营销品牌都有显著的效果。调查表明，电子刊物的网络营销价值非常显著，甚至超过了网站本身，订阅了电子刊物的用户不需要每天浏览网站，便可以了解到企业的有关信息，对于企业品牌形象和增进客户关系都具有重要价值。

(7) 建立网络营销导向的网络社区。网络社区营销已经逐渐成为过时的网站推广方法，但网络社区的网络营销价值并没有消失，尤其是建立企业自己的网络社区，如论坛、聊天室等。企业网站建立网络社区，对于网络营销的直接效果是有一定争议的，因为大多数企业网站访问量本来就很小，参与社区并且重复访问者更少，网络社区的价值便体现不出来。但对于大型企业，尤其是有较高品牌知名度，并且用户具有相似爱好特征的企业来说就不一样了，如大型化妆品公司、房地产公司和汽车公司等，由于有大量的用户需要在企业网站获取产品知识，并且与同一品牌的客户相互交流经验，这时网络社区对网络营销品牌的价值就表现出来了。网络社区建设并不仅仅是一个技术问题，一个吸引用户关注和参与的网络社区才具有网络营销价值。

除了上述几种建立和传播网络营销品牌的方法之外，还有多种对网络营销品牌传播有效的方法，如发布企业新闻、以企业为背景的成功案例、博客等。而与网下的企业品牌建设一样，网络营销品牌不是一蹴而就的事情，重要的是充分认识网络营销品牌的价值，并在各种有效的网络营销活动中兼顾网络营销品牌的推广。

10.3.3 网络营销的产品策略

1. 网络营销产品概念

传统意义上的产品多是一种物理的概念，即实实在在的东西。而在网络环境中，产品从“物质”的概念演变为一个综合服务和满足需求的概念，它可以是有形商品，也可以是无形商品，同时还必须包含满足客户的其他内容。

(1) 核心利益层次。这是指产品和服务能够提供给客户的基本效用或益处，是客户真正想要购买的。企业在设计和开发产品核心利益时要从客户的角度出发。

(2) 有形产品层次。这是产品在市场上出现时的具体物质形态。对于物质产品来说，产品的品质必须保障，必须注重产品的品牌、注意产品的包装，在式样和特征方面要根据不同地区的文化来进行针对性加工。

(3) 期望产品层次。产品的设计和开发必须满足客户这种个性化的消费需求。客户在购买产品前对所购产品的质量、使用方便程度、特点等方面的期望值，就是期望产品。为满足这种需求，对于物质类产品，要求企业的设计、生产和供应等环节必须实行柔性化的生产和管理。对于无形产品如服务、软件等，要求企业能根据客户的需求来提供服务。

(4) 延伸产品层次。这是指由产品的生产者或经营者提供的、帮助用户更好地使用产品核心利益的服务。对于物质产品来说，延伸产品层次要注意提供满意的售后服务、送货、质量保证等。

(5) 潜在产品层次。这是在延伸产品层次之外，由企业提供能满足客户潜在需求的产品层次，是产品的一种增值服务。在高新技术发展迅猛的时代，有许多潜在需求和利益还没有被客户认识到，需要企业通过引导和支持更好地激发和满足客户的潜在需求。

网络市场作为新兴市场，消费群体一般具有很强的好奇性和消费领导性，比较愿意尝试新的产品。网络营销产品的设计和开发要能体现产品的个性特征，适合进行柔性化的大规模生产，否则再好的产品也很难让客户满意。一般对于技术相关的新产品，在网上试销和推广效果比较理想，这种方式一方面可以覆盖比较有效的目标市场，另一方面可以利用网络与客户直接进行沟通和交互，因此有利于客户了解新产品的性能，还可以帮助企业对新产品进行改进。利用互联网作为新产品营销渠道时，要注意新产品能满足客户的个性化需求的特性。

2. 网上销售产品特性

由于网上用户和网下用户在购买行为方面有一定的差异，网上销售的产品策略与传统营销的产品策略具有较大的差异。

(1) 产品性质。网上客户自身的特点及其在购买体验上的局限性，使网上销售的产品具有以下特点：

标准性。这类产品的质量和性能由一些固定的数量指标来规定，产品之间没有多大差异，在购买前后都非常透明且稳定，不需在购买时进行验证或比较。这类产品有书刊、计算机、家电、通信产品等。

重复购买性。有些产品虽需要使用之后才能对产品好坏作出评价，但客户已经有这种产品的购买和使用体验，对产品的质量和性能非常熟悉。这类产品以日常生活用品居多，一般价值不大但需重复购买。这类产品有生活家居用品或服务、食品、化妆用品、金融保险服务等。

时尚性。随着人们生活质量的不断提高，对时髦、前卫型产品或特色服务的需求越来越多。但这类产品和服务在现实生活中往往“可遇不可求”或没有时间进行深入的了解，在网上却很容易找到相关的信息。由于网民中时尚新潮者较多，网友之间联系非常密切，根据客户反馈信息定制的时尚类产品在网上很容易销售。这类产品主要有服装、礼品、保健服务等。

快捷性。有些产品或服务采用网上订购并送货上门的服务方式，大大节省人们的时间，如票务服务、订餐、旅（酒）店预订服务等。

廉价性。网上产品价格一般都比网下低，一些网民喜欢在网上“漫游”，希望能“淘”到既价廉物美又称心如意的产品。这类产品一般属于耐用品，并非网民所必需，一些拍卖网站和价格对比网站提供的类似服务，能更好地满足这些网民的需求。

（2）产品式样。通过互联网对世界各国和地区进行营销的产品要符合该国家或地区的风俗习惯、宗教信仰和教育水平。此外，由于网上客户的个性化需求，网络营销产品的式样还必须满足购买者的个性化需求。

（3）产品品牌。在网络营销中，生产商与经营商的品牌同样重要。要在网络上浩如烟海的信息中获得浏览者的注意，必须拥有明确、醒目的品牌。由于网上购买者可以面对很多选择，同时网上的销售无法进行购物体验，购买者对品牌的关注度更强。

（4）产品包装。作为通过互联网经营的针对全球市场的产品，其包装必须适合网络营销的要求。

（5）目标市场。网上市场是以网络用户为主要目标的市场，在网上销售的产品要适合覆盖广大的地理范围。如果产品的目标市场比较狭窄，可以采用传统营销策略。

上述网络营销产品的特点其实是由于网络的限制，只有部分产品适合在网上销售。随着网络技术发展和其他科学技术的进步，将有越来越多的产品在网上销售。

3. 适宜网上销售的产品

根据CNNIC的调查统计结果显示，适合网上销售的产品和服务可分为以下三类：

（1）实体产品（如书刊、计算机、服装等）。实体产品是指具体物理形状的物质产品。在网络上销售实体产品的过程与传统的购物方式有所不同。在这里已没有传统的面对面的买卖方式，网络上的交互式交流成为买卖双方交流的主要形式。客户或客户通过卖方的主页考察其产品，通过填写表格表达自己对品种、质量、价格、数量的选择；而卖方则将面对面的交货改为邮寄产品或送货上门，这一点与邮购产品颇为相似。

（2）虚体产品（如软件、电子书、音频、视频等）。虚体产品与实体产品的本质区别是虚体产品一般是无形的，即使表现出一定形态也是通过其载体体现出来，但产品本身的性质和性能必须通过其他方式才能表现出来。在网络上销售的虚体产品可以分为软件和某种形式的数据。软件包括计算机系统软件和应用软件。

（3）网上服务。服务分为普通服务和信息咨询服务两大类。

普通服务包括远程医疗、法律救助、航空火车订票、入场券预定、饭店旅游服务预约、医院预约挂号、网络交友、计算机游戏等。对于普通服务来说，客户不仅注重所能够得到的收益，还关心自身付出的成本。通过网络客户能够尽快地得到所需要的服务，免除恼人的排队等候的时间成本。同时，客户利用浏览和搜索软件，能够得到更多、更快的信息，从而提高信息传递过程中的效率，增强促销的效果。

信息咨询服务包括法律咨询、医药咨询、股市行情分析、金融咨询、资料库检索、电子新闻、电子报刊等。对于信息咨询服务来说，网络是一种最好的媒体选择。用户上网的最大诉求就是寻求对自己有用的信息，信息服务正好提供了满足这种需求的机会。通过计算机互联网络，客户可以得到包括法律咨询、医药咨询、金融咨询、股市行情分析在内的咨询服务和包括资料库检索、电子新闻、电子报刊在内的信息服务，如教育学习服务、票务服务、保险金融服务等。

4. 网上销售产品策略

（1）产品标准化：由于客户无法亲眼见到网上产品实体，将产品标准化会大大增强其购买决心，促其尽快决策。

（2）产品认证：一些国际质量认证、行业认证、原产地认证将大大提高产品质量和性能的可信度，如 ISO9000、ISO14000 认证等。

（3）式样新颖、功能独特：网民收入和文化程度普遍较高，敢于标新立异，追求个性化。对此，应该在深入市场调研的基础上，有针对性地开发一些迎合市场潮流的产品或提供特色服务。

（4）量身定做：尽可能实现企业内部生产系统的柔性化和智能化，使客户在其设计系统引导下，按自己意愿自行设计产品，企业按客户的设计进行生产。

（5）产品差异化：由于技术水平和生产能力的提高，产品同质化的趋势越来越明显，竞争也日趋激烈。要想在性能和价格都非常透明的网络营销中取得竞争优势，就要和竞争者错位经营，提供差异化的产品和服务。

（6）技术开发：技术开发不仅指产品的生产、制造技术要处于领先地位，网络营销技术也要及时更新。例如，通过三维动态展示或演示，能使客户获得更为直观的印象。对满足客户对购买经验的需求、扩大销售无疑将起到促进作用。

（7）网上网下相结合：网络营销不能孤立地去开展，必须和网下其他销售策略结合起来才能发挥效用。通过网下产品实体的展示功能，网上营销的不足可得到有效的弥补。

5. 网络营销新产品开发

网络时代，由于信息与知识的共享、科学技术扩散速度的加快，企业的竞争从原来的简单依靠产品的竞争转为拥有不断开发新产品能力的竞争。

由于激烈竞争而导致市场不断分裂，市场细分越来越细化，每个产品只能获得较低的销售额和利润额。另外，绿色产品的发展、产品开发完成时间的缩短和产品寿命周期的缩短、消费要求个性化的发展等，都对网络时期新产品的开发提出了新的要求。

1）网络营销新产品的定位

在网络环境下，对不同的客户提供不同风格的商品已不再是天方夜谭，消费需求将变得更加多样化。客户可直接参与生产和商品流通，向商家和生产厂家主动表达自己对产品的欲望，企业可以根据客户的需求设计、生产出产品。

互联网的发展带来的新产品开发的困难，对企业既是机遇也是挑战。企业开发的新产品如果能适应市场需要，可以在很短时间内占领市场，打败其他竞争对手。与传统新产品开发一样，网络营销新产品开发策略也有下面几种类型，但策略制定的环境和操作方法不一样。主要有：①新问世的产品。即开创了一个全新市场的产品。②新产品线。即使得公司首次进入一现有市场的新产品。③现有产品线外新增加的产品。即补充公司现有产品线的新产品。④现有产品的改良品或更新。即提供改善了的功能或较大感知价值并且替换现有产品的新产品。⑤降低成本的产品。即提供同样功能但成本较低的新产品。⑥重定位产品。即以新的市场或细分市场为目标市场的现有产品。

企业网络营销产品策略中采取哪一种具体的新产品开发方式，可以根据企业的实际情况决定。但结合网络营销市场特点和互联网特点，开发新市场的新产品是企业竞争的核心。

2）网络营销新产品的研制与开发

网络营销新产品的研制与开发，首先是新产品构思和概念的形成。新产品的构思可以有多种来源，可以是客户、科学家、竞争者、公司销售人员、中间商和高层管理者，但最主要来源还是依靠客户来引导产品的构思。网络营销的一个最重要特性是与客户的交互性，它通过信息技术和网络技术来记录、评价和控制营销活动，来掌握市场需求情况。网络营销通过其网络数据库系统处理营销活动中的数据，并用来指导企业营销策略的制定和营销活动的开展。

利用网络营销数据库，企业可以很快发现客户的现实需求和潜在需求，从而形成产品构思。通过对数据库的分析，产品构思可以得到筛选，并形成产品的概念。

网络新产品的开发最显著的特征是顾客、供应商、经销商等参与和协助新产品的研制开发，相关上下游企业之间协同工作，加快了新产品的开发速度，缩短了新产品的开发周期。

10.3.4 网络营销的价格策略

价格是营销策略中最活跃、最灵活、最具竞争力的因素。据调查表明，42.7%的客户网上购物的主要动机是节约费用。营销价格的形成是极其复杂的，它受到成本、供求关系以及市场竞争等因素的影响。企业的定价目标一般与企业的战略目标、市场定位和产品特性相关。

1. 网络营销价格的特点

网络营销中的价格是买、卖双方通过广泛调查比较并经过网上反复询盘、还盘、磋商后最终确定的成交价格。网络营销中价格的透明性和可比性，使得网络营销中的价格策略在传统营销的价格策略基础上有了新的特点。

(1) 相对统一性。网络营销面对的是全球开放的市场，网络的传播使价格信息打破了地区的封闭性，但由于各国家（地区）的经济发展水平和购买力能力存在差异，加之关税、运输等因素，全球很难实现统一定价。网络营销产品价格是在全球存在差异基础上的相对统一。

(2) 可比性。价格的可比性指客户可以通过搜索引擎等方式，查询到世界各地同类产品比较准确的价格信息，通过比较，作出购买决策。客户不仅可以查询到其他厂商生产的同类产品或替代品的价格，还可以了解同一厂商在不同时期、不同地区的价格信息。

(3) 低廉性。网络营销在生产、营销等管理方面的低成本，使网上价格与网下相比具有较大的价格优势。但是，由于同一类型的厂家和商家之间互相争夺市场，尤其是越来越多的价格对比网站、竞价网站的不断涌现，网上价格战愈演愈烈，网上产品价格的下降空间越来越少。

(4) 协商性。通过网络“一对一”的营销，客户可在充分了解市场信息的基础上来选购或定制自己需要的产品或服务，网上的价格弹性比较大，客户可以议价甚至竞价。例如，戴尔的计算机可以定制，不同的配置、不同的运输方式等定制方案上的差异会导致不同的价格，客户可以进行选择，自己决策价格方案。

网络价格的协商性，使客户在产品或服务定价方面处于主导地位，拥有较大的发言权。很显然，这种“讨价还价”的能力是在充分了解市场信息的过程中获得的，而网络技术使这种能力变为现实。

2. 网络营销定价策略

企业在进行网络营销决策时必须对各种因素进行综合考虑，从而采用相应的定价策略。很多传统营销的定价策略在网络营销中得到应用同时也得到了创新。根据影响营销价格因素的不同，网络定价策略分可为如下几种：

1) 低价定价策略

(1) 直接低价定价策略。直接低价定价策略一般是制造业企业在网上进行直销时采用的定价方式。采用低价策略的基础是通过互联网企业可以节省大量的销售成本。网络企业有时也实行部分产品超低价，目的也是招揽“人气”，带动其他产品的销售。比如，当当网站从光盘生产厂家那里低价订制 10 万张光盘，以市场价 1/10 的价格售出，其“赔本赚吆喝”的目的是为了制造轰动效应，促进其图书的销售。

(2) 折扣策略。这种策略是在原价基础上进行折扣定价的。这种定价方式可以让客户直接了解产品的降价幅度以促进客户的购买。这类价格策略主要用在一些网上商店，一般按照市面上的流行价格进行折扣定价。网络营销中的折扣策略是和竞争对手展开竞争的有力武器。

在实际营销过程中，网上商品可采用传统的折扣价格策略，主要有如下形式：数量折扣策略。企业在网上确定商品价格时，可根据客户购买商品所达到的数量标准，给予不同的折扣。购买量越多，折扣可越多。在实际应用中，其折扣可采取累积和非累积数量折扣策略。现金折扣策略：在B2B方式的电子商务中，由于目前网上支付的欠缺，为了鼓励买主用现金购买或提前付款，经常在定价时给予一定的现金折扣。

此外，还包括同业折扣、季节折扣等技巧。如为了鼓励中间商淡季进货，或激励客户淡季购买，也可采取季节折扣策略。

(3) 网上促销定价策略。如果企业是为拓展网上市场，但产品价格又不具有竞争优势时，则可以采用网上促销定价策略。由于网上的客户面很广而且具有很大的购买能力，许多企业为打开网上销售局面和推广新产品，采用临时促销定价策略。促销定价除了前面提到的折扣策略外，比较常用的还有有奖销售和附带赠品销售。客户对于来自厂商的优惠是充满期待的，定期或不定期的制定促销价格能鼓励老客户，吸引新客户。比较常用的有免费（如免费浏览、免费工具）、折扣（如价格折扣和数量折扣）和优惠卡等。

2) 个性化定价策略

利用网络的互动性特征，企业可以利用网络技术和辅助设计软件为客户提供个性化的定制服务，即客户对产品的形状、颜色、体积、性能、配件等方面提出个性化的需求，企业按订单进行生产。根据客户的行为偏好和承受能力来确定商品价格的一种策略，称为定制生产定价策略。个性化定价策略有可能成为网络营销的一个重要策略。在个性消费特征明显的网络环境下，这一策略有着广阔的使用空间。

3) 特有产品非凡价格策略

一些新型奇特或处于导入期的产品，由于市场同类产品少，网络的穿透力会抓住一些客户的猎奇心理，使产品较快打入市场。这时可以采取较高的价格，以尽快收回成本，最大限度地获取利润。一旦同类产品大量出现，立刻实行低价走货策略，以阻止对手进入。

这种价格策略需要根据产品在网上的需求来确定产品的价格。当某种产品有它很非凡的需求时，便不用更多地考虑其他竞争者，只要去制定自己最满足的价格就可以。这种策略往往分为两种类型：一种是创意独特的新产品（“炒新”）。

它是利用网络沟通的广泛性、便利性，满足了那些品味独特、需求非凡的客户的“先睹为快”的心理。另一种是纪念物等有非凡收藏价值的商品（“炒旧”），如古董、纪念物或是其他有收藏价值的商品。在网络上，世界各地的人都能有幸在网上一睹其“芳容”，这无形中增加了许多商机。

4）使用定价策略

所谓使用定价，就是客户通过互联网注册后可以直接使用某公司的产品，客户只需根据使用次数进行付费，而不需要将产品完全购买。这一方面减少了企业为完全出售产品而进行的不必要的大量生产和包装浪费，同时还可以吸引过去那些有顾虑的客户使用产品，扩大市场份额。客户每次只是根据使用次数付款，节省了购买产品、安装产品、处置产品的麻烦，还可以节省不必要的开销。

采用按使用次数定价，一般要考虑产品是否适合通过互联网传输，是否可以实现远程调用。目前，比较适合的产品有软件、音乐、电影等产品。另外，采用按次数定价对互联网的带宽提出了很高的要求，因为许多信息都要通过互联网进行传输，如果互联网带宽不够将影响数据传输，势必会影响客户租赁使用和观看。

5）竞价策略

竞价分为拍卖竞价和拍买竞价两种形式。前者是指经过注册后，在网上拍卖商品。电子港湾、易趣、网易等网站就提供此类服务。拍买竞价一般指网上采购招标，比如，国际商业采购招标和政府采购招标，八佰伴等网站提供类似服务。拍卖一般奉行的是高价竞拍，与此相反，招标则一般是低价策略。根据供需关系，网上拍卖竞价方式有下面几种：

（1）竞价拍卖。主要应用于C to C的交易，包括二手货、收藏品，也可以是普通商品以拍卖方式进行出售，如HP公司也将公司的一些库存积压产品放到网上拍卖。拍卖竞价方式是一种最市场化的方法，随着互联网市场的拓展，将有越来越多的产品通过互联网拍卖竞价。目前拍卖竞价针对的购买群体主要是客户市场，个体客户是目前拍卖市场的主体。因此，采用拍卖竞价并不是企业目前首要选择的定价方法，因为拍卖竞价可能会破坏企业原有的营销渠道和价格策略。采用网上拍卖竞价的产品，比较合适的是企业的一些库存积压产品；也可以是企业的一些新产品，通过拍卖展示起到促销效果，许多公司将产品以低廉价格在网上拍卖，以吸引客户的关注。

（2）竞价拍买。这是竞价拍卖的反向过程。客户提出一个价格范围，求购某一商品，由商家出价，出价可以是公开的或隐蔽的，客户将与出价最低或最接近的商家成交。

（3）集体议价。又叫集合竞价模式。采购商为降低采购成本，采取联合采购行动，统一价格口径，增强在采购中讨价还价的能力以争取最优惠的价格减让。

供应商为了不失去如此大的大客户，往往在价格谈判中被迫让步。相应地，一些网站积聚某种产品大量的供应商，采购商要想“一站式”采购到位、减少交易成本，必须答应供应商的相对高价；否则，只有“化整为零”，延长采购周期和采购成本。互联网出现后，普通的客户也能使用这种方式购买商品。供应商建立与客户直接在网上协商价格的集体议价系统，使价格具有灵活性和多样性，从而形成创新的价格。

(4) 比价策略。大多数购物网站，经常会将网站的服务体系和价格等信息公开申明，这就为了解竞争对手的价格策略提供了方便。网站可以随时把握竞争者的价格变动，调整自己的竞争策略，时刻保持同类产品的相对价格优势。网站也可以提供搜索代理，收集同一类产品的零售价格信息，对价格进行比较，使客户可以在一家网站“货比三家”。此外，供应商可以设立自动调价系统，根据季节变动、市场供求状况、竞争状况及其他因素，在计算收益的基础上，自动进行价格调整。例如，当当网的智能比价系统，每天比一次，保证比其他网站价格低10%。

6) 免费价格策略

免费价格策略是市场营销中常用的营销策略，它主要用于促销和推广产品，这种策略一般是短期和临时性的。但在网络营销中，免费价格不仅仅是一种促销策略，它还是一种非常有效的产品和服务定价策略。

具体说，免费价格策略就是将企业的产品和服务以零价格形式提供给客户使用，满足客户的需求。免费价格形式有这样几类形式：

(1) 产品和服务完全免费，即产品（服务）从购买、使用和售后服务所有环节都实行免费服务，如免费的新闻信息报道，免费的软件下载，免费的电子邮件信箱、个人主页空间、贺卡等。

(2) 对产品和服务实行限制免费，即产品（服务）可以被有限次使用，超过一定期限或者次数后，取消这种免费服务。

(3) 对产品和服务实行部分免费，如一些著名研究公司的网站公布部分研究成果，如果要获取全部成果必须付款作为公司客户。

(4) 对产品和服务实行捆绑式免费，即购买某产品或者服务时赠送其他产品和服务。在网上可以通过购物车或其他形式进行报价。网上购物完全可以通过巧妙运用捆绑手段，使客户对所购买的产品价格感觉更满足。采用这种方式，企业会突破网上产品的最低价格限制，利用合理、有效的手段，减小客户对价格的敏感程度。捆绑销售也可以是一种变相折扣或价格减让，其目的是销售更多的产品。

并不是所有的产品都适合于免费策略。一般来说，免费产品具有易于数字化、无形化、低批量成本、成长性、冲击性、间接收益等特点。

免费价格策略一般与企业的商业计划和战略发展规划紧密关联，企业要降低免费策略带来的风险、提高免费价格策略的成功率，应注意以下几点：

（1）互联网作为成长性的市场，在市场获取成功的关键是要有一个可能获得成功的商业运作模式，因此考虑免费价格策略时必须考虑与商业运作模式能否吻合。

（2）分析采用免费策略的产品（或服务）能否获得市场认可，也就是提供的产品（服务）是否是市场迫切需求的。互联网上通过免费策略已经获得成功的公司都有一个特点，就是提供的产品（服务）受到市场的极大欢迎。

（3）分析免费策略产品推出的时机。在互联网上推出免费产品是为抢占市场，如果市场已经被占领或者已经比较成熟，则要审视推出的产品（服务）的竞争能力。

（4）考虑产品（服务）是否适合采用免费价格策略。

（5）策划推广免费价格产品（服务）。互联网是信息海洋，对于免费的产品（服务），网上用户已经习惯。因此，要吸引用户关注免费产品（服务），应当与推广其他产品一样有严密营销策划。在推广免费价格产品（服务）时，主要考虑通过互联网渠道进行宣传。

7）商誉定价策略

产品的品牌和质量也会成为影响价格的主要因素，它能够对客户产生很大的影响。假如产品具有良好的品牌形象，那么产品的价格将会产生很大的品牌增值效应。名牌商品采用“优质高价”策略，既增加了赢利，又让客户在心理上感到满足。对于本身具有很大品牌效应的产品，由于得到人们的认可，在网站产品的定价中，完全可以对品牌效应进行扩展和延伸，利用网络宣传与传统销售的结合，产生整合效应。

8）撇脂定价和渗透定价

在产品刚介入市场时，采用高价位策略，以便在短期内尽快收回投资，这种方法被称为撇脂定价。相反，价格定于较低水平，以求迅速开拓市场，抑制竞争者的渗入，则被称为渗透定价。在网络营销中，为了宣传网站、占领市场，往往企业采用低价销售策略。另外，不同类别的产品应采取不同的定价策略。如日常生活用品，对于这种购买率高、周转快的产品，适合采用薄利多销、宣传网站、占领市场的定价策略。而对于周转慢、销售与储运成本较高的非凡商品、耐用品，网络价格可定高些，以保证赢利。

9）产品生命周期定价策略

这种网上定价是沿袭了传统的营销理论：每一产品在某一市场上通常会经历介绍、成长、成熟和衰退四个阶段，产品的价格在各个阶段通常要有相应反映。网上进行销售的产品也可以参照经济学关于产品价格的基本规律。并且由于对产品价格的统一治理，能够对产品的循环周期进行及时的反映，可以更好地伴随循环周期进行变动。根据阶段的不同，寻求投资回收、利润、市场占有的平衡。

网络营销的定价策略很多，一般都与网下定价相结合，并和其他网络营销策略组合使用。随着网络营销的不断发展，许多新型的网络价格策略必将不断涌现出来。上面几种价格策略是企业在利用网络营销拓展市场时可以考虑的比较有效的策略。然而，并不是所有的产品和服务都可以采用上述定价方法，企业应根据产品的特性和网上市场发展的状况来决定定价策略的选择。不管采用何种策略，企业的定价策略应与其他策略配合，以保证企业总体营销策略的实施。

10.3.5 网络营销的渠道策略

营销渠道就是商品和服务由生产者向客户或使用者转移的具体通道或路径。和传统营销一样，网络营销也面临着如何实现将产品或服务由生产者向客户转移的问题。网络营销渠道可以分为两大类：一类是通过互联网实现的从生产者到客户的网络直接营销渠道（简称网上直销）；另一类是通过融入互联网技术后的中间商机构提供网络间接营销渠道。

1. 网络时代的新型中间商

电子中间商指在企业产品或服务销售过程中提高各种服务，起到一定促进作用的网络中介机构。这些中介机构由于在市场信息、规模、技术、知名度等方面的优势，能更有效地帮助单个企业实现销售。与传统中间商一样，电子中间商起着连接生产者和客户的桥梁作用，同样帮助客户进行购买决策和满足需求，帮助生产者掌握产品销售状况，降低生产者为达成与客户交易的成本费用。

1）电子中间商的类型

（1）目录服务。利用互联网上的目录网站提供菜单驱动进行搜索，目前这种服务是免费的。目录服务有三种：①通用目录。可以对各种不同站点进行检索，所包含的站点分类按层次组织在一起。②商业目录。提供各种商业网站的索引，类似于印刷出版的工业指南手册。③专业目录。针对某个领域或主题建立网站。目录服务的收入主要来源于为客户提供互联网广告服务。

（2）搜索服务。搜索引擎站点为用户提供基于关键词的检索服务，站点利用大型数据库分类存储各种站点介绍和页面内容。搜索站点不允许用户直接浏览数据库，但允许用户向数据库添加条目。

（3）网上出版。由于网络信息传输及时而且具有交互性，网络出版商可以提供大量有趣和有用的信息给客户，在线报纸、在线杂志属于此类。

（4）虚拟商业街。虚拟商业街（virtual malls）是指在一个站点内连接两个或以上的商业站点。虚拟商业街定位某一地理位置和某一特定类型的生产者和零售商，在虚拟商业街销售各种商品、提供不同服务。站点的主要收入来源依靠其他商业站点的租赁费用。

（5）虚拟零售店（网上商店）。虚拟零售店不同于虚拟商业街，虚拟零售店拥有自己货物清单和直接销售产品给客户。通常这些虚拟零售店是专业性的，定位于某类产品，它们直接从生产者进货，然后销售给客户。目前网上商店主要有三种类型：①电子零售型（E-tailers）。直接在网上设立网站，提供一类或几类产品的信息供选择购买。②电子拍卖型（E-auction）。提供商品信息，但不确定商品的价格，商品价格通过拍卖形式由会员在网上相互叫价确定，价高者就可以购买该商品。③电子直销型（E-sale）。是由生产型企业开通的网上直销站点，它绕过传统的中间商环节，直接让最终客户从网上选择购买。

（6）站点评估。客户在访问某一商品的生产商站点时，由于内容繁多站点庞杂，往往显得束手无策，不知道应该访问哪一个站点。站点评估可以帮助客户根据以往数据和评估等级，选择合适站点访问。通常服务目录和搜索站点也提供站点评估服务。

（7）电子支付。电子商务要求能在网络上交易的同时，能实现买方和卖方之间的授权支付。现在授权支付系统主要是信用卡如 Visa、Mastercard、电子支票、数字现金、第三方支付系统或通过安全电子邮件授权支付。这些电子支付手段，通常对每笔交易收取一定佣金以减少现金流动风险和维持运转。

（8）虚拟市场和交换网络。虚拟市场提供一虚拟场所，任何符合条件的产品可以在虚拟市场站点内进行展示和销售，客户可以在站点中任意选择和购买，站点主持者收取一定的管理费用。

（9）智能代理。智能代理是一种软件，它根据客户偏好和要求预先为用户自动进行初次搜索，软件在搜索时还可以根据用户自己的喜好和别人的搜索经验自动学习优化搜索标准。用户可以根据自己的需要选择合适的智能代理站点为自己提供服务，同时支付一定的费用。

2）电子中间商的特点

电子中间商与传统的中间商存在着很大区别。

（1）存在前提不同。传统中间商是因为生产者和客户直接达成交易成本较高；而电子中间商是对传统直销的替代，是中间商职能和功效在新的领域的发展和延伸。

（2）交易主体不同。传统中间商是要直接参加生产者和客户交易活动的，而且是交易的轴心和驱动力；而电子中间商作为一个独立主体存在，它不直接参与生产者和客户的交易活动，但它提供一个媒体和场所，同时为客户提供大量的产品和服务信息，为生产者传递产品服务信息和需求购买信息，高效促成生产者和客户的具体交易实现。

（3）交易内容不同。传统中间商参与交易活动，需要承担物质、信息、资金等交换活动，而且这些交换活动是伴随交易同时发生的；电子中间商作为交易的一种媒体，提供的主要是信息交换场所或相关服务，具体的物质、资金交换等实体交易活动则由生产者和客户直接进行，因此交易中间的信息交换与实体交换是分离的。

（4）交易方式不同，传统中间商承担的是具体实体交换包括实物、资金等；而电子中间商主要是进行信息交换，属于虚拟交换，它可以代替部分不必要的实体交换。

（5）交易效率不同，通过传统中间商达成生产者和客户之间的交易需要两次，而中间的信息交换特别不畅通，造成生产者和客户之间缺乏直接沟通；而电子中间商提供信息交换可以帮助消除生产者和客户之间的信息不对称，在有交易意愿的前提下才实现具体实体交换，可以极大地减少中间因信息不对称造成无效交换和破坏性交换，最大限度降低交易成本提高交易效率和质量。

3）电子中间商的功能

网络时代的渠道成员之间更多的是一种专业分工与合作的关系，不像传统渠道那样一个成员往往担负许多职能。一个典型的网络营销渠道，一般具备下列功能中的一种或几种：

（1）提供相关信息。电子中间商由于和本地区或本领域的市场联系密切，积累的相关信息也非常丰富，是企业收集市场信息的重要渠道。例如，要想收集化工市场信息，中国化工网、阿里巴巴等电子中间商的网站就是收集该信息最好的来源渠道；进入中国价格信息网，可以了解国家定点监测的商品和服务的价格。

（2）促销宣传。每个网站都有自己相对固定的目标客户。对开展网络宣传来说，自己的网站只能作为主阵地，还要在其他网站开展宣传活动，以便将网络市场营销的范围扩大到最大的限度。

（3）关联营销。即使是拥有了一流网站平台的优秀品牌企业，也要借助其他网站，将产品销售出去。关联营销即让别的网站为你销售商品。当客户访问会员网站时，点击被关联网站的链接并进入被关联网站购物，被关联网站就要付给会员网站一定的销售佣金。

（4）结算支付。目前网上购物（B to C）的支付方式主要有邮局汇款、银行汇款、银行卡支付以及货到付款等几种形式，企业支付还是以支票方式为主。因此，担负网上结算功能的中间商，有银行和“支付宝”等多种第三方支付机构。

（5）物流配送。网络营销虽然实现了网上订购和结算功能，但对实物商品却无法做到像单纯信息产品一样的“虚拟”传输。所以一些网络中介组织或电子中间商还担负起了提供物流配送的功能。例如，提供国内汽运信息的中运网，提供航运信息的中国航运网、亿通网以及以提供贸易信息为主的中国国际电子商务网、金贸网等。

4）电子中间商的选择

在筛选电子中间商时，必须考虑成本、信用、覆盖、特色和连续性五大因素。

（1）成本（cost）。指使用中间商提供信息服务的支出。一类是建立网络服务页面的费用，另一类是维持网站正常运行的费用。维持费用是主要的、经常的，各个中间商之间有较大的差别。

(2) 信用 (credit)。指网络信息服务商所具有的信用度的大小。相对于其他基本建设投资来说，建立一个网络服务站点所需的投资较少，因此信息服务商如雨后春笋般出现。目前，我国还没有权威性的认证机构对这些信息服务商进行认证，企业在选择中间商时应注意它们的信用程度。

(3) 覆盖 (coverage)。指网络宣传所能够波及的地区和人数，即网络站点能够影响的市场区域。站点覆盖面并非越广越好，还要看市场覆盖面是否合理、有效，是否最终能够给企业带来经济效益。

(4) 特色 (character)。受到中间商总体规模、财力、文化素质的影响，站点在设计、更新过程中表现出各自不同的特色，因而具有不同的访问群。企业应当研究这些访问群，即客户群的特点、购买习惯和购买频率，进而选择不同的中间商。

(5) 连续性 (continuity)。网络发展的实践证明，网络站点的寿命有长有短。一个企业要想使网络营销持续稳定地运行，就必须选择具有连续性的网络站点，在用户或客户中建立品牌信誉、服务信誉。为此，企业应采取措施加强与中间商的联系，防止中间商将别的公司的产品作为主营产品。

2. 网上直销

网上销售渠道就是借助互联网将产品从生产者转移到客户的中间环节，一方面，它要为客户提供产品信息，方便客户进行选择；另一方面，在客户选择产品后要能完成一手交钱一手交货的交易手续，当然交钱和交货不一定要同时进行。因此，一个完善的网上销售渠道应有三大功能：订货功能、结算功能和配送功能。

企业利用自己的网站直接实现产品或服务向客户销售，企业和客户直接沟通商品信息。通过与一些电子商务服务机构如网上银行合作，可以通过网站直接提供支付结算功能，也可在网上完成货款支付。企业可以利用互联网技术来构造有效的物流系统，也可以通过互联网与一些专业物流公司进行合作，建立有效的物流体系。也可仍然通过不同区域、不同环节的物流企业来完成商品实体的配送。

网络的直销和传统的直销一样，都是零级分销渠道。网络营销的间接分销渠道仅有一级分销渠道，即只存在一个信息中介商沟通买卖双方的信息，而不存在多个批发商和零售商。

在网络营销活动中，双道法也是常见的方法。所谓双道法，是指企业同时使用网络直销和网络间接分销渠道，以达到销售量最大的目的。在买方市场的现实情况下，通过两条渠道推销产品比通过单一渠道更容易实现“市场渗透”。

10.3.6 网络营销的促销策略

网络促销是指利用现代化的网络技术向虚拟市场发布有关产品和服务的信息，

以激发客户的需求欲望，刺激客户购买产品和服务，扩大产品销售而进行的一系列宣传介绍、广告、信息刺激等活动。网络促销实际上是厂家利用网络技术和潜在客户进行沟通的过程，其目的主要是树立企业形象、沟通信息和促进产品销售。

与传统促销方式相比，网络促销在时间和空间观念上、在信息传播模式上以及在客户参与程度上都发生了较大的变化。因此，营销人员应深刻理解网络促销的特性，制定行之有效的网络促销策略。

1. 网络促销形式

网络促销形式有四种，分别是网络广告、销售促进、站点推广和关系营销，其中网络广告和站点促销是主要的网络营销促销形式。

1）网络广告策略

广告是确定的广告主以付费方式运用大众传媒劝说公众的一种信息传播活动。网络广告就是广告主以付费方式运用互联网络劝说公众的一种信息传播活动。有人将其列在电视、报纸、广播、杂志后面，称为第五大广告媒体。各种广告媒体的特点见表 10.1。

表 10.1 各种广告媒体的优缺点

媒体	优点	缺点
报纸	灵活，快速，本地市场覆盖面大，广为接受，可信度高，成本低	寿命短，再现质量差，广告传播受报纸地理覆盖面的限制
电视	综合视听与动作，有感染力，受众注意力集中，收视率高	成本高，展露时间短，播出的时间段安排直接影响收视率
广播	地区和人口选择性强，成本低	只有声音效果，展露时间短，收费不标准
杂志	可信度高，有权威性，再现质量好，寿命长，受公众传阅多，地区和人口选择性强	广告前置时间长，版面位置无保证
邮寄	受众选择性好，灵活，同一媒体没有竞争，个性化	相对成本高，有滥寄邮件的现象
网络	受众不受时间和空间限制，受众选择好，形式生动，制作速度快，方便修改，个性化，可以精确统计收看率，双向传播方式	被动传播多于主动传播

网络广告主要采用多媒体技术，提供文字、声音、图像等综合性的信息服务，不仅能做到图文并茂，而且可以双向交流，使信息准确、快速、高效地传达给每一位用户。

按照广告的投放方式，可以把网络广告分为显示广告、搜索引擎广告、电子邮件广告、分类广告和联署广告等种类。见表 10.2。

表 10.2 网络广告的形式

广告类型			简介
显示广告	旗帜广告	擎天柱广告	利用网站页面左右两侧的竖式广告位置，为 120×600 或 160×600 像素
显示广告	旗帜广告	互动旗帜广告	能够感知用户鼠标在网页上的位置，当鼠标移近时，旗帜广告可以发生变化
显示广告	旗帜广告	浮动旗帜广告	大小一般为 120×60 像素。当访问者使用滚动条滚屏时，浮动旗帜会随之滚动
显示广告	旗帜广告	全屏广告	首页出现一个全屏的广告，显示静态画面，或动态 Flash 效果。几秒钟后，广告自下而上逐渐缩小，最后停在页面上方，成为一个大的旗帜广告
显示广告	旗帜广告	巨幅网络广告	尺寸为 360×300 像素，约占全屏幕的 14%的面积。以绕排的形式出现在网页上的文字区域内
显示广告	旗帜广告	播放旗帜广告	按照设定的程序轮换展示不同的旗帜广告内容
显示广告	旗帜广告	微站点广告	具有下拉菜单、复选框、表单或者搜索框的旗帜广告形式，访问者可以在广告上选择频道或者搜索内容
显示广告	旗帜广告	通栏广告	置于页面的中部，广告规格为 600×100 像素
显示广告	旗帜广告	画中画广告	大小为 360×300 像素，甚至可达到 360×408 像素，约占全屏幕的 18%。画中画广告存在于关于某一类主题所有非图片新闻的最终页面
显示广告	弹出式广告		在主浏览器窗口外弹出的一个独立窗口
显示广告	空隙广告		利用访问者阅读页面计算机闲置时间从幕后载入广告，幅面大，运用 Flash 技术
显示广告	过渡页广告		过渡页网站在不经用户明确请求的情况下，送给用户的页面。过渡页广告全部都是全屏广告
显示广告	桌面媒体广告		在用户在线使用的软件的工作界面上播放广告内容的广告形式
显示广告	声音广告		是同时运用视觉和听觉效果对用户进行说服的广告形式
显示广告	富媒体广告		使用浏览器插件、Java 语言或其他脚本语言编写的具有震撼视觉效果和复杂交互功能的网络广告形式
电子邮件广告			作为一种直复广告方式，电子邮件具有更强的定向性、可定制性和灵活性
搜索引擎广告			通过向搜索引擎服务提供商支付费用，在用户作相关主题词搜索时在结果页面的显著位置上，显示广告内容
联属网络营销			联属网络营销是内容网站和电子贸易网站间的合作，主力网站将旗帜广告或者文字链接放置在联属网站上并按照它们实现的销售给合作方支付佣金
分类广告			按照主题加以编排的广告信息，网络分类广告可以出现在网站上也可以出现在新闻组里

网络广告的运作步骤为：

（1）确定广告目标网络。广告目标指特定时期内，针对特定目标受众所要完成的信息传播任务以及沟通效果。网络广告目标服从于企业的营销目标和有关市场、定位、营销组合等策略。

（2）制定广告预算。计算为完成广告目标，所要投入的广告活动费用支出。制定广告预算时不仅要了解不同网站对各种形式广告的收费情况，还要结合产品特点、市场特点、销售额、竞争对手等相关情况。

（3）设计广告信息。广告词要精练、简单、明了、直接，让受众目光一瞥就能立即明白广告的意思；使用如免费、大奖之类具有震撼力的词汇，好的广告能够唤起受众点击的欲望。协调文字与图形、色彩、动态，观众对于富有创意的动态广告都会禁不住看一眼。采用动态旗帜广告比静态旗帜广告更具优势，但要注意不影响下载速度。

（4）选择投放站点。在界定目标受众的基础上，选择合适的广告服务商。首先，对站点进行分析，了解该站点是否具有广告定向能力。其次，了解该站点对网络广告的评估、监测、收费情况。对投放的广告，还要监测其是否正常出现，广告的版本以及超链接是否正确等。

（5）评价广告效果。网络广告评估的目的是通过检查广告投放后产生的效果和执行的质量来指导以后的作业。广告效果指广告发布后在经济、社会、心理方面产生的作用。衡量网络广告效果主要有浏览量、点击次数、交互次数、销售收入等指标。企业可以通过访问统计软件、客户反馈情况以及权威的第三方公告测评机构来对这些指标进行测评。

2）网上销售促进策略

网上销售促进就是企业利用可以直接销售的网络营销站点，采用一些销售促进方法如价格折扣、有奖销售、拍卖销售等方式，宣传和推广产品。

（1）有奖促销。奖品对许多客户有异乎寻常的吸引力，网上的抽奖活动可以带来比平时高出许多的访问流量，促进产品的销售。

（2）赠品促销。在新产品推出试用、产品更新、对抗竞争品牌、开辟新市场等情况下利用赠品促销可以达到较好的促销效果。网上赠品一般是可免费下载的游戏软件或与产品关系较密切的非卖品。

（3）积分促销。网上应用积分促销比传统营销方式要简单和容易得多，很容易通过编程和数据库等来实现。积分促销一般设置价值较高的奖品，客户通过多次购买或多次参加活动来增加积分以获得奖品。

（4）虚拟货币。促销当客户申请成为会员或参加某种活动时可以获得网站发给的虚拟货币，用来购买本网站的商品或获赠免费的上网时间，相当于传统促销的优惠卡。

(5) 折扣促销。通过打折降价销售来吸引客户是不少网站常用的促销方式。

(6) 免费资源与服务促销。免费资源与服务促销是互联网上最有效的策略。通过这种促销方式取得成功的站点很多，有的提供免费信息服务，有的提供免费贺卡、音乐、软件下载，从而扩大站点的吸引力。

3) 关系营销策略

关系营销以系统论为基本思想，置身社会经济大环境考察企业的市场营销活动。关系营销的基本立足点是建立、维持和促进与客户和其他商业伙伴之间的关系，以实现参与各方的目标，从而形成一种兼顾各方利益的长期关系。

关系营销的核心是保持客户，为客户提供高度满意的产品和服务价值，通过加强与客户的联系，提供有效的客户服务，保持与客户的长期关系，并在与客户保持长期的关系的基础上开展营销活动，实现企业的营销目标。

网络关系营销是通过借助互联网的交互功能，充分利用各种网络传媒技术，宣传产品特色，树立企业形象，唤起公众注意，培养人们对企业及其产品的好感、兴趣和信心，提升知名度和美誉度，为后续营销活动准备良好的感情铺垫。其基本的职能是利用网络来树立企业形象、建立信誉、协调各方面的关系和提高企业营销效率。

利用互联网企业可以更好地为客户提供服务和与客户保持联系。互联网的不受时间和空间限制的特性能最大限度地方便客户与企业进行沟通，客户可以借助互联网在最短时间内以简便方式获得企业的服务。

通过互联网企业还可以实现与之相关的企业和组织建立关系，实现双赢发展。互联网作为最廉价的沟通渠道，它能以低廉成本帮助企业与企业的供应商、分销商等建立协作伙伴关系。通过建立电子商务系统和管理信息系统，企业可以实现与分销商的信息共享，降低库存成本和交易费用，同时密切双方的合作关系。企业还可以借助网络与社会公众和相关组织建立和保持和谐关系，为企业网络营销营造良好的外部环境。

2. 网络促销策略的实施

根据国内外网络促销的大量实践，网络促销战略的实施程序由四个方面组成，即确定网络促销对象、设计网络促销组合、制定网络促销预算方案、衡量网络促销效果。

1) 确定网络促销对象

网络促销对象是针对可能在网络虚拟市场上产生购买行为的消费群体提出来的。随着网络的迅速普及，这一群体也在不断膨胀。这一群体主要包括三部分人员：

(1) 产品的使用者。这里指实际使用或消费产品的人。实际的需求构成了这些客户购买的直接动因，抓住了这一部分客户，网络销售就有了稳定的市场。

（2）产品购买的决策者。这里指实际购买产品的人。在许多情况下，产品的使用者和购买决策者是一体的，特别是在虚拟市场上更是如此。因为大部分的上网人员都有独立的决策能力，且有一定的经济收入。但在另外一些情况下，产品的购买决策者和使用者则是分离的。所以，网络促销同样应当把购买决策者放在重要的位置上。

（3）产品购买的影响者。这里指在看法或建议上对最终购买决策可以产生一定影响的人。在低价、易耗日用品的购买决策中，产品购买的影响者的影响力较小，但在高价耐用消费品的购买决策上，影响者的影响力较大。这是因为对高价耐用品的购买，购买者往往比较谨慎，希望广泛征求意见后再作决定。这部分人群也不能忽视。

2）设计网络促销组合

网络促销活动主要围绕网络广告促销和网络站点促销两种促销方法展开。但由于企业的产品种类不同、销售对象不同，促销方法与产品种类和销售对象之间将会产生多种网络促销的组合方式。企业应当根据网络广告促销和网络站点促销两种方法各自的特点和优势，根据自己产品的市场情况和客户情况，扬长避短，合理组合，以达到最佳促销效果。

一般来说，对日用消费品，如化妆品、食品、饮料、医药制品、家用电器等，网络广告促销的效果比较好。而对大型机械产品、专用品则采用网络站点促销的方法比较有效。在产品的成长期，应侧重于网络广告促销，宣传产品的新性能、新特点。在产品的成熟期，则应加强自身站点的建设，树立企业形象，巩固已有市场。企业应当根据自身网络促销的能力确定两种网络促销方法配合使用的比例。

3）制定网络促销预算方案

（1）进一步分析促销对象群体特征。它包括：希望影响的是哪个群体、哪个阶层，是国外的还是国内的？因为在服务对象上，各个站点有较大的差别。一般来讲，专门从事新产品推销站点的服务费用较高，而某些综合性的网络站点费用最高。在宣传范围上，单纯用中文促销的费用较低，而使用中英文促销的费用较高。企业促销人员应当熟知自己产品的销售对象和销售范围，根据自己的产品选择适当的促销形式。

（2）依据所设计的网上促销的方法及其组合，兼顾考虑促销的对象群体及其特征，最终确定选择不同的信息服务商，有关的费用可能悬殊极大。企业应当认真比较各站点的服务质量和服务价格，从中筛选适合于本企业的、质量与价格匹配的信息服务站点，并由此预算投资。

（3）根据所确定的网络促销的目标策划投入内容的多少。它包括文案的数量，图形的多少，色彩的复杂程度，投放时间的长短、频率和密度，广告宣传的位置、内容更换的时间间隔以及效果检测的方法等。这些细节确定好了，整体的投资预算就有了依据，与信息服务商谈判时便有一定的把握。

4）衡量网络促销效果

必须对已经执行的网络促销的实施过程进行评价，而对促销效果的评价主要依赖于两个方面的数据。

要充分利用互联网上的统计软件，及时对促销活动的结果作出统计。这些数据包括主页访问人次、点击次数、千人广告成本等。在网上，网站可以很容易地统计出站点的访问人数，也可以很容易地统计出广告的阅览人数，甚至可以告诉访问者，他是第几个访问者。因此，利用这些统计数字，网上促销人员可以了解自己在网上的优势与弱点以及与其他促销者的差距。

统计销售量的增加情况、利润的变化情况、促销成本的降低情况等有助于判断促销决策是否正确。还应注意促销对象、促销内容，促销组合等与促销目标的因果关系的分析，以便对整个促销工作作出正确的判断。

网络促销是一项崭新的事业，要在这个领域取得成功，科学的管理起着极为重要的作用。在衡量网络促销效果的基础上，对偏离预期促销目标的活动进行调整是保证促销取得最佳效果必不可少的程序。同时，在促销实施过程中，不断地进行信息沟通的协调，也是保证企业促销连续性、统一性的需要。

10.3.7 网络营销服务策略

网络营销服务一般可以分为网上产品服务和服务产品营销。网上产品服务是产品营销的有机组成部分。服务产品营销是指无形产品，可以通过互联网直接进行传输和消费的服务产品的营销活动。对于服务产品营销除了关注服务销售过程的服务外，还要针对服务产品的特点开展营销活动。

1. 网上产品服务

网上产品服务的过程总是伴随着客户和企业产品接触的过程，分为售前服务、售中服务和售后服务。

网络营销售前服务主要是提供信息服务。这一阶段主要是指买卖双方和参与交易各方在签约前的准备活动，包括在各种商务网络和互联网上寻找交易机会，通过交换信息来比较价格和条件，了解各方的贸易政策，选择交易对象等。企业提供售前服务的方式主要有两种：一种是通过自己网站宣传和介绍产品信息，这种方式要求企业的网站必须有一定的知名度，否则很难吸引客户注意；另一种是通过网上虚拟市场提供商品信息，企业可以免费在上面发布产品信息广告，提供产品样品。提供的产品信息包括产品性能介绍和同类产品比较信息。为方便客户准备购买，还应该介绍产品如何购买的信息，产品包含哪些服务，产品使用说明，等等。

网上售中服务主要是指销售过程中的服务，包括交易谈判和签订合同。主要是指买卖双方利用网络营销系统对所有交易细节进行网上谈判，将双方磋商的结果以文件的形式确定下来，以电子文件形式签订贸易合同。办理交易进行前的手续，主要是指买卖双方签订合同后到合同开始履行之前办理各种手续的过程，也是双方贸易前交易准备过程。网站要提供方便的辅助工具，如购物车、合同范本、订单生成、订单管理、结算和支付工具、物流服务等。

网上售后服务包括交易合同的履行、售后服务和索赔等活动。合同履行是指产品的买卖关系已经确定，等待产品送到指定地点的过程中的服务，如了解订单执行情况、产品运输情况等。在设计网上销售网站时，除提供网上订货功能外，还要提供订单查询功能，以方便客户及时了解订单执行情况。网上售后服务是借助互联网的直接沟通的优势，以便捷方式满足客户对产品帮助、技术支持和使用维护的需求。网上售后服务有两类：一类是基本的网上产品支持和技术服务；另一类是企业为满足客户的附加需求提供的增值服务。网上售后服务的特点是便捷、灵活、低廉、直接。索赔是某一方不能完成交易或交易物出现瑕疵时的退货、赔偿规则以及营销网站应提供的服务。

2. 网络服务产品营销策略

1）网络客户的服务需求特征

现代客户需要的个性化服务（customized service），也叫定制服务，就是按照客户特别是一般客户的要求提供特定服务。个性化服务包括服务时空的个性化，在人们希望的时间和希望的地点得到服务；服务方式的个性化，能根据个人爱好或特色来进行服务；服务内容个性化，不再是千篇一律、千人一面，而是各取所需、各得其所。网络这种全天候、即时、互动的通信工具恰恰迎合了现代客户的需求特征，可以给用户提供个性化的服务。伴随个性化服务，会出现以下问题：

（1）隐私问题。个人提交的需求、信息提供者掌握的个人偏好和倾向，都是一笔巨大的财富。因此，企业在提供个性化服务时，必须注意保护用户的一些隐私信息，而不能将这些隐私信息公开或者出卖。侵犯用户的隐私信息，不但招致用户的反对，而且可能导致用户的抗诉甚至报复。

（2）提供的个性化服务应是用户真正需要的。

（3）个性化服务还涉及许多技术问题，用户需要做到不论何时、不论何地都可以接收信息，而且接受的信息是用户需要的和选择的。

2）个性化服务策略

（1）客户信息获取策略。对于任何一个成功的网络营销活动来讲，资料收集都是至关重要的环节，有关访问者和客户行为的资料更是分析投资收益的基础。随着时间的推移，网络营销活动相互影响的程度也在不断提高，客户的经验也会随着资料的增加而增加。这个过程促使企业不断提高为客户服务的价值，提高维持每个客户关系的收益。由于这个过程是渐进的，有时被称为渐进式信息获取策略。

渐进式信息获取主要通过收集外在和内在的资料而实现的。外在的资料指通过调查、表单、注册等渠道获得的客户信息，虽然是一些很有用的数据，但并不总是可靠的。内在资料是在后端收集的数据，例如，通过广告和网站所记录的客户行为等信息，使用类似 Cookies 的工具（在不妨碍保护个人信息的前提下），就能发现哪一种类型的客户通过哪种途径到达并浏览网站。

(2) 信息反馈策略及客户间交流策略。网络时代使信息渠道变得畅通无阻，信息的反馈也变得更加及时、准确。经常采用的传递信息的手段有很多，如 E-mail、即时通信、企业博客、网络社区等。接受客户的信息反馈并充分重视这些信息，用来指导企业不断改进服务的策略和方法，及时解决客户提出的问题，尽量达到客户满意，是实现个性化服务必须做好的工作。

网络客户服务不仅能实现由公司到客户的双向服务，同时还可以实现客户和客户之间的交流和帮助。客户对话的主要场所是各种新闻组、网络论坛、邮件清单等。对客户之间的谈话，公司应积极鼓励。

(3) E-mail 沟通策略。尽管网上沟通手段非常丰富，E-mail 仍然是企业与网络客户之间双向沟通的重要手段，是实现企业与客户对话的双向走廊。E-mail 的最大特点是及时、全天候。

通过 E-mail 进行沟通的主要途径有：

E-mail 分类管理。比较流行的方法是按部门将 E-mail 分类，如销售部、客户服务部、公关部、人力资源部、财务部等。在所有的 E-mail 都发送到同一个地址的情况下，对 E-mail 的管理需要由专人负责。另一类管理方法是提供各部门的 E-mail 地址，客户把自己的问题发至相应的部门。

E-mail 自动应答器。自动应答器给 E-mail 发出者回复一封预先设置好的信件，这样做的目的是让发出者放心 E-mail 已收悉，并引起了公司的关注。

利用 E-mail 与客户建立主动的服务关系。主动向客户提供公司的最新信息，获得客户需求的反馈，并将其整合到设计、生产、销售系统中。

10.3.8 网上客户关系管理

为了使电子商务网站能够与客户长期保持友好关系，客户关系的管理就显得十分重要。网络公司常常用“客户忠诚度”来定义客户关系，客户忠诚度几乎成了网上营销的格言。

1. 网上客户关系管理须注意的问题

由于竞争激烈，吸引新客户变得成本高昂，如何留住老客户就成为企业的主要营销目标。为了留住老客户，需要真正了解客户的需求，提供高质量的产品或服务，还要尊重个人的隐私。只有为客户提供更多的利益而不是从他们身上得到额外的利益，才能使客户的访问率不断提高。

要特别注意：①竞争不能单靠给个好价钱，还要给客户提供便利和博得客户的信任。②服务客户的最佳方法是不断变化的。留意与每位客户关系的每一阶段，并在客户生命周期的各个阶段，把与客户的沟通做到最好。③根据“客户生命周期”管理客户关系，也是一种能精确衡量企业成功与否的方法。衡量成功不能单凭产品的利润率，而应根据每个客户一生所带来的利润率来衡量。

2. 网上客户关系管理策略

(1) 提高网站的可用性和可信性。由于客户注意力已成为一种稀缺资源，要吸引客户，关键要确保公司的网站既简便易用又能提供切实有用的信息。让网站便于使用是一个不断提升的过程，需要不断测试网站满足不同客户各种需求的能力，然后根据结果提高其可用性。关注网站的可用性和客户的使用过程，将为客户带来舒适的网上体验。这正是建立企业网上形象和声誉的核心。

(2) 吸引客户的注意力。分析客户访问网站的目的，然后在网站上针对性地提供相关信息，最终使客户成为回头客。

(3) 为客户提供个性化的服务。如果已成功地引起了用户的关注，企业利用手边的客户资料进行目标营销，提供个性化服务就可以让用户购买并保持忠诚。比起其他媒体，网络在提供个性化服务和进行目标营销时更具有成本效益。它可以收集用户资料，在几乎无须增加成本的情况下推出个性化服务和促销活动。

个性化服务是一种极有价值的手段，但在“客户生命周期”的不同阶段，必须采用适当的个性化方式。对于新客户，可以根据他们浏览或搜寻的目标调整内容。这样，网络企业既可为他们提供相关信息，又无须知道客户的身份。如果企业掌握了客户的一些信息，就可以根据客户的行为进行过滤。例如，亚马孙网上书店（www.amazon.com）就根据客户以前的购书情况，筛选出合适的新书推荐给客户，根本无须询问用户的私人问题。

个性化服务是一系列服务客户方法的总和。每种个性化方法都有优点，对特定的业务目标和客户关系的不同阶段都有不同的用处。用得高明、得当的话，个性化便能向客户提供更好的服务，使客户更加忠诚，从而为每位客户带来更多的收入。如果运用不当，效果就会适得其反。

10.4 网络营销绩效评估

10.4.1 网络营销绩效内涵及绩效评估的意义

网络营销绩效是指网络营销活动在企业经营发展中所达到的现实状态。网络营销绩效评估是指根据网络营销的目标，借助一套定量和定性的指标，对企业实施网络营销的过程、各个环节及最终效果进行评估。

网络营销绩效评价对于企业的网络营销工作具有重要意义。

第一，网络营销绩效评价是企业开展网络营销的前提。正如管理活动要有反馈一样，网络营销也应包括评价反馈环节。企业开展网络营销所要达到的经营目标、营销活动实施的效果怎样，哪些环节需要改进，哪些环节需要巩固，所有这些都依赖于网络营销的绩效评价。只有正确地评价过去，才能不断地改进各个工作环节，才能更好地指导现在和未来。只有通过网络营销的评价与分析，企业的管理者们才能了解他们所使用的策略和方法是否适应企业自身的发展，才能知道是否能为企业带来应有的效益和影响。

第二，对网络营销绩效进行评价可以改善企业的整个营销战略。网络营销作为企业整个营销战略中的一个组成部分，它的改善直接有利于公司整个营销策略的整合和控制。而且，通过网络营销绩效评价和管理，企业还可以获得一些通过传统的市场营销方式所无法获得的信息和经验。因此，开展网络营销绩效评价，不仅可以改善企业的经营效益，而且是企业整个营销策略整合调整的过程，能够促进企业整个营销活动的开展。

第三，进行网络营销绩效评价可以提高企业网络营销管理水平。用来进行网络营销评价的原始数据，很大一部分是从消费者那里直接反馈回来的。因此，这些信息便直接反映了消费者的愿望，有很高的利用价值，直接指明了开展网络营销的方向。因此，要想提高企业的网络营销管理水平，需要进行网络营销绩效评价，剖析网络营销活动，总结网络营销的得失，为企业今后更好地实施网络营销提供决策依据，达到提高企业管理水平，获取最大网络营销效益的目的。

10.4.2 网络营销绩效评估的基本步骤

1. 确定网络营销总体目标

做任何一件事都必须明确目标，像网络营销这样比较大的项目更需要非常明确的目标，否则操作人员不知道应该朝什么方向努力。这个目标主要根据网络营销计划书来确定，并加以细化。

2. 选择网络营销绩效评估方法

网络营销绩效评估方法大体上有三种：

（1）横向比较。通过和与其具有相同商业模式的网络营销企业进行比较，来评估本企业网络营销的相对绩效。

（2）纵向比较。通过对比同行业其他具有相同商业模式的网络营销企业在某一成长阶段的评估标准，来对本企业的网络营销绩效进行评价。

(3) 历史数据比较。通过本企业现有数据与历史数据的比较，评估网络营销的效果。

3. 确定网络营销绩效评估标准

根据网络营销计划，确定网络营销绩效的具体评估标准。在以后的网络营销效果评估过程中，按已确定的评估标准进行效果评估。

4. 选择评估网络营销工作的基准点

网络营销绩效评估是一个相对的过程，所以，应该确定比较的基准点，使网络营销绩效评估有一个较为科学的参照物。

5. 将网络营销效果与评估标准进行对比，检查计划目标的实现情况

根据计划目标和评估标准，以基准点为基础，判断网络营销的实际效果，评估网络营销计划的实现情况，促进网络营销系统正常运行。

6. 形成评估报告

形成评估报告包括评估目的、评估标准体系、运行实际效果数据及分析、综合评估、存在的问题与对策等。

10.4.3 建立网络营销绩效评价指标体系的原则

针对不同类型的网站，从不同的角度和目的出发，网络营销评价指标就会各不相同。因此，要建立通用的网络营销评价指标体系，需遵循一定的原则。

1. 目的性原则

建立评价指标体系的目的就是要能客观、准确地反映营销的综合效果，为企业提供可用的决策信息。不同的目的决定了所提供信息的可用性，因此在建立指标体系时必须从企业的实际目标出发，遵循目的性原则。

2. 系统性原则

所建立的指标体系应能够完整地多角度、多层次反映企业网络营销的各个方面，做到不遗不漏，不但要有进行纵向比较的指标，也要有进行横向比较的指标。

3. 实用性原则

尽管很多指标都不足以反映网络营销的某方面的特点，而有些理想化的指标，从理论上能准确反映网络营销的特点，但这些理想化的指标所依赖的基础信息，在目前条件下无从收集。在这种情况下，我们选取可操作的、接近客观真实的指标。指标的设计要有明确含义，指标的核算应以现有的统计数据为基础，且指标的设计要有重点，从而使指标体系在实际应用中易于操作，切实可行。

4. 科学性原则

对网络营销绩效的评价，首先要本着科学的态度，保证待评对象所具有的特性与所收集的材料之间存在必然的因果关系，或者存在内在的直接联系，使指标

体系能够客观准确地反映真实的实际情况。通过指标体系的核算和综合评价，真正找出同竞争对手的差距，成为自我诊断、自我完善的有利工具。

5. 简洁明确原则

网络营销绩效评价指标体系中所包含的各项指标要简洁明确，易于理解，便于计算和考核。

6. 定性与定量相结合原则

在建立网络营销绩效评价指标时，要积极采用定量指标，能定量化的指标绝不采取定性指标。但这并不意味着否定定性指标的作用，只是尽量采用定量指标，以便更加准确、直观地考核网络营销效果。

10.4.4 网络营销绩效指标体系的构建

目前，国内外尚无公认的企业网络营销活动绩效评价标准，这方面的研究尚处于理论探索阶段。

考虑到网站的特性是网络营销战略和多种网络营销策略的综合反映，因此，针对网站进行评价能够抓住网络营销的根本。网络营销绩效评价指标体系可主要围绕网站的评价建立起来，下面我们根据上述评估原则给出一个参考的网络营销绩效评估指标体系（一、二级），整个指标体系包括网站设计指标、网站推广指标、网站流量指标和网络营销效益指标。

1. 网站设计指标

(1) 域名的选择。域名与企业名称、商标及其主营业务的关联性越强，越简洁易记，域名选择得就越成功。

(2) 交互能力。可以从论坛、留言板、邮件列表以及 FAQ 等能够促进网站和用户交流的内容的建设情况来测评。

(3) 检索功能。网站内容结构的设计是否成功，主要表现在能否使浏览者快速准确地找到要找的信息。

(4) 联系方式。在首页和网站的各个链接上，都需要提供十分详尽的联系方式。不但要提供电子邮件、电话、传真，还要提供公司地址、邮编以及联系人姓名。

(5) 更新频率。网站提供的内容和页面的设计要不断更新，以提高网站信息资源的质量，同时提高网站的信任度。最好注明最后一次更新的时间。

(6) 企业网站优化设计。评价内容主要包括：网站设计对用户阅读习惯的合理性；网站结构对搜索引擎抓取信息的合理性；有网站导航/网站帮助；有网站地图；网站链接有效；网页下载速度；每个网页都有合适的标题；静态网页与动态网页的应用合理；网页设计标签中的关键词和网站描述合理等。

还可考虑网站反应速度、网站设计的安全性与可扩展性、网站使用的适应性、网站的品牌价值等方面的指标。

2. 网站推广指标

(1) 登记搜索引擎的数量和排名。虽然搜索引擎对网站流量的作用在日益减小，但仍不能否定搜索引擎登记的重要性，搜索引擎对于新增加的访问者，仍然有着不可替代的作用。

(2) 在其他网站链接的数量。在其他网站链接的数量越多，对搜索结果排名越有利，而且访问者还可以直接从链接的网页进入网站。实践证明，在其他网站做链接，对网站的推广可以起到重要的作用。

(3) 注册用户的数量。注册用户的数量是一个网站价值的重要体现，在一定程度上反映了网站的内容为用户提供的信息的价值，反映了网络营销的成果。而且，注册用户也就是潜在的顾客数量。

(4) 网站的实际社会知名度。网站的知名度越高，表明网站推广的效果越好，它在某种程度上反映了网站的地位和它对企业的影响力。

(5) 用户忠诚度。指在一定的时间段内相同的用户访问某网站的次数。这个指标反映了网站对用户的吸引力。用户忠诚度越高，网站经营得越成功。

(6) 网站推广费用。网站推广费用主要包括搜索引擎注册费、网站认证费以及与网站推广相关的其他费用。不同的企业包括的内容会有所不同，而且要注意与网络广告宣传费、网站建设费和网站设计费的区分界定，不能重复计算费用，这样会直接影响最终绩效评价的结果，进而影响企业的决策。

3. 网站流量指标

(1) 独立访问者数量。指在一定时期内访问网站的人数，每一个固定的访问者只代表一个唯一的用户。

(2) 页面浏览数。指在一定时期内所有访问者浏览的页面数量。如果一个访问者浏览同一个页面三次，那么网页浏览次数就计算为三个。

(3) 每个访问者的页面浏览数。这是一个平均数，即在一定时期内全部页面浏览数与所有访问者相除的结果。

(4) 用户在网站的停留时间。指在一定时期内所有访问者在网站停留的时间之和。

(5) 每个用户在网站的停留时间。所有用户在网站的停留时间与全部用户数的平均数相除的结果。访问者停留时间的长短，反映了网站内容对访问者的吸引力大小。

(6) 用户在每个网页的平均时间。是指访问者在网站停留总时间与网站页面总数之比，这个指标的水平说明了网站的内容对访问者的有效性。

(7) 各种网络营销活动反应率指标。在网络营销活动中，有些活动的效果并不表现为访问量的增加而直接达到促进销售的效果，因此便无法用网站访问量指标来进行评价。对于这些通过网站访问量无法评估的网络营销活动，通常采用对每项活动的反应率指标来进行评价，如网络广告的点击率和转化率、电子邮件的送达率和回应率等。

4. 网络营销效益指标

本书通过利用网络营销改善前后对一些财务指标的影响来表示网络营销的效益。

(1) 销售利润增长率。利润是一项综合指标，它既反映了产量的增长，又反映了质量的提高、消耗的降低。

(2) 资产负债率。指负债总额与资产总额之比，用于衡量企业进行网络营销时负债水平高低情况。

(3) 存货周转率。指产品销售成本与平均存货成本之比，用于衡量企业在一定时期内存货资产的周转次数，是反映企业在进行网络营销的过程中购、产、销平衡效率的一种尺度。

无论进行哪种经营目标的网络营销评价，各个指标值的量纲都是不一致的，无法进行加总计算。这就需要在进行计算前，对各个指标值进行线性运算处理(无量纲化处理)。

需要指出的是，由于各类企业经营的复杂性以及网络营销本身仍然处于不断成长的过程之中，如何在实践中建立有效的企业网络营销活动评价绩效评价体系，并将其与现有的企业整个经营绩效评价工作很好地予以结合，是一个需要解决的课题。

➢ 本章思考题

1. 什么是网络营销？网络营销的主要职能是什么？
2. 网络营销的特点是什么？
3. 简述网络营销观念与传统营销观念的区别。
4. 分别简述 4P′组合理论、4C′组合理论和网络整合营销理论。
5. 一个营销导向的企业网站应包括哪些功能？
6. 哪些产品适合在网上销售？为什么？
7. 网上商品价格为什么会便宜？有哪些网站活动能够直接或者间接地促进销售？为什么？
8. 网上中介机构有哪些？有什么特点？
9. 网络营销如何促进网上销售？
10. 网络营销服务策略有哪些？
11. 你了解的网络广告形式有哪些？举例说明你比较喜欢的网络广告形式是哪种？你比较讨厌的网络广告形式是哪种？
12. 网络市场调研的特点是什么？

13. 就你所关心的某一网络营销问题上网进行一项间接调查，并写出调查的步骤和结果报告。

14. 调查网上销售中几种商品的价格，并分别说明采用了哪种定价策略。

15. 上网了解各种网络促销活动，并对其促销策略进行简单的分析。

16. 上网收集各种形式的广告，分析其广告对象和广告效果。

17. 你认为应该如何评价网络营销活动的绩效？

第11章

电子商务项目管理

电子商务项目管理是电子商务运作的重要内容，是电子商务项目从规划到实施的现代化管理形式。本章内容包括项目及项目管理的基本知识、电子商务项目及其生命周期、电子商务项目一般管理过程、电子商务项目的实施与评价、电子商务项目管理创新等内容。

11.1　电子商务项目管理概述

11.1.1　电子商务项目概念及其特点

1. 项目及其特征

项目是一个组织为实现既定的目标，在一定的时间、人员和其他资源的约束条件下，所开展的具有一定独创性的、一次性的工作。项目是人类社会特有的一类经济、社会活动形式，是为创造特定的产品或服务而开展的一次性活动。

项目可以是一个组织的任务或努力，可以小到只涉及几个人，如筹办一场婚礼、组织一次会议等；也可以大到涉及上万人，如微软公司的操作系统开发项目等。项目可以是多个靠合同或其他社会关系联系起来的组织的共同努力，也可以大到涉及成千上万个组织，如三峡工程、南水北调工程、嫦娥登月工程等。项目的完成时间也长短不同，有的在很短时间内就可以完成，有的则需要很长时间，甚至很多年才能够完成，如一些大型科技研究项目、奥运会筹备、希望工程等。

项目与一般的日常运作不同，项目是一项独一无二的任务，而日常运作是连续不断、周而复始的重复活动。为了更好地理解项目的内涵，可以进一步从表 11.1 了解项目与日常运作的区别。

表 11.1　项目与日常运作的不同点

类别	项　目	日常运作
目的	特殊的	常规的
责任人	项目经理	部门经理
时间	有限的	相对无限的
管理方法	风险型	确定型
持续性	一次性	重复性
特性	独特性	普遍性
组织机构	项目组织	职能部门
考核指标	以目标为导向	效率和有效性
资源需求	多变性	稳定性

项目具有以下几个特征：

(1) 一次性。这是项目与日常运作的最大区别。项目有明确的开始时间和结束时间，项目在此之前从来没有发生过，而且将来也不会在同样的条件下再发生，而日常运作是无休止的或重复的活动。

(2) 独特性。每个项目都有自己的特点，每个项目都不同于其他的项目。项目所产生的产品、服务或完成的任务与已有的相似产品、服务或任务在一些方面有明显的差别。因此，项目的过程具有自身的独特性。

(3) 目的性。每个项目都有自己明确的目标，为了在一定的约束条件下达到目标，项目经理在项目实施以前必须进行周密的计划。事实上，项目实施过程中的各项工作都是为项目的预定目标而进行的。

(4) 制约性。项目的制约性是指每个项目都在一定程度上受客观条件和资源的制约。项目的资源制约包括人力资源、财力资源、物力资源、时间资源、技术资源、信息资源等各方面的资源制约。

(5) 组织的临时性和开放性。项目开始时要建立项目组织，项目组织中的成员及其职能在项目的执行过程中都在不断地变化，项目结束时项目组织就要解散，因此项目组织具有临时性。一个项目往往需要多个甚至几百上千个单位共同协作，它们通过合同、协议以及其他的社会联系组合在一起，可见项目组织没有严格的边界。

(6) 后果的不可挽回性。项目具有较大的不确定性，它的过程是渐进的，潜伏着各种风险。它不像其他事情可以试做，或失败了可以重来。项目要求有合理的计划、精心的制作和有效的控制，从而达到预期的目标。

2. 项目管理

1）项目管理的内涵

项目管理是统筹各种知识、技能、方法与工具，以项目及其资源为对象，运用系统工程的理论和方法对项目进行高效率的计划、组织、实施和控制，为满足或超越项目有关各方对项目的要求与期望所开展的各种管理活动。

项目管理的主体是项目经理。项目管理的任务是对项目及其所需资源进行计划、组织、协调、控制。项目管理的目的是提供符合客户要求的产品或服务，即实现项目的目标。

2）项目管理的特性

（1）普遍性。项目作为一种创新活动的开展形式普遍存在于社会、经济和生产活动之中，现有各种运营活动都是各种项目的延伸和延续。由于项目的这种普遍性，项目管理也具有了普遍性。实践中，小到个人的婚礼，大到阿波罗计划都是项目，都需要项目管理。

（2）目的性。一切项目管理活动都是为实现“满足或超越项目有关各方对项目的要求与期望”这一目的服务的。有关各方对于项目的要求是已经明确和清楚规定的项目目标，而对于项目的期望是一种有待识别、未明确的、潜在的项目追求。项目管理的目的性不但表现在要通过项目管理活动去保证满足或超越那些项目有关各方已经明确提出并清楚地规定出的项目目标，而且要通过项目管理去识别和满足、超越那些尚未被有关方识别和明确的潜在需要。

（3）独特性。项目管理的独特性是指项目管理既不同于一般的生产、服务的运营管理，也不同于常规的行政管理，它有自己独特的管理对象、管理活动和管理方法与工具，是一种完全不同的管理活动。项目管理也会使用一般的管理原理和方法，但是项目管理也有许多自己独特的管理原理与方法。

（4）集成性。项目管理的集成性是相对于一般运营管理的专门性而言的。在一般运营管理中，分别有生产管理、质量管理、成本管理、供应管理、市场营销管理等各种专业管理部门，它们是针对一个企业或组织的不同生产、经营活动所开展的管理，这种专业管理是由于一般运营的重复性和相对确定性，运营管理的详细分工而形成的。但是项目管理要求的主要是管理的集成性，虽然项目管理也有一定的分工要求，但是项目管理要求充分强调管理的集成特性。

（5）创新性。项目管理的创新性包括两层含义：一是指项目管理是对于创新（项目所包含的创新之处）的管理；二是指任何一个项目的管理都没有一成不变的模式和方法，都需要通过管理创新去实现对于具体项目的有效管理。在现实生活中，即使是一个工业或民用建设项目，但是由于是新的建设地点、新的业主

（客户）、新的建设材料与施工方法等各种新的因素，也仍然需要各种各样的管理创新。对于像企业新产品的研究与开发之类创新性强的项目就更需要管理创新了。

3. 电子商务项目

电子商务项目是指在电子商务实现过程中，为了达到所需的绩效目标，在一定的期限内，依托一定的资源而进行的一系列活动，这一系列活动的过程有其丰富的内容，构成了许多大大小小的项目。

电子商务项目包括企业电子商务系统的规划和建设，也包括政府、消费者及其他主体的电子商务活动。图 11.1 显示了电子商务系统生命周期的各个阶段中都可以产生许多项目。

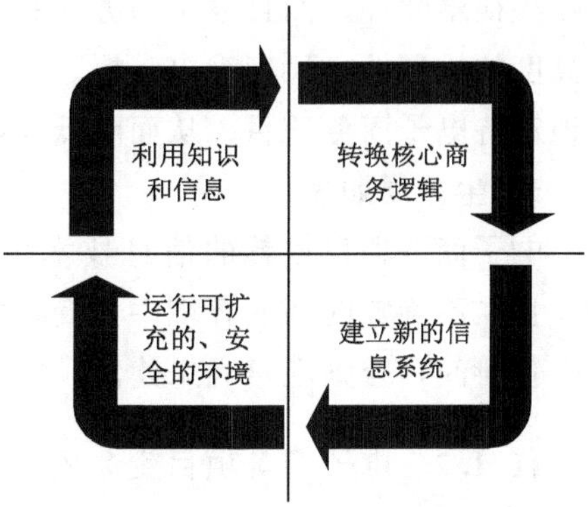

图 11.1　IBM 定义的电子商务系统生命周期

4. 电子商务项目的特点

1）涉及角色多

一般项目中，主要的角色是项目的投资方和项目的承包方。而对复杂的电子商务项目所涉及的角色往往还有供应商、中介机构、外包商、消费者、政府等。

2）复杂性

电子商务项目复杂性主要因为在项目的实施中，管理、技术、商业活动、竞争及其他因素相互作用，需要控制多重关联的商务活动的变化。这些变化跨越了公司之间和公司内部的部门之间，从而使沟通与协调变得更加困难，也使电子商务的项目管理面临着挑战。

复杂性主要表现在：投资方高层管理者的期望值很高；为适应电子商务的要求，很多单位的内部机构需要调整；项目的实施过程中存在着紧迫的时间压力；由于电子商务的应用软件，尤其是电子交易软件在不断发展，新产品层出不穷，而且项目进行过程中项目本身也在持续发展，这些因素会带来竞争、机遇与挑战；项目信息技术的基础结构比较复杂；项目存在着严重的预算压力，而电子商务项目实施初期很少获得大规模的利润。

3）动态性

电子商务项目的实施是动态的，主要表现在：客户在电子商务项目的实施过程中，往往会频繁改变需求，需要不断调整商务和业务规划，使其与电子商务系统同步；在项目实施中由于很多问题会浮现出来，项目实施方将不得不修改原来的规划和设计；新的软件、硬件和网络技术快速更新，比已有的技术更有吸引力；当竞争者改进了电子商务网站的创意和市场推广方式，项目实施方必须快速对此作出反应，否则正在进行的电子商务项目就可能面临失败的风险；实施方上级管理层在未与项目实施团队商议的情况下，改变了业务方向、范围或进度，等等。

4）风险大

电子商务项目是创建新的商务模式，它的实施将改变现有的业务流程，一旦失败将很难弥补。而且电子商务在很大程度上依赖系统平台和技术支持，系统需要高度的扩展性，尺度难以掌握。需要项目实施方认真遵循项目管理的方法，严肃地对待电子商务项目，从而降低风险。

5）生命周期短

电子商务项目依赖的信息技术生命周期短，计算机系统、软件的升级换代快，且在不确定的商业环境中，商业机会稍纵即逝，使得电子商务项目不可能持续太长时间，否则项目尚未建成，就有可能面临被淘汰的危险。

11.1.2 电子商务项目生命周期

电子商务项目的生命周期描述了项目从开始到结束所经历的各个阶段，最一般的划分是将项目分为“识别需求、提出解决方案、执行项目、结束项目”四个阶段。从承包方来看，项目是从接到合同开始到完成规定工作结束。但是从项目业主（客户）角度看，项目是从确认需求开始，到项目成果实现商务目标结束，项目的生命周期的跨度要比前者大。因为项目管理的根本目标是满足客户的需求，所以按后者划分考虑比较有益，对项目管理的成功也有很大帮助。这种划分方式也涵盖了自建电子商务项目。

1. 识别需求

这个阶段的主要任务是确认需求、分析投资收益比、研究项目的可行性、分析承包商所应具备的条件。商务上这个阶段以项目业主（客户）提出明确的需求建议书或招标书为结束标志。这个阶段可以由项目业主（客户）单独完成，也可以邀请专业服务企业完成，甚至可以定义为一个单独的子项目。

识别需求是最困难、最关键、最易出错及最需要沟通交流的活动。典型的错误是认为用户知道需求是什么，和他们交谈就可以得到需求。但是实际上识别需求并不是想象的这样简单。

（1）定义项目目标和范围。系统的边界往往是很难明确的，由于用户不了解技术实现的细节，往往造成项目目标的混乱。电子商务项目的目标见表 11.2。

表 11.2　电子商务项目目标

目标	描述
功能目标	业务处理方式、业务处理能力、业务处理效果等
技术目标	技术的先进性、兼容性、可靠性、移植性、可扩展性、稳定性、安全性及知识产权等
成本目标	项目开发成本、运行成本、效益预期等
进度目标	开始及结束时间、重要里程碑等

（2）明确问题的理解。任何一个系统都会有很多的用户或者不同类型的用户，而用户对计算机系统的能力和限制缺乏了解，每个用户只知道自己需要的系统，而不知道系统的整体情况。如不知道系统作为一个整体怎么样工作效率更好，也不太清楚哪些工作可以交给软件完成；不清楚需求是什么，或者说如何以一种精确的方式来描述需求；需要开发人员的协助和指导，但是用户与开发人员之间的交流很容易出现障碍，忽略了那些被认为是“很明显”的信息。

（3）需求的确认。因为需求往往随着时间的推移产生变动，使之难以确认。为了克服以上的问题，必须有组织地执行需求的获取活动。需求获取活动建议要完成的 11 个任务或者步骤，分别是：确定需求过程、编写项目视图和范围文档、用户群分类、选择用户代表、建立核心队伍、确定使用实例、召开联合会议、分析用户工作流程、确定质量属性、检查问题报告和需求重用。实际进行时，当然可以根据组织和项目的具体情况进行适当的裁减，如根据项目和用户情况把需求获取会议改成问卷调查或者座谈，等等。

2. 提出方案

电子商务项目方案是根据企业对电子商务的具体需求以及拟实施的电子商务项目的功能要求和目标，进行总体规划与设计，经筛选形成的总体规划方案。一方面为可行性研究提供依据，另一方面也是项目后期设计实施的纲领。这个阶段由承包商根据需求建议书或项目招标文件完成，并作为投标文件的重要内容。

方案相对项目设计要粗略得多，却是决定电子商务项目运作成败的关键，也直接影响电子商务项目的未来实施效果。因此必须充分发挥策划者和项目管理者的创造力，通过科学的程序保证高质量、高水平的项目方案。

电子商务方案的提出经历以下几个基本过程：

（1）项目功能和目标分析。在策划方案之前，必须仔细识别和研究企业的需求和期望，认真分析项目功能要求，明确项目拟达到的目标，这些目标包括项目的总体目标及各项工作的分目标。明确项目方案必须达到的技术指标、经济指标等。

(2) 项目方案构思。在明确了项目需求、项目目标和功能的前提下，需要进行概念创新。通过概念创新引发方案构思，勾勒出项目实施方案的总体框架。

(3) 项目方案规划。项目方案规划是把创新引发的项目设计和总体构思变为总体方案，并对总体方案进行规划。

(4) 方案各部分功能设计。对项目方案的各组成部分进行功能设计，主要是对项目的各个组成部分进行功能定位，使之能实现项目的总体要求。例如，方案各部分应采用的技术标准，应达到的指标，拟购置的设备及拟建立设施等。

(5) 确定供可行性研究的项目方案。在对项目方案有了总体的轮廓规划和各个组成部分的功能定位之后，选出若干总体项目实施方案，作初步的技术和经济指标的调查研究、评价和分析，进行选优。然后确定 1～2 个方案进行后续的、较为深入细致的项目可行性研究。

电子商务解决方案的核心内容可以总结为五大模式，即业务模式、技术模式、经营模式、管理模式和资金模式。通过对各模式内涵的分析，以发掘业务、拓展服务为主线，依靠多层次技术支持，通过明晰上下游经营路径，实施内外部整合管理，加之有效的资本运作，可在时间、资源等约束下较顺利地实现预期目标。这五大模式也揭示了电子商务项目区别于传统项目的主要特征。

(1) 业务模式。业务模式就是根据计划中的商品或服务的销售实施环节对电子商务项目进行的策划。这一阶段形成初步概念，为后期的技术开发提供思路，为具体经营作好铺垫。

如果说电子商务项目是解决“做什么”的问题，那么，其业务模式就是为达成此特定目标而购建“如何做”的框架性体系。从商业角度出发，业务模式由商品选择开始，将信息的发布、商品的呈现、交易的达成、款项的交付、实物的流动或服务的提供等连成一线。从搭建角度讲，业务模式又可包括后台的布置、前台的规划、前后台交流线路设计等。可以说，业务模式是形成电子商务解决方案的基础。当然，对具体的电子商务项目而言，所需环节都是不同的，如建造一个全新的 B2C 企业就需要考虑从商品选择到交易达成的全过程，而一个电子政务项目则只需最优化策划各部门的应用路径。

(2) 经营模式。经营模式与业务模式是密切相连的。如果说业务模式注重对整体环节的设计和具体路径的选择的话，那么经营模式则主要考虑如何展开行动，实现业务模式各环节设想，促进预期目标达成的问题。这不仅包括选择各环节协作者、协作方式、分成方法，还包括非业务模式环节的市场开拓、广告宣传等事宜。可以说，经营模式将业务模式的框架饱满、灵活化了。

(3) 技术模式。技术模式是实现业务模式和经营模式的技术支撑系统，主要是维护体系正常运行、意外发生时负责硬软件保护与恢复以及相关人员的配备。虽然技术模式是基于业务模式构建而成的，但在应用过程中，要注意对每一模块需运用的方法和工具提出多样化选择方案，通过综合评价，采用最适宜的系统。这样，能够保证工具的先进性、系统的操作性，并使前、中、后期的投入量尽可能达到均衡。在节省不必要支出的同时，防止后期隐患。要从全局出发，考虑各子模块及各阶段的兼容性，保证系统的全面结合。应注意对前期设备和数据的整合运用，提高系统的有效性。

（4）资本模式。资本模式囊括了从资本进入（选择类型、计划筹措）、运作（内部运作与外部运作）到退出（主动退出、被动退出）的整个过程。一个大型的电子商务新项目或在原有基础上改造一个大的电子商务项目，对资本模式的规划必不可少。在资本模式设计过程中要权衡各方因素，选择最优方案。资本获取有多种方式，它可以是自有资金、风险资金、银行贷款、招商入股，或是股票发行、售卖债券等。一般对于新项目而言，以前三者为主要形式，招商入股和银行贷款也常常使用，但有一定风险。而对大的增进型项目，股票发行、售卖债券或进行企业股份制改造则较为常见。作为项目负责人，不仅要考虑项目建设阶段的资金筹集以及投放环节，还要为后期资金运作和退出作好一定规划。

（5）管理模式。一般意义上讲，项目管理自始至终都伴随着项目。这里的管理模式指组织上提供的为保证项目正常运行和发生意外时能保护与恢复项目的法律、标准、规章、制度、机构、人员和信息系统等，它能对系统的运行起到跟踪监测、反馈控制、预测和决策的作用。

从分析步骤讲，电子商务项目解决方案应首先探讨业务模式，研究项目各环节的逻辑框架，形成大体的思路。接下来按照业务模式模型，细化相应的技术路线和工具，进入技术模式分析阶段。工作完成后，移交下一阶段的经营模式策划，即在业务模式和技术模式的支持下，具体分析经营路径和方法，作出较全面的计划。管理模式策划主要负责安排相应工作，制定详尽的任务书，预备实施事宜。资金模式作为最后一个环节，要全局考虑各项需求，筹划资金引入和运作方式。

从关联度讲，业务模式是基础阶段，使项目有明晰的发展主线。经营模式是升华阶段，将业务模式的设想具体化。而技术、管理、资金模式则是全面的支持模块，对项目的实施提供有力支持。

3. 执行项目

在这个阶段主要是具体实施项目计划，简单来说就是项目从无到有的实现过程。这一时期的管理重点是执行项目的计划书、跟踪执行过程和进行过程控制，当项目在具体的执行过程中出现偏差时，必须确保项目按照计划有序、协调地执行。同时，这一阶段也需要根据项目的执行情况，对项目的计划进行必要修改和补充，即项目的变更控制。由此可见，项目执行阶段是项目真正意义上的开始，是顺利实现项目目标的过程。

这个阶段项目经理和项目组将完全承担合同规定的任务。一般需要细化目标，制定工作计划，协调人力和其他资源，定期控制进展，分析项目偏差，采取必要的措施以实现项目目标。因为电子商务项目的不确定性，项目控制显得非常重要，特别是对多个电子商务项目同时运作的公司来说，必须建立公司级的控制体系跟踪项目的运行状态。

对于一个具体的电子商务项目来说，一般将执行项目再划分为系统规划、系统分析设计、系统开发集成、系统实施、系统维护等几个阶段。各阶段的主要任务见表 11.3。

表 11.3　电子商务项目执行阶段细分

阶段	主要任务
系统规划	企业核心业务分析、企业商务模式规划、确定系统体系结构
系统分析设计	需求分析、技术方案遴选、系统结构确认、形成系统任务书
系统开发集成	应用软件开发、系统平台搭建、软硬件系统集成、系统评估优化
系统实施	实施计划、人员组织、用户培训、系统切换、商务流程切换
系统维护	运行维护

(1) 系统规划。在项目的启动阶段，系统规划是为了更准确地把握客户的商业目标，明确项目范围、系统体系结构和实施计划。主要工作包括对客户商业策略的回顾、讨论、确认并按优先次序列出需求清单，提交项目需求报告，制定项目实施计划。

(2) 系统分析设计。在需求分析阶段成果的基础上，就功能、系统架构、技术方案和视觉创意等方面进行更详细的分析设计，并与客户进行深入的探讨和改进。如有必要，可制作一个原型或演示系统来测试系统设计方案。在获得客户的认可之后，专业人员将据此进行针对性的内容开发、交互信息规划和界面设计等具体工作。

(3) 系统开发集成。项目进入建造开发阶段，主要工作是用各种方法、手段实现已有的构思和规划。如客户要求，可把新系统与客户已有系统进行整合，最终完成可以发布至互联网或是内联网（Intranet）上使用的系统。系统的测试内容包括功能测试和性能测试两部分。在制定完测试计划后，首先在开发环境中完成 Alpha 测试后，然后将系统从开发环境迁移发布至运营环境，并继续全面的在线整合测试，直至系统开放并进入商务运作阶段。用户的培训工作也在此阶段完成。

（4）系统实施。系统测试完成后，进行新旧系统的切换工作，切换的策略要根据系统和客户业务开展的实际情况严密计划，精心实施。可采用替换或并行的方式，保证切换过程不影响客户业务的正常开展，并保证系统数据的完整性和同一性。客户商务流程的切换要考虑系统老用户的感受，与他们充分沟通，取得他们的理解和配合。

（5）系统维护。根据客户需要，一切客户必须掌握和了解的技术与规范都需形成规范的文档并转交客户，帮助客户学会运作及维护系统，如合同约定也可以按客户需求直接帮助客户维护管理系统。系统交付后要对在线系统进行必要的监视、维护，以保证其正常运作，要衡量系统商业目标和需求是否成功实现。监控信息要整理成文档，以便用于将来系统的增强和升级。

4. 结束项目

当项目的目标已经实现，或者项目的目标不可能实现时，项目就进入了收尾阶段。收尾阶段的管理重点是项目的交接、对项目结果进行检验、项目的评价和总结等，通过总结吸取经验教训，为以后的项目管理积累经验。该阶段的主要工作是移交工作成果，帮助项目业主（客户）实现商务目标。项目交接给相关人员，结清各种款项，完成项目后的评价。

11.1.3 电子商务项目管理及其过程

1. 电子商务项目管理的特点

电子商务项目管理既有项目管理的普遍性，又有其较为特殊的管理特性。和传统的项目管理相比，电子商务项目管理主要表现有以下的特点：

（1）传统项目的目标在实施过程中很少变动，工作范围较为明确和固定。而电子商务项目的目标可能会随着科技的发展而更新变动，范围会随着竞争对手的业务开展情况有扩宽的趋势。所以对电子商务项目的管理就要求更具有灵活性和应变能力。

（2）传统项目的生命周期长，通常大于一年，而电子商务项目由于市场机会的短暂性，生命周期短，可能不到一年。传统的项目有并行和串行任务，电子商务项目由于时间压力而趋向于高并行任务。

（3）在传统的项目管理中，项目领导者可运用甘特图和性能评审技术等多种项目管理工具来领导项目的计划、组织和控制工作，主要担负着监管人的角色。而在电子商务项目的管理中，可能随时会面临着要解决问题，甚至是处理危机，项目领导者还要花费相当多的时间来解决问题。

（4）在传统的项目管理中往往只指定一个经理。在动态的电子商务项目中，可能会指定多个项目经理。传统的项目管理中，团队成员完成的是单独任务并全心为项目工作。电子商务项目则对团队更具挑战性，成员要能够划定并更新自己分内的任务，同时还要通过资源共享来加强与其他工作的关联，这样对于团队协作的要求就更高。

（5）在电子商务项目管理中系统与技术的作用更为广泛和重要。

（6）传统的项目管理重视关键路径，也就是整个项目中历时最长的那部分工作。通常关键路径的任何延误都将造成整个项目的延误。而电子商务项目管理必须注意具有风险性的那部分工作，这些有问题的工作不一定就在关键路径上，因此仅仅注意关键路径上的问题可能会陷入困境，迷失方向。

（7）在传统的项目管理中判断一个项目是否成功，主要看项目的工期指标、成本指标和质量指标是否满足项目的约束条件。然而对一个电子商务的项目来说，最惨的失败不是工期拖延、成本超支，而是所完成的项目不能使客户满意。因此，电子商务项目管理应更加注重客户满意为目标。

传统项目管理与电子商务项目管理的特性对照见表 11.4。

表 11.4 传统项目管理与电子商务项目管理的特性对照

类别	传统项目管理	电子商务项目管理
目标和工作范围	明确、固定，注重技术目标	宽阔、变动，注重经营目标
对管理人员的要求	技术技能	技术技能、商业技能、管理技能
关键路径	基于最长路径	最长的路径重要，但更重视风险性工作
项目成功的标志	工期、成本与质量指标	除工期、成本与质量指标外， 更注重客户满意指标
层次性	单一项目 一个项目有完整的界限	一个项目常伴随着创新、创业、开发新 产品、新业务等同时实现
需求	稳定	动态的、变化的
风险意识	一般	强化风险管理、高风险带来高效益
任务结构	很多连续的任务	很多并行的任务
与其他工作的关联	有限	通过资源共享而深化
项目周期	较长	较短

尽管电子商务项目管理和传统的项目管理相比有它的特别之处，但项目管理方法仍然在电子商务管理中起到很重要的指导作用。

2. 电子商务项目管理的主要内容

电子商务项目管理与现代项目管理之间存在着一定的共性，电子商务的项目管理也有着一般项目管理的生命周期。同时，电子商务项目管理也由一系列的过程组成图 11.2，遵循项目管理的生命周期。

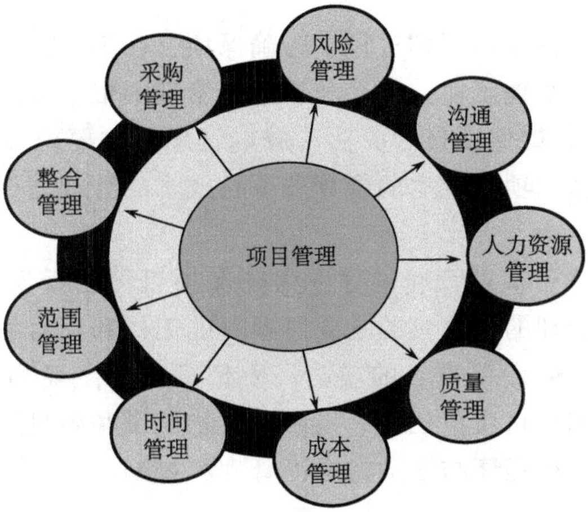

图 11.2　电子商务项目管理的内容

1）整合管理

项目整合管理是为了满足或超越项目相关利益者的需求和愿望，在项目管理过程中为确保各种项目工作能够很好地协调与配合而开展的一种整体性、综合性的项目管理工作。电子商务项目整合管理主要包括项目实施前的评估、项目工作的组织和安排、项目整合管理计划制定和运用、项目综合变更控制。其中，项目整合管理计划的制定和运用以及项目综合变更控制的主要内容是在相互冲突的目标或可选择的目标中权衡得失，平衡和协调项目各方面的专项工作，以保证项目的顺利实施。

2）范围管理

项目范围管理是计划和界定一个项目或项目阶段所需完成的工作，以及不断维护和更新项目范围的管理工作。开展项目范围管理的根本目的是要通过成功地界定和控制项目的工作范围与内容，确保项目的成功。范围管理的主要内容包括项目起始的确定和控制、项目范围的规划、项目范围的界定、项目范围的确认、项目范围变更的控制与项目范围的全面管理和控制。

3）时间管理

项目时间管理是在项目管理过程中为确保项目按既定时间成功完成而开展的项目管理工作。时间管理的根本目的是要通过做好项目的工期计划和项目工期的控制等管理工作，确保项目的成功。时间管理的主要内容包括项目活动的定义、项目活动的排序、项目活动的时间估算、项目工期与排产计划的编制和项目作业计划的管理与控制。

4）成本管理

项目成本管理是在项目管理过程中为确保项目在不超出预算的情况下完成全部项目工作而开展的管理工作。开展项目成本管理的根本目的是全面管理和控制项目的成本（造价），确保项目的成功。成本管理的主要内容包括项目资源的规划、项目成本的估算、项目成本的预算和项目成本的管理与控制。

5）质量管理

项目质量管理是在项目管理过程中为确保项目的质量所开展的项目管理工作。开展项目质量管理的根本目的是要对项目的工作和项目的产出物进行严格的控制和有效的管理，以确保项目的成功。质量管理的主要内容包括项目质量规划、项目质量保障和项目质量控制、项目产出物质量和项目工作质量的确定与控制、有关项目质量变更程序与活动的全面管理和控制。

6）人力资源管理

项目人力资源管理是在项目管理过程中为确保更有效地利用项目所涉及的人力资源而开展的项目管理工作。开展项目人力资源管理的根本目的是要对项目组织和项目所需人力资源进行科学的确定和有效的管理，以确保项目的成功。人力资源管理的主要内容包括项目组织的规划、项目人员的获得与配备、项目团队的建设等内容。

7）沟通管理

项目的沟通管理就是要保证能够及时和正确地提取、收集、传播、存储信息以及最终对其进行处置，保证项目班子内部的信息畅通。以项目总体利益最大化为目标，有效地进行项目的沟通管理，并以协调和统一项目各方面的专项管理为主要内容，确保项目范围内的各项工作能够有机地协调配合进行，平衡项目各目标之间的冲突，保证项目实施过程各阶段的顺利实施，对项目的内部影响因素和外部影响因素同时进行全面管理和控制的综合性管理。

一个电子商务项目的实施会涉及企业、软件供应商，有时还有咨询机构。因此电子商务项目团队的成员除了有企业的员工外，还可能有软件供应商，甚至有可能邀请资深的电子商务项目实施专家加入项目团队。鉴于电子商务项目团队成员组成的复杂性，电子商务项目团队成员之间的协作、交流就显得更加重要。

沟通管理的主要包括项目沟通的规划、项目信息的传送、项目作业信息的报告和项目管理决策等方面的内容。

8）风险管理

项目风险管理是在项目管理过程中为确保成功地识别项目风险、分析项目风险和应对项目风险所开展的项目管理工作。开展项目风险管理的根本目的是要对项目所面临的风险进行有效识别、控制和管理，是针对项目的不确定性而开展的降低项目损失的管理。

电子商务项目是一种高风险的项目，类似的成功案例少，并且电子商务项目技术复杂，设备专业，社会环境特殊，法律和安全因素多。因此，电子商务项目的管理在某方面也是一种风险的管理过程。

风险管理的主要内容包括项目风险的识别、项目风险的定量分析、项目风险的对策设计和项目风险的应对与控制等方面。

9）采购管理

项目采购管理是在项目管理过程中为确保能够从项目组织外部寻求和获得项目所需各种商品与劳务的项目管理工作。开展项目采购管理的根本目的是要对项目所需的物质资源和劳务的获得与使用进行有效的管理，以确保项目的成功。项目采购管理主要内容包括项目采购计划的管理、项目采购工作的管理、采购询价与采购合同的管理、资源供应来源选择的管理、招投标与合同管理和合同履行管理。

3. 电子商务项目管理的过程

项目的实现过程是由一系列的项目阶段或项目工作过程构成的，任何项目都可以划分为多个不同的项目阶段或项目工作过程。但是，对于一个项目的全过程或者一个项目的工作过程而言，它们都需要有一个相对应的项目管理过程。这种项目管理过程一般是由五种不同的项目管理具体过程构成的，项目管理具体过程及其之间的相互联系见图 11.3。

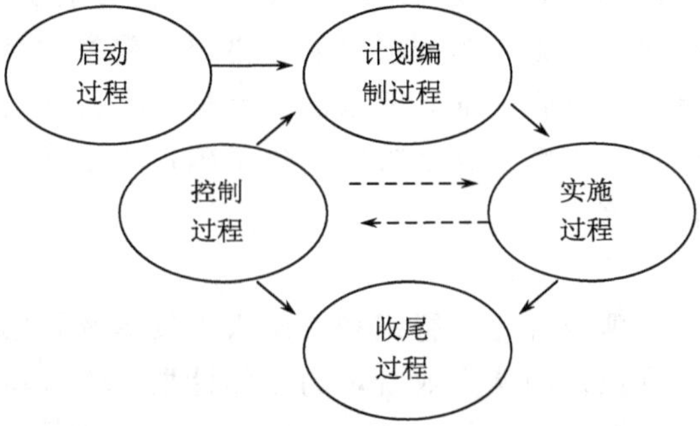

图 11.3　项目管理各过程之间的相互联系

1）启动过程

启动过程包含的管理内容有：定义一个项目阶段的工作与活动、决策一个项目或项目阶段的起始与否，或决定是否将一个项目或项目阶段继续进行下去等。这是由一系列决策性的项日管理工作与活动所构成的项目管理具体过程，主要任务是确认和批准一个项目或项目阶段开始。一般来说，项目目标至少要包括以下几个元素：①工作范围。应该完成哪些工作？②项目进度。应该在多长时间内完成？③项目成本。完成项目应该花费多少成本？④项目质量。客户的满意度是什么？项目达到什么标准？

项目目标应该非常明确、具体、可操作和可测量，理想情况是项目开始时就应该有一个明确的目标。但是在电子商务的项目中，则很难做到。第一种情况是项目开始时往往不很清楚需要什么，需求在项目进行中才能逐渐明确；第二种情况是在项目过程中目标常常会发生变动，不得不进行项目变更和返工。

为此在电子商务项目启动阶段应注意把握：宁可事前消除客户的额外“期望”，也不要事后让客户“失望”，不要超出需求承诺更多的工作任务；双方应约定项目约束条件和验收标准；项目过程中的文档也应完整保留；对于项目中的任何变更（例如，进度变更、范围变更、成本变更等）内容都应通过双方的确认并有文档记录。

2）计划编制过程

计划编制过程包含的管理内容有拟定、编制和修订一个项目或项目阶段的工作目标、工作计划方案，以及资源供应计划、成本预算、计划应急措施等。这是由一系列计划性的项目管理工作与活动所构成的项目管理具体过程。

该阶段的主要任务是明确项目目标和范围，并确定周密的项目计划。每一个成功的项目都必须有周密的项目计划。一个好的项目计划提供了项目的全景描述，是项目所有人员全面了解项目内容的最好工具。项目计划本身具有稳定性和约束性，是实施项目控制的最有力标准和依据。计划可能随着项目的深入而更新，但是任何计划的变动都必须遵循项目的变更控制程序。在计划阶段，项目组成员应根据项目的目标、验收标准等要求制定完整的项目计划。定义工作分解结构是项目计划阶段的核心内容。计划阶段还包括确定进度计划和项目预算、项目的质量计划、沟通计划等。

3）实施过程

实施过程包含的管理内容有：组织和协调人力资源及其他资源，组织和协调各项任务与工作，激励项目团队完成既定的工作计划，生成项目产出物等。这是由一系列组织性的项目管理工作与活动所构成的项目管理具体过程。

在计划阶段产生的项目计划被批准后，项目组应组织协调人力及其他资源执行项目计划，开始项目的实施工作。项目的实施是使项目组成员能够按项目的目标有计划地组织工作，以便成功地实现项目目标，满足项目的要求，由项目经理总体负责项目的实施工作。对于大型的电子商务项目，可以将项目分成多个子项目进行同步开发，因此就需要一个总的项目管理组负责对各个子项目的公共部门作出指导、协调和管理，各个子项目应有各自的项目管理小组，也可以利用项目管理办公室的方式组织大型项目的项目管理。

4）控制过程

控制过程包含的管理内容有制定标准、监督和测量项目工作的实际情况、分析差异和问题、采取纠偏措施等管理工作和活动。这些都是保障项目目标得以实现，防止偏差积累而造成项目失败的管理工作与活动。若发现实施成果偏离计划，就应找出原因，采取行动，使项目回到计划轨道上来。它是由一系列控制性的项目管理工作与活动所构成的项目管理具体过程，主要包括进度控制、成本控制、质量控制、风险控制和变更控制。

5）收尾过程

结束过程包括的管理内容有：制定一个项目或项目阶段的移交与接受条件，并完成项目或项目阶段成果的移交，从而使项目顺利结束。

项目结束包括项目验收、合同收尾和行政收尾。项目验收核查项目计划规定范围内的各项工作或活动是否已经全部完成，可交付成果是否令人满意，并将核查结果记录在验收文件中。合同收尾终结合同，进行核算。行政收尾收集和分发信息，开会正式宣布项目结束。项目接近完成时，班子的注意力往往转移到新的任务，有些成员也要调离。而收尾工作常常是零碎、烦琐、费时和费力的，容易被人忽略。但项目收尾做得好不好将直接影响到是否能够继续客户的其他项目。因此项目收尾的重要性要特别强调，否则会给项目带来后患。

图 11.3 展示了项目管理各过程之间的输入输出关系，项目管理具体过程的输入和输出是它们相互之间的关联要素。一个项目管理具体过程的结果或输出可以是另一个项目管理具体过程的输入，各个项目管理具体过程之间都有文件和信息的传递。当然，这种输入与输出的关系有时是单向的，有时是双向的。

以上介绍了电子商务项目管理的主要内容和项目管理过程，两者间对应关系见表 11.5。

表 11.5　项目管理过程与项目管理内容的关系

项目管理内容	项目管理过程				
	启动	计划编制	实施	控制	收尾
项目整合管理		项目编制	项目计划实施	整体变更控制	
项目范围管理	启动	范围计划 范围定义		范围核实 范围变更控制	
项目时间管理		活动定义 活动排序 历时估算 进度编制		进度控制	

续表

项目管理内容	项目管理过程				
	启动	计划编制	实施	控制	收尾
项目成本管理		资源编制 成本估算 成本预算		成本控制	
项目质量管理		质量编制	质量保证	质量控制	
项目人力资源管理		组织编制 人员获取	团队发展		
项目沟通管理		沟通计划编制	信息分发	绩效报告	行政收尾
项目风险管理		风险编制 风险识别 风险定性分析 风险定量分析 风险应对编制		风险监测与控制	
项目采购管理		采购编制 询价编制	询价 供方选择 合同管理		合同收尾

11.2 电子商务项目实施与评价

电子商务项目的实施过程是在目标任务明确、规划方案和设计方案确定后，由项目承包方通过严密的计划、准确实施达到项目目标的过程。由于电子商务项目的复杂性，实施对于业主只是一个过程，对于项目组却是人、财、物投入最大的阶段。因此，制定明确可行的实施计划、通过人员的科学组织建立项目团队，是确保项目顺利实施的有效保证。

11.2.1 电子商务项目实施计划

项目实施计划是双方约定的整个实施过程中各个阶段的划分、每个阶段的具体工作及所用时间、工作成果表现形式、工作验收方式及验收人员、各时间段的衔接与交叉处理方式，以及备用计划或变更计划的处理方式。它一般由承包方提出，经双方共同评审通过才能付诸实施。

项目实施计划是合同中最具体的实施内容之一，有明确的时间界限。对承包方的限制性是很强的。通常情况下，它是最容易发生争议的环节。

电子商务项目实施计划的制定一般需要完成如下工作：提出实施战略；辨别主要的里程碑，制定初始进度表；以里程碑为基础仔细作初始预算；确定实施过程中所涉及的组织与企业；确定实施过程中所用到的方法与工具；确立风险范围并将其与里程碑和任务相联系；推敲电子商务项目进度表和预算；确定实施领导；确定人员，组建项目团队；制定详细的实施计划。

11.2.2　电子商务项目实施人员

1. 项目的领导

项目领导小组由业主和承包方项目组高级领导人员各 1～2 人以及双方项目协调、管理人员组成。项目领导小组的职责是：审核批准项目的总体方案，项目实施计划；负责项目实施过程中的重大事件的决策；根据项目过程中的进度、质量、技术、资源、风险等实行宏观监控；负责组建验收小组，主持验收工作；协调涉及与项目有关的各方工作关系。

2. 项目管理人员

1）项目经理

项目经理的职责是：根据项目进展及工作要求制定工作计划，并监督实施，控制进度；协调项目组内人员的分工合作，资源分配；提出并确立业务整体需求，完成系统分析和系统整体设计；负责制定阶段验收标准和最终验收标准，报项目领导小组审批。

项目经理要有以下各方面的能力。①团队管理能力；②学习能力和敏锐的洞察力：IT 技术进步日新月异，所以要对本领域的发展状况和新技术的应用前景充分了解和把握；③沟通能力：与团队成员、上级和用户的沟通，得到他们的支持是获得成功的前提；④规避风险的能力；⑤解决问题的能力；⑥协同工作的能力；⑦业务经验；⑧管理复合项目的能力；⑨控制变更的能力；⑩商务谈判的能力。

2）协调人员

协调人员可以由项目经理兼任。其职责是：定期与客户联系，了解项目的进展及服务、运行情况；接待客户的投诉并协调处理；协调安排客户培训事宜；负责各项目组提出的项目实施计划的审核，根据本人的技术特长承担或参与部分技术实施工作，做好项目经理的助手；配合各组对项目实施计划进行细划，形成各部分的详细实施计划，包括分解任务，安排各任务的执行时间、地点及责任人；建立现场项目实施的技术管理档案，主要内容为项目实施计划、系统结构变化和软硬件问题的处理、项目周报等；负责按照各实施计划对项目进度的跟催和项目质量的检查，随时掌握项目现场的各类情况；负责用户、项目组、销售及公司相关部门的项目协调；对现场发生的急迫事件主持召集各方人员进行讨论并作出应急决定，同时向公司领导汇报；配合各部门领导做好项目组人员的调配；负责现场所有人员的考勤并检查公司规章制度尤其是项目现场制度的执行情况；组织协调和跟催系统各种问题的修改工作，深入掌握合同的各项内容，根据现场的实际情况及时处理建议方案的修订和用户的新需求，对合同范围以外的用户需求要协助销售人员与用户商谈，增补实施费用或签订补充合同；认真做好系统测试、用户培训、初验文档准备的组织工作，协助各项目组的负责人做好现场开发环境的管理和软件模块版本的控制工作；组织项目各阶段的验收，协助销售人员完成项目的催款。

3）质量监控人员

对项目过程中的质量管理进行监控；对发现的质量隐患进行监督纠正；定期向项目经理作出工作监控报告，指出存在的问题，提出解决方案；协助项目经理完成对应用软件系统验收前的确认工作；协助双方联合验收小组对应用软件系统进行验收；在项目支持人员的配合下，对客户人员进行应用培训，包括应用软件系统操作培训和维护培训。

4）行政保障人员

行政保障人员按项目要求及时准备实施场地及条件，组织协作人员配合施工；为施工人员在通信、交通、进出工作场地等方面提供便利条件；在项目实施过程中及早筹款，按合同规定的日期付款；负责采买项目日常所需物资；协调管理项目执行过程中备货、催发货、催收合同款、督促验收、设备维修等项目事务；项目现场的后勤保障，负责安排项目人员的现场食宿。

3. 企业经营管理人员

企业经营管理人员的职责是：确认电子商务需求；确定电子商务模式；确认业务流程改造方案；确定服务内容和系统性能要求；按电子商务项目要求组织数据的采集和转换工作；组织电子商务的有关培训，参与电子商务的运作和电子商务系统的使用。

4. 技术人员

1）网络和系统技术人员

网络和系统技术人员包括网络管理员、网络安全管理员、网络工程师和网络施工技术人员。其职责是：负责电子商务基础设施的规划设计；电子商务安全系统的规划设计；主机、系统软件、数据库及网络设备的到货、清点、自检、安装、调试；按照总体设计的要求进行设计、施工，并且在需要时根据总体设计的变更来调整具体设计和施工；在项目支持人员的配合下组织对客户人员的技术培训，包括现场培训、基础理论培训、国内培训等。

2）系统分析和编程人员

系统分析和编程人员包括软件架构师、软件分析师以及编码、测试等技术人员。其职责是：完成应用软件的业务需求分析、设计、开发、测试和安装；提交供验收的应用软件系统版本；在系统试运行期内对应用软件系统的修改更新。

3）数据库人员

数据库人员包括数据库管理员、数据库分析人员和数据库程序员。其职责是：构建、管理数据库（数据仓库）系统；规划定义数据模型；数据库安全管理；设计数据转换方式，实施数据转换；负责设计数据挖掘概念，实施商业智能。

4）网站设计制作人员

网站设计制作人员包括 Web 应用工程师、网站工程师及网页制作、网络编辑、平面设计、多媒体技术人员等。其职责是：负责网站的规划、设计、实施工作；完成网页制作工作；完成网络编程工作。

5）文档管理人员

文档管理人员其职责是：制定项目的文档编制计划；依照计划编制和管理文档，记录项目实施过程中的各项事件，将整个项目中的每一变化情况纳入受控状态，使项目的各工作组都能及时得到项目进行的最新资料；按照各类文档产生期限收集整理各类文档，控制文档格式，编制文档清单，管理文档版本，与用户交接。

6）测试人员

测试人员的职责是：配合应用软件人员的测试工作，提供必要的测试数据和测试实例，配合应用系统的试运行，完成初始数据的准备工作；协助系统网络人员解决项目实施中所涉及的线路、通信等方面的问题，参加项目实施中的现场安装调试；配合、组织对人员的各项培训；协助客户完成试运行报告，为今后系统移交和系统运行维护作好各种人员和技术准备。

7）维护人员

维护人员主要负责项目结束后对系统的维护和服务、系统维修、漏洞修补、版本升级、系统更新等工作。

根据项目的复杂程度，实施人员的组织可以有较大的灵活性。较小的项目中技术人员有时可身兼数职，也可以跨项目组使用。大的项目可划分为若干小项目实施，但总体的设计和实施过程中的沟通、资源共享和实施控制非常重要，需要强大的管理团队和严密的实施组织。

5. 电子商务项目监理

电子商务项目监理是在电子商务项目建设中引入第三方参与的管理机制，在业主或者项目建设管理机构的授权委托下，根据项目的建设目标、业务需求和质量标准，对承建方提出的技术方案、项目管理活动以及系统设计、开发、集成和实施部署等活动进行全方位、全过程的审核、监督和控制，以保证项目在预算范围内按时、按质完成，以保护业主的利益，规避或降低项目的风险。

电子商务项目监理通过监理方的专业管理，对业主方和承建方都作出约束。项目监理应该和项目管理有机结合起来，项目监理过程不仅仅局限于软件开发过程，更应该贯穿在整个项目过程中。

在项目立项阶段，监理方对业主企业提出的需求出具可行性评估意见，并对项目开发过程中采用的技术方法和项目管理方法提供咨询服务，尤其是在选择系统集成商、产品供应商和应用开发商等方面向业主提供专业的参考意见。

在业务需求分析阶段，监理方对业主所提需求及其工期要求进行评估，促使双方达成一致意见。负责审核承建方提交的各种工作成果是否符合合同的要求以及业务需求，并监督项目进展情况。

在项目开发阶段，监理方负责审查承建方提交的各种产品和服务是否符合合同的要求以及开发方法是否符合要求，并监督项目进展情况，帮助业主掌握工程进度，按期分段对工程验收，保证工程按期、高质量地完成。

在项目实施阶段，监理方的工作重点是检查实施计划是否可行，检查软硬件设备的配置是否符合合同的要求。

在验收维护使用阶段，监理方根据合同监督验收是否按照科学方法进行，检查系统集成方提交的产品和服务是否符合合同的要求，是否进行了培训工作，并完成了整个系统的文档。

在项目实施完成以后，还要对项目整个实施过程进行回顾、分析和评判，考察项目实施结果，分析项目实施的得失，对整个项目提交详细分析报告，评定项目是否实施成功。

11.2.3 电子商务项目效果及其评估指标

电子商务项目实施效果评估是在项目完成并运营一段时间后对项目的准备、立项决策、设计施工、生产运营、经济效益和社会效益等方面进行的全面而系统的分析和评价，从而判别项目预期目标的实现程度的一种评价方法。项目后评价的目的主要是从已完成的项目中总结正反两方面的经验教训、提出建议、改进工作、不断提高投资项目决策水平和投资效果。

1. 电子商务项目评估的目的

包括：① 确定该电子商务项目是否提供了预期的东西；② 确定该电子商务项目在不断变化的环境中是否可行；③ 重新评估最初的战略，从中吸取教训并改进以后的计划；④ 尽快确认已失败的项目并找出失败原因，以免在以后的系统中犯同样的错误。

2. 电子商务项目评估的特点

（1）现实性。电子商务项目评估是以实际情况为基础，所依据的数据资料是现实发生的真实数据或根据实际情况重新预测的数据。它与项目前期的可行性研究不同，可行性研究是预测性的评价。

（2）全面性。电子商务项目评估的范围很广，要对项目的准备、立项决策、设计施工、生产运营等方面进行全面、系统的分析。

（3）反馈性。项目可行性研究用于投资项目的决策，而电子商务项目实施效果评估的目的在于为有关部门反馈信息，为今后的项目管理提供借鉴，不断提高未来投资的决策水平。

（4）合作性。电子商务项目评估需要多方面的合作，由单独设立的后评价机构或上级决策机构，组织主管部门会同计划、财政、审计、银行、设计、质量、司法等有关部门进行。项目后评价工作的顺利进行需要参与各方融洽合作。

- 电子商务系统评价指标体系
  - ①系统质量
    - 执行准确性、响应速度、信息存储量、界面质量
    - 安全性、可靠性、文档齐全
    - 数据共享性、易维护性、容错性
  - ②技术水平
    - 技术先进性
      - 硬件/软件先进性
      - 开发技术先进性
      - 软件可重用性
    - 技术首创性
    - 开发效率
  - ③运行质量
    - 直接应用人员的结构、素质
    - 系统运行效率、稳定性
    - 系统维护性、系统承载能力
  - ④用户需求
    - 领导重视程度
    - 功能需求满足程度（适用程度）
    - 人机交互的友善程度
    - 系统价格可接受程度（性价比）
  - ⑤系统成本
    - 开发成本
      - 硬件成本（购置、基建、安装、调试等）
      - 软件成本（开发、培训、系统切换等）
    - 运行成本（人员费用、消耗材料、技术资料、折旧等）
    - 管理成本（监理、审计、服务、行政等）
    - 维护成本（硬件、软件、纠错、适应、完善等）
  - ⑥系统收益
    - 经济效益
      - 按系统功能（信息服务、在线销售等）
      - 按服务对象（企业、政府、个人等）
      - 按效益类型（直接/间接、有形/无形等）
      - 按技术特征（EDPS、MIS、DSS 等）
      - ……
    - 社会效益
      - 对社会的影响程度
      - 对本企业的影响程度
      - 福利、就业、伦理道德
      - ……
  - ⑦财务评价
    - 投资指标（企业管理费用、非生产人员工资等）
    - 收益指标（销售额、利润等）
    - 综合指标（净现值、内部收益率等）

图 11.4　电子商务项目综合评价指标体系

3. 电子商务项目测评指标体系

普兰特提出了一个用于电子商务的记分卡方法，给出了七套测评指标，涵盖了财务、市场、服务、品牌、竞争性领导地位、技术和网站。可以针对上述每个方面设计一套测评指标，然后与实际结果以及业界最佳业绩相比较，接着就能用记分表来计算每套标准的总分。这些标准应被随时跟踪，并与战略以及战略的修改相联系。

下面给出一个一般性的电子商务项目综合评价指标体系（图 11.4），供读者在具体的电子商务项目评价实践中参考。其中三级指标的内涵和标度在此不再详述。

11.3 电子商务项目管理创新

11.3.1 电子商务项目管理的主要问题

1. 业主面临的问题

电子商务时代是一个“随需应变”的时代，要想保持企业的竞争力，就必须实现企业全方位的整合，使企业的业务具有灵活性，技术具备可靠性，运作系统具备适应性等。这些都必须研究企业系统的协同性和研究如何依赖企业协调人、组织、技术、环境的关系，达到和谐统一，协同工作。在这种情况下，业主常面临以下困难或问题：

（1）对于客户的需求，如何即时感知并响应，即时得以满足。这种“用户定制需求水平”使得企业的经营由销售导向向客户导向转变。

（2）企业在实施电子商务项目上成功率低，即使是在美国也只有 30%的项目取得成功。电子商务项目技术新、变化快、跨时空、管理难度大。

（3）在电子商务环境下，企业组织机构的反应能力难以满足需求，如何加强统一领导、建立健全组织体系、整合资源、形成合力。

（4）资源配置效率低、信息不对称，要求企业对各类资源进行整合，其核心是改进企业的业务流程。

（5）在电子商务项目中，由于跨时空，构成了项目系统中各行为主体或部门既有共同利益，又有利益冲突，如何求同存异。

2. 电子商务项目失败的原因

电子商务项目失败率比较高，导致项目失败的主要原因见图 11.5。

1）企业能力不能满足电子商务项目的要求

企业能力不足，一方面体现在企业的管理水平难以适应电子商务项目的需要，另一方面是企业人员的素质和业务流程不能满足要求。

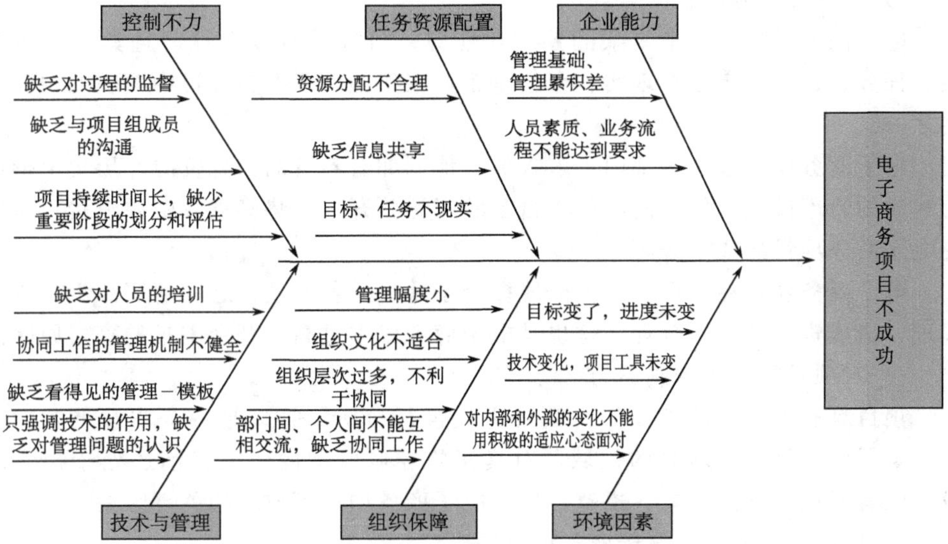

图 11.5　电子商务项目失败的原因

2）对技术和管理的认识存在误区

电子商务项目当然需要技术的支持，现在多数企业认为建立了网络，实现了办公自动化，与客户之间通过网络进行通信，就是在实施电子商务。其实这只是电子商务中的一小部分，电子商务项目成功与否，能否将技术融入业务过程中，其中管理问题占相当重要的成分。必须认识到电子商务的核心是商务，技术只是实现商务过程的保证和基础。

管理、实施项目的主体是组织、群体和人，在项目管理中，“人”是很重要的因素。一个项目的成功与否直接与被雇佣的人才的质量好坏相关，尤其是管理这些人员的项目经理。通常很多人认为具有专门 IT 技能的人员组成的团队就能完成电子商务项目，但是这些 IT 专业人员所具有的专门知识不同，不能靠简单地组合在一起就行，需要有技术带头人或项目经理负责协调项目组内的各成员，这就要求项目经理不仅要具有 IT 知识，还要通晓如何管理项目，如何管理项目团队，甚至需要对业主所在的商务领域具有一定的了解和经验。很多不成功的项目经理就缺乏这些应有的知识和经验。

电子商务项目不同于一般的项目，它是基于网络的，是全方位的，通常项目成员互不见面。因此，如何协调他们之间的工作、管理他们的工作进度就非常关键。管理不好，很容易导致项目失败。这主要表现在：①项目各成员只负责各自的部分，不了解其他成员的工作进度情况；②缺乏全体成员均能共享的模板管理，特别是针对整个项目的工作进度；③没有建立有效的项目管理和协同工作系统。

3）任务、资源配置不合理

电子商务项目是一个复杂的系统，任务、目标具有复合性，且具有高风险性。任务、目标设定是否现实、合理是企业在实施电子商务项目中面临的主要问题之一。

电子商务项目涉及多部门、多人员，他们拥有各自的信息资源，历史上形成的封闭的管理模式，使人们不愿将自己的资源公开，这势必造成资源浪费，从而使电子商务项目的成本升高。

电子商务项目在实行中往往分成多个子项目，各子项目之间的资源没有统筹管理，造成资源分配不合理。这也是电子商务成本过高、开展困难的直接原因。

4）对项目的实施控制不力

项目具有不确定性，如何对项目进程进行分析、管理是一个非常重要的问题。电子商务是一个新兴的领域，对其实施控制管理的研究目前还处于探索阶段，没有形成普遍的标准、规范，这是电子商务项目不成功的关键因素。

5）组织结构不适应电子商务项目要求

电子商务项目的成功与否，与其组织结构方面的能力有着密切的关系。电子商务项目要求组织结构具有灵活性和适应组织文化的能力。由于项目团队中部分成员为兼职人员，且跨部门组成，这就更需要组织结构便于部门间和个人间的横向交流，组织层次不宜过多，管理幅度适当，有利于协同工作。只有在这样的组织结构作为保障的基础上，才有利于电子商务项目取得成功。

6）项目不能很好地适应环境变化

电子商务项目的目标不是固定不变的，而是随着技术、对手的变化而变更或更新，在这种情况下就要及时变更项目进度计划。同时，由于某些内部因素影响或外部环境变化，作为企业要保持积极的、适应的心态来面对。目前，市场上有许多项目管理工具，其功能、性能、价格、实施条件不同，容易造成企业选择上的困难。随着技术的进步，项目管理工具也将随之发展，这将为电子商务项目的成功提供有力的支持。

电子商务项目的成功实施，首先是一个管理问题。企业资源和能力不能有效地集成，人的素质、组织变革和技术创新不协调，各单元、各个环节的工作不协同，缺乏过程控制与监督等是电子商务项目不成功的基本标志。而管理创新性差、管理基础薄弱、管理累积度低、不能满足电子商务项目管理的基本要求，则是造成这一问题的根本原因。因此，电子商务项目管理必须建立在一定的管理基础上，盲目实施只能增加风险、削弱企业实力。

3. 电子商务项目成功的关键因素

(1) 电子商务项目的目标与范围一开始就界定清楚。范围可能会随着工作而发生变化，但是范围一定要随时和目标保持一致。

(2) 在电子商务项目实施过程中为可测任务划分出重要里程碑，为每个划分出来的子项目也划分出一系列的里程碑。管理者可以根据里程碑判断整个进度表是否按时执行。

(3) 项目小组有良好的心态去适应来自于外界和内部的变化，能积极地应对问题的出现。因为变化正是电子商务的希望所在。

(4) 项目经理的管理不是事无巨细，也不是泛泛地表扬，而是很好地监督进程、评估项目里程碑以及项目的最后结果，积极参与解决重大问题。

(5) 项目团队高度协同工作，信息共享。团队的成员参与一部分管理工作，如界定、评估和更新自己的工作。

(6) 项目管理是知识管理，它是复杂的，需要现代化的管理手段。项目组织或者承包商公司内部建立“数字信息系统”，实现信息高度共享和资源动态调配，并逐步实现零距离沟通、零时差管理和网上办公，为项目管理的实施提供强大的支持。

11.3.2　电子商务项目协同管理

电子商务项目是复杂的、动态的、变化的、创新的项目，具有持续性发展的特征，协同管理必将成为电子商务项目管理未来的发展趋势。

1. 协同管理相关的概念

(1) 协同：是最高级别或层次的协作，指协作方在确定的时空里，具有相同的地位及不可替代的作用和彼此同心协力、相互依存、相互配合、共同工作、共同发展的一种关系，以最终完成共同任务，实现共同的整体目标。

(2) 协同管理：是协同学与管理学的有机融合，是组织为了达到其目标，在变动的环境中，整合各种资源，协调人员、组织、环节之间的匹配关系，产生协同效应、实现优化的所有活动和过程的综合。从理论上讲，协同管理应渗透在各种企业的生产、经营活动中，但在实际中，只有当企业的管理水平达到一定程度时，协同管理才能发挥效用，才能协助企业取得竞争优势。

相对于传统管理的计划、组织、人员、指挥、控制的五个职能来说，协同管理更强调规划和决策、组织和自组织、人力资源、指导和协调。

(3) 企业能力：企业具有有效利用资源的功能，资源是企业能力的基础，企业能力是企业竞争优势的主要源泉。由于企业能力反映着人与人之间的相互协调的复杂模式，企业能力与组织密切相关，它能够使组织比其他组织更有效地完成一定的任务或活动。能力是在企业内部形成的，而资源的累积是在企业能力的影响下完成的，通常表现为企业协调、组合资源的过程。企业的资源和能力是相互关联的，资源的储备是获得有效能力的基础，有效的能力促使企业获得更多的资源。

2. 电子商务项目的协同性

电子商务活动的全过程涉及诸多方面之间的协同运作，即整个供应链及其相关环节之间的协同。因此，研究电子商务的协同性问题，是电子商务项目协同管理的基础。

1）协同使电子商务更好地发挥作用

电子商务的实施是建立在企业信息化的基础之上的，但在实际的工作中发现，企业的信息化建设没有给工作效率带来预期的高效增长，很多精力和时间都被浪费在数据的寻找、整理和传递上。在这种情况下，如何实现信息在整个企业信息化系统内的无阻碍传递，实现各类应用的无缝连接，达到企业资源利用率最大化的目的？只有协同，才能实现这一目标。

2）商务过程的协同

电子商务将涉及商务全过程中，整个供应链上各方业务之间的协作。在企业内部，有各部门之间的业务协同、不同业务指标和目标之间的协同以及各种资源约束的协同。在企业之间，业务间的协同更为重要，需要在整个供应链上，满足客户和市场的需求，这就要求通过计划控制来实现需求与供给的匹配，从而达到协同。

从上面的分析可以看出，电子商务项目一定要注意相关部门、相关企业之间的协同合作，只有把各方协调一致，才能创造最大的价值。因此，协同电子商务必将成为电子商务的核心技术。

3. 电子商务项目协同管理的主要内容

电子商务项目管理是一项系统整合的工作，包括启动、计划、执行、控制和收尾过程中的一系列活动。其协同管理的目标就是达到进度、成本和质量的协调一致。

1）协同进度管理

协同进度管理就是指通过控制各项作业，尤其是关键作业的进度，确保整个项目按期完成，管理的内容是项目管理的协调计划的制定。项目管理的协调计划主要描述的是在一定情况下，权衡项目管理的范围、时间和成本约束条件、项目相关活动的顺序及其之间的相互协调。协调计划是由一系列的状态转移和状态的协调机制组成的。

协同进度管理还要与成本、质量管理目标相协调，要在项目成本、资源耗费和项目进度之间，选择最佳匹配，实现协同进度管理的目标。

2）协同成本控制

项目成本包括相关的所有直接费用和间接费用的总和。针对电子商务项目来说，需要多个部门或不同企业的人员协作配合、共同完成，而协同成本控制就是要通过合理组织项目的开发，协调各职能部门的责、权、利，控制各项资源费用的支出，使之不超出电子商务项目的总预算，取得预期的项目收益。

3）协同质量监控

电子商务项目一般是复合项目，包含有多个子项目，因此对各个子项目的质量、性能进行监控，是取得项目成功的重要环节。这就需要在项目进行的全过程中，进行阶段性考察。主要通过对电子商务项目全过程评价分析，来对整个项目的质量、性能进行监控，从而达到项目预期目标。

4）协同知识管理

对于项目管理来说，尤其是针对电子商务项目，知识管理更为重要。知识管理是指获得、创造、分享和使用知识的过程。在整个项目中，每个人或组织拥有的知识是不同的，每个人对知识的累积也是不同的。协同知识管理，就是通过对每个人所拥有的知识，建立一个协同知识管理模块，以使更多的人能从中分享知识，使知识能够得到充分的利用，为实现项目的总体目标服务。

11.3.3　电子商务项目可持续发展管理

项目可持续发展主要是指项目既要能满足当前的需要，又要能适应未来的发展。

电子商务项目的投资巨大，很多项目还需分期实施，所以从项目规划开始就必须保证系统有很强的扩展性。随着电子商务的开展，业务流程的变化在所难免，系统也需要适应变化。如何保证电子商务项目交付后，能在较长时期内满足投资方的业务需要，是一个很大的问题。因为业务始终是发展的，根据市场变化而调整，电子商务系统却不能频繁地推倒重建。因此，既保护投资又使电子商务系统能正常地运行，对于投资方和项目承包方都是一个挑战。电子商务项目的投资方和承包方都应认识到这一特殊性，保证电子商务项目的可持续发展。

1. 开放的系统架构

电子商务项目的目标不是现有业务流程的信息化，必须按业务自身的规律重建业务流程，构建完整的电子商务体系。系统的架构应是开放的，既要考虑到当前的开发和外包系统，也要考虑到后续维护和二次开发。

2. 技术标准的统一和定义

随着业务的持续发展，企业可能要不断地扩大其电子商务业务范畴，因而，企业的电子商务系统需要与更多的平台或系统不断集成，并和越来越多的系统存在接口与交互需求。比如，作为一个分销的平台，就可能要和外部的 B2B 系统对接，既要给别人在公网上发布接口，又要从第三方的系统获取产品数据源等。这种系统与系统之间的数据交换，各种各样的技术都可能用到，且可能由不同的项目组负责。因此，实施时必须考虑技术标准的统一。

3. 建立好的组织架构

电子商务项目的实施以及以后的长期运行是否能够成功，良好的组织架构是非常重要的保证。符合可持续发展要求的电子商务项目组织架构应具有如下几个基本特征：

一是开放性。电子商务项目往往涉及多个内部/外部组织，需要不同的技能和资源，整个项目也由多个子项目构成。而且，子项目之间包含着潜在的依赖关系，如果项目团队或成员之间各自封闭，只完成自己的一小部分内容，那么，最后的简单叠加，是不可能实现项目的预期目标的，因此电子商务项目组织中的部门和成员之间开放性是十分重要的。

二是柔性。电子商务项目较为复杂，项目面临的内外部环境也面临较大的不确定性。比如，高层管理层独自改变业务方向、范围和进度表；新技术应用比目前使用的技术更具有吸引力；竞争者的新创意迫使作出快速对应；供应商或顾客改变了他们的需求；随时出现的偶然事件等。项目的目标是变动的，需求也是变化的，因而，项目的组织架构，要能应对项目环境的变化所带来的各种问题，并且伴随项目环境的变化，灵活改变组织结构，以适应项目和环境的需求。

三是协同性。如前所述，电子商务项目及其实施是一项系统性整合性的工作，包括启动、计划、执行、控制和收尾过程中的一系列活动。这些活动一般都是跨部门甚至跨区域的，项目的成功完成与后续有效运行，不仅需要横向上同一层次子项目间和活动间的相互协调、相互配合，还需要纵向上不同层次子项目和活动间的有机结合。项目组织运作只有在组织意图、组织安排、组织活动等方面整体协同的情况下，才能实现既定目标。因此，项目组织架构要考虑适当的组织层次和管理幅度，注意组织结构的扁平化和网络化，以有利于实现组织内外部的信息的高速传输和交流，有利于实现组织内外相关部门以及成员之间的合作和协同。

电子商务项目的可持续发展管理除了包含系统、技术标准、组织方面的主要内容以外，还涉及管理模式、管理机制、管理制度等方面，这些问题留给读者进一步思考。

➢ 本章思考题

1. 电子商务项目的特点是什么？
2. 电子商务项目开发方式有哪些？
3. 电子商务项目的生命周期怎样划分？生命周期有什么意义？
4. 如何理解电子商务项目生命周期与电子商务项目管理过程的关系？
5. 电子商务项目管理的主要内容是什么？
6. 谈谈你对电子商务项目实施工作的理解。

7. 简述对电子商务项目实施人员的知识与技能要求。如何才能成长为一名合格的电子商务项目管理人员？

8. 电子商务项目失败的主要原因是什么？

9. 怎样才能提高电子商务项目的成功率？

10. 如何更好地实现电子商务项目的协同管理？

11. 如何实现电子商务项目的可持续发展管理？

第12章 电子商务发展

12.1 推动电子商务发展的动力

12.1.1 经济全球化的需要、信息化的要求

经济全球化要求世界各国开放经济，走向市场化，世界经济趋向于某种程度的一体化。经济全球化的主要特征包括生产全球化、金融全球化和消费倾向的全球化。电子商务的开展打破了传统商务的时空限制，促进了全球范围内资金、技术、信息、产品和服务的流动，其本身就具有极强的全球化特征。因此，我们说，电子商务的发展是经济全球化的需要。同时，电子商务本身又进一步加快了经济全球化进程。

在信息时代，信息技术和信息系统的开发利用成为科技和社会进步的重点，信息意识和信息需求的发展推动了信息技术的进步，而信息技术的进步又反过来推动信息资源开发和利用的扩展与深化，从而导致信息革命的扩展和深化。信息和知识已成为推动社会进步的巨大动力，电子商务活动，体现了人们对信息资源开发和利用的强烈意识和需求，信息技术发展所带来的信息处理水平的不断提高又进一步提升着电子商务活动的水平，拓展着电子商务的应用领域。因此，信息化是推动电子商务发展的内在动力，电子商务的发展，是信息化社会的必然要求。电子商务的不断发展，必将进一步提高全社会的信息化水平。

12.1.2　国际经济竞争的战略需要

经济全球化与信息技术的发展，从时间和空间上缩小了各国之间的距离，加速了生产要素的跨国流动，促进了科技在全球的扩张，为每个国家带来了发展机遇，也带来了激烈的国际经济竞争。国际经济竞争的实质是技术、信息的竞争，其中信息的竞争是关键。对信息资源的深度开发和利用，有利于实现规模经济所带来的生产经营成本降低、无形资产价值提高、交易成本降低、抵御外来风险能力提高等多方面的利益，从而构筑经济竞争优势。电子商务在人类活动和事务信息资源开发与利用方面发挥着最重要的作用，电子商务的应用已经成为决定一个企业、一个地区、一个国家国际竞争力的重要因素。因此，大力发展电子商务，不断提高经济信息化水平，是各国切实提高综合国力、实现经济持续快速发展、增强国际竞争优势的战略需要。

12.2　国内外电子商务发展

12.2.1　世界电子商务发展及其主要特征

近年来，在全球经济保持平稳增长和互联网宽带技术迅速普及的背景下，世界主要国家和地区的电子商务市场保持了高速增长态势。以美国为首的发达国家，仍然是世界电子商务的主力军；而中国等发展中国家电子商务异军突起，正成为国际电子商务市场的重要力量。

1. 全球电子商务继续快速发展

由于亚太地区的经济高速增长，以及各国政府对信息化及电子商务市场的重视和全球经济环境的好转，未来几年全球电子商务市场将迎来高速发展的局面，世界电子商务仍将继续快速发展，成为经济全球化的助推器。据 Global Industry Analysts 2006 年的统计，世界电子商务在 2003～2008 年的年均增长率高达 69%以上，见图 12.1。图中 2006 年以后为预测数据。

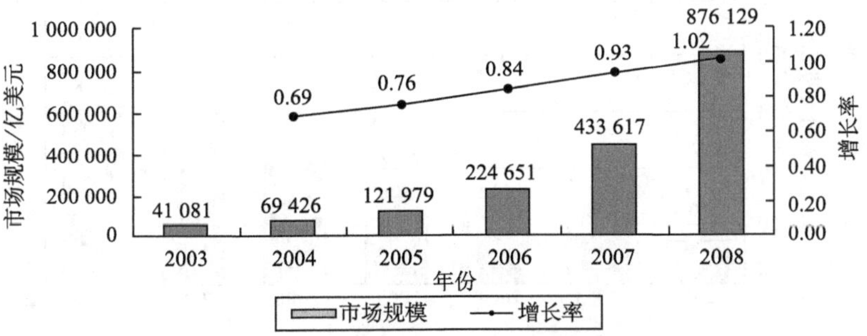

图 12.1　全球电子商务市场规模及预测

资料来源：Global Industry Analysts，2006

2. 北美市场快速平稳增长

北美市场以美国为代表，由于其在全球拥有信息资源的绝对优势，在电子商务方面一直处于全球领先地位。如图 12.2 所示，Global Industry Analysts 2006 年的数据表明，美国电子商务市场 2003～2008 年保持快速平稳增长，市场规模从 2003 年的 22 309 亿美元将增长至 2008 年的 150 824 亿美元，年均增长率约为 47%。图中 2006 年以后为预测数据。

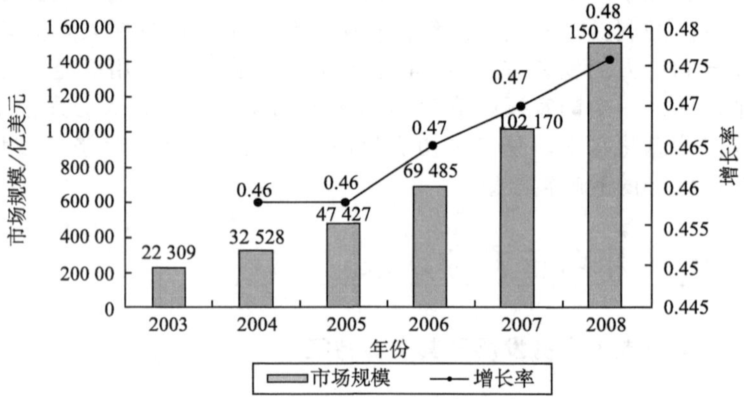

图 12.2　美国电子商务市场规模及预测

资料来源：Global Industry Analysts，2006

3. 欧洲电子商务市场发展平缓

如图 12.3（图中 2006 年以后为预测数据）所示，根据 IAB 2006 年发布的数据，2005 年欧洲电子商务市场的收入规模为 519 亿欧元。随着互联网的普及和网络经济的飞速发展，欧洲电子商务市场的收入规模也迅速提高，预计到 2008 年将超过 900 亿欧元，达到 978 亿欧元。摩根大通也作了类似预计，认为 2009 年之前，欧洲电子商务市场总营收将保持 22%的年均增长速度。在欧盟区，英国电子商务发展处于领先地位，其次是德国、法国。

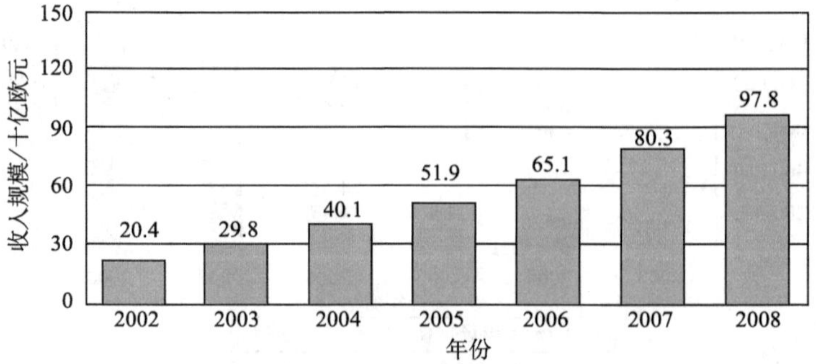

图 12.3　欧洲电子商务市场收入规模

资料来源：IAB Jupiter 2006

4. 亚太区电子商务市场高速增长

亚太地区作为国际电子商务市场发展的重要推动力量，是全球市场增长最快的地区。如图 12.4（图中 2006 年以后为预测数据）所示，Global Industry Analysts 2006 年的研究表明，亚太地区电子商务市场规模从 2003 年的 7873 亿美元将增长至 2008 年的 447 526 亿美元，年均增长率在 120%以上。其中，日本在亚太地区市场规模最大，其次是澳大利亚及韩国。

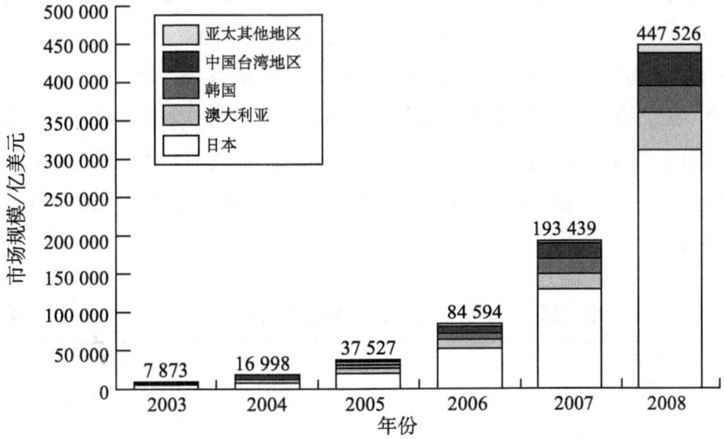

图 12.4　亚太地区电子商务市场规模及预测

资料来源：Global Industry Analysts，2006

总体而言，世界电子商务发展具有如下几个明显特征：

(1) 电子商务发展速度明显高于其他行业。

(2) 各国电子商务发展不均衡，经济发达国家相对较好。

(3) B2B 市场举足轻重。有关数据显示，2006 年世界电子商务交易额达 12.8 万亿美元，占全球商品交易的 18%；B2B 电子商务市场规模为 5.8 万亿美元，占据电子商务市场的主导地位。艾瑞克公司预计未来几年全球 B2B 的年增长率将会保持在 45%左右，2010 年全球 B2B 电子商务市场的规模将达到 26 万亿美元。B2B 电子商务仍将占据主导地位，同时，B2C、G2C、G2B、C2C 等电子商务发展迅猛，呈现多元发展态势。

(4) 全球 B2C 电子商务发展迅速。2007 年，欧洲的 B2C 电子商务销售的商品和服务（包括线上旅行、活动门票和数字下载）总计 1330 亿美元。预计该数字每年增长率为 25 %以上，在未来四年内，市场将增加 2 倍，到 2011 年达到 4070 亿美元。据 eMarketer 预测，亚太地区 B2C 电子商务交易额将以每年 23.3%的速度增长，到 2011 年，交易额将达到 1687 亿美元。目前日本和韩国分别占交易额的第一和第二位，而到 2011 年，其地位将被后来居上的中国和印度所取代。2006～2007 年，印度 B2C 市场规模大约 708 亿卢比。到 2008 年末，有望达到 921 亿卢比，比 2007 年增长 30%左右。2009 年末将达到 110.5 亿卢比的规模。

12.2.2 中国电子商务发展现状及特征

中国电子商务在经历了应用 EDI 的酝酿阶段、“三金工程”的起步阶段，再到 1998 年以来的快速发展阶段后，已经取得了长足的进步。这不仅改变了人们的日常生活方式，对中国经济发展的影响也越来越重要。

1. 网民数迅速增加，互联网基础设施状况不断改善

根据 CNNIC 的第 20 次报告，截至 2007 年 6 月，中国网民总人数达到 1.62 亿，仅次于美国 2.11 亿的网民规模，位居世界第二。中国网民年增长率达到 31.7%，步入新一轮的快速增长阶段。表 12.1 反映了 1997～2007 年国内互联网用户的增长情况。

表 12.1 中国互联网用户数量增长情况（1997～2007）单位：万

互联网报告发布时间	网民数
2008.01.17	21 000
2007.07.18	16 200
2007.01.23	13 700
2006.07.19	12 300
2006.01.17	11 100
2005.07.21	10 300
2005.01.19	9 400
2004.07.20	8 700
2004.01.15	7 950
2003.07.21	6 800
2003.01.16	5 910
2002.07.22	4 580
2002.01.15	3 370
2001.07.17	2 650
2001.01.17	2 250
2000.07.27	1 690
2000.01.18	890
1999.12.05	400
1998.06.30	117.5
1997.10.31	63

截至 2007 年 6 月底，中国拥有的 IPv4 地址数达到 1.18 亿个，排名世界第

三；IPv6 地址分配处在起步阶段，已分得 27 块/32，排名世界第十五。中国内地域名总数达到 918 万个，CN 域名总数达到 615 万个，占到中国域名总数的 6 成（58.9%）。在全球国家顶级域名中，CN 域名数仅次于德国，居世界第二。中国网站数量达到 131 万个，其中 CN 下网站数达 81 万，年增长率达到 137.5%。国际出口带宽总量为 312 346 兆比特，年增长率达到 45.8%。上网计算机数达到 6710 万，比 2006 年末增长了 770 万台。

2. *互联网应用层面拓宽、使用率提高*

经过几十年的发展，互联网功能不断拓展，逐渐深入到人们的各种日常生活中。这些网民对互联网的应用都是电子商务发展的前提。通过图 12.5 和表 12.2 可以看出，网民对互联网的应用层面不断拓宽，使用率也在不断提高。

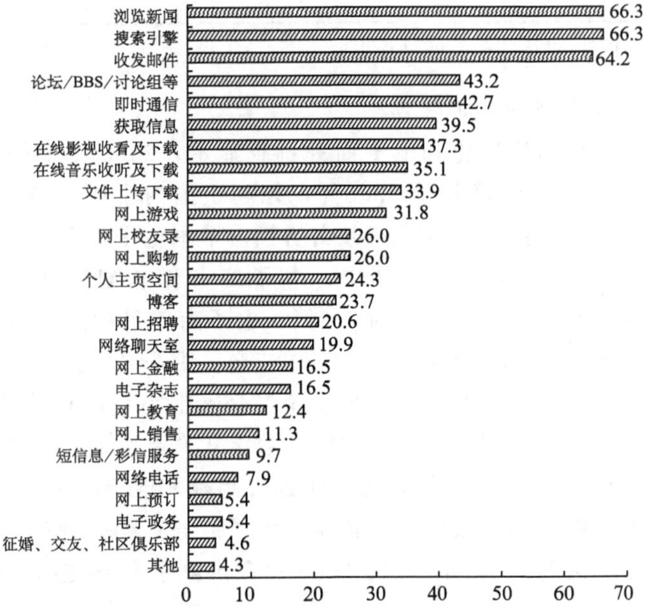

图 12.5　中国互联网用户使用情况（2006 年 7 月）（单位：%）

资料来源：CNNIC 第 18 次报告　2006

表 12.2　中国互联网用户使用情况（2007 年 7 月）　　单位：%

项目	使用率	项目	使用率
信息渠道：		生活助手：	
网络新闻	77.3	网络求职	15.2

续表

项目	使用率	项目	使用率
搜索引擎	74.8	网络教育	24.0
写博客	19.1	网络购物	25.5
交流工具：		网络销售	4.3
即时通信	69.8	网上旅行预订	3.9
电子邮件	55.4	网上银行	20.9
娱乐工具：		网上炒股	14.1
网络音乐	68.5		
网络影视	61.1		
网络游戏	47.0		

资料来源：CNNIC 第 20 次报告（2007）

3. 电子商务交易总量不断提高

国家统计局对全国信息化和电子商务调查显示，2005 年中国电子商务交易额达 12 992 亿元，比上年增长了 39.8%，相当于国内生产总值的 7.1%。制造业是中国电子商务的主体，其电子商务交易额占中国电子商务交易额的比重高达 72.8%，规模远高于其他行业。其中，电子商务销售额达 9095 亿元，增长 35.7%，占全部商品和服务销售额的 2.0%；电子商务采购额达 16 889 亿元，增长 42.1%，占全部商品和服务采购金额的 8.5%。中小企业成为电子商务的积极实践者，经常性应用电子商务的中小企业约占全国中小企业总数的 2%。面向消费者的电子商务模式日益创新，基于网络的数字化产品与服务不断涌现，丰富了人民群众的物质和文化生活。中国电子商务交易额相当于中国国内生产总值的 7.1%。2006 年我国 19 267 家大中型企业的电子商务采购金额达到 5928.6 亿元，电子商务销售金额达到 7210.5 亿元，2006 年我国电子商务交易总额超过 15 000 亿元。

中国电子商务尚处于发展初期，但中国电子商务发展形势较好，发展前景广阔。尽管目前中国电子商务的总体发展水平不高、尚处于发展初期，但中国电子商务的增长速度较快，发展前景广阔。

仅就 2007 第三季度而言，中国网络经济市场规模创新高，达到 133.1 亿元，环比增长 21.3%，同比增长 54.9%。具体见图 12.6。

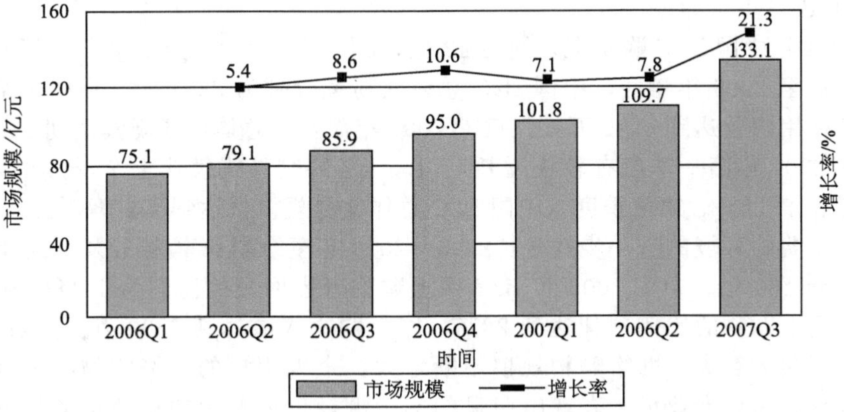

图 12.6　2006 年第一季度至 2007 年第三季度中国网络市场经济规模

注：网络经济市场规模主要是指以互联网为载体的各种细分应用服务的运营商收入，如移动增值、网络游戏、网络广告、搜索引擎、网上购物、B2B 电子商务、旅行预订、网上招聘和域名主机等收入。

资料来源：iResearch Inc. 2007

4. 典型电子商务模式发展状况

1）B2B 电子商务

中国 B2B 电子商务市场占中国整个电子商务市场的 95％左右，2006 年的交易额达到了 12 800 亿元，较 2005 年增长了 97％。目前 B2B 电子商务交易额仍集中在中小型企业和外贸交易领域，面向中小企业的交易型 B2B 电子商务平台的兴起与发展将给 B2B 电子商务市场带来新的增长机会。艾瑞市场咨询预计 2010 年中国 B2B 电子商务交易规模将会达到 7.5 万亿元。有关情况见图 12.7。2007 年以后为预测数据。

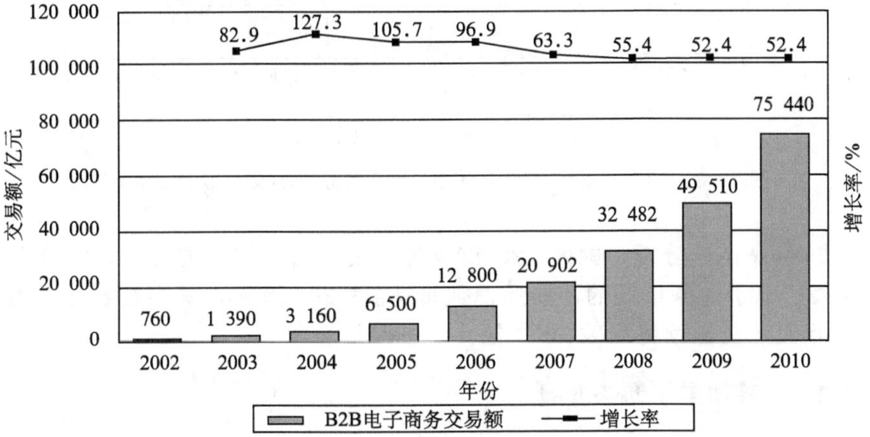

图 12.7　2002～2010 年中国 B2B 电子商务交易规模

资料来源：iResearch Inc. 2007

2）B2C电子商务

2004年中国B2C购物交易额为42亿，2005年该数字达到56亿，增长率为33%。截至2006年年底，中国B2C总体交易额分别为82亿元。中国网络购物市场总体用户数达到4310万人。仅就2007年而言，总体市场规模达到11.35亿元，比2007年第一季度有较快增长，11.35亿的交易规模比上个季度的10.20亿元增长了11%。第三季度，中国B2C总体交易规模就达到了13.8亿元。随着国内网上购物环境的进一步好转，2005～2010年复合增长率为52%，预计2010年将达到460亿。中国2005年B2C网上购物者占网民的比例为14%，到2010年中国网上购物的比例预计达到28%，网上购物人数达到6500万。随着支付、物流等问题的解决，网络购物规模不断增大，个人用户的网络购物习惯逐步形成。此外，B2C产业仍然表现出明显的集中度，位列前十的厂商市场份额仍仅占到全部市场规模的52%，而其他规模更小数量却极为庞大的B2C厂商则构成相当长的长尾。

3）C2C电子商务

作为互联网的重要应用形式之一，近年来C2C电子商务在世界范围内一直以很快的速度成长，在中国也是如此。伴随着各项环境的改善和成熟，近年来中国C2C电子商务发展的市场交易额逐年迅速提高，其中以2005年的发展最为迅速。2001年中国C2C电子商务市场交易额仅为4.0亿元，到2005年该市场交易额高达137.1亿元，年均复合增长率（CAGR）高达142.0%。具体见图12.8。

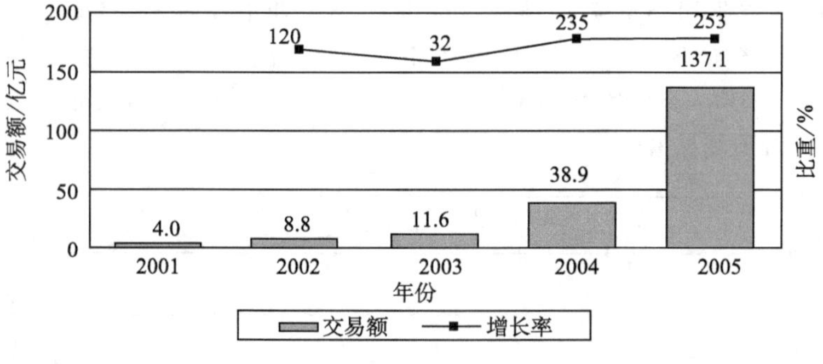

图12.8　2001～2005年中国C2C电子商务市场交易额及增长率

根据iResearch分析，国内C2C市场将呈现出持续增长的态势，预计到2010年中国C2C电子商务市场的注册用户数将达到7200万人，其中活跃用户数将达到2700万人，交易额将突破1000亿。

12.2.3　移动电子商务发展

1. 移动电子商务

移动电子商务（M-commerce）是由电子商务（E-commerce）的概念衍生出

来的。概括地说，移动电子商务是指通过手机、个人数字助理（PDA）和掌上计算机等手持移动终端进行的商务活动。与传统通过计算机（台式 PC、笔记本计算机）平台开展的电子商务相比，移动电子商务增加了移动性和终端的多样性特征，并拥有更为广泛的用户基础，因此，移动电子商务具有广阔的市场前景。

2. 国内外移动电子商务发展

近年来，由于引进各种创新的移动商务服务平台，移动电子商务在全球获得了迅猛发展。2002 年全球有 5740 万移动用户在移动商务领域共花费了约 23 亿美元，所有移动数据用户中的 17 %已经使用了移动商务。2005 年全球移动用户超过了 20 亿，有 25 %的数据业务是通过移动通信设备来传输的。据 Juiper 的最新研究，到 2009 年全球移动商务市场规模将达到 400 亿美元，全球移动商务的收入将达到 880 亿美元。通过移动电话进行的小额交易将汇聚成大规模的商业销售，全球移动电子商务市场正处于蓬勃发展阶段。

从国际上来看，移动电子商务在欧美国家发展很迅速。在美国，2006 年有 5000 万名手机用户利用手机支付收费信息、商品以及服务方面的费用，这个数字相当于美国人口的 17%，相当于全部手机用户的 26%。2004～2006 年美国移动电子商务以年均增长率 9.1% 的速度增长，达到 1980 亿美元的规模。美国电子商务权威人士预测，移动电子商务在未来的一段时间里将成为电子商务的主流发展模式之一。在英国，市场调查公司 Juniper Research 最近的一项有关手机订票业务未来发展前景的报告认为，2007 年该服务占据移动商务市场的大部分，2009 年市场规模将扩大到 390 亿美元，占年移动商务市场 880 亿总体营业额的近一半。在西欧，预计到 2009 年底，在西欧的移动用户中，约有 70% 的用户（2.4 亿）将使用支持 3G 的终端。这是 Analyses Research 在对法国、德国、意大利、西班牙、瑞典、英国等欧洲移动市场进行综合分析后给出的预测结果，其中包含了本地预付费、本地签约、SME 及大企业等市场，以及语音、P2P 信息、数据联网、搜索、付费信息、移动商务及视频电话等八大业务类型。在欧洲，移动电子商务正在应用于一些新的领域，如移动博彩等。

亚太地区是移动电子商务业务增长的主要市场。根据 Arc 集团 2006 年的研究报告，2005 年，该地区 25%的数据业务通过移动通信设备来传输。该报告预计到 2007 年移动电子商务将大约有 3 亿用户和超过 250 亿美元的收入——占全球移动总用户和收入的一半以上，届时，移动电子商务将占全球在线交易市场 15%的份额。亚太地区中，日本和韩国的移动电子商务发展比较快，走在了欧美国家的前面，市场反应也比较好，进入了一个良性循环的阶段。日本是目前宽带分码多工存取（wideband-code division multiple access，WCDMA）业务发展最成功的国家，拥有全球 62%的用户，该国移动商务收入已经高达 4 亿美元。韩国 3G 运营一直走在世界的前列，不论是语音市场的增值业务如彩铃业务等，还是手机电视、手机音乐、手机游戏和手机定位等3G数据业务在韩国都发展得有声有色，2005年韩国移动数据收入为35.06亿美元，同比2004年增长了31%，占移动通信总收入的19.9%。

中国移动电子商务发展潜力巨大。近年来，移动电话成为中国电信服务中来势最迅猛、发展最活跃的新秀，中国移动电话用户目前已经接近4亿，成为世界移动电话第一大国。同时，移动通信能力进一步加强，移动数据业务发展迅速，2006年移动数据业务收入占到了移动通信业务收入的21.6%，比2005年上升了3.7个百分点。万方咨询统计数据显示，2004年国内移动支付的用户数为1342.9万户，市场规模为2.17亿元；2005年用户数增长了32%达到1772万户，市场规模为3.4亿元；2006年用户数达到2180万户，市场规模超过4.0亿元。万方咨询预计未来几年随着移动运营商重视程度的提高和新运营商进入后竞争的加剧，移动支付将加速发展，移动支付的用户数将逐渐增加，到2008年，移动支付用户将达到12 096万户。

中国的移动电子商务目前处于初级阶段，但具有非常大的市场发展前景。

移动电子商务与传统的电子商务相比，其最大特点是方便快捷、随时随地和个性化。传统电子商务已经使人们感受到了网络所带来的便利和乐趣，但它的局限在于台式计算机携带不便，而移动电子商务则可以弥补传统电子商务的这种缺憾，可以让人们随时随地购买彩票、炒股或者购物，感受独特的商务体验。此外，移动电子商务还具有用户规模大、有较好的身份认证基础、更适合大众化的商务应用等明显特征，它代表了全新的商务模式，代表了新一代信息技术的应用方向。随着无线网络基础设施的不断扩大和完善，移动电子商务必将获得更大的发展。

12.3 中国电子商务发展中面临的主要问题

国家统计局国际统计中心课题组对中国电子商务发展的现状作过调查研究，所得结论是目前中国电子商务尚处于起步阶段。国内在电子商务发展方面面临的问题有以下几点：

12.3.1 观念与认识问题

第一，个人消费观念问题。传统的购物观念和方式根深蒂固，许多消费者不习惯上网买东西，更喜欢眼见为实，人们对这种“看不见摸不着”的电子购物形式心存疑虑。

第二，对电子商务的安全认识问题。人们对电子商务需要一个从认识到熟悉再到接受的过程，尤其是在现实交易市场中，坑蒙拐骗事件、假冒伪劣产品随处可见，消费者到商场购物尚且提心吊胆，对一个虚拟商场树立信心还需要过程；银行卡现金被窃、网络欺诈等事件时有发生，使人们对网上支付心存芥蒂，人们不愿意通过网络提供他们的信用卡账号与密码，以防丢失。

第三，企业对电子商务的认识存在误区。不少企业认为电子商务就是计算机技术与传统商务的简单加和，造成企业重视硬件配置，轻视电子商务的软件配置与维护，使所采用的系统不能很好地与企业实际的商务流程相融合，电子商务只浮于形式而没有真正发挥其应有的作用。

第四，各级政府对发展电子商务缺乏共识。中央政府和有关部委对发展中国电子商务极其重视，但在地方政府层面，电子商务的重要性没有得到足够重视，认为企业的事由企业做主，对企业发展电子商务听之任之，有的甚至不闻不问，没有充分发挥政府的协调监管能力，忽略了电子商务的法律法规环境的建设，致使部分地区的企业信息化如一盘散沙，这在一定程度上阻碍了全国电子商务的发展。

12.3.2 环境安全问题

1. 信用体系不健全

电子商务环境是虚拟的，由于交易双方不是面对面交易，致使诚信交易变得更加困难。同时，全社会范围内的信用体系没有完全建立，缺乏规范的信用评价机制，对诚实守信者没有激励机制，对坑蒙拐骗者没有相应的处罚标准，交易双方是否提供真实信息、交易过程是否公平进行、交易双方是否能严格履行义务等只是道德规范的约束范畴，这些无形中增加了电子商务的不安全因素。

2. 有关电子商务的法律法规还不完善

电子商务进行的是无纸贸易，所涉及数字签名、电子发票、电子合同与传统的实体签名、纸质发票、合同有根本的区别，但由于中国电子商务发展起步较晚，法律法规还不很完善，目前唯一的一部专门针对电子商务法律只有《中华人民共和国电子签名法》。电子商务过程中涉及的信息安全问题、隐私权保护问题、交易程式规范和数据交换标准问题，以及电子商务税收问题，还无法从根本上得到解决。

3. 网络与信息安全有待进一步加强

由于政治、经济等原因，不少黑客等试图侵入政府、公安、银行等关键部门的中心数据库以窃取或修改关键数据，造成秘密的泄漏或中心数据库的瘫痪；或者在网络中截获数据，进行网络欺诈、网络仿冒，并通过网络扩散病毒，网络安全事件不断发生。这些干扰不断考验着正在建设中的电子商务安全环境，消费者权益和信息安全尚不能得到有效的保护。

12.3.3 电子商务基础设施有待完善

电子商务是基于信息网络通信的商务活动，其特点是实时、快速，电子商务的发展从一定程度上可以说取决于信息基础设施的规模和完善。由于经济实力和技术等方面的原因，我国网络基础设施建设还比较缓慢和滞后，已建成的网络与电子商务的要求还相距较远。现行的中国互联网的传输速度低，常常出现网络拥塞现象，同时还存在多种不可靠因素，包括软件、线路、系统的不可靠。另外，全国性的金融网络还不完善，金融业自身的电子化还未完全实现，而企业信息化又落后于金融电子化，这些都制约了电子商务的生存、发展空间。

12.3.4 物流配送服务整体质量差

能否将销售的商品快速、低成本地送达消费者手中，是体现电子商务优势的关键因素。目前我国在电子商务物流配送服务上还存在很多问题。近年来，在"物流热"的推动下，我国的外资物流企业和本土物流企业都得到了迅速发展。企业依托各自的优势，正在积极开拓电子商务配送领域。但从目前的情况来看，传统物流企业转型才刚开始，新兴物流企业还没有形成规模，外资企业只得到有限的发展。真正拥有可以信任的品牌、庞大的物流网络、先进的管理体制、高素质的人才队伍和丰富的运作经验的龙头企业尚未出现。现有的配送供给在地域、速度、效率、准确度、价格、服务水平等方面与电子商务的要求还有较大的差距。我国目前的配送能力仍然较低，与先进的电子商务要求相比，反差很大。

12.3.5 传统企业的信息化转型过程困难

信息时代的发展正逐步改写商业社会的游戏规则，迫使所有的企业和企业家们去重新考虑他们存在的价值和存在下去的商业模式。传统行业面临着对自己的重新评价和定位，并利用网络信息技术进行企业改造、结构调整和经营模式创新等问题。然而，作为创造物质财富、提供生活基础的传统产业绝大多数并没有迅速作出反应并由此产生巨大的经济效益。究其原因，主要是网络经济的发展与传统产业经济体系的脱节。大部分传统企业甚至包括新型电子商务企业都重末轻本、重"电"轻"商"，绝大多数公司开展的电子商务几乎是清一色作为一种独立的 IT 技术形态出现，缺乏必需的商务基础与产业环境支持，成为空中楼阁。

12.3.6 电子商务人力资源缺乏

电子商务发展的关键要靠人。目前，我们不仅缺乏精通计算机与网络技术的专业的电子商务一线人才，同时也大量缺乏懂电子商务管理的各层次人才。专业人才的培养存在较大缺口。

上述问题的解决，有赖于政府、企业、公众的共同努力。政府对推动电子商务的发展应给予正确引导，要在宏观层次上继续制定健全电子商务的相关政策、法规、法律、标准、规范，有重点地开展电子商务区域性试点工作。在加强基础设施建设的同时，要因地制宜、因事制宜、因时制宜地推动电子商务在法治化的安全、有序环境中运行，特别是要保证网上交易的安全性和可靠性，建立安全认证体系，保障在网络中交易的各方具有平等的安全地位。企业应大力提高信息化水平，公众则应改变传统思维模式，并注重自身素质的提高，掌握电子商务的应用技能和相关知识，以适应新时期经济的发展要求。依靠全社会的共同努力，才能使我国电子商务的发展迈上一个新的台阶。

12.4　电子商务发展趋势

电子商务从出现开始，经历了起步、调整、稳步快速发展等阶段。随着网络技术和信息技术的发展以及人们对电子商务认识、理解、应用的不断深入，未来电子商务将呈现以下几个明显趋势：

1. 普及化

普及化趋势是网络经济和电子商务发展的必然趋势。随着信息技术的发展与社会信息化整体水平的提高以及电子商务人文社会环境的持续改善，电子商务的便捷、高效特征将得到更好的体现。从事电子商务活动的技术门槛将大大降低，上网费用将更为低廉，网络设备将更为便宜和方便使用，电子商务的效果将更加令人满意，移动电子商务也将取得更快发展。社会各类组织以及人们不论在何时何地，不论是处理商业事务还是个人事务，都将越来越广泛地应用电子商务手段。电子商务发展将步入社会化和大众化时代。

2. 专业化

电子商务不断发展，会进一步促进电子商务活动领域的不断细分，进而会使得电子商务活动及其服务的专业化程度进一步提高。电子商务的专业化有利于企业发挥自身优势，更好地利用所拥有的专门性资源，专注于自己的核心业务，有利于更好地改进电子商务服务质量，降低电子商务活动成本，提高市场反应速度，增加顾客的满意度，进而提高电子商务活动的绩效。专业化是未来电子商务发展的一个明显趋势。

3. 个性化

个性化一直是电子商务的重要发展趋势。在电子商务活动中，如何更好地、有效地满足顾客的各类个性化需求，如所需信息的个性化要求、商品选择的个性化要求、深度服务的个性化要求、业务扩展的个性化要求等，是未来电子商务发展中企业需要认真解决的问题。

4. 智能化

随着信息处理理论与技术的发展，电子商务信息处理系统和各类信息服务商的信息服务水平将趋向智能化。人们可能不再像现为这样，在浩如烟海的信息资源里，千方百计地设计信息获取的方案，并花费精力去努力获取决策所需的各类基本支持信息，然后再采用各类复杂的方法进行决策。人们需要做的可能只是输入决策条件与目标，甚至是非常直白的决策问题，就可以直接得到各种可能的方案及其结果，只需根据个人或者决策组织偏好选择决策即可。浩如烟海的信息资源对信息用户来说成为透明的，这无疑会使得信息利用水平产生质的飞跃。

5. 集成化

这主要体现为电子商务模式下企业信息资源的集成应用，企业内部数字化设计、制造与管理的互连互通，企业与供应商、经销商和服务商的信息集成和业务集成。目前，企业信息化正在从重点关注产品设计制造向产品全生命周期管理发展，从进行企业内业务集成向跨地区、跨企业、跨国界的全球业务的集成发展。

6. 协同化

在经济全球化背景下，任何一个企业满足网络消费者全方位的多层次的个性化的需求时，都会遇到资源的空缺和内容的贫乏问题，不同企业优势互补、资源共享，以方便客户为原则，以利益为纽带，多方协同完成电子商务运作是电子商务发展的必然趋势。协同化的结果将带来电子商务市场的扩展和电子服务领域的不断延伸。

➢本章思考题

1. 推动电子商务发展的动力有哪些？
2. 全球范围内电子商务的发展呈现出哪些特性？你认为原因有哪些？
3. 我国电子商务的现状如何？你认为中国电子商务发展存在哪些不足？请给出相应的对策。
4. 我国电子商务发展存在哪些困难？你认为应采取哪些具体措施应对？
5. 电子商务的发展趋势如何？除了书中提到的，你认为还会有哪些新的发展方向？

参考文献

白思俊．2002．现代项目管理（上、中、下）．北京：机械工业出版社

北京市信息化工作办公室，北京市质量技术监督局．2006．信息化标准化工作指南．北京：北京邮电大学出版社

才书训．2001．电子商务概论（第1版）．沈阳：东北大学出版社

才书训．2004．电子商务安全、风险管理与控制．沈阳：东北大学出版社

才书训，王金玲．2003．电子商务的法律与规范．沈阳：东北大学出版社

才书训，王雷震．2001．电子商务概论．沈阳：东北大学出版社

才书训，王雷震，叶柏青．2002．网络营销．沈阳：东北大学出版社

陈进，付强．2002．网上银行服务．北京：清华大学出版社

陈月波．2004．电子商务概论．北京：清华大学出版社：85

陈志祥，马士华．2001．企业集成的系统方法论研究——供应链的系统性、协调性和运作范式．系统工程理论与实践，(4)：92～98

崔树银．2006．电子商务环境下传统企业流程变革研究．同济大学博士学位论文

德尔，霍金斯等．2007．消费者行为学．北京：机械工业出版社

邓凯，常晋义．2003．电子商务．北京：中国电力出版社：54～58

邓珊等．2006．电子商务与国际贸易．沈阳：东北大学出版社

杜江萍．2006．电子商务管理．广州：华南理工大学出版社

段鹏．2003．电子商务通论．北京：北京广播学院出版社：77，78

方美琪，胡翼亮．2003．网络营销．北京：清华大学出版社

方永艳．2006．基于电子商务环境的供应链物流管理与配送．企业经济，(4)：20，21

菲利普·科特勒．2001．营销管理（新千年版 第10版）．梅汝和等译．北京：中国人民大学出版社

费名瑜．2002．电子商务概论．北京：高等教育出版社：72

冯登国．2007．国内外信息安全研究现状及发展趋势．信息网络安全，(1)：9～11

冯英健．2006．网络营销基础与实践（第3版）．北京：清华大学出版社

甘卫华．2005．现代物流基础．北京：电子工业出版社

韩国盛．2006．网络经济及其对传统经济理论的挑战．武汉大学硕士学位论文

胡清河．2006．电子商务环境下基于Agent的供应链计划系统的研究．东北大学博士学位论文

胡清河，张爽，汪定伟．2006．投标决策模型在供应链计划中应用．控制与决策，21 (4)：466～469

胡清河，张爽，汪定伟．2006．动态联盟项目管理平台设计．项目管理技术，5：21～25

胡清河，张爽，汪定伟．2007．神经网络在项目评估中的应用．东北大学学报，28 (2)：169～171

胡祥培．2005．电子商务．北京：人民交通出版社

黄宗捷，李超．2002．电子商务概论．北京：中国财政经济出版社：123，124

蹇洁．2006．电子商务概论．成都：西南财经大学出版社

江林．2002．消费者行为学．北京：首都经济贸易大学出版社

姜灵敏，谢建国．2001．电子商务实用基础．北京：人民邮电出版社：119，120

金卫健．2007．电子商务中的信息安全技术．科技信息（学术研究），24：186，187

李波，洪涛．2006．供应链管理（SCM）教程．北京：电子工业出版社

李大军，董铁．2002．电子商务．北京：清华大学出版社：327，328

李琪，张仙锋．2003．电子商务项目策划的“四流五式”探讨．中国流通经济，(10)：10～14

李琪．2004. 电子商务概论．北京：高等教育出版社
利昂·G希夫曼，莱利斯·L卡纽克．2007. 消费者行为学（第8版）．北京：中国人民大学出版社
利恩兹·雷．2003. 电子商务项目实施管理．沈婷译．北京：电子工业出版社
梁弘秀，黄宗捷．2002. 电子商务信息及信息流的理论分析．成都信息工程学院学报，(3)：200～205
梁循，曾月卿．2005. 网络金融．北京：北京大学出版社
林建煌．2004. 消费者行为．北京：北京大学出版社
凌守兴．2006. 电子商务物流管理．上海：华东理工大学出版社
刘吉成，颜苏莉，高云杉．2004. 企业电子商务．北京：经济科学出版社：24～30
刘军，季常煦．2001. 电子商务系统的规划与设计．北京：人民邮电出版社：5，6
刘萍．2005. 电子商务物流．北京：电子工业出版社
刘伟江，王勇．2005. 电子商务风险及控制策略．东北师大学学报（哲学社会科学版），(1)：37～41
刘晓峰．2005. 企业开展电子商务的成本与效益分析．哈尔滨商业大学学报（社科版）(4)
刘晓丽．2007. 电子商务环境下供应链管理策略探讨．沿海企业与科技，(7)：77～79
卢鸿．2007. 浅析基于电子商务的供应链管理．时代经贸，S9：42，43
卢泰宏等．2005. 消费者行为学——中国消费者透视．北京：高等教育出版社
骆珣．2003. 项目管理教程．北京：机械工业出版社
马士华，林勇，陈志祥．2000. 供应链管理．北京：机械工业出版社
孟祥瑞．2005. 网上支付与电子银行．上海：华东理工大学出版社
牟彤华．2006. 电子商务应用．沈阳：东北财经大学出版社
倪志伟．2006. 现代物流技术．北京：中国物资出版社
潘安定．2005. 物流技术与设备．广州：华南理工大学出版社
彭欣，李新仕．2003. 电子商务实用教程．北京：中国宇航出版社：23，24，114，115
齐二石，方庆琯．2006. 物流工程．北京：机械工业出版社
瞿彭志．2004. 网络营销（第2版）．北京：高等教育出版社
仍然．2003. 电子商务概念与特点综述．现代通信，1 (1)：16～18
邵兵家．2006. 电子商务概论．北京：高等教育出版社
史达．2004. 电子商务经济学与国际贸易理论和政策．东北财经大学博士学位论文
帅青红．2006. 电子支付结算系统．成都：西南财经大学出版社
宋伟刚．2006. 物流工程概论．北京：机械工业出版社
汪涛．2005. 组织市场营销．北京：清华大学出版社
汪应洛．2007. 电子商务学科的理论基础和研究方向．中国科学基金，(4)：193～201
王硕．2007. 电子商务概论．合肥工业大学博士后研究工作报告
王学东．2005. 电子商务管理．北京：高等教育出版社
王钰辉．2007. 电子商务模式研究．吉林大学博士学位论文
温诒忠．2006. 物流管理．上海：立信会计出版社
文燕平．2006. 电子商务项目管理．北京：中国人民大学出版社
吴君杨．2002. 网络经济研究——网络对经济活动影响的规律性探析．中共中央党校博士学位论文
夏春玉．2007. 物流与供应链管理．大连：东北财经大学出版社
徐丽娟．2004. 电子商务概论．北京：机械工业出版社：94，95
徐萍．2001. 消费心理学教程．上海：上海财经大学出版社
许雄奇，赖景生．2000. 网络消费消费者心理和行为探析．商业经济与管理，(6)：33～35

杨坚争，高富平，方有明.2005. 电子商务法教程. 北京：高等教育出版社
杨坚争.2006. 电子商务基础与应用（第5版）. 西安：西安电子科技大学出版社
杨晓东. 2007. 电子商务环境下的供应链管理. 商场现代化，(28)：86
杨晓雁. 2005. 供应链管理. 上海：复旦大学出版社
叶蔚，袁清文.2006. 网络金融概论，北京：北京大学出版社
于淼. 2006. 供应链管理. 北京：高等教育出版社
于鹏.2003. 电子商务基础（电子商务员级）. 北京：电子工业出版社：30，31
虞益诚. 2006. 电子商务概论. 北京：中国铁道出版社
袁红清，韩明华. 2003. 管理信息系统：电子商务视角. 上海：立信会计出版社：408～410
战松.2006. 网络金融实务. 成都：西南财经大学出版社
张楚.2005. 电子商务法教程. 北京：清华大学出版社
张铎. 2006. 电子商务物流管理. 北京：高等教育出版社
张衡.2007. 国内外电子商务标准演进. 信息技术与标准化，(6)：27～30
张洁，高亮，李培根.2004. 多 Agent 技术在先进制造中的应用. 北京：科学出版社
张劲松.2006. 网络金融. 北京：机械工业出版社
张炯明.2003. 安全电子商务实用技术. 北京：清华大学出版社：18，19
张李义，范如国.2001. 电子商务的成本-效益构成与分析. 科技进步与对策，(4)
张念. 2006. 现代物流学. 长沙：湖南人民出版社
张润彤，郑丰.2006. 电子商务. 北京：清华大学出版社
张爽，胡清河，汪定伟. 2005. 供应链计划系统多智能体模型研究. 科技信息，12：11，12
张爽，胡清河，汪定伟.2006. 基于智能体的供应链决策支持系统研究. 计算机研究与发展，43(8)：404～408
张仙锋.2004. 国际电子商务研究进程、主题和趋势：基于五大模型的探讨. 中国流通经济，(12)：22～25
张运勇.2002. 移动 Agent 及其应用. 北京：清华大学出版社
张卓其.2002. 电子银行（第2版）. 北京：高等教育出版社
中国电子商务协会.2004. 国际电子商务项目管理. 北京：人民邮电出版社
中国互联网络信息中心.2004. 中国网络购物调查报告
中国互联网络信息中心. 中国互联网络发展状况统计报告（2004、2005、2006、2007、2008）
Benton W C，Shin H. 1998. Manufacturing planning and control：the evolution of MRP and JIT integration. European journal of Operational Research，110：411～440
Franklin S，Graesser A. 1996. Is it an agent，or just a program? A Taxonomy for Autonomous Agents，Proceedings European Conference On Artificial Intelligence'96 / Third International Workshop on Agent Theories，Architectures and Languages，Springer-Verlag：12～20
Houlihan J B. 1987. International supply chain management. International Journal of Physical Distribution and Logistics Management，17 (2)：51～66
Hu Qinghe，Arun Kumar，Zhang Shuang. 2001. A bidding decision model in multiagent supply chain planning. International Journal of Production Research，39 (15)：3291～3301
Hu Qinghe，Zhang Shuang，Wang Dingwei. 2005. Multiagent supply chain planning system. International Conference on Industry Engineering and Engineering Management，China，4：127～131

Jennings N. 1994. Cooperation in industrial multi-agent systems. World Scientific Series in Computer Science, 43 (1): 78～85

Kauffman R J, Walden E A. 2001. Economics and electronic commerce: survey and directions for research. International Journal of Electronic Commerce, 5: 5～117

Lee H L, Padmanabhan V, Whang S. 1997. Information distortion in a supply chain: the bullwhip effect . Management Science, 43 (4): 546～558

McCune W. 1997. Solution of the robbins problem. Journal of Automated Reasoning, 19 (3): 263～276

Minsky M. 1986. The society of mind. New York: Simon and Schuster

Ngai E W T, Wat F K T. 2002. A literature review and classification of electronic commerce research. Information & Management, 39: 416～428

Oliveira E, Mouta F, Rocha A. 1993. Cooperation in a multi-agent community. Proceedings 13th International Conference on Artificial Intelligence. Expert Systems and Natural Language, 125～137

Rabelo R, Camarinha-Matos L M. 1995. A hlistic control architecture infrastructure for dynamic scheduling. *In*: Kerr R, Szelke E. Artificial Intelligence in Reactive Scheduling, Chapman & Hall. : 78～94

Rappa M. 1999. Business model on the Web. http: //ecommerce. ncsu. edu/business-model. html

Shaw J. 1997. An introduction to software agents in software agents. Ed Bradshaw J. MIT Press: 3～46

Sichman J, Demazeau Y. 1992. When can knowledge-based systems be called agents? Proceedings IX Brazilian Symposium on Artificial Intelligence: 138～146

Smith D E, Frank J, Jonsson A K. 2000. Bridging the gap between planning and scheduling. Working Paper, Nasa Ames Research Center, Apr

Timmers P. 1998. Business model for electronic markets. Electronic Markets Journal, 8 (2): 3～8

Turban E, King D, Lee J, et al. 2004. Electronic commerce: a managerial Perspective 2004. Prentice Hall

Turban E. 1999. Electronic commerce, upper saddle river. NJ, Prentice Hall

Tönshoff H, Aurich J, Winkler M. 1995. On the way to autonomous and cooperative manufacturing systems. Proceedings 1st World Congress on Intelligent Manufacturing Process & Systems, Puerto Rico: 1388～1399

Urbaczewski A, Jessup L M, Wheeler B C. 2002. Electronic Commerce research: a taxonomy and synthesis. Journal of Organizational Computing and Electronic Commerce, 12 (4): 263～305

Wooldridge M. 1995. Intelligent agents: theory and practice. Knowledge Engineering Review, 10 (2): 98～111

Wooldridge M. 2002. Desiderata for agent argumentation protocols. The International Conference on Autonomous Agents and Multiagent Systems: 402～409

Yang Shanlin, He Jianmin. 2003. Innovations of E-commerce Business Models in Service Enterprises and Their Applications. Proceedings of 2003 International Conference on Management of E-commerce Nanchang: Jiangxi Science and Technology Press

Zhang Shuang, Hu Qinghe, Wang Dingwei. 2007. Application of software agent to E-commerce consumer buying support. IEEE International Conference. on Industrial Electronics and Applications, Harbin, China. 2500～2503

Zhang Shuang, Hu Qinghe, Wang Dingwei. 2006. Application of neural network to project selection. Chinese Journal of Management Science, 14: 189～192

电子商务圈 . http: //www. ecsoo. com

电子商务世界网 . http: //www. ebworld. com. cn

国家信息安全风险评估网．http：//www. isra. org. cn
网络营销指南．http：//www. wgo. org. cn
网上营销新观察．http：//www. marketingman. net
中国电子商务法律网．http：//www. chinaeclaw. com
中国网络法律网．http：//www. cyberlawcn. com
中国网络营销网．http：//www. tinlu. com
中国营销传播网．http：//www. emkt. com. cn/article/41/4161. html
http：//baike. baidu. com/view/200. htm
http：//blog. pc165. com/? 4647/viewspace-621
http：//club. china. alibaba. com/forum/thread/view/33 _ 23835382 _ . html
http：//news. 56abc. cn/s/d/300253476/300254980. aspx
http：//web. sias. net. cn/ec/dzsws/dzswy/n1/5j. htm
http：//www. 0937. net/html/blog/909/12333. htm
http：//www. 17pr. com/html/56/10256-3622. html
http：//www. 35dx. com/html/200510/news _ detail _ 83167. html
http：//www. 51labour. com/newdown/SoftView. asp? SoftID＝15755
http：//www. 56cul. com/view. aspx? articleid＝7763
http：//www. 8wen. com/doc/833021/
http：//www. all56. com/
http：//www. dhbc. net/datalib/qikan/2005/2005 _ 08/qikan. 2005-08-16. 3819215297
http：//www. ebwh. cn/2005-1/2005128142302. htm
http：//www. eceb. com. cn/teach/dzuwu/1/ciyemian5/di2/kecheng2. htm
http：//www. globrand. com/2006/04/14/20060414-135132-1. shtml
http：//www. iicc. ac. cn/05transport _ science/05logistics _ managing/t20050310 _ 15582. htm
http：//www. lunwen369. com/wlzl/624. html
http：//www. sdkdb. com/data/2006/0419/article _ 152. html
http：//www. szgjhy. net. cn/wuliu21/szwl2322/